◎知识产权经典译丛

国家知识产权局专利复审委员会组织编译

技术市场交易：

拍卖、中介与创新

[德]弗兰克·泰特兹◎著

钱　京　冯晓玲◎译

知识产权出版社

全国百佳图书出版单位

图书在版编目（CIP）数据

技术市场交易：拍卖、中介与创新/（德）弗兰克·泰特兹（Frank Tietze）著；钱京，冯晓玲译. —北京：知识产权出版社，2016.5

书名原文：Technology Market Transactions Auctions，Intermediaries and Innovation

ISBN 978 - 7 - 5130 - 4201 - 7

Ⅰ.①技… Ⅱ.①弗… ②钱… ③冯… Ⅲ.①技术贸易—市场交易—研究 Ⅳ.①F746.17

中国版本图书馆 CIP 数据核字（2016）第 106247 号

内容提要

本书以交易成本理论作为研究基础，调研获取了不同国家技术拍卖实践活动的真实数据，通过整理和分析这些数据，全面详尽阐述了技术交易过程，创建了一种针对创新技术传播的有效的市场机制，即通过市场拍卖模式推广创新技术的市场化及其应用，并进一步对现有技术拍卖模式以及中介参与方式提出新的观点。本书对我国企业广泛参与国际技术市场交易具有现实的指导意义。

读者对象：市场政策的制定者、技术型企业的管理人员、技术与创新市场中的各交易方

策划编辑：卢海鹰　倪江云		**责任校对**：董志英
责任编辑：卢海鹰　王玉茂		**责任出版**：刘译文

知识产权经典译丛

国家知识产权局专利复审委员会组织编译

技术市场交易：拍卖、中介与创新

[德] 弗兰克·泰特兹　著

钱　京　冯晓玲　译

出版发行：知识产权出版社 有限责任公司	网　　址：http：//www. ipph. cn	
社　　址：北京市海淀区西外太平庄 55 号	邮　　编：100081	
责编电话：010 - 82000860 转 8541	责编邮箱：wangyumao@ cnipr. com	
发行电话：010 - 82000860 转 8101/8102	发行传真：010 - 82000893/82005070/82000270	
印　　刷：北京科信印刷有限公司	经　　销：各大网上书店、新华书店及相关专业书店	
开　　本：720mm×1000mm　1/16	印　　张：22	
版　　次：2016 年 5 月第 1 版	印　　次：2016 年 5 月第 1 次印刷	
字　　数：416 千字	定　　价：88.00 元	

ISBN 978-7-5130-4201-7

版权登记号：01-2014-1672

序

当今世界，经济全球化不断深入，知识经济方兴未艾，创新已然成为引领经济发展和推动社会进步的重要力量，发挥着越来越关键的作用。知识产权作为激励创新的基本保障，发展的重要资源和竞争力的核心要素，受到各方越来越多的重视。

现代知识产权制度发端于西方，迄今已有几百年的历史。在这几百年的发展历程中，西方不仅构筑了坚实的理论基础，也积累了丰富的实践经验。与国外相比，知识产权制度在我国则起步较晚，直到改革开放以后才得以正式建立。尽管过去三十多年，我国知识产权事业取得了举世公认的巨大成就，已成为一个名副其实的知识产权大国。但必须清醒地看到，无论是在知识产权理论构建上，还是在实践探索上，我们与发达国家相比都存在不小的差距，需要我们为之继续付出不懈的努力和探索。

长期以来，党中央、国务院高度重视知识产权工作，特别是十八大以来，更是将知识产权工作提到了前所未有的高度，作出了一系列重大部署，确立了全新的发展目标。强调要让知识产权制度成为激励创新的基本保障，要深入实施知识产权战略，加强知识产权运用和保护，加快建设知识产权强国。结合近年来的实践和探索，我们也凝练提出了"中国特色、世界水平"的知识产权强国建设目标定位，明确了"点线面结合、局省市联动、国内外统筹"的知识产权强国建设总体思路，奋力开启了知识产权强国建设的新征程。当然，我们也深刻地认识到，建设知识产权强国对我们而言不是一件简单的事情，它既是一个理论创新，也是一个实践创新，需要秉持开放态度，积极借鉴国外成功经验和做法，实现自身更好更快的发展。

自 2011 年起，国家知识产权局专利复审委员会携手知识产权出版社，每年有计划地从国外遴选一批知识产权经典著作，组织翻译出版了《知识产权经典译丛》。这些译著中既有涉及知识产权工作者所关注和研究的法律和理论问题，也有各个国家知识产权方面的实践经验总结，包括知识产权案件的经典判例等，具有很高的参考价值。这项工作的开展，为我们学习借鉴各国知识产权的经验做法，了解知识产权的发展历程，提供了有力支撑，受到了业界的广泛好评。如今，我们进入了建设知识产权强国新的发展阶段，这一工作的现实意义更加凸显。衷心希望专利复审委员会和知识产权出版社强强合作，各展所长，继续把这项工作做下去，并争取做得越来越好，使知识产权经典著作的翻译更加全面、更加深入、更加系统，也更有针对性、时效性和可借鉴性，促进我国的知识产权理论研究与实践探索，为知识产权强国建设作出新的更大的贡献。

当然，在翻译介绍国外知识产权经典著作的同时，也希望能够将我们国家在知识产权领域的理论研究成果和实践探索经验及时翻译推介出去，促进双向交流，努力为世界知识产权制度的发展与进步作出我们的贡献，让世界知识产权领域有越来越多的中国声音，这也是我们建设知识产权强国一个题中应有之意。

申长雨

2015 年 11 月

原版前言

本书的出版在 21 世纪而非 20 世纪 90 年代或之前是出于以下考虑：第一，欧洲的经济学家和管理型学者至今未对专利及知识产权管理投以实质性的关注和重视。第二，尽管拍卖和专利存在的历史已有数个世纪，但是拍卖这种商业模式还从未被应用于专利。20 世纪八九十年代拍卖技术和专利化各自迅速发展，促进了两者在 21 世纪的结合。第三，20 世纪 90 年代或之前，欧洲各学院间在技术及创新管理方面未达成平台化研究合作机制。

现阶段，各种企业活动蓬勃开展。工业企业家增加了对于专利的投资并促进其商业化；工商企业家创立了专利拍卖的商业模式；学术型企业家开创了合作机制，将企业研发引入了知识产权领域。

本研究成果来自德国汉堡应用技术大学和瑞典查尔姆斯理工大学合作研究项目。这两所学院都是欧洲技术与创新管理机构协会（EITIM）的创始者。

弗兰克·泰特兹凭借此书被视为对专利及技术贸易的应用性研究、文献参考及了解中介机构对技术与创新市场（MfTI）的影响力方面作出了实质性的贡献。他的著作从概念、经验、理论以及实践方面帮助读者了解拍卖机构，弄清楚它们在技术贸易、创新及实际活动中的运作机制和作用。

这项研究是适时的且具有实用性的。近年来，技术型公司普遍意识到获取其投资于技术发展和创新的应得利益需要探索不同策略的重要性。当今公司不断将其创新公开化，采用和开发外部技术。因此，它们迫切需要了解如何成功地将技术和创意市场化。由此而论，技术与创新交易市场日益成为颇具吸引力的可选方案。

该项研究成果会影响管理技能、实践，以及对于管理交易挑战的隐性认知，尤其是当涉及公司对于技术获取及开发所获得的利益。

但是，许多实际阻碍因素依旧使技术与创新交易市场的运作变得复杂化，并且导致高昂的管理和交易成本。这些成本反而为中介创造了进入技术与创新交易市场的机会。这些中介提供了创新型服务及交易模式。在这些模式中，技术拍卖日益流行。然而，这些模式是否对于所有技术和专利都适用呢？事实上未必。公司常常需要作出决定，是否要将一种不兼备最佳交易治理结构模式的商品依据专利和技术的固定特点进行拍卖。这种情况常需要依据特定场景判定，但是如何作出最恰当的判定呢？

笔者和弗兰克·泰特兹教授依据交易成本理论共同设计了一套针对技术交易的模型变量。基于该成果，弗兰克·泰特兹教授深入研究并在多个应用课题中对这些变量进行测试。他使用推理统计技术对 6 个技术交易实例中 390 项授权专利的技术进行了分析。

他的研究表明，技术拍卖模式对于交易存在适度市场价值的技术非常适合。这些技术若使用传统的议价谈判模式很难进行交易，同时会产生高昂的检索和交易成本。另外，技术拍卖的严格标准化的交易治理结构对于高价值技术的交易设定了限制条件，尤其针对不可预测的、无限定佣金的技术交易。这样，在一定程度上使得这些高价值技术无需通过昂贵的议价谈判也可被获利交易，同时在合同条款设定中获得很大的自由度。本次调研的技术拍卖治理结构不应作为复杂程度高的技术交易的蓝本，因为该类型的交易需要应用其他隐性信息作为补充考虑因素，例如，相关知识资产的所有权信息。拍卖可被视为技术的现货市场交易，是一种不需要特定规划和复杂议价的特许交易。

本研究结论不仅涉及宏观技术交易流程，还有对具体拍卖行为的深度解析，对企业、高校、独立发明人以及他们的资助研究机构有针对性的指导意义。本研究结论还有助于交易中介机构，尤其是拍卖公司可以依据该结论合理设计交易模式。此外，本研究结论还对创新与知识产权政策决策者制定技术市场进一步发展规划有帮助。因弗兰克·泰特兹教授将创新企业的微观角度（由汉堡合作机构专家提供观点）与市场角度相融合（由工业经济学方向瑞典合作机构提供），本研究结论对当今学术研讨意义重大。

作为企业家型研究者，弗兰克·泰特兹深度调研并撰写本书实为该领域的先驱。他拓展了新的研究范围，不仅呈现了研究领域整体情况，还为今后进一步的理论、统计和管理性研究开辟了新的领域和方向。我们非常荣幸地向广大读者推荐本书。总之，本书架构清晰、可读性强，兼具研究性和实用性、内容丰富且涵括多学科知识，可满足广大读者获取知识的期望。

汉堡/哥德堡

2011 年 11 月

译 者 序

众所周知，科学技术的创新是社会发展之源。创新，视为社会经济转型和产业升级的助推器。当今时代，世界各国都在极力加快科技创新的步伐，并将实现创新驱动发展作为重要的国家战略之一，以此提升在国际经济和科技竞争中的实力，最终掌握控制权。

在我国政府极力倡导创新驱动战略的大形势下，我国的科技创新显现出良好的发展态势，在很多技术领域都取得了卓越的成就，赢得了国际的广泛关注和认可，如高速铁路技术、深海工程、载人航天工程等。我国众多的技术型企业也为推动既有产品技术的迭代升级，在企业技术研发资金的配置、企业内部研发机构的创设、创新型人才的引进以及与科研机构的协作方面都不断地予以关注和付诸行动。

然而，我国新技术的传播和应用模式依旧处于闭合状态，技术的市场化也处于萌芽阶段。在科技经济全球一体化的环境下，对于新技术的传播和应用而言，合作、共享、开放和交流是提高效率和实践成果的模式。为此，我们希望借翻译在技术交易与管理研究领域颇有建树的德国学者弗兰克·泰特兹（Frank Tietze）博士的著作《技术市场交易：拍卖、中介与创新》为国内企业提供一个开展技术创新和技术贸易的新视角，为企业参与国际技术市场活动提供一些参考意见。

弗兰克·泰特兹博士先后就读于德国汉堡大学工业技术与管理专业、查尔姆斯理工大学工程专业以及德国汉堡工业大学的社会科学与经济专业。作为多所大学的客座教授，他常年开设技术管理策略、知识产权策略管理、领导力与管理等课程，并在技术创新与知识产权管理学术研究方面硕果丰富。

《技术市场交易：拍卖、中介与创新》一书源于弗兰克·泰特兹博士的论文《技术市场交易的管理：拍卖能否促进创新》。本书的特色在于理论与实践的有效结合，以交易成本理论作为研究基础，通过深刻剖析实验结论，为理解技术交易过程给予详尽阐述。他通过调研获取了不同国家技术拍卖实践活动的真实数据。通过对这些数据的收集、整理和分析，依据交易成本理论，弗兰克·泰特兹博士得出一种针对创新技术传播的有效的市场机制，即通过市场拍卖模式推广创新技术的市场化及其应用。此外，他在书中还进一步对现有技术拍卖模式以及中介参与方式提出新的观点。

正如原著出版商英国爱德华·德博诺出版有限公司在本书的原版前言中所述，本书从理论与实践方面都有助于读者了解技术创新与交易市场和参与交易的各方机构，明确它们在技术贸易、创新与实践活动中的作用和运作机制。因此，无论是针对技术型企业的管理层、技术与创新市场中的各交易方，还是针对市场政策的制定者，本书都具有现实的指导意义。

因参与本书的翻译，我们对于我国技术市场发展的现状也给予了密切关注。通过近日发布的《2015 全国技术市场统计年度报告》，我们了解到凭借国家政策支持，我国技术市场交易近年来得以迅速发展。技术合同交易额逐年上升，由 2001 年的 782 亿元增加到 2014 年 8500 多亿元。多个国家技术转移中心建设工作也正在积极推进。我们希望在我国技术交易市场化体系建设过程中，通过对世界各国技术交易经验的研究和学习，取其精华并结合我国的实际国情加以应用，最终促进我国技术交易市场的良性发展以实现创新驱动的国家战略。值得欣喜的是，在本书的翻译过程中，我们得知本书不仅被列入国家知识产权局专利复审委员会的重点出版工作项目"知识产权经典译丛"之一，而且入选"2015 年度国家出版基金"资助项目，由此足见我国政府已经在知识产权及出版领域践行助推技术创新与转化战略。

在翻译过程中，两位译者的分工为冯晓玲负责第 3、4、5、6、7 章、附录、索引的翻译及全书统稿；钱京负责前言、第 1、2、8、9、10、11、12 章、致谢的翻译。另外，本书能得以顺利出版，与责任编辑卢海鹰、王玉茂的专业、细致、认真的工作密不可分。他们不仅给予我们极大的支持和帮助，进一步完善了译稿质量，而且展示了良好的专业精神和水准。在此表示由衷的感谢。

诚然，我们对本书的翻译工作予以高度重视，竭力完成，但因水平有限，本书难免有疏漏或不完善之处，欢迎广大读者批评指正。

钱　京

2015 年 11 月 23 日

目　录

第三部分 技术拍卖的实证研究

第一部分

背　　景

第 1 章　　导　　论

第 2 章　　研究方法

第 *1* 章
导　　论

1.1　创新、交易机构和市场交易中介

　　为创造并保持竞争性优势以及确保可持续性发展，很多公司都十分重视创新研发。这些公司常常发觉它们处于与竞争对手的创新博弈中，以至于被迫在市场上加速创新概念的实践（Cooper，2008）。尽管绝大多数公司倾向于主要依靠自身的研发部门资源开拓创新，但是因许多技术及技术型产品的累积属性而导致现代技术[1]和产品的复杂程度不断增长，使这一意愿难以实施（Hall，2004：4）。Granstrand（2000b：9）指出，产品和服务不仅越来越基于新技术，而且越来越基于多项不同的技术，即产品和服务变得更加多技术性。[2]

　　例如，当今汽车不再被视为独立的产品而是包含各种电子和软件组件的复杂技术系统，这些组件在19世纪70年代并未加载于汽车（Miyazaki 和 Kijima，2000）。移动电话的全球移动通信系统（GSM）标准是另一个实例。Bekkers 等（2002）的研究表明，全球移动通信系统包括至少140项必要同族专利，其主要被众多跨国公司分散持有（摩托罗拉持有18%；诺基亚持有13%；阿尔卡特持有10%；飞利浦持有9%；瑞典电信持有7%）。[3]还有众多类似的情况。譬如，数字化视频光盘（DVD）媒介技术含有来自28个国家9个专利持有人的500项专利；动态图像压缩标准－4（MPEG－4）技术由21个国家22个专利持有人的196项专利构成；以太网技术由4个国家65个专利持有人的70项专利构成；Wi－Fi技术（802.11无线网）包括来自7个国家91个专利持有人的100项专利（Aggarwal 和 Walden，2009）。

　　研究统计数据充分体现了技术产品持续增长的复杂性。Kashand 和 Rycroft（2002）研究指出1970年30种最富有价值的世界出口商品中，43%的商品涉及

复杂技术，而 1996 年 84% 的商品涉及复杂技术。von Graevenitz 等（2008）研究表明 1978～2003 年，复杂技术专利增长迅速。这一数据是通过利用 Cohen 等（2000）提出的二分法对欧洲专利局及美国专利商标局年度专利申请是复合型还是分立型作出的统计。

技术产品和系统持续增长的复杂性增加了企业关于自由经营的不确定性（即它们是否拥有制造某种产品所必需的知识产权资产）。因此，尤其是规模庞大的跨国公司面临诉讼的危险日趋增加。近年来，在美国，甚至在欧洲出现了一批非专利实施实体（专利蟑螂）针对大型企业提起侵权起诉，施压要求侵权索赔或授权费用。例如，在 2001 年，非制造业实体（NTP）起诉黑莓手机制造商（RIM 公司）侵犯其专利，在关于电子邮件系统中使用射频无线通信技术（Tietze 和 Herstatt，2010：8）。2006 年，RIM 公司支付该非制造业实体 6.125 亿美元赔偿金结案。Gilbert 和 Katz（2007）披露另一个专利侵权案件，因奔腾系列微处理器侵犯鹰图公司专利权，英特尔公司赔偿 5.25 亿美元。在欧洲地区，诺基亚报道（2009：124）指出 2008 年 IP. com 在德国曼海姆专利法院起诉诺基亚侵犯其 150 个专利族中 1000 多项专利（2006 年从罗伯特·博世有限公司购入），并声称造成其 120 亿欧元损失。

Behnken（2005：1）总结指出："产品与技术日益复杂化的趋势……要求生产趋于概念化，研发和推广产品需要更加细化和全方位……研发新技术或产品的能力常出现功能和空间错位……因此，企业需要多方面的能力打破组织和地域上的障碍去发展复合型创新。"[4] Granstrand（2003a：233f）也指出："当今新技术之间、新旧技术之间以多种更加复杂且相互依赖的方式彼此影响……这意味着专利和商业行为交叉影响更加显著，其与新商业行为的相互依赖程度通常取决于不断增长的专利数量以及新专利大体对于扩张的新商业机构的影响……因此，在新技术以及新的产品市场中，通常情况下，不仅有更多的代理商，而且竞合型的互助代理商（互助型和竞争型）日益增多。"

公开创新过程以适应不断增长的复杂性

从经济角度考虑，众多技术产品及系统日益增长的复杂性使得单个公司仅凭自己的内部研发力量进行所有必要的技术开发变得不现实，尤其是旨在为公司避免高额的诉讼费用的可促进自由使用的 IP 资产。当重要的、战略性的专利分散掌握在竞争对手公司的情况下，处于竞争激烈行业中的 IP 资产公司常常需要面对 IP 资产组合的实质问题。[5] 这样的 IP 资产组合问题会导致扼制问题，使得创新发展的速度减慢。例如，Aggarwal 和 Walden（2009：24）[6] 指出当专利所有人拒绝允许技术研发者使用已申请的专利，对于该技术后续的研发将会增加困难且代价高昂。另外，当创新寻求多项互补性专利，碎片化的知识产权将限制公司投资研发的意愿（Clark 和 Konrad（2008），Ziedonis（2008））。反之，有公司常负担冗余的研发任务，但其开发的技术对其他公司存在价值。虽然有些技术已被研发人员积极利用，但是它们也可嵌入应用于其他公司的产品中（技术的研发以工业技术标准为基础）。此外，未被研发人员采用的技术对于其他公司而言也可能存在应用价值，也能避免其他公司的重复的研发工作。[7]

由于众多技术产品和系统不断增长的复杂性，公司不仅仅需要管理创新的过程（研发活动），也需要关注自身 IP 资产的管理。[8]公司至少需要对其专利组合进行有效管理以避免诉讼危机，并且通过有效的 IP 资产管理进而获得发明创造的更多有利成果。公司采取从其他公司获得已有技术解决方案以取代凭借组织内部研发力量制定技术解决方案的模式，不仅可以节约研发资源，而且可以加速公司创新步伐。

因此，很多公司在行业内已开始采用公开化创新模式，甚至与使用相同技术标准的且拥有技术或 IP 资产的竞争对手开展合作。[9]技术与创新交易市场[10]中，通过许可特别是交叉许可，技术交易逐渐成为解决知识产权组合问题的必要方式，同时对于技术拥有者和有意获取或许可技术的公司都存在益处（Granstrand，2003a）。拥有技术的公司将能获得额外的收益，通过促进后续技术研发提高它们研发的回报率。[11]欧盟委员会（2008：32）披露，"公司持续打破知识产权在公司甚至于国家范围的限制，更趋向创新活动的公开化"。Lichtenthaler（2005）提及 Cesaroni 等（2004）、Granstrand（2004a）、Chesbrough（2003b）以及 Grindley 和 Teece（1997）曾指出产品涉及的技术不断增长，伴随着愈来愈短的产品和技术生命周期和更加激烈的竞争，这一切推动了更加有力的外部知识开发。Lichtenthaler（2005）提出"知识推动影响力"因持续增长的知识聚集和融合愈加强烈，会引导不同领域更多的知识元素被融入一种产品中。事实上，存在巨大的潜在研发机会。通过对 867 件专利（申请于 1994～1997 年）的调查，Braunerhjelm 和 Svens – son（2010）发现，这些专利中大体存在 39% 的"闲置专利"。然而，公司的开发意愿，譬如许可或出售一项技术主要取决于专利在技术组合中的作用（如战略性、防御性、抑制性和技术领先持久性）。[12]但是，供应方和需求方都可以超越自身限制在技术与创新交易市场（MfTI）上获取技术。Reichstein（2009）对 133 家技术许可方和相同数量非技术许可方的研究表明，许可技术作为刺激因素可加速企业创新。此外，Laursen 和 Salter（2006）的一项研究报告表明外源知识对于创新发明起到了正面的积极影响。

越来越多的公司超越自身公司边界，拓展创新活动范围以保持在创新竞赛中的优势（如提高创新的速度）并保证企业稳定的成长（Gassmann（2006），Rosenkopf 等（2001）），Chesbrough（2003c）将这种趋势命名为开放式创新。[13] 仿效宝洁公司类似成功的举措，更多公司在行业内开展创新活动，尝试从 MfTI 中获取创意、技术和 IP 资产。因此，伴随这种"开放式创新"的转变，创新活动的参与者可能会来自各种类型的组织机构，包括高校、其他公司（如创业公司）、主要客户和使用者（Murray 和 O'Mahony（2007：1008），Owen – Smith 和 Powell（2003））。[14]

随着创新的形式由"封闭式"转向"开放式"，传统的"封闭式"创新过程（如 Copper（2008）阐释）被参与创新的各类机构分解再配置，创新活动也呈现合作化趋势（譬如，涉及合资公司、联盟机构、研发型合作组织）。技术交易亦在参与者合作之间起到关键作用。图 1.1 揭示了技术与创新市场中，两家公司（A 公司和 B 公司）开放式创新活动中的一项技术交易[15]情况。A 公司正在研发一项创新技术且处于研发成熟阶段，而 B 公司处于该项技术早期研发阶段，因此 A 公司与 B 公司之间存在直接技术交易可能性，技术市场中介（TMI）[16]也参与了该项技术交易。

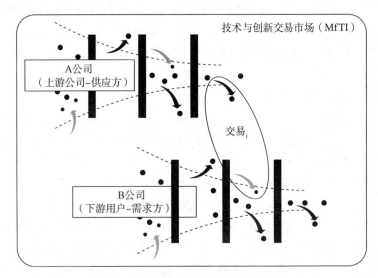

图 1.1　MfTI 中企业间的技术交易

注：改编自 Chesbrough（2003c）开放式创新过程图解。

众多实证研究已确认开放式创新总体趋势。Sheehan 等（2004）研究表明，过去 10 年中，51.4% 受调研的公司认为对外许可的重要性日益增强。而且，研究反馈，63% 的公司期望持续保持这种趋势并希望已申请专利发明的对外许可在未来的 5 年对公司的重要性增强。这种趋势同样被 PWC（2007）研究证实，54% 的公司反馈期待未来 3 ~ 5 年内对外许可的重要性。企业实例也常被引用，如美国国际商业机器公司（IBM）。IBM 是全球一家专利大鳄，该公司授权收益截至 1993 年统计年收入约 3 亿美元。1993 年，新任命的首席执行官 Lou Gerstner 推行采用了一项新的许可计划，根据 Salomon Smith Barney（1999）研究说明，该项计划预计至 2000 年会带来 14 亿 ~ 15 亿美元收入。因该项许可收益较之公司其他项收益具有实质性高额利润，专利许可与公司其他收益来源业务相比对公司账目贡献率更大。根据 Shulman（2003）和 Lang（2001）研究表明，1999 年 IBM 专利许可收益占全年收益的 20%，过去的 10 年共计收入 8.2 亿欧元。陶氏化学公司也常被引用作为实例。Roos 等（1997）披露该公司于 1993 年创立"知识资产运营部门"，1994 年获得许可收益 2200 万欧元，至 2000 年许可收益达到 1.1 亿欧元。Reitzig（2004）调查表明丹麦医药公司诺和诺德公司因授权生产动物胰岛素而在欧洲市场占据主要地位。据普华永道会计师事务所（2007）报道，来自世界五个主要地区的研究反馈及高管访谈信息表明，80% 以上接受访问的企业管理层人员都非常认可 IP 资产管理对于公司成功的重要性。

MfTI 的成熟也反映出人们对开放式创新模式的逐步接受程度。尽管 MfTI 的出现已有数十年时间，[17]但是众多研究数据表明其直至 20 世纪才形成规模和成熟，[18]尤其是在一些高科技领域。[19]Arora 等（2001：40）对三种不同的受限信息进行综合比较，得出较为一致的结论。针对技术信息的分析，Arora 等（2001：40）估算 2000 年世界范围内技术市场交易总值约为 3.5 亿 ~ 5 亿美元。Elton 等（2002）和 Kline（2003）估算，美国专利许可收益自 20 世纪初的低于 1.5 亿美元飞跃增长至 2002 年的年均约 10 亿美元。Sheehan 等（2004）研究结果表明调研的 81% 公司中期望 2005 ~ 2010 年对外许可交易数量有突破性增长，其中 54% 的受调研公司从 1995 年起对外许可交易数量已呈现增长趋势。科隆德国经济研究所（2006）预计德国技术和创新市场潜在交易值为 8 亿欧元。Gambardella 等（2006）预测欧盟八国市场交易值从 1994 ~ 1996 年约为 9.4 亿欧元、1997 ~ 1999 年约为 12.7 亿欧元、2000 ~ 2002 年约为 15.6 亿欧元，分别相当于其国内生产总值（GDP）的 0.16%、0.19% 和 0.20%，相当于第三季度和第一季度间总增量的 65%。Gambardella 等（2006：V）研究表明，20 世纪初，在他们调研的行业中专利许可收益持续稳定增长，也就是说，在这些行业中技术交易潜力迅速增长。Athreye 和 Cantwell（2007）针对非美国专利数量的增长及世界范围许可收益的研究表明，自 1980 年之后，专利申请量的增长与技术和创新市场的成熟步调保持一致，且预计该趋势将持续保持。Gambardella 等（2006）预计欧洲技术和创新市场交易将增长 50%，即意味着市场潜在交易价值从 148 亿美元增长到 244 亿美元。如前文研究数据表明，市场潜力的存在正是拓展和发掘欧洲市场的机会，以此可以提高专利技术的利用率。

阻碍有效交易的因素

随着更多的公司积极投入创新研发，它们需要获取专业知识以培养在 MfTI 上有效管理交易的能力。需要从外部引进技术的公司需要培养获得能力，拥有技术的公司则希望能够将技术许可于有技术需求的其他公司（如通过对外许可或技术交易获得额外的研发收益）以有能力组织有效的后续技术研发。[20]

Lichtenthaler 和 Ernst（2006a）研究指出，迄今为止，管理理论还并不成熟。当公司在 MfTI 上进行实际交易时会面临多种不同的阻碍，包括无力发明症候群[21]、市场价格评估问题以及买方确认[22]等。除了涉及管理过程以及公司创新文化等内部阻碍因素，其他阻碍因素还包括企业内部关系及处理交易的技术和创新市场组织架构。大多对于技术和创新市场的研究都是从企业层面、卖方角度展开，如 Lichtenthaler（2006a）和 Escher（2005）的研究。从买方角度或从国家层面的研究结果与之类似，如 Gambardella（2002）和 Granstrand（2004a）。市场交易流程设计与组织架构都不完善。众多阻碍因素干扰 MfTI 的有效运转。Troy 和 Werle（2008：3）指出："针对许可专利的健全的新技术交易市场受到多种不同因素阻碍……因此，市场运转并非十分顺利。"Teece（1998b：545）引用其早期（1981 年）研究结果指出"约 20 年前，已出现技术秘密的新兴交易市场"。然而同时他也指出："并非很多技术通过这种方式完成交易，由于 MfTI 上的多种困难或是公司并非有意愿出售新技术。"Teece（1998b：62）进一步指出："知识市场并不完善……"并且"资产分类尤其困难，虽然对于知识资产交易并非不可能。"在 MfTI 上的阻碍因素、交易困难及高昂的交易成本最终会阻碍有效的市场运行，有可能导致市场失效或造成企业交易的失败。[23]因此，面临交易失败的企业不太愿意涉足技术交易，然而，该交易实际上能够刺激创新的有效进行。

技术市场交易中介（TMI）

近来，TMI 作为技术与创新市场交易的特殊参与者，针对现存市场交易阻碍因素设计了新的交易模式，并以此作为进入市场的商业机会，[24]向有意于获取、开发技术和 IP 资产的公司推广新交易模式。

OECD 等（2005：10）指出"随着技术交易与专利价值的增长，参与市场交易的中介机构数量和类型日益增多"。EPO 等（2006：1）的报告指出"当今市场处于一个探索和学习的时期，其间，中介数量呈增长趋势"。EPO 等

（2006）提出应对中介使用的新商业模式予以进一步的关注。这些商业模式包括合作、技术池、特定目的投资工具、拍卖、交易型知识产权指数、专利价值基金等一系列旨在处理知识产权流程性事宜（如潜在许可方的确认与沟通）。如 EPO 等（2006：1）指出，"这些新模式对整个市场的发展起到推动作用，促进了知识产权市场的成熟"。

除管理部门之外，该领域研究者也注意到 TMI 的出现。Koruna（2004）研究指出，市场上出现新的服务与工具使得外部技术开发变得越来越容易，而并且将得到更多公司的认可。Chesbrough（2006：3）研究发现，"近年来，出现一小批中介公司介入公司间专利技术交易的确认、谈判与转让"。Troy 和 Werle（2008：20）指出，"中介数量持续增长，公司趋于聘用专业的知识产权人才。这些参与者介入专利交易获取交易经验，实践不同商业模式与创新途径以应对不确定性"。[25]然而，基于本研究目的的数据仅公布了部分统计信息。随后，笔者对于 2006 年 12 月前已完成的研发数据进行收集整理，基于与业内专家的沟通与交流，确定了约 70 个 TMI。自该类型的公司建立开始，其发展的速度得以评估。预先研究的结论证实了其发展趋势。自 1980 年，一个类似指数曲线表明年增长速度为 8%。[26]

至今，TMI 已衍生为不同交易治理结构（TGS）下具有特色的多种新交易模式。然而，事实上依然存在针对每一个技术交易是否不同模式都能够适用，以及何种因素决定适用模式的选择问题。自 2006 年春季，美国旧金山第一次举办技术公开拍卖活动，在众多新颖的交易模式中，技术拍卖受到众人的特别关注。自那时起，不仅在美国，甚至在欧洲和亚洲都持续举办过技术拍卖活动。然而，是否所有的或某些特定技术适合采用拍卖这一手段依旧是具有争议性的话题，同时也是进行本研究的初衷。

总之，当今企业已广泛认同创新的重要性，市场发展亦推动它们持续进行创新活动（如加快企业创新速度）。然而，为保持公司竞争力，尤其是对复杂技术产品的加速研发，公司需要将内部研发的技术与外部获取的技术资源相结合，因为创新已成为一个持续积累的过程。因此，公司不再仅仅使用内部资源进行创新，而是呈现日益增长的开放式创新趋势，打破企业边界在 MfTI 上获取或引进技术。这些公司对于公司间的创新过程的严格管理以及技术获取和开发管理需求日益增强。它们需要了解在 MfTI 上如何建立竞争优势且对于技术与 IP 资产交易进行有效管理的知识。

然而现实存在多种阻碍因素（如高额的交易费用）限制 MfTI 的有效运行。这些阻碍因素对于涉及技术交易与开放式创新的公司来说是交易挑战。TMI 自在 MfTI（治理结构内的组织性创新）出现时起，逐步发展并形成多种新颖的交易模式（服务型创新），促进企业进行更为有效的创新活动。

然而，每一种新颖的交易模式都代表着一种不同的 TGS，也并非对于任意技术交易都适用。公司在这些不同的新颖交易模式中针对每一次交易选取最优的与技术交易治理结构相匹配的模式。公司需要了解如何最大化应用近来出现的 TMI 或是其所提供的交易模式。技术拍卖就是其中一种新颖的模式。本研究涉及的问题在于何种技术拍卖代表一个适合的 TGS 进而推进有效交易。

1.2 研究重点及领域

本研究具有跨学科性质，结合了管理科学与产业组织文献的概念。图 1.2 阐释了与本研究相关的主要领域并在以下章节中进行了深入探讨。与本研究密切相关的领域以黑体字着重突出标示。

从管理科学角度来说，本研究主要基于公司的创新管理文献。[27]本研究中，创新被视为反复、相互作用、累积过程的结果。其中，各种资源中互补性的知识片断（显性与隐性的）[28]与相关联的 IP 资产[29]被组配。这些文献资源来自公司内部（包括其他商业部门），或是延伸至公司外部。此定义基于众多学者提出的概念，如 Murray 和 O'Mahony（2007：1008）认为"创新的实现，发明者需要有确实的融会贯通和积累知识的能力"。Aghion 等学者（2001：470）认可内生增长理论，同意 Harris 和 Vickers（1987）的陈述以及 Budd 等（1993）对于技术进步的阐述（新兴于一步步创新的动态过程）。Green 和 Scotchmer（1995：20）指出"知识与技术进步从某种意义上来说是累积的，而产品常被视为多步骤创新活动的产物、修正和改进"。Nelson（1994：50）认可进化增长理论，同时也指出："在多个领域，技术先进性意味着累积，即今日的技术进步是昨日的延续和继承，建立在先前已取得的成就基础上，同时也在不同方面作出改进。在许多累积性技术中常常出现'自然轨迹'，沿着进步的特定路线的累积改进反映了，技术人员理解的成功是什么以及企业认为客户将会买什么。"[30]

在经营管理学领域，自 Schumpeter（1912）提出创新概念，一系列系统的对于创新管理的研究于 1960 年开始，并自那时起形成热门研究（Hauschildt 和 Salomo，2007：X）。[31]当下，创新管理已发展成为一个复杂的综合性研究体系，结合了广泛的课题，包括创新过程（如分布式、开放式、线性或交互式）的不同时代和阶段[32]、创新策略、项目管理、组织架构（如专利许可部门）、激励体系、创新来源[33]、创新项目中的执行者、知识管理方法、公司创新精神、产品生命周期模型、扩散过程模型、多样化管理工具、创新类型（如激进型、渐进型或累积型）以及创新体系。[34]

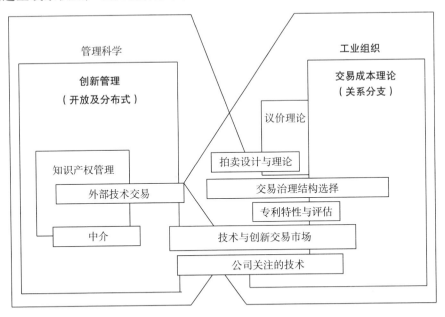

图 1.2　研究范围及相关研究领域[35]

依据创新文献，本研究分析了企业的专利技术交易。同时，本研究调查了一家公司支持创新产生的"技术基础"[36]的管理（包括开发与获取）情况。开展技术交易和融合以促进创新产生的公司在本研究中视为"以技术为基础"。以技术为基础的公司是涉及创新技术交易中的主导者，同时也是交易中知识产权的管理者。尽管本研究着重于广泛意义上的交易，笔者仅以开发技术的公司角度而非获取技术的公司角度开展研究工作。尤其需要说明的是，本研究主要关注 MfTI 中打破公司边界的组织架构以及技术交易治理。

每一次技术交易被假定发生在一个创新过程的总体框架内。它经常被假定为某家公司研发一项新技术并最终提交了专利申请予以保护，之后会在创新过程的不同阶段利用所有必要的资源补充完善该专利发明，并将其引领至上市推广，即将专利发明转化为创新。然而，有很多专利并非直接由其发明者使用。为了促进创新，因此必须确保获得授权专利的发明是由市场参与者所拥有的，它们可以并且愿意开发使用该发明。跨越企业边界相互促进的创新过程最近被视为开放或分布式创新。这些分布式的、企业间的，特别是有 TMI 参与的创新过程，是与本研究相关的课题。[37]

本研究主要涉及授权专利技术作为交易对象，它与知识产权管理的文献是紧密相连的。而依据上述的发展情况——先前针对专利的研究主要强调的是法律规定，只有较少与经济相关[38]，对于专利的传统观点自 20 世纪 90 年代早期以来已经逐渐有所改变，这反映了越来越多的学者已经关注这个领域。[39]基于一些早期的文献（例如，经常被引用的 Teece（1998a），Grindley 和 Teece（1997），Nonaka 和 Takeuchi（1995）），专利管理和更广泛的知识产权管理目前被广泛接受并融入创新管理文献中，特别是重视开放和分布式创新。知识产权管理研究中，学者们已经关注流程、工具、策略、技术获取机制、利用[40]、交易以及技术市场化。[41]然而，对影响交易的、数量持续增加的 TMI 所起的作用到目前为止在很大程度上被忽视。[42]本研究关注的重点是 TMI 是如何影响交易的（特别是通过技术拍卖）。为了促使读者更好地理解 TMI，本研究借用介绍创新体系经纪人和中介机构在文献中不同的概念（见第 3.2 节）。大量的知识产权管理文献主要集中在许可方面。虽然这个主题与本研究密切相关，笔者宁愿采取宏观的角度来分析，聚焦在交易体制上，因此基本上没有很多涉及许可的文献内容，而往往更关注，例如，合约设计和许可费问题。[43]

如前面所提及的，伴随（开放式）创新过程，从发明人到技术配备最好的实施者都可利用它们实现一种经济有效的资源分配，MfTI 代表了发生交易的创新体系中的部分体制架构[44]（见图 2.1）。因此，将这一体制应用于外部，从企业间的角度来看，涉及在这一体制框架内不同的市场参与者和相关者之间相互的交易关系。这项研究也涉及工业组织学派（例如，Carlton 和 Perloff（2008），Tirole（2008））。在工业组织学派中，有一特殊研究分支是专门研究专利价值的。[45]这些研究调研了专利的属性，特别是专利价值的决定因素。对影响销售概率和销售价格的因素进行定量分析，采用的衡量因素主要是本研究中得出的变量。

本研究采用交易成本理论的总体理论概念，其在研究的主要问题中有所体现（见第 2 章），同时结合选择了具有交易资产特性的 TGS。本研究关注的是一个技术所有者和收购者之间的交易，即交易行为人之间的关系，因此，它与交易成本理论而不是组织管理相关。交易成本理论的相关分支提供了本研究的理论基础。根据 Shelanski 和 Klein（1995）所述，交易成本理论的相关分支目的是解释如何从一组潜在的候选者中选择贸易伙伴，这一理论关注创造或购买以及持有或出售的决定。在开放式创新的文献中，大量的实证研究已经以类似于本研究的方式应用了交易成本理论，这项研究中，他们调查了"相关的治理结构"。在技术引进方面，这些研究包括，例如（Van de Vrande 等（2006），Delmas（1999）），创造或购买决策（Klein，2005）、许可合同（Bessy 等（2008），以 及 Brousseau 等（2007））和联盟（Colombo（2003），Oxley（1999））。根据这些作者所述，例如 Leiblein（2003），密切相关的概念还包括：创新合同、承包合同关系、垂直分工以及企业间的合作。

调查技术拍卖作为一种特定的交易模型，本研究明显与拍卖文献的理论和经验有关（见第 5 章），这反过来又成为博弈和议价理论的一部分。本研究借鉴了拍卖文献中的拍卖流程模型理论。笔者在关注技术拍卖选择的讨论时，也提到了谈判理论的基本原则，尤其是在某个时间段以及某种情况下他们更倾向于谈判协商。此外，在一定程度上，这项研究还从市场设计文献中借鉴了部分内容。

注　释

1. Rycroft 和 Kash（1999）对复杂现象进行了综合性考察。Schmookler（1966：X）视发明的技术知识的累积属性为"位"，被添加到现有的知识存量库中。根据 Pénin（2008）所述，类似的概念曾在先前的文献中被提出，如"阶段性创新""含多种发明的产品""集体学习过程""集体创新模式""组合能力和复制""进化创新""序贯创新"以及"多阶段创新"。但是，序贯创新不是一个恰当的术语，因为它可能会与早期世代序贯创新过程相混淆。此外，累积创新不应该与集体创新混淆。关于公开、用户以及积累性创新内容的讨论，请参见 West 和 Bogers（2010）。

2. 文献中提及的相关概念为含多项发明的产品（Somaya 和 Teece，2008）以及模块（Campagnolo 和 Camuffo，2010）。

3. 参见 Ernst 和 Unctad（2005）及 Lindmark（2002）。

4. 然而，公司边界的确定并不是很重要。在工业组织中，有一系列相关的文献阐述了决定公司规模的因素。相关文献的评论可以参见 Holmström 和 Roberts（1998）。

5. "知识产权组合问题"以及扼制问题的概念进一步涉及起源于俄国建筑组合租赁权问题的"反公共理论"（如 Granstrand（2003c）以及 Aggarwal 和 Walden（2009））或生物医学研究（Heller 和 Eisenberg，1998）。

6. 然而，专利未必在持续积累的创新过程中出现扼制问题，如 Granstrand（2006）在数学运算中阐释的累积创新的极端案例。

7. 事实上存在一个普遍认可的假设，在创新过程中，为技术申请专利的市场参与者即是最终将技术引入市场、将其转化为创新产品的人。实证证据表明，情况并非如此。相当比例的专利并非由发明者直接使用。Gambardella 等（2006）报告称，在其"丰富的"欧盟专利样本中，36% 的专利并非用于内部或许可。而大约一半的专利（18.7%）甚至可能承载潜在的高价值，因为它们帮助防御竞争者；另一半（17.4%）专利标记为"沉睡专利"，几乎未被开发。德国经济研究所（2006）证实德国 1/4 的专利（24.6%）根本未开发利用。Chesbrough（2006：5）报道，在美国超过 95% 的公开专利未授权使用，超过 97% 的专利不会带来任何许可使用费。

8. Granstrand（2004b）提供了更多有关从研发以及技术管理转向知识产权和智力资本

管理的论点。

9. Parker 等（1996）提供进一步的论据解释这一趋势。他们指出，通过市场营销，公司有意或无意发现内部研发仅限于线性发展，若想突破固有想法，可以通过不受公司限制的发明者而获得。此外，Somaya 和 Teece（2000：1）指出，发明可能是结合 …… 采用三种可替代的组织模式的多项发明产品，如发明许可、产品中涉及发明部分的交易以及通过集成化生产。

10. 文献中陈述了各种概念。Troy 和 Werle（2008）以及 Gambardella 等（2007）使用术语"专利市场"作为狭义定义。Chesbrough（2006）提出术语"知识产权市场"，Lichtenthaler 和 Ernst（2006b）创造了"知识市场"概念，Arora 等（2001）使用"技术市场"概念，Gu 和 Lev（2000）使用"无形市场"概念。最近，国际商会（ICC）的特刊（第 19 卷第 3 期）总结了 MfTI 上使用的不同概念，不仅包括技术，也涵盖早期创新过程中实施交易的创新想法（例如 Innocentive. com）。

11. 据 March（1991：71）所述，探究新的可能性与利用旧的确定性之间的关系是经济学研究的核心问题。探究包括诸如搜索、变动、冒险、实验、发挥、灵活性、发现以及对比创新等方面；利用则包括细化、选择、生产、效率、选择、实施与执行等方面。Bessy 和 Brousseau（1998：452）认为，"当一个创新者允许许可其技术，他将它投入经济体系中，同时提高了对创新的投资和努力的回报"。

12. 有些技术直接关系到企业的核心能力和竞争优势，可能不适合外部开发，至少不适合直接的竞争对手；其他技术对企业的竞争优势而言不是特别重要的，可能适合对外开发。然而，探究在技术投资组合中被赋予不同战略目的的技术则超出了这项研究的范围。读者可参考如下文献，例如，Tschirky 和 Koruna（1998，第 4.2.10 节）解释了不同技术的类型和分类的方法，Granstrand（2000a）也提供了针对具有不同战略目的专利的观点。

13. 根据 Chesbrough（2003a）所述，开放式创新是培养和使外部机会的价值向企业内在化的过程，以及对内部研发进行外部补充的巧妙部署。虽然这种现象只是最近在某些行业中被观察到，这种创新的原则并非特别新颖。Teece（1989：35）认为，在资本主义经济中创新的体制结构是极其多样化的，涉及各企业和其他组织相互间的一个反向、正向、横向以及纵向的复杂网络关系和联系。此外，根据 Granstrand（1982）所述的 Granstrand 和 Sjölander（1990）提出的原创概念，技术引进和开发策略类型目前被纳入了一个开放的创新理念。

14. 公司积极参与和赞助虚拟社区（如 Janzik 等即将上线），在此用户可以开发软件（如 Raasch 和 Herstatt，即将出版）以及有形产品（如 Raasch 等（2009））。

15. 常避免使用"技术贸易"，因为它经常在文献中用以表示国际的技术交易，通常与对发展中国家的技术秘密交易相联系，譬如 Yang 和 Maskus（2009）、Hoekman 等（2005）以及 Chen 等（1994）所述。

16. 依据 Schumpeter（1912）所述，本书第 4 章将对于此概念提供具体定义。中介机构可视其为由企业家创立的合资公司，也称为改变的源头（North，1996）。

17. 直至 20 世纪初才出现组织化的技术与创新交易市场（Lamoreaux 和 Sokoloff，

1998）。

18. 这一增长效应的解释目前受到不同领域学者的关注。然而，对这种现象的解释超出了本书研究的范围。

19. 例如，制药公司对于它们的产品的了解很大程度依赖于外界信息（Ceccagnoli 等，2009）。然而，有趣的是，MfTI 的规模针对无形资产、专利和许可仍然难以确定。此外，因缺失系统地收集数据的方法，很少有研究试图预估市场规模，到目前为止只有很少的官方统计数据由国际权威机构（例如欧盟统计局）定期收集。

20. 在文献中，不同的术语被用于描述基本类似的过程。例如，Escher（2005）所述的部署和 Lichtenthaler（2006a）所述的商业化。对于外部技术采购战略的类型和详细的讨论，参见第 3 章内容。

21. Lichtenthaler 和 Ernst（2006a）以及 Katz 和 Allen（1982）对于无力发明症候群有详尽的描述。

22. 第 3 章将详细描述并探讨阻碍的内容。

23. 例如，Escher（2005：75）认为，"由于市场的不完善和过高的初始财务承诺，企业往往无法启动这种开发项目"。

24. 某一专业的中介机构，如经纪机构和经销商，作为"专业化工程公司"已经存在了很长一段时间（例如，Arora 等（2001）报道）。最近出现的 TMI 特指在第 4 章中提供了狭义定义的公司。

25. 值得注意的是，在市场无明显效率的情况下，中介机构的出现对技术市场无显著作用。例如，在农产品市场方面，Klerkx 和 Leeuwis（2008：260）报告，由于市场和系统性失灵，供应方和需求方在这个市场上关于有效交易和建立必要的关系以驱动创新过程方面受到了约束。为了减轻这些限制，业内组建了一些中介组织，以协助农业企业家传达需求，帮助他们与可以提供创新支持服务和管理创新过程的机构建立联系。

26. 样本数据中仅可以确定 60 家 TMI 的成立日期，其占 TMI 的 80%。到目前为止，TMI 多数聚集在美国的东海岸和西海岸两个中心。而其中相当一部分都集中在西海岸硅谷，另一个集群处于东海岸，包括纽约和马萨诸塞州。非美国本土的 TMI 主要是欧洲和加拿大的公司。在欧洲，大部分 TMI 为英国和德国公司。几个 TMI 在欧洲、日本、中国和东亚区域有办事处。

27. Schumpeter（1912：第 2 章）在经济文献中介绍了创新的概念，定义其为"新产品推广……生产的新方法……开拓了新的市场……新的供应来源……并创建了任何新的行业组织"。自那时开始，各种定义纷纷出现。例如，Drucker（1954：xi）定义创新为"创建一个新行为高度的变化"，Nelson 和 Winter（1982：130）对创新的定义为"任何形式的新的艺术创作、科学或实际生活，包括在很大程度上的概念重组和以往存在的物理材料"。如今，人们广泛接受此概念，即创新包括各种领域（例如组织、财务、社会或服务），目前已经提出了不同类型（例如，Granstrand（2000））。OECD（2005：46）把创新定义为"新的或显著改善产品的措施（商品或服务）或过程，一个新的营销方法或商务活动中的一个新的组织方法、工作场所或组织内部或外部关系"。

28. Polanyi（1966）引入了隐性和显性知识的二分法。同时，隐性知识涉及 von Hippel（1994）提出的黏性知识概念。

29. 这项研究遵循了 Pearce（1992：18）的观点，资产被定义为"一个实体，具有市场交换价值并形成所有者财富或财产的一部分。经济学中，与之有着重要区别的是实物资产，即有形资源，如植物、建筑和以生产或直接面向消费者的土地产值服务；金融资产包括货币、债券和股票或是债权或因头衔获得的收入或接受他人的馈赠"。

30. 对创新累积性进一步研究已列入政策研讨相关的议程，例如，Furman 和 Stern（2006）、O'Donoghue（1998）、Mazzoleni 和 Nelson（1998）、Chang（1995）以及 Scotchmer（1991）。

31. 此外，可参见 20 世纪初由 Fagerberg 和 Verspagen（2009：220）主导的创新研究的初始全面调研。1960 年之前，创新的学术出版物寥寥无几。奥地利籍美国社会科学家 Joseph Schumpeter 对此展开过研究。然而，至少到 20 世纪 90 年代，大多数研究并非是由管理学者主导，而是在生态经济领域开展。若想回顾过去几十年针对创新尤其是创新过程的研究发展历程，可参考 Xu 等（2007）、Teece（2006）以及 Herstatt 和 Verworn（2004）、Rothwell（1994）的研究文献。

32. 譬如，Herstatt（2007）主要研究创新过程早期，即"项目前期的模糊阶段"。

33. 作为典型案例参见 von Hippel（1988）。

34. 创新管理方面广泛的文献理论概述，例如 Hauschildt 和 Salomo（2007）。Gerybadze（2004）以及 Tschirky 和 Koruna（1998）也说明了不同的子主题和在技术和创新管理内的关联主题。

35. 应用于 JEL 分类系统，本研究涉及以下几类：主要紧密相连的是 O31（创新发明：过程和激励）、D45（配给、许可）、M21（企业经济学）、O3（技术变革、研究与发展）和 CD44（拍卖）。广义而言，源于以下类别的概念被应用于本研究中：K11（物权法）、D23（组织行为、交易费用、产权）、D43（寡头垄断和其他形式的市场缺陷）、L1（市场结构、企业战略和市场表现）、L14（交易关系、契约和声誉、商业联系）和 L21（公司的业务目标）。

36. Granstrand（2000a）认为技术作为一种资源，并随后形成了技术基础的概念，即技术组合，"不断被收购、合并并以各种方式加以利用……"据 Granstrand 和 Sjölander（1990）所述，Escher（2005：44）提出"科技型企业的主要任务是通过收购和开发流程优化资源基础"。

37. 其他观点中，分布式创新流程概念的应用起源于笔者同参与瑞典查尔姆斯理工大学 MELT 项目（综合管理、经济、法律与技术）的同仁研讨的结论。

38. 据 Penrose（1951：xi）所述，尽管专利制度的发展主要为推动经济，但经济学家并未予以关注，也未对国际专利制度加以研究。Granstrand（2000a，ch. 2. 5）进一步指出 20 世纪 50 年代该现象未有改变，直至 20 世纪 90 年代。

39. 尽管存在固有的观念认为受到持续关注的公司的价值远超越实体资产的价值（Arrow，1996：126），知识产权相关的文献数量持续增加的现象反映了自 19 世纪 80 年代以来知识产权管理的重要性得以提高（Ziedonis，2008）。此外，Granstrand（2000a：ch. 2. 3. 2）提出知识产权持续增长的关注度以及其重要性都源于 19 世纪 80 年代出现的"重视专利时代"，其间美国专利司法制度发生了实质性的立法改变。

40. 对于基本类似的流程，不同文献采用不同的专业术语进行描述。包括部署（如 Escher（2005））和商业化（如 Lichtenthaler（2006a））。

41. 例如，Escher（2005：68）提供了多个研究完备的概述。

42. 有几个例外，如 Escher（2005）浅谈拍卖对于制定市场价格的作用。

43. 举例说明，Anand 和 Khanna（2000）曾举实例探讨许可的特性；Lafontaine 和 Slade（即将出版）分析许可合同；Braun 和 Herstatt（2007）探讨许可活动与创新之间的关系。

44. 根据 Nelson 和 Nelson（2002：265）所述："创新系统概念的发展……成为经济学家和其他技术进步学者的主要工作，这些与经济增长革新理论紧密相关。"在创新体系中，"技术进步学者始终了解组织结构在支持和推动技术进步过程中所起的重要作用"。

45. 如 Giuri 等（2007）、Hall 等（2005）和 Harhoff 等（2003）。

第 2 章
研究方法

2.1　概念体系与研究问题

反映技术交易的通用组织结构的概念体系被用以指导本研究的开展。该体系受 Bozeman（2000）采用的"技术转让的群体效能模型"启发，整理了与标准微观经济供需模型[1] 相关的技术转让文献。基于投入技术转让的参与者拥有多个目的的假设，该模型涉及 5 个概括部分。"转让代理"特指有意参与技术转让活动的角色；"转让媒介"是指技术转让的方式，如许可或出售；"转让对象"是指被转让的内容及形式，如技术知识或 IP 资产；"转让承接方"是指使用被转让技术的角色；"需求环境"特指涉及技术转让的相关市场条件。然而，Bozeman（2000）模型不包括在技术交易中扮演重要基础作用的中介角色。为适用于本研究的目的，笔者添加了该角色。

图 2.1 呈现了本研究的概念体系。该体系包括 6 个要素，且可进一步划分为 4 种类别：（i）参与者（卖方、买方与 TMI）；（ii）交易；（iii）被交易资产；（iv）组织（市场）环境。再者，该体系可划分为供给方及需求方。供给方是指技术与创新市场中（特指外部技术开发）技术与 IP 资产的拥有方，需求方则是指从外部获取技术的潜在购买方。

在交易中涉及 3 组不同的参与者群组，且各角色因交易活动，尤其是其治理结构相关联。交易期间，资产（技术）在中介直接或间接的协助下自卖方转移至买方。该流程受制于由上层参与者（如中央及地方政府、世界贸易组织、专利和商标局）制定的某些限制以及特殊市场与行业法则。

一旦决定涉足交易，现有技术拥有者就在市场中扮演卖方，即市场供给方，并向外开拓技术交易。市场中卖方角色呈现多种类型。其区别于通常意义

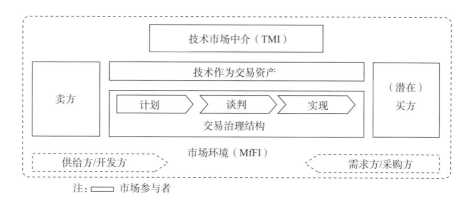

注：▭ 市场参与者

图 2.1　概念体系

上类似于向专利局提交专利审查的 5 种类别申请人，包括个人、高校、研究机构、中小型企业以及大型企业。除具有一般卖方特点以外，由卖方提供的技术可能取自多种来源。卖方出售的研发技术有可能来源于企业内部研发机构、子公司或从其他合作伙伴处获得。[2] 此外，非专利实施实体亦有可能拥有技术但并非技术研发方，而是从技术与创新市场上获得该技术。再者，技术拥有者可能雇用中介，如专利律师事务所（PLF），以匿名的方式代表其出售技术。一旦决定外部技术开发，卖方将针对每项交易选择最经济的治理结构。

从市场需求方角度而言，其希望获取技术并成为技术购买方和使用方。一般而言，卖方亦可成为买方。但是，独立发明人、高校或研究机构在市场上的角色一般定义为技术研发的源头，很少作为买方。因此，该角色获取技术来源一般限于中小型企业、大型企业或中介，譬如，一家代表企业的事务所。买方从多种渠道获取技术并且针对每项交易采用最适合的治理结构。[3]

服务公司代表了第三类参与者群体，为交易提供一系列服务。该研究中，笔者视此类公司为直接影响交易的 TMI。在第 4 章中，笔者将定义 TMI 并讨论它们在创新体系中的角色。

这些参与者通过交易尤其是其治理结构相互关联。如果交易成功，一项技术（或交易资产）将会顺利转移至新的拥有者。据 Lichtenthaler（2006a）所述，一般实践技术交易流程的观点已被普遍接受。在本研究中，笔者主要引用由 Lichtenthaler（2006a）和 Escher（2005）倡导的两个交易流程模型。在本书第 3 章中将会有更细致的讨论。

交易的客体为交易资产，含作为货币性补偿而进行交易的某项专利或针对一项复杂技术相关的显性知识和隐性知识，甚至涉及研发人员。极端情况下，公司分支机构（如初创公司）会因公司改革的原因而被进行交易。在本书第 6

章中将会对交易资产作详尽描述。

交易被设定在一个为知识产权交易制定好规则和规范的特定体制环境下进行。本研究中，笔者采用了技术与创新市场的普通概念。这种特定体制包括社会机构（如专利系统和专利法院）、行业协会、标准及认证机构、科学团体、商贸协会等。如 Bessy 和 Brousseau（1998）所述，因 MfTI 制定了规范（通常情况为非官方性质的），对代理商实施监管和执法措施（包括执行集体认可的法规或私下协议），所以它的角色重要性很强。这些法规及执行机制完善了制度框架。本研究因定位于管理科学体系，因此并未直接考虑体制环境。[4]

尽管本研究试图针对技术交易作全方位考量，但考虑必要性，本研究仅着重供给方，即卖方角度。如图 2.1 所阐释的概念体系，本研究主要考量 6 个方向中的 3 个，即 TMI、交易和交易资产。

近年来，TMI 开始创立新颖的交易模式，[5] 并在技术与创新市场上将这种模式提供给技术型公司帮助它们以外向型且更经济的模式进行技术交换。然而，随着可供选择的交易模式数量的增加，尤其是每个模式都对应一个特定的交易治理结构，这使得技术型公司面临逐步增强的选择性困难。对于创新及知识产权管理人员来说，决定采用哪一种交易模式适用于某类技术尤为重要。这是本研究的关注重点，尤其是作为一项针对技术交易的新颖性交易模式。假定并非所有技术都适用于技术拍卖，针对每项技术类型都采用最适合的交易模式，这些情况引出了本研究的一般性研究问题：哪些技术拍卖可以在经济上有利可图？

这一研究问题曾作为理论引导贯穿整个研究。它曾被用于体系化研究项目并引导研究方向和一致性（Punch，2005：33ff）。然而，这个研究问题涵盖了多个层面。譬如，哪些是选择满意的交易模式的决定因素？技术拍卖的治理结构到底减少多少沟通、合同拟定、监管及解决争议的成本？技术拍卖究竟如何增强了技术交易的有效性？

因本研究问题的多面性，无法也不易提供完整性答案。本研究中不可能涉及所有相关问题。因此，笔者决定本研究仅针对某些特别相关方面，区分不同方面问题，使研究范围缩小（Punch，2005：35）。特定研究问题的选择遵从两个原则：其一，保证本研究遵循 Punch（2005）提出的整体假设（组织小型项目深入的研究优于组织大型项目表面的研究），使本研究在有限时间和资源前提下可控；其二，选择与公司关联度最强的研究问题。

依赖这两个原则的引导并结合图 2.1 所阐述的概念体系，在本研究的第一阶段确定了两个特定研究问题。在行业和学术专家的支持下，本研究问题的范围被逐步缩小。如同 Punch（2005）所倡导的流程，不同种类的研究问题应被深化、分解并重新组合以使它们的核心问题得以渐进性解决。在某次研讨会议[6]确定相关问题后，笔者决定集中研究被视为新颖性交易模式的技术拍卖以及图 2.1 所述的概念体系的两个特定方面（交易治理结构和交易资产属性）。因此，两个特定研究问题采用 Punch 研究问题决定方法而确定。[7]

为深入理解交易成本理论的相关构成——交易模式的选择决定因素，笔者应用了治理结构的选择性架构。为使这一架构可应用于技术拍卖，对于技术拍卖的交易治理结构的理解变得尤为重要。其间，解读了第一特定研究问题：

（1）如何表征技术拍卖的交易治理结构？

第一研究问题实际上以描述的方式分析与交易成本理论研究相关的交易。在本书第 5.3 节将详细讲解这一特定的研究问题。定性的经验观察结论被综合考评（引用技术交易相关文献的理论支持），以形成对技术拍卖交易治理结构的描述。

伴随有序并渐进的方式对第一研究问题展开讨论，笔者继续探索并测试对于许可专利技术选择的决定因素。这些许可专利技术通过技术拍卖方式进行获利交易，并确定了本研究的第二个特定研究问题。

（2）哪些专利技术更适合于拍卖？

当涉及交易资产（授权专利技术）的分析时，问题就不仅限于文字表面而需要进一步探究（Yin，2003）。而本研究中，研究的问题实质需要确切考量。[8]为确定该问题的实质，从第一特定研究问题结论衍生出来的假定通过具有推理性质的统计技术（采用不同多元变量分析类型）进行测试。当实施这些技术手段时，笔者假设每一项技术都包含富有特殊定义的专利，但也存在普遍属性（如专利有可能在同一日被审核通过申请，因此具有相同生命周期；它们有可能划分为同一 IPC 分类号，因此被视为属于同一技术领域）。技术属性通过定量研究方法测试的情况将在本书的第 10 章中进行阐述。

两个特定研究问题都涵盖了针对交易治理结构的选择体系的两方面问题，第 7 章将会有具体描述。两方面问题表现在：①交易的治理结构；②交易资产的属性。这两个研究问题都反映出 Popper（1969）的观点："社会科学研究包括探究一些新的理论同时也是对既有理论的检测，因此包括'推测与反驳'"（引用自 Gerring，2007：39）。

2.2　关联性与贡献度

下面将涉及针对 TMI 的讨论。授权专利技术的交易涉及 TMI，尤其在公开技术拍卖环节。此外，本研究结论也罗列了对于不同利益相关者的贡献度。本研究涉及的主要利益相关者包括技术型公司中创新及知识产权管理者、TMI、创新及知识产权政策制定者以及学术团体。

关 联 性

针对技术交易管理的行业及国家层面的研究早已有效实施。[9]然而，这项研究是否与 TMI 以及它们对交易的影响程度的研究有关联？

第 1 章中已描述了针对该问题的讨论。根据上述引用的研究所述，技术与创新市场的组织架构并非最理想，而且存在一些交易的阻碍抑制了市场结算（具体内容参见第 3 章）。因此，技术和 IP 资产的外部利用有效性远远低于理想状态，而且很难推动创新和发展。尤其对于一些公司，将其研发资源以最理想方式利用变得尤为重要。[10]因不断增强的国际化趋势、市场竞争、不断缩短的市场交付周期以及不断涌现的技术型复杂产品，公司需要跨公司边界从不同来源获得各种技术以及相关的 IP 资产。[11]开放的创新活动导致这一趋势的形成。公司在网络中逐步增强合作并交换（获取或利用）技术和 IP 资产。最终，完善的创新与技术市场的重要性日益增强。公司需要对其有正确的认识和理解以处理类似交易。一些有趣的现象和统计数据说明，TMI 开始出现，并创造了一些能影响公司处理交易的新颖的交易模式。这些模式试图助力技术克服交易阻碍并具有不同的交易治理结构。迄今为止，这些治理结构并未被系统研究且不被完全认知。

在学术界，很多公认的学者对 TMI 展开研究并持支持态度。Gambardella 等（2007：1181）认为："独立观点的形成，如 Yet2. com……有助于改善技术交易活动的管理效率……然而在今后的研究中需要针对这些观点进行深入的分析"。类似观点也曾被 Lichtenthaler（2005：248）提出："对于商品化进程中利用中介解决不同的问题值得在今后的研究中进行探究"。此外，一些国际组织包括 OECD 以及 EPO 都呼吁在这一领域加强研究。EPO 等（2006：X）提出，"知识产权市场现在处于调研与学习时期，市场上不断涌现很多中介服务商。这些中介服务商引领我们进一步了解知识产权市场转化的发展……同时促进知识产权市场的成熟。"然而，为何在 TMI 提出的多样的模式中，本研究仅仅关注技术拍卖呢？

很多观察表明，在由 TMI 提出的不同模式中，公开技术拍卖具有特殊的潜能，可以有效影响市场发展。众多行业专家表示他们认为技术拍卖是一个有潜力的交易模式，并且他们不希望这种模式很快退出市场。此外，有一些深入的讨论支持对公开技术拍卖的研究。专利本身存在某些属性有可能阻碍有效交易（具体请参见第 6 章内容）。由于专利的独特性以及无形性很难被明确化，因此它们的市场价值通常很难评定。然而，其他类型的资产也存在交易价值确认困难。以往商业资产类型交易（具有与专利明显相同的属性）的成功拍卖案例表明可以利用拍卖的模式进行有效的专利交易。譬如，拍卖的模式以往被成功应用于无形资产的许可（比如，3G 通用移动通信系统（UMTS）射频频谱在世界范围的拍卖）[12] 以及特殊的、难以进行价值评估的有形资产的出售（比如，不同技术条件下的二手机器、艺术品以及葡萄酒[13]）。拍卖被视为一项完善的交易机制被理论界认可。

此外，初看本研究数据库中的技术拍卖销售数据，则会发现大量交易在非常短的周期内完成。[14] 相对于传统交易协议需要几周或几个月去准备和商讨协议条款，公开技术拍卖数据表明采用该方式将会极大提高交易效率，缩短协商周期，尽快完成交易。

据笔者了解，除一些实践者的研究报告之外（如 Millien 和 Laurie，2007），学术界的专家学者们几乎未调研过新兴的 TMI、其创立的新颖交易模式以及对于授权的专利技术交易存在的系统性影响，尤其是从交易成本角度开展研究。此外，至今未对技术拍卖治理结构进行系统化调查[15] 以及它们如何促进技术交易。具体而言，至今未有相关研究针对哪些择优使用的交易治理结构适用于授权专利技术的拍卖。[16]

贡献度

为了整体加强对 TMI 的了解、它们在创新过程中的作用、它们创立的新型交易模式的治理结构，尤其是技术拍卖将有利于不同的利益相关者。

创新及知识产权管理人员负责推动公司管理能力的改进或开放技术型公司（TBF）[17] 的创新进程。作为准备参与授权专利的技术交易并且思考寻求 TMI 支持的（特别是技术拍卖公司）管理人员将从本研究中获益。[18] 本研究致力于深入了解交易和管理体制，以及 TMI 如何对交易产生影响。这些观点为知识产权管理层在设计和选择技术交易治理结构提供了一个基础概念。尤其是，知识产权管理层可以从拍卖技术的经济效益分析中获得启发。在第 10 章中陈述该实证研究的结果，支持管理层对于其 IP 资产确定未来的定价。过去，价格透明度及竞争性市场价格的缺失被视为 MfTI 上阻碍有效知识产权交易的因素（见第 3 章）。[19] 技术拍卖出售价格的详尽分析说明买方愿意在一个规范的和可比性框架下支付相应的价格。为促进市场透明化，信息的公开需要不同学派学者的参与（如 Chesbrough，2006）。[20]

这项研究总体上有利于 TMI，但拍卖公司也能从中受益。TMI 可以从技术和知识产权交易的治理结构分析中受益（第 9 章将有详细讲述），这可以帮助它们进一步调整和改善交易模式，以适应技术型公司的需求。此外，TMI 还受益于技术贸易的统计和分析（具体内容在第6.2节中有详细描述），它们可以更好地理解 MfTI 以及交易量。若为改进由它们设计的拍卖模型，技术拍卖公司尤其可以受益于第5章介绍的拍卖设计的相关理论文献以及第5.3节中陈述的定性的实证结果。

这项研究也有助于学术界。首先，这项研究成果促进了针对创新开放性的背景下技术交易的治理结构选择概念的应用，该理论起源于交易成本理论。据笔者所知，这项研究为首次开展，若非首次，也是旨在通过实证测试针对技术交易采用的拍卖模式作为实现治理结构的预测。第6.3节陈述了回归分析研究，这项研究也间接地推动了持续性研讨以及针对专利价值评价指标的实证检验。其次，通过扩展文献中相关的概念，这项研究归纳了 TMI 的定义（如第4章中描述）。另外，该项研究提供了理论论证，揭示了 TMI 与公开创新之间的关系，以及开放式的创新和 TMI 对创新过程的影响。[21]

这项研究有助于使（尽管程度有限）政策制定者关注创新以及知识产权政策。[22]各国政府和国际政府间组织最近已意识到有效技术与创新市场的重要性和可能性，特别是在本书开篇介绍的对 TMI 这个新兴角色的争论。然而，现实情况是，仍然缺乏针对 TMI 的确切信息。[23]本研究的多方面内容有利于补充这一领域的信息（例如，本书第4章讲述了 TMI 定义的文献基础发展情况）。此外，虽然众多学者声称有必要加大技术价格透明化以辅助技术与创新市场的进一步发展，然而实际情况是授权专利技术的市场价格极为罕见，如果有的话，经常仅仅是基于替代性估价而不是真正的市场价格。[24]例如，Gambardella 等（2006：4）认为，新的数据收集……对于建立随后在更多不同国家的系统化专利价值指标尤为重要。Chesbrough（2006：146）也指出，对于以往对外技术及其相关知识产权上的花费缺乏系统的追踪。这种情况下，卖方很难了解到可以预期的价格或什么样的价格是合理的。在第6.2节中，笔者讲述了在技术拍卖活动中专利技术的实际市场价格。系统化的数据分析可能有助于理解专利价值的货币化以及相应的决定因素（见第6.3节）。为了促进技术与创新交易市场更好地发展，交易市场上出现的各种元素可以在设计激励方案过程中支持决策者作出判定。

2.3 研究策略

针对 TMI，本研究需要被认为是以苛刻的保密性议题为特征的实证领域中的早期研究。合适的研究策略的选择是非常有限的。[25]然而，找到能以可能最好的方式支持产生有效结果的研究策略相当重要。为全面解决这两个研究问题，笔者形成了序贯研究法。[26]这一策略遵循 Yin（2003：150f）所述的关于使用多种方法的第三种原理，即案例研究辅以定量分析方法"阐明一些基础过程"。

　　本研究的研究策略包括两个互补的定性的预研究，来解决第一个具体研究问题和解决第二个研究问题的定量研究。[27]两项预研究都遵循归纳法，解决第二个具体研究问题的方法具有演绎性质。在以下章节中，笔者进一步阐述了研究策略的选择。第 12 章提供了 3 项研究的方法论细节。图 2.2 说明了互补性贯序法研究策略。

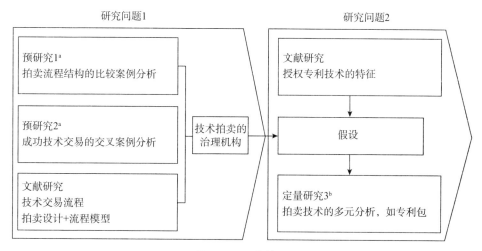

图 2.2　研究策略

注：a 表示为一个归纳性研究；b 表示为一个演绎性研究。

　　第一个研究问题涉及技术拍卖交易治理结构。第一、第二项预研究的目标是相似的。因此，选择的研究策略遵循类似的观点。策略的选择符合 Yin（2003：15）提到的案例研究的五大应用中的第三应用。[28]因此，为了"说明某一项主题……以描述性的模式"，采用案例研究是一种合适的方法。另一种说法即是，Silverman（1993：30）推荐采用案例研究，它可以协助从本质上理解这一流程，为了研究技术拍卖交易过程，即符合这项研究的第一个具体研究问题。

　　Punch（2005：147）补充道："案例研究……对于实际操作具有价值性贡献……在我们的知识浅薄、零碎、不完整或不存在的情况下。"虽然研究的问题主要是描述性的（其目标在于描述治理结构），它也存在一个探索性元素。为了说明治理结构的问题，笔者不得不研究技术拍卖的流程结构。基于研究问题的探索性，Gerring（2004：349）进一步主张使用案例研究方法，因他们

"喜欢探究本质的自然优势"。有限的可用数据结果也进一步支持使用案例研究方法。[29]因此，由 Yin（2003：40f）提出的用于案例研究的第二个原理也适用于本研究。他建议当研究人员发现观察的结果是"如此罕见的，以至于任何单一案例都值得记录和分析时，应采用案例研究"。[30]根据 Rrihoux（2006）的观点，案例研究在社会科学研究中经常是首选，这样的情况下，众多相关的和有趣的研究对象在数量上是有限的。Yin（2003：41）还提出采用这种案例研究的方式记录罕见案例的第四个理由在于，调研人员有机会观察和分析以前无法接触的科学调查。[31]

然而，这些由 Yin（2003）提供的理由以及 Silverman（1993）提供的类似的理由仅仅表达了他们青睐案例研究方法，但并没有明确众多案例研究的问题，即是否寻求单一或多个案例研究的设计问题。事实存在一种可能性，比如已经开展了一项最成功的技术拍卖的案例研究（例如，按照货币收益进行衡量）。Yin（2003）为多案例研究提供了宝贵的论点，他认为案例复现在如下两种情况下存在意义：第一，当案例有类似的结果（即技术被销售）时，原样复现针对多个实验存在相似目的；第二，当案例存在差异性结果时，理论复现可以在调查的开始即获知明确的预测结果。虽然 Yin（2003：53）认为多案例研究"更加昂贵和费时"，但是 Herriott 和 Firestone（1983）认为案例的原样复现通常被认为是更加具有说服力的。根据 Punch（2005）和 Stake（1994）所述，多案例研究增强了交叉案例分析结果的可靠性。同样，Yin（2003：53）认为，在时间和资源都可用的前提下，"多案例研究可能是单个案例设计的首选……而且……两个（或更多）的案例情况下，可以获得实质性效益。"

对于开展多案例研究也存在选择进行多少次原样重现的问题，这主要取决于研究者想要何种水平的研究结果（Punch，2005）。与若想获取高精准度的统计则需要建立严格的衡量标准类似，若想获得更高标准的确定性则需要进行规模化的案例研究。然而，如上所述，这项研究也存在案例数量有限的问题。这个问题将在第 4.1 节中进一步讨论，笔者会详细地阐述第一个和第二个预研究选择的问题。案例的细节将在第 5.1 节和第 5.2 节中阐述，第一个研究问题将在第 5.3 节中提出。基于案例研究的综合性分析，并辅以以往文献的理论支持，笔者针对这项研究中的第二个特定的研究问题提出了假设并予以测试。

第二个研究问题旨在确定哪些授权专利技术适合采用技术拍卖治理结构开展交易。此拍卖治理结构作为第一个研究问题的结论。第二个研究问题的本质是确认并寻找因果关系证明的关键点。Backhaus 等（2006）区分了统计技术是否以验证性或探索性为目的。针对验证性研究，Backhaus 等推荐使用推论性的统计技术，即笔者用以测试受启发于前两个预研究以及文献研究的假设。

笔者不得不从各种各样的推理统计技术中选择一个最适合这项研究的。Backhaus 等和 Hair（2006）为这一决定提供了有价值的理论框架。因此，特定的统计技术的选择取决于因变量和自变量的衡量尺度（Love，2007）。两个因变量被用于本研究的模型中（见第 6.1 节），一个是数值类型，另一个变量是定义类型（即二分量/二元变量）。所有的自变量是数值类型、二分量或可编码为二分量的虚拟变量。在第一个模型中，因变量是数值类型，Backhaus 等（2006：13）建议采用两个分析技术（回归分析、时间序列分析）。由于这项研究的目的不是调查时间序列，因此这种技术并不适用。然而，回归分析被视为"最重要的且常用的探究因果关系的多元技术……"[32] 根据 Hosmer 和 Lemeshow（1989）所述，针对任何有关结果变量（因变量）以及一个或多个解释变量（自变量）关系的描述，回归方法是数据分析必不可缺的组成部分。

针对第一个模型中的因变量是二分量的情况，Backhaus 等（2006）提出了两种技术（即判别分析法、逻辑回归法[33]）。判别分析法可以用来解释各组间的差异。然而，笔者意图解释与某些群组存在关联的技术的可能性。逻辑回归法更适用于这一目的。第二个模型中，随着因变量成为数值型的销售价格，笔者采用 Backhaus 等建议的普通最小二乘法（OLS）回归。[34] 两种模式的选择进一步支持了这样的事实，即各种相关专利价值研究（见第 6 章）也应用不同类型的回归分析。因此，使用类似的技术使得与那些研究的比较结果更为可靠。第 8 章介绍了如何开展分析。分析的结论在第 10 章中予以说明，笔者在该章中阐述了第二个研究问题。[35]

最后，根据两个研究问题将研究策略分为两个部分（参见图 2.2）。当本研究（有两个预研究）的第一部分是归纳时，第二部分则是演绎，用于测试因研究第一部分的结论而产生的假设。遵循 McGrath（1981）提出的研究策略的类型学[36]，这项研究以及每个预研究可以被视为一个"实地研究"。Scandura 和 Williams（2000）实践此类型学，并提出根据采用的基础数据（原始数据和次级数据）进一步区分这一特定类别。因此，两个预研究解决了第一个特定的研究问题，构成了采用原始数据进行的实地研究，而定量研究则被视为使用次级数据进行的实地研究。

2.4 限定性与局限性

笔者采用 Cline（2010：1）提出的限定性和局限性定义。即限定性为"限制调查范围（定义边界）的特性，一般由有意识的排他性或包容性决策所确定"；局限性为"构思或方法的特性，用于明确研究结果的应用或阐释的界限；即对结论的普遍性及实用性的约束"。

限 定 性

本研究涉及的案例虽然有限，但通过仔细选择某些研究点试图对该领域研究作出贡献。笔者有意限定研究点的数量以确保其具有关联性和趣味性，但这项限定并非要导致这项研究在现有给定的时间和资源的范围内缺乏可行性。

在第 1 章中笔者讲述了当公司急需一项技术时会面临作出创新或购买的决定。[37]同样，公司必须决定是否限制技术在其内部使用或允许用于外部技术开发（ETE）（即面临持有或出售的决定）。尽管事实上这些决定并非都是无价值的，但必须将它们从这项研究中剔除。另一个影响这些决定的因素是估价。估价往往是作出创新或购买、持有或售出决定的一个关键的因素。例如，一项技术虽然具有较低的公司内部价值，但仍然可能具有一定的市场价值。因此，应该考虑外部技术开发。与其他各方进行外部收购/开发项目价格谈判时，估价也很重要。虽然因缺乏详细的评估方法，技术的估价仍需要进一步的研究，但是，其他学者已经开始关注这一现象。所以，笔者在本研究中排除了这个课题。智力资产的知识产权估值本身已成为一个话题，吸引了众多学者的关注。[38]与这些问题相关的是通常情况下资源型公司（RBV）将技术作为资产经营。虽然在某些方面存在必要性，笔者没有在这项研究中应用资源型观点。

这项研究的前提假设是公司决定采用外部采购/开发模式。当公司计划从技术与创新市场上实施外部开发/寻求技术的时候，它们面临的问题是利用内部资源或寻求 TMI 管理交易。这个问题与公司经营（即垂直整合和外包）理念密切相关，但在这项研究中，这个问题只是略有提及。这项研究尤其关注技术型公司面临的另一个关键问题，即公司面临不想利用内部资源管理交易的情况。例如，由于中小企业内部具有非常有限的 ETE 能力，但想得到 TMI 的支持。根据这一决定，这些企业不得不在众多的 TMI 和自身研发的交易模式之间选择。尽管事实上，这些交易模型还需要进一步的研究。因资源问题限制了这项研究只能探讨这些新模型中的一个，即技术拍卖。这项针对技术拍卖的研究结果被用以与作为参考交易模型的议价谈判在同一理论水平上进行比较。

在技术与创新交易市场中，TMI 的当前或未来的角色，即作为创新体系中新的参与者尚未被充分了解。然而，在这项研究中，笔者因无法收集足够的数据，所以难以全面深入剖析这些问题。笔者避免了研究 TMI 出现的历史背景、动机和商业模式，在随后的研究中，笔者并未揭示它们出现的原因、它们如何影响交易的效率，即它们在技术与创新交易市场上减少或消除的障碍，以及它们如何和在何种程度上有助于促使创新更快速高效。[39]此外，笔者未提及一个重要问题，即是否有需要在 MfTI 中设立私营部门甚至政府调解部门。如上所述，有些观点表明了对这方面的需要，但是目前只有有限可信赖的实证能够解决这个问题。笔者认为这个问题与政策相关度更为紧密，但是必须界定它并把它留给未来的研究。[40]

关于这项研究中涉及的拍卖文献的利用，笔者主要调取了拍卖设计的文献，并在很大程度上界定了拍卖理论。因缺失潜在买方的竞价行为数据，本研究未试图创建一个正式的数学模型或是模拟研究进行实证检验（如技术拍卖中赢者的"诅咒"效果），也未尝试进行优化设计分析。在这项研究中，其他一些可能会引起研究拍卖活动的学者兴趣的不同主题未被进行深入探讨。这些主题包括在拍卖活动中存在的风险，如竞拍参与者可能直接或暗地结盟以避免哄抬价格，以及如果适当的拍卖设计没有禁止它，竞拍者可能形成的相关的话题。例如，增价拍卖有可能因采用一种惩罚对手的机制促进竞价者串通。本研究未涉及的其他话题包括竞拍结束条件和活动规则。关于拍卖的设计，本研究着重探讨发生在线下的、公开场合内的多技术拍卖活动。[41]因此，笔者未调研私人（非公开）环境下的拍卖活动。[42]同样，也未在这项研究中对在线网上拍卖展开调研。技术贸易网上市场活动有可能涉及在线拍卖（虽然这被认为很少发生）。因此，有待未来展开研究的问题还有很多。"现实存在的难题常常主导这个世界，而人类的认知永远难以达到完美的水平"（Hayek，1991：30）。

局　限　性

由于本研究排除了多项问题，因此对之前预研究和定量研究结果的相关限制应加以重视。一般情况下，针对两个预研究数据收集会受制于 TMI 早期发展的属性，由此可能产生案例研究的局限性。很显然，案例研究的数量的增加可以提高两个预研究结果的可靠性。

第一个预研究的数据收集方式是汇集不同的数据来源以提高可靠性的结果。然而，汇集数据的方式只能在有限程度上系统化数据。虽然比较过程分析是基于客观和真实的数据开展的，但若拍卖公司予以验证，其结果的说服性会进一步加强。因此，案例研究不应该被认为是深入性的而应该是探究性的。然而，考虑到这项研究的目的，该方法的采用已然足够。本研究案例分析的目的并不是要推论出既有理论，例如，Eisenhardt（1989）。

第二个预研究出现结果的情况仅限于案例选择遵循同一个标准以避免可能存在的选择性偏颇。非均匀采样的方法更有可能揭示具有广泛性的见解。然而，笔者宁愿承担揭示矛盾结果的风险而不是从验证原理中受益，即采样多案例可以提高结果的可靠性。此外，数据主要是通过问卷调查的方式收集。虽然这种方式完全基于现有文献记载和预测试而设计。为减轻信息偏颇的影响，数据收集采用的最好方式是直接访问负责特定交易的管理人员（Kumar 等，1993）。然而，额外的采访会增强这一研究的结果。4 个案例研究分析的结果并非有意提供通用的证据，而是提供代表具体案例的证据，说明专利交易是如何通过技术拍卖实现的，以及卖方如何看待这个特定的交易模型的成功。

如果将从卖方收集的数据与买方收集的数据相互补充，第二个预研究的结果有效性可以进一步提高。通过该方式得到的结论纠正了一些不相适应的经验之谈，可能揭示卖方和买方的观点是否一致，从而提供了一个全面的了解。然而，几乎不可能从买方获取联系人信息。2007 年 12 月，笔者曾请求几家拍卖公司授予笔者获取买方名录的权利或以笔者个人名义给它们寄送问卷，随后反馈匿名数据给笔者。然而，由于这些公司已经许诺客户信息保密，该要求被驳回。因此，笔者未将买方对技术拍卖的意见作为考虑因素之一。由于本研究缺失一个主要因素——洞察买方的视角，可能会因此被评论是未提供一个完整的调研。但是，笔者想提醒读者的是，现存文献中有关于从买方的角度剖析的技术和知识产权获取情况的描述。

此外，用于比较个案研究结果（见第 9.2 节）的定量方案并非被有意制定为有限的结果提供更为充要的条件，但因其使用的问题是依据李克特量表问题设定的，似乎其效果更佳。常见描述性的措施会因案例数量少而显得毫无意义，所以笔者采用了一个保守的三重测量方法以获取一些有意义的结果。

为从定量研究测试中的两个预研究得出假说，笔者将两个预研究的结论与刻意设计的谈判进行比较。显然，这些谈判代表了技术交易的一种偏向理论的形式。许多交易并非是独特的。例如，大公司的许可部门可以开发和重复使用标准化的合同，只是根据情况作些许调整。然而，数据的局限性限制了洞察技术交易的其他治理结构，也进而限制了本研究对于技术型公司采用技术拍卖还是通过谈判进行交易的讨论。

定量研究结果的分析也受到限制。首先，通过使用辅助数据选择可检验假设是有限的。与问卷调查不同，通过次级数据收集信息很难，因此，笔者不得不只能采用可用数据。若因缺失实证数据且无法进行测试，则假设的存在就毫无意义。如果还能够得到更多的资源，笔者可以通过访问其他数据库来补充信息。这些信息来自公共资源的数据，主要是专利局的数据库。因此，这一过程是在可获取的实证数据与可测试的假设之间的一个迭代的反向或正向发展的循环。

进一步的限制涉及 5 个技术性能的运作。由于检验变量的数目受可用数据所限，某些可用的专利文献数据（例如，前向引用或相对数据的确切数量）不能被使用，因此笔者只能从公开可用的数据库获得数据。此外，尽管笔者试图采用以往研究中已研发和测试的操作方式，但只能用于有限的范围内。主要原因在于之前研发的方法只适用于个别专利（例如，通过个别专利的前向引用发挥技术影响）或不能针对专利数据进行操作（例如，Rycroft 和 Kash（1999）展开的技术复杂性讨论）。虽然以往研究中提出的概念可被应用于这项研究采用的方法中，但笔者需要对其进行调整以使之适用于专利或可用的数据运作，并将各种专利打包组合。因此，这些措施的可靠性可能是有限的。

此外，尤为重要的是笔者仅用一维指标实施技术性能，用以将本研究和现有文献的假设关联。而针对某些变量，这种方法在以前的研究中也被使用过（例如，专利技术的影响是通过前向引用被普遍地运用）。其他的一些变量，采用相对多维度的运作会有更高的可靠性。例如，若是除技术团队规模之外的其他指标被考虑到，则可以提高技术质量测量措施的可靠性。因此，当讨论和解释研究结论时需谨慎，特别是将当前研究结论与未来的研究相比较。未来的研究可能使用其他运作措施而导致不同的研究结论。笔者尽可能将自己了解的理论概念付诸实践，但主要采用一维指标。应该避免对研究结论的过度解读，因理论概念与实践观察之前还是存在一定距离。

除了考虑专利数据以及拍卖目录的可操作性因素之外，如果这项研究将自变量或控制变量应用于实证模型中，其研究结果的可靠性也会进一步得到增强。例如，通过额外调查收集卖方和买方对某一特定技术研发或获取的动机信息。但该信息在这项研究中是被排除的，因为从拍卖公司无法获取这些数据。个别技术的竞买行为的附加信息也丰富了这项研究的结果。例如，关于拍卖的文献（见第 5 章）指出，销售价格通常取决于有效竞买人的数量。因该数据从拍卖公司处无法获取，所以此效果不被用于这项研究中。这项研究中所采用的多元回归模型也可以通过控制主导或中介的影响而进一步丰富。然而，样本量在一定程度上限制了模型中变量的使用。

尽管笔者坚信定量回归分析的结果对于技术拍卖而言可视为稳定可靠的，研究采用样本以及变量的数量包括在这些模型中。应避免将研究结论应用于所有的技术和专利。对于成交的技术分析并非代表所有人的意见，而是带有偏向性的。在本书第 10 章描述性数据中清晰地阐述了这种偏向性意见。其对相关领域普适性的结果（例如专利价值研究）仍然存在局限性。出现这种情况的原因也在于笔者调查的技术为单件专利的打包组合，而其他研究一般调查单件专利。因此，在这项研究中的技术预期和现实销售价格仅在有限的程度上可以与单件专利价值进行比较。此外，尽管早期文献中已陈述了不同的相关性表格（如 OECD（2009）），而笔者在本研究中不能使用标准产业分类（例如 NACE），因此本研究的类比性有限。将各种独立专利的 IPC 分类合并运用成为一项针对专利捆绑组合的措施，其显露出了各种问题。[43]因此，这项研究的结果不能简单地与官方行业分类相比较。考虑到这种情况，笔者在附件 II 中引入了索引表。

此外，这项研究的结论受限也因其调研的对象是早期的拍卖活动。本研究数据集内的 6 个拍卖中，3 个拍卖活动是美国、德国和英国进行的第一次拍卖。这些拍卖如何发展仍有待观察。后期的研究可能会揭示不同的结果——当学习的效果达到一个平衡阶段而无须刻意着重拍卖的设计。这项研究的结论受限也因其数据集主要包括美国专利。因针对专利的管辖范围不同，可能存在非美国专利的技术拍卖结果不尽相同。然而，本研究的模型中引入了一个控制变量以解释这种影响。

反观本研究的各种局限，读者可能还意识到本研究受到笔者本人主观性的影响，因此在对本研究的结果进行分析时需要加以重视。正如 Schumpeter（1949：348）在美国经济学会上发表的演讲所述，每一项经济学研究都会深受研究者"科学素养以及科学工作者选择研讨的问题和方法所影响……"

注　释

1. 参见 Bauman 和 Klein（2010）以及 Katz 和 Rosen（1998）。

2. Granstrand（2000a）提供了关于采用多种途径研发或获取技术的更为详尽的信息。

3. 显然参与者能够在同一时间段获取或研发技术，这取决于供应方和需求方。获取或研发被视为"一枚硬币的两面"。

4. OECD 等（2005）对体制环境提出一种观点——可作为对此课题感兴趣的其他学者研究的起步。

5. 值得注意的是，尽管经纪人和经销商的某些类型不再视为新事物，本研究涉及的中介类型（参见第 4 章定义）因其刚刚兴起，可视为新体制类型（如涉及技术交易的拍卖公司）。

6. 2007 年 3 月 22 日，由汉堡商会联合举办的研讨会共有 25 家代表参加。研讨会的议题为"成功开发技术"。其中，与会者包括大型企业（Blohm und Voss GmbH）、中小企业（如 EuroRapid Gmbh、Imawis GmbH、DCS Innovative Diagnostik Systeme GmbH、Wöhlk - Contactlinsen GmbH）、德国联邦经济和工业部（BMWI）、大型联邦德国研究中心（DESY）、德国专利商标局（DPMA）、TMI（IP Bewer‐tungs AG）和专利律师事务所（Meissner Bolte& Partner、White & Case LLP）。

7. Punch（2005：46）明确了作为好的研究问题需要具备的 5 个标准。本研究总体的或具体的研究问题需满足这些标准，即它们是明确的、具体的、可答复的、相互关联的和实质性相关的。

8. 根据 Gerring（2004：349）所述，"社会科学可以根据主要研究策略进行划分、探索或确认/否定"，Brewer 和 Hunter（1989）提出了用于社会科学研究的 6 种元素类型的类型学（个体、个体的属性、行为和相互作用、行为的正面和负面影响、背景和事件、涉及群体）。针对第一个研究问题，分析选择的因素可以转化为行动和相互作用的过程（即交易）；第二个研究问题分析选择的因素可以是个体属性（即授权专利技术）。

9. 国家层面已经开展了各种研究探讨技术贸易（例如，Gambardella，2002；Granstrand，2004）。

10. 20 多个来自大型企业、中小企业以及技术转让办公室（TTO）的业内人士通过 2007 年 3 月 25 日联合汉堡商会举办的研讨会"成功的技术市场推广"进一步证实交易范围内的 TMI 作用的相关性。德国工程联合会（VDMA）以及德国电气电子行业协会（ZVEI）对这项研究中的一个小的研究项目予以支持，因其揭示了本研究的相关性（Tietze 等，2007）。

11. 技术许可的重要性早已在管理和工业经济文献中得以证实。对许可的早期研究，特别是在工业经济的传统形势下，已着重强调许可对于技术传播的重要性，避免了对技术的重复研究以及产品市场的无序竞争（例如，Shephard（1987）、Rockett（1990）、Gallini（1984））。许可对于创新行为的有利影响刚刚经过 Reichstein（2009）证实。

12. 例如，1994 年，美国联邦通信委员会（FCC）开始拍卖射频频谱技术的许可。Milgrom（2005：1）指出，"美国早期的频谱技术拍卖已经演变成了一个世界标准……而且截至 2001 年底，拍卖销售总额超过了 100 亿美元"。

13. 现有针对工业机械交易的一个独特的、大型的、国际化的二手市场，其中拍卖是一种常见的交易模式（如 http：//www.maschinenportal24.de，http：//www.machinery - market.co.uk/）。发达国家一旦拥有新的工业机械，其旧的工业机械常常提供给欠发达国家。采购拍卖是企业间交易中采用拍卖模式的另一实例。汽车行业内，原型设备制造商与供应商通过洽谈拟定供货合同。

14. 这项研究的数据库中包括 156 项技术，6 次拍卖的销售总额约 3000 万欧元。这意味着 26 项技术在每次拍卖成交，每次拍卖周期为（包括规划阶段）5 ~ 12 周（参见第 9.1 节）。

15. Birkenmeier（2003）是为数不多对拍卖概念进行研究的学者，他指出拍卖可作为以市场为基础的方法中的一种，用于实用化、市场化导向的奖励。

16. 然而，技术拍卖的运作并没有被视为理所当然。此外，这项研究中，笔者提出了拍卖是否可以用于技术交易的问题。通过调查，本研究旨在探讨这种新颖的交易模式是否可以维系，以及如何可以进一步改进拍卖效果。

17. 虽然各机构可能存在不同的治理结构，但类似的研究与高校技术转移办公室的管理人员或其他政府管理机构以及非营利性研究机构和独立发明人相关。在第 10 章中，笔者陈述了在一定程度上，不同的高校和独立的发明者在拍卖会上成功地参与了拍卖的情况，即他们以高于平均价格售出了其拥有的专利。

18. 这项研究并不是针对大型企业或中小企业进行的。然而，在一般的大公司比中小企业有更先进的创新知识产权管理系统，因此，它们可能会从本研究阐述的交易知识中更加受益。然而，中小企业往往拥有众多未使用的技术和 IP 资产，它们可以通过技术外部开发从研发中获得适当的回报（Institut der Deutschen Wirtschaftköln，2006）。

19. 研究专利通常是很困难的。由于目前进行的研究仍然是研发和建立普遍接受的估值方法，大多数以前的研究倾向使用替代研究（例如引用）。此类研究的概述请参见 OECD（2009）。

20. 显然，由于选择性的偏颇，必须注意技术拍卖不可能代表所有技术都可采用类似的交易模式（例如表 10.10）。因此，这项研究的结果不应该是广义的。

21. 基于 Stigler（1951）、Williamson（1979）和 North（1996）所述，在 Tietze 和 Herstatt（2010）研究中我们创立了一个理论以阐释最近出现的 TMI 现象。

22. 针对创新政策的调研，Bessant 和 Rush（1995：100）建议，解析这种政策可采用的措施为寻求顾问作为中介机构，以协助和指导公司弥补管理能力的不足。

23. 2006 年，OECD 首次在半年刊《科学与技术观察》发表题为《专利许可市场和创新》的关于技术市场的文章。OECD（2006：13）指出，"私人中介……作为……技术开发许可市场的主导……"此外，最近有报道，OECD、欧洲专利局以及德国联邦经济和技术部宣布"随着技术市场的扩大，科技中介机构的作用显得越来越重要，是将来的一个发展趋势"（OECD 等 2005：9）。

24. 最显著的实例即 PatVal 的研究（如 Giuri 等（2007））。

25. 由于 TMI 缺乏行业经验，获取有效和可靠的数据受到限制。考虑到两个预研究数据的质量问题，笔者排除了通过收集原始数据进行大规模研究的可能性。第一次问卷调查设计并发放给了大约 70 家 TMI，但接收的问卷反馈不足 10%。第二次问卷调查对象为参与 2007 年 5 月举办的德国知识产权拍卖活动的卖方和买方，但接收的问卷反馈少于 10 份。由于严格的保密协议，特别是技术拍卖公司对买方作出过保密承诺，通过 TMI 组织向参与技术拍卖活动的商家发放问卷的请求被驳回。

26. 根据 Scandura 和 Williams（2000：1248）所述，影响管理学研究的因素为所选择的研究方法的适当性和严密性。研究工具、数据分析以及理论构想的设计将会影响研究结论的类型。

27. 为获取对该领域的初步见解，笔者进行了第一次探索性的预研究，Tietze（2010）对此进行了回顾。为能够针对 TMI 创建类型学，在预研究中笔者运用了 Osterwalder（2004）提出的"商业模式构建九要素"以及 Herman 和 Malone（2003）提出的"商业模式的原型"分析了入选的 TMI 以及其采用的商业模式。

28. 据 Yin（2003：23）所述，案例研究被定义为"实证调查，当现象和背景之间的界限并不明显时，调研真实情境下的现状；调查中会采用多个来源的证据"。据 Punch（2005：144）所述，"案例研究的目的是深入了解案例和其本质属性的设定，认识其复杂性和存在的环境……其焦点旨在保存和了解案例的整体情况和统一性"。

29. 2007 年秋季研究数据收集之时，公开技术拍卖活动并不常见。笔者了解的情况是只有 2 家公司（海洋托莫公司和德国知识产权拍卖公司）曾举办过公开技术拍卖。

30. Gerring（2004：352）提出类似的基础理论，他认为，当研究的策略是探索性的，而不是验证性和……当有效变化对于单一元素或少量元素适用的情况下，案例研究是首选。

31. 据 Eisenhardt 和 Graebner（2007：25）所述，案例研究可阐释"当代的最近发生的事件"。特别是这个研究的早期阶段，案例研究的出现成为开展较大规模的研究前了解技术的拍卖过程和交易的必要方法。此外，采用这种方法，笔者对纯定量方法提出的评论意见予以回复，例如，Gerring（2004）提出，对研究现象的深入了解是必要的，但因大规模定量方法广受青睐而往往缺失。

32. 注释：自行翻译。

33. 作为替代模型，概率单位回归被推荐使用。然而，在众多专利计量经济学研究中，逻辑回归模型被广泛采用。因此，本研究并未进一步探讨概率单位模型。

34. 笔者进行了多次测试以证明该数据适用于普通最小二乘法回归。若情况有变，其他回归类型也可以适用（例如广义最小二乘近似法）。第 10 章将对测试和结论进行陈述。Manning 和 Mullahy（2001）基于评估量选择展开了一个有价值的讨论。

35. 笔者对 Barkmann 博士提供统计技术选择方面的建议深表感谢。

36. 由 Scandura 和 Williams（2000）主导的管理学研究中，通过全面回顾记载方法论的文献，该类型学已经证实了它的有效性。

37. 若可以系统化地实施，"持有或出售"的决定（如 Brodbeck（1999））遵循不同技术的组合评估模式（如 Tschirky 和 Koruna（1998））。

38. 针对评估方法的比较，请参见 Pitkethly（1999）。基于成本的方法论内容可参见 Mittag（1985：258）或 Schultz（1980：123ff）。基于实践的价值评估讨论可参见 Megantz（2002：63f）或 Poley 和 Deutscher Wirtschaftsdienst（1981：35）。

39. Tietze 和 Herstatt（2010）、Tietze（2010）以及 Tietze 和 Barreto（2007）不同程度地涉及了这些内容。

40. 其次，TMI 的定义限定了非私人实体，如高校技术转让办公室拥有不同的交易动机和激励机制。尽管笔者认为本研究成果依然在一定程度上对其具有适用性。

41. 在这项研究中，"公开的"和"离线"是被忽视的定义。然而，当涉及"技术拍卖"，基本上是指公开的、离线的技术拍卖。第 5 章对不同拍卖类型进行了阐述。

42. 虽然没有明确的标注，人们通常会认为技术拍卖已经存在了很长一段时间，尽管大多数情况下拍卖是私下秘密举行的。一个相关的知名案例为，CommerceOne 作为一家互联网企业，在依据《破产法》第 11 章申请破产后，对其独立于公司实体资产的 39 项专利组合进行了拍卖。这些专利以 1.15 亿美元的价格出售，而其出售的实物资产仅为 4100 万美元。Novel 公司购买相关专利以确保兑现它的用户可以使用 XML 技术的承诺。它授予其用户一个开源许可权限。根据 Bill Smith 管理投资者关系的副总裁所述，"这些购买的专利与公司发表的政策声明绑定使用，通过使用公司的专利组合来防范可能被认定为专利索赔的开源产品"（Markoff，2005）。

43. 1971 年《斯特拉斯堡协定》确定国际专利分类（IPC）。该分类根据不同技术所属领域将专利和实用新型通过独立语言符号分层体系呈现。

第二部分

技术交易与拍卖

第3章
技术交易的企业视角

3.1 引　言

由于超越企业自身边界的开拓创新过程正变得日益重要，企业越来越意识到，沿着开放的分布式创新过程战略性地管理其知识产权投资组合的重要性。例如，知识产权管理包括内部开发发明的选择以及决定他们是否应该申请专利，如果是，那么在哪个国家、什么时间申请。知识产权管理也包括企业知识产权投资组合的持续管理（确定哪些专利应该被维持，哪些应该被放弃），以及提出涉及企业自身边界之外各方的问题。这些工作涉及公司的技术基础管理，并且包括生产采购及库存销售决定。因此，公司不得不决定一项技术是应该在内部开发，还是通过购买或许可更加经济，以及自己拥有的一项技术是应该保留在内部，还是对外利用（例如，出售或转让）。

图 3.1 通过伴随产品开发生命周期阶段发生的不同交易的分布式创新过程，阐释了一项创新的发展和传播。

在管理学著作中，来自卖方视角的交易（这是本研究的焦点）与 20 世纪 70 年代由 Anderson（1979）、Lien（1979）、Marcy（1979）以及 Ford 和 Ryan（1977）等形成的"外部技术开发"（ETE）的概念密切相关。特别是由 Ford（1988）、Ford 和 Ryan（1981，1977）做出的贡献中，"技术营销"的概念作为一个整体接近了针对外部知识利用制定的三个目标。他们认为，对于基于技术服务的营销（例如，出售一个设计或测试服务），技术可以应用于实际产品的制造或设计过程，并且可以作为一个"整体"进行销售（例如，为了另一方自身使用的少量特定电子知识的销售）。

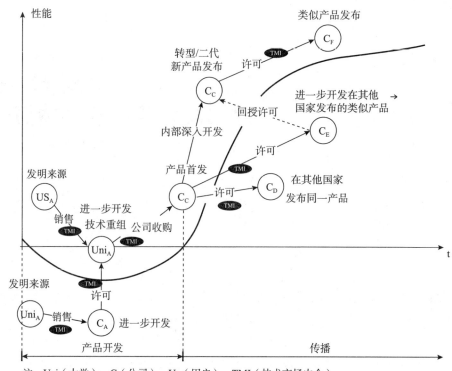

注：Uni（大学）；C（公司）；Us（用户）；TMI（技术市场中介）。

图3.1 涉及 TMI 创新过程中的交易

然而，在20世纪90年代之前，这个概念既没有得到很大发展，也没有得到学术界太多的关注，除了像 Mittag（1985）这样的少数人。基于在 Granstrand（1982）发表时的最初构想，Granstrand 等（1992）在他们关于多种技术公司的分析背景下，提出了这个基于技术的概念，其包含了一种技术开发及收购策略的分类法。根据 Granstrand（2000b），自20世纪90年代末以来，由于向着知识产权资本和知识社会的转变，知识产权的重要性日益增长，与此相一致，这个话题也受到了越来越多的关注。同时，根据 Chesbrough（2003a），21世纪早期出现了开放式创新运动。Teece（2006）确立了"创新收益"概念。

虽然这项研究总的来说探讨的是技术交易，在第2章中，笔者主要是应用卖方的视角来进行引导。在下面的部分，笔者为"外部技术开发"提出了一个定义，用以贯穿整个研究。为了得到一个合适的定义，笔者查阅文献资料，并且因此确定了由 Lichtenthaler（2005）组织的全面的评述作为笔者在以下部分的主要参考。[1]焦点特别聚集在技术利用方面，Lichtenthaler 仔细回顾了从20世纪70年代到2004年的早期研究文献。除了各种概念的出版物，Lichtenthaler

使用"值得注意的、足够大的样本",确认了 6 项实证研究用以提供可靠的结果。笔者用可以考虑到的最新贡献补充了 Lichtenthaler 的评述,其中包括了 3 项实证性研究,来自 Hentschel(2007)、使用其 2005 年的文献述评作为前期研究的 Lichtenthaler(2006a)和 Escher(2005),虽然后者利用了一个较小的、定性的实证基础。此外,本研究考虑了 Granstrand 和 Sjölander(1990),原因在于,尽管只占所包含公司总数的小部分,但所使用的是由他们选择的(最顶尖的)研发支出大户样本中,瑞典、日本和美国的研发开销覆盖了非常大的份额。通过他们的研究,他们也被认为是这个研究领域中使用开发(和收购)策略开发技术基础概念的先驱。因此,他们在瑞典和日本公司之间进行研究,尽管样本比较小,也应受到特别的关注。表 3.1 提供了 10 项实证研究概述,其中包括 Lichtenthaler(2005)在他的述评中考虑了相应的样本大小,以及笔者尝试开发的用于此项研究的合适的 ETE 定义。

表 3.1 选择的 ETE 实证研究（自 20 世纪 80 年代中期以来）

作 者	样本大小	研究范围
Ford（1985）*	N = 152	大约在 20 世纪 80 年代开始的美国公司
Mittag（1985）*	N = 276	1981 年的德国公司（只有 98 家公司具有授权许可活动）
Vickery（1988）*	N = 119	1985/1986 年全球范围的公司
Granstrand 等（1992）	N = 42	日本、瑞典和美国的大公司
Brodbeck（1999）*	N = 281	1996 年德国和瑞士的公司
Elton，Shah 等（2002）*	N > 40	（未知样本）
Birkenmeier（2003）*	N = 281	德国和瑞士公司
Escher（2005）	N = 29	Interviews plus one Workshop
Lichtenthaler（2006）	N = 155	每个调查来自 500 家德国最大的公司,再加上 100 家瑞士和奥地利公司
Hentschel（2007）	N = 228	问卷调查和 18 次访谈

注：标有星号的研究由 Lichtenthaler（2005）进行综述。

从上述文献综述,主要基于 Boyens(1998)[2]、Ford(1985)以及 Ford 和 Ryan(1977),Lichtenthaler(2005：233)得出如下定义：

> 外部知识商品化（开发）描述了一个组织对于另一个涉及货币或非货币性条款中的补偿性合同义务的独立性组织的有计划的知识资产商品化。

因此,ETE 涉及组织间的技术转让,即技术知识从一个法律上和经济上独立的组织转让给另一个。按照 Mansfield 和 Romeo（1980）的观点，企业间的技术转让被认为是技术贸易的衍生形式。[3] 当一个单一组织的不同业务和职能部门之间的技术转让可能代表从业务部门或职能部门角度的交易时，这种类型的交易不构成一个企业角度的技术知识外部商品化。

此外，外部技术开发被视为企业蓄意的行为。因此，它指的是预期的技术转让，并且不考虑计划外的损失和信息泄露，Granstrand 和 Sjölander（1990）所考虑的"泄露利用策略"被排除在定义之外。

按照 Lichtenthaler（2005）的定义，被转让的经济实物具有无形技术知识[4]的特征，其类似于 Granstrand（2000a）的概念，在企业技术理论框架中，他确定了技术的 6 个属性。然而，被转让知识的主要焦点在于其资产性质作为一种资源代替了其学习属性。

上述 ETE 定义还进一步地包括一定的合同义务。当非正规途径的外部开发技术，如非正式知识交易，在实践中很重要时，例如，依据 Schrader（1991）或 von Hippel（1987），它们通常由个人发起；依据 Boyens（1998），它们往往不遵循企业明确的意图。这样，这些非正规类型的 ETE 很难集成到企业的技术战略中，因此也被排除在该定义之外，这与早期的著作一致，例如 Ford（1985）。

合同义务已经表明企业通常将会收到某种形式的技术转让补偿。在产品或服务的商业化中，货币补偿是到目前为止最常见的报酬形式，而无形知识的开发提供了各种其他的可能性，如双向技术转让（例如，通过专利池的交叉许可和技术互换），依据 Koruna（2004）、Grindley 和 Teece（1997），以及 Brockhoff 等（1991）这在实践中被经常用到。

除了 Lichtenthaler（2005）的 ETE 定义，笔者回顾了 Hentschel（2007）、Lichtenthaler（2006a）和 Escher（2005）。Hentschel（2007）重点研究 ETE 的具体形式，但不提供用于 ETE 的具体定义。Lichtenthaler（2006a）应用了一个略有不同，但是与其他上述的文献综述相比，已经提到的本质上相似的定义。[5] Escher（2005）没有使用 Lichtenthaler（2005）有关"外部技术商品化"的概念，而是继 Ford 和 Ryan（1977）的传统术语，把 ETE 标记为"技术部署"。Escher（2005：24）将技术营销定义为"一个经营企业为了追求规范性、战略性以及有关技术引进和技术部署市场目标的过程。"然而，Escher（2005：36）为技术部署概念提供了一个不具体且相当粗略的定义，"技术管理和知识产权管理是将技术营销作为一个子集的上位概念。因此，技术营销主题本身，根据其定义，可以分为两个领域：外部技术引进和外部技术部署。最后，许可和技术拆分是外部技术部署的小标题。"

结论，Ford 和 Ryan（1977）形成了"技术营销"概念，Escher（2005）用其形成了技术部署概念。Granstrand 和 Sjölander（1990）形成了外部技术开发（和引进）策略框架。Lichtenthaler（2005）以 Ford 和 Ryan（1977）的贡献为基础考虑形成了 ETE 概念，其展现了与 Granstrand 和 Sjölander（1990）的框架的某些相似之处。笔者决定将重点主要集中在上述 Lichtenthaler（2005）提出的 ETE 定义上。这个定义适用于本研究目的。值得注意的是，在本研究的其余部分，除了特别关注"技术销售"策略，[6] 对于所有不同的 ETE 策略，笔者不作同等关注。

3.2　用于外部技术开发的公司策略

虽然已经有被应用在本研究中 ETE 的定义，重要的是要了解在从事技术交易时，企业必须选择其中哪种策略。在 20 世纪 90 年代早期，Granstrand 和 Sjölander（1990）形成了技术基础概念，并提出了一个框架，该框架基于在 Granstrand（1982）发表的最初想法，采用了 5 种引进（采购）策略和 6 种开发（商业化）策略（见图 3.4）。这个框架在下面为本研究提供了一个合适的概念。

开发（以及引进）战略涉及了"产生、结合、转换、采纳、吸收、再建和技术重组"。因此，依据 Granstrand 和 Sjölander（1990：114），它们伴随着明确的转让（例如专利、许可协议和技术描述），以及隐性知识（例如个人经验和专家的知识体现）。Granstrand 和 Sjölander 建议，通过应用这些策略，企业可以开发和管理自己的技术基础，作为公司的资源。策略不同于它们的组织整合或"开放"程度，因为它们不同的潜在合同形式意味着由此产生的从封闭到开放的变化（见图 3.4）。[7]

组织整合的最高水平是以机构内部的技术开发为代表的，例如，在生产或营销中，企业自身为了进一步研发，直接应用某种技术。企业也可以选择通过创建另一家公司来开发技术，并且随后转让某些技术给这样的一家"新近"创建的分支机构。此外，通过建立合资企业，技术补充可以来自合作伙伴，甚至是竞争对手的其他技术。如果既不形成新公司也不建立一家合资企业似乎也是可行或有利的，那么一个企业可能会决定出售某项技术以及其相关的 IP 资产。如果一项技术找不到合适的买方（也由于其他原因），公司可以决定放弃技术并不再跟踪它们的应用和发展。企业经常会放弃或捐赠技术给非商业化机构，例如，高校。最后，如果当前没有，但未来可能有使用，那么企业可能会决定储备这项技术，例如，在以后的产品生产中使用它。[8]

Lichtenthaler（2005）回顾了有关 ETE 策略的文献，包括 Birkenmeier（2003）、Granstrand（2000a）、Boyens（1998）、Vickery（1988）、Ford（1988，1985）。基于该回顾，Lichtenthaler（2005）试图协调不同学者提出的有关 ETE 策略的异质性，并且为他所谓的"技术商业化"策略提出一种分类。如图 3.2 所示，Lichtenthaler（2005）定义了 6 种策略，其中的 4 种标注为"正式 ETC"，从而排除了 Granstrand 和 Sjölander（1990）也同样提到的纯粹的内部使用和知识的意外泄露。

如图 3.2 所示，Lichtenthaler（2006a）研究了专利的销售、授权许可、交叉许可、回授协议、合同研究、技术合作，以及企业单位销售，例如，新创立的公司。随后，Carter（1989）及 Schrader（1991）、Lichtenthaler（2006a）排除了计划外的外部开发，诸如始料不及的效果或那些不包含在其中的合同性补偿义务，例如知识信息交易。接着，Henke（2000）、Lichtenthaler（2006a）进一步排除了组件的销售，因为其更符合产品的销售。将 Lichtenthaler 的 6 种不同策略分类与早期 Granstrand 和 Sjölander（1990）提出的分类法进行比较，其相似性十分明显。因此，笔者的结论是，Lichtenthaler（2005）的回顾证实了 Granstrand 和 Sjölander（1990）的理论，并且进一步对其进行了具体化。

图 3.2　系统化的技术开发形式

来源：Lichtenthaler（2006a：19）。

令人惊讶的是，没有关于 ETE 策略的分类法考虑了 TMI 的作用。看来，ETE 策略的概念化相当程度上承担了对外开发技术企业与他们想要获得某些技术的合作伙伴之间的直接双边交易。对于这个问题，只有几个概念上的贡献在文献中被发现。讨论产品和技术市场之间的异同，Birkenmeier（2003）简要地触及了这个问题。Birkenmeier（2003）提出要区分用于 ETE 的直接和间接的沟通渠道。根据他的观点，技术可以与自己的组织资源（例如，研发人员）一同被分销，或者通过专门为此目的成立的部门，或者通过中介机构。然而，Birkenmeier（2003）将沟通定义成了合同签署之后需要完成的任务。他提供了一个适合不同技术贸易的模型图（见图3.3），以区分直接和间接的"分销渠道"。[9]

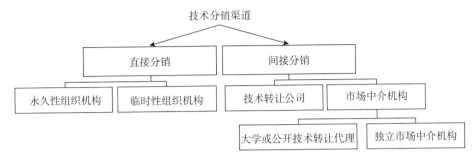

图 3.3　技术分销渠道

注：摘自 Birkenmeier（2003），其标记了分销渠道"沟通渠道"。

Birkenmeier（2003）主张，技术分销通常可以通过两种模式进行。他区分了直接（包括个人的、书面的和电话联系的）和间接（包括展览、科学出版物，以及数据库）的分销渠道来解决潜在的客户。当直接分销通过永久性或临时性的组织机构具有某些优势（例如，控制保密信息来避免泄露）时，它也同时具有某些劣势（例如，它需要潜在买家之间的直接接触，以及只专注于与所在公司有亲密关系的公司所带来的风险）。因此，根据 Birkenmeier（2003），如果企业缺乏关于潜在客户的足够知识，并且面临减少这种信息不足的困难，那么经由技术转让公司或市场中介的间接渠道应该受到青睐，即使是通过系统化的搜索过程，或者即使公司面临着财务障碍。

总之，外部开发策略的不同分类法已经被提出，并且沿着一个组织整合的连续体进行分类。组织整合的程度似乎与纵向一体化的概念密切相关，它是企业理论不可分割的一部分。连续体的两极（高端＝仅内部；低端＝市场交易）可以与用于交易的治理结构的两种极端形式进一步关联（层级＝内部的；市场＝涉及其他参与者的交易），这将在第 7 章中描述。这样的分类也涉及随后Delmas（1999）提出的三分法，他研究了可供替代的治理结构的选择（包括内部发展、联盟，以及合同收购）。

结论是，继 Birkenmeier（2003）提出的直接和间接沟通渠道的区别，Granstrand 等（1992）用于技术销售的概念可能通过整合"开发渠道"而得到扩展。图 3.4 表明，技术交易可以与所有必要的内部资源（例如，专利和许可部门）或某些由 TMI 外包的任务一起组织。因此，公司可以决定与内部资源一起管理与另一方的双边技术交易或寻求 TMI 支持。

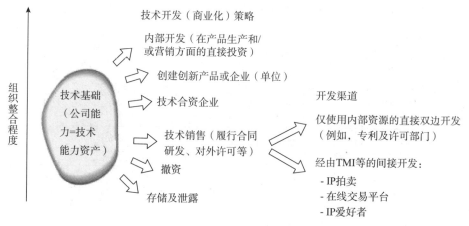

图 3.4　结合开发渠道的扩展框架

来源：基于 Granstrand 等（1992）。

随着开发新的交易模式的 TMI（例如，拍卖公司）越来越多，公司以及"开发渠道"面临着日益复杂的开发策略选择，即是否应用内部资源交易，或者是否将其外包给 TMI，如果是这样，（对某些特定的任务）实施力度有多大。

3.3　技术交易结构

作为对于本研究框架的强调（图 2.1），除了交易资产，交易过程结构是交易的主要元素。由于以前的大多数研究都明确地或通过暗示采纳了这一点，交易过程的视角是具有普遍性的（Escher（2001）、Tschirky 等（2000）、Ford 和 Ryan（1981））。因此，交易过程需要进一步的阐述。

各种顺序过程模型已经被开发了出来，例如，通过 Lichtenthaler（2006a）、Escher（2000）、Belz 等（2000），以及 Mittag（1985）。在下面的部分中，笔者将把注意力集中在由 Lichtenthaler（2006a）和 Escher（2005）提出的两个模型上，由于它们在某种程度上是建立在以前开发的模型上。虽然，笔者在本研究的其余部分应用了 Lichtenthaler（2006a）提出的模型，但仍在下面呈现了两个模型以强调它们的共性与差异。

作为 Birkenmeier（2003）开发的"整合技术营销概念"的一部分，其基于 Gassmann 等（2003）、Ndonzuau 等（2002）、Megantz（1996），以及 Mittag（1985）所作的贡献，Escher（2005）提了一个"技术部署过程"模型，其中，部署被用作一个类似于开发的概念。根据 Escher（2005：99），这个过程是"在许多层面上……该技术引进过程的对应"。类似于外部技术引进，需要管理一定数量的预处理任务，并且在程序初始化之前需要作出决定（例如，必须组织一个有卓越领导的团队，必须确定研究对象，并且必须确定战略目标）。根据 Escher（2005），部署过程的开始是由不同的内部或外部的、预期或意外的事件触发的（例如，第三方制造的外部采购请求、创新规划、公司战略的转变，或者基于企业专利的侵权行为）。

Escher（2005：100）提出的技术部署过程包括 7 个阶段，如图 3.5 所示。第一阶段关注企业打算对外部署的技术的评估。因此，根据 Birkenmeier（2003），企业需要根据其整体业务和技术策略检测技术，例如，通过在四个不同的领域使用机会/威胁分析（技术性能、客户特性、公司内部设置及其环境）。此外，企业需要基于市场吸引力、客户适宜性和并行技术来识别技术最有前景的应用领域。而这一阶段的过程决定技术潜力和效益目标的部署，第二阶段关注的是具体部署项目的确定。重点集中在调查与随后的保留或销售决定相关的所有问题。这个阶段涉及明确具体应用领域的工作，这些领域与内容和地理、技术用户、首选部署方法以及价格预期有关。这次调查的结果是一个包含部署目标信息的优先项目列表，其指定哪项技术将被部署在哪个市场，以及针对哪种用户，并指出目标价格。

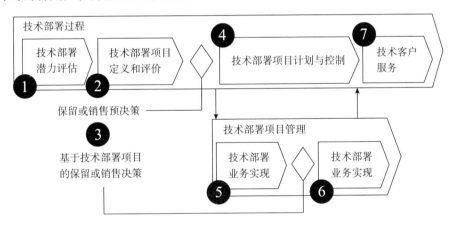

图 3.5　外部技术部署过程模型

在接下来的阶段，必须作出保留或销售的决定，关于是否继续某一项目或者是否应当终止它。如果战略和财务回报大于部署项目的风险和资源需求，继续该项目的积极的决定是可能的。此外，在项目的实现中，需要确保优先条件被尊重。在整个后续的计划和控制阶段，必须考虑的问题是那些类似的技术引进项目。为了量化项目绩效，必须明确适当的措施，并且必须组成团队。然而，相比用于技术引进项目的团队组成，部署团队更可能包括外部专业人员。

下一步将开发一个商业计划，并确定潜在合作伙伴，从技术买方到风险投资家、技术顾问和技术经纪人。在谈判的过程中，团队将被那些在早期阶段制定的目标和优先事项所引导。在与至少一个合作伙伴成功结束谈判后，需要根据部署项目的目标和签订的合同实施商业计划。在这个阶段，借助于例如教学程序，进行额外的知识转让可能是必要的。此外，需要监控合同条件的实现。最后，在技术转让之后，某些情况下，携带客户变得非常重要，例如，建立长期的合作或关系。

基于笔者的采访和 Escher（2001）发表的《技术部署过程》的"第一版本"，以及 Reid 等（2001）的其他工作，Chiesa 等（2003）、Lichtenthaler（2006a：115）提出了一种外部技术商业化过程（见图3.6）。

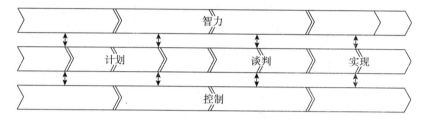

图 3.6　外部技术商业化过程模型

虽然，该过程模型经图示说明，为一个包括5个阶段的连续过程，类似于 Escher（2005）的过程模型，Lichtenthaler（2005：243）同时注意到，"过程阶段通常不会依次顺序地进行，而是迭代循环反馈，……（它们）可能不得不反复进行。"另外，Lichtenthaler（2006a）注意到，该过程适合于单一项目和基于企业层面的 ETE。

该 ETE 过程开始于计划阶段，作为一般性的企业规划与 ETE 活动之间的接口。在另一方面尤其重要的是，单个的 ETE 项目与其他企业的内部技术开发策略的 ETE 整体协调。计划阶段包括4项工作：战略技术规划、目标设定、资源配置和客户预选。

如果一个企业决定建立谈判，那么，虽然重点仍集中在单个企业的管理上，但是必须建立包含潜在 ETE 用户的视角。Lichtenthaler（2006a）把这个阶段分为两个阶段：谈判前阶段和详细谈判阶段。谈判前阶段的目的是与潜在技术用户之间建立企业相容性理解。当详细谈判时，ETE 协议被建立，它通常采取某种类型的合同形式。合同指定了交易条款，特别是有关卖方的支付。支付可以采取各种形式，从简单的一次性付款到详细且复杂的许可费方案（例如，增加/减少许可费，以及用于后续技术改进的已承认的背书条款）。[10]这些谈判通常是一个反复的过程，可以包括第三方，如反垄断委员会。作为谈判中最重要的元素，Lichtenthaler 确定了项目的目标、项目的最后期限、各方期望贡献值、组织结构、协调机制、潜在接口问题作为评估项目性能的标准。

当一家公司与一个技术用户签署了一份协议，则谈判阶段结束。通常情况是，实现阶段要么立即开始，要么滞后一定时间开始。实际交易发生在实现阶段，其被分为设计工作和实施工作。在设计阶段，处于操作层面的 ETE 交易计划基于在谈判阶段商定的协议进行。与此同时，明确目标并必须得到双方的承诺。此外，在详细过程描绘阶段，实施过程被具体化，可能的接口问题必须得到确认。相关技术知识转让在实施阶段发生。

对于 ETE 项目，智力和控制阶段是并行的。智力阶段包括对可以外部开发的内部技术的识别，以及基于技术创新市场（MfTI）的企业技术环境的审视和监控。参考 Brockhoff 等（1991）以及 Lange（1994），Lichtenthaler（2006a）注意到，这一阶段包括信息搜索以及信息需求识别和随后的信息评估和交流。由于这些市场中存在缺陷，这项工作通常被认为是困难的。在整个控制阶段，Lichtenthaler 建议对信息需求识别、信息产生、信息评估及沟通进行区分。

总而言之，本节呈现了 Escher（2005）的外部技术部署模型和 Lichtenthaler（2006a）的外部技术商业化模型。两种过程模型都提供了用于外部技术开发管理的方法。虽然过程有些类似，但也有一定的差异。最为明显的是，Lichtenthaler 定义了两个阶段，其伴随着整个过程，并且明确了子阶段。然而，在 Escher（2005）的过程描述中，包含了某些必须被准备和作出的关键性决定。然而，类似于 ETE 策略，两种模式都未对 TMI 整合作出说明，而是表明了双方——技术拥有者和潜在买方之间的直接交易。[11]这符合交易的传统观念，假设技术是非常特殊的资产，其需要一种特殊的交易治理结构（TGS），通过极少发生的个人设计合同的形式确立。

3.4 阻碍有效交易的障碍

除了目前观察到的 MfTI 的成长，以及用于交易管理的已提出的各种方法，证据证明交易和 MfTI 仍然被许多障碍所阻碍（壁垒、禁制等）。在公司层面，由于交易成本过高，障碍限制了从事交易的动机。因此，较低的盈利预期导致了企业层面的交易难题。[12]在市场层面，这些障碍阻碍了 MfTI 有效的结算，最终导致或成了市场失败的征兆。为了了解是否 TMI 和它们开发的新的交易模式有助于更好地发挥 MfTI 的作用，笔者在接下来的部分讨论一些主要的障碍。

首先，呈现一个来自零散证据的集合，从中确定了三个主要的障碍以进行更深入的讨论。

作为这一领域的先驱，Ford 和 Ryan（1977）提供了一个尝试，解释为什么 ETE 的机会并没有被许多企业意识到，并且提及了各种障碍。根据 Ford 和 Ryan（1977：370），未意识到机会可能是相较正常生产的有形产品，处理无形产品营销存在预料中的困难。它也可能由识别那些企业所拥有的……潜在可销售技术的困难所造成。抛开这些概念性的、管理上的困难，Caves 等（1983）分析了在许可条款下向国外转让的国际技术[13]，并且提供了 MfTI 论证，就像其他无形知识市场，很容易受到 5 种常见障碍所导致的市场失灵的影响。第一，他们观察到，通常情况下，只有极少数企业愿意许可他们所拥有的技术，同时，另一方面，对某一项技术感觉有特定需要的企业需求是有限的（承包商，1981）。这些很难找到的"配对"导致了市场上很少的谈判环境。因此，一个"薄弱"的市场与 Roth（2008：286）指出的作为用于市场运作的必要条件相比，那就是，"为了运作良好，市场需要提供厚度，即它们需要吸引聚在一起的准备相互交易的足够比例的潜在市场参与者。"第二，Caves 等（1983）认为，参与交易的各方获得技术知识的权利是不均等的，这导致了机会主义行为。第三，为了得到充分的利用被交易的技术通常还需要以一定的发展，以便使它们不论任何原因在任何新的地点都能正确地工作（例如，缺失隐性知识）。因此，技术经济性能通常在交易时仍保持着不确定性。第四，除了这些具体的障碍，Caves 等（1983）认为，任何交易的参与者通常会规避行为风险。由于一项技术转让通常涉及技术是否会按照承诺履行的不确定性，交易可能会由于必要的金融投资而威胁到参与者。第五，涉及交易的准备和接触成本可能是很高的。依据 Teece（1977），Caves 等（1983）发现，这些成本占接受者总转让费的 2%～59%，因此，交易成本降低了从事技术交易的吸引力。另外，Teece（1986）注意到，由于交易所带来利益的独特性，在无形资产定价的过程中存在许多困难。

在 20 世纪 90 年代末及 21 世纪初，当技术贸易问题开始受到学者越来越多关注之时，学者们确定和讨论了涉及技术贸易的各种困难。在他们的技术贸易研究期间，Arora 等（2001）找出种种理由说明为什么 MfTI 是低效的。主要的困难包括在没有市场存在和缺少标准的估值方法的情况下无形资产的定价问题、每项技术的背景依赖性、信息黏性以及市场参与者的机会主义行为。这些困难导致了很高的交易成本，从而降低了企业的盈利机会和从事交易的意愿。

此外，Lichtenthaler（2004）提到了仅在此使用（OUH）综合征，由于在资源配置过程中内部各部门之间的利益冲突，这在一定程度上存在于一些企业。另一方面，仅获得技术的企业经常面对不在此发明（NIH）综合征，[14]这减少了他们对将一项外部技术嵌入自己的产品或过程中的动力。研究 MfTI 主要在日本，Chesbrough（2006：146）发现，没有用于技术许可和相关 IP 交易的信息标准。由于没有一项标准针对技术交易和 IP 资产提供条款和条件，编制技术贸易统计是很困难的。没有这些数据，企业很难了解在技术创新市场（MfTI）上什么技术是可用的以及它们的价格范围是什么。此外，知道如何对可用的技术进行估价，是非常具有挑战性的。其他许多学者也做了这一障碍的报告。例如，Troy 和 Werle（2008：3）注意到，一种被普遍接受的确定一项专利的价值的方法正在失去。与此同时，Chesbrough（2006）缺乏早先用于外部技术支付价格的系统报告。[15]在某种程度上，其他一些研究也提到了 ETE 和技术交易的障碍（例如，Escher（2005）、Lichtenthaler（2004）、Cesaroni 等（2004）、Chesbrough（2003a）、Gambardella（2002）、Davis 和 Harrison（2001）、Teece（2000），以及 Teece（1998a））。

总结现有的证据，笔者发现三个类别反映了上述大部分的障碍。[16]其中包括各种类型的不确定性[17]、信息不对称和交易成本过高。这三大类是交织在一起的，并且难以区分彼此。

Troy 和 Werle（2008）是少数详细讨论不确定性的学者。Troy 和 Werle（2008：3）揭示了知识市场运作远非一帆风顺……并且……面临几个障碍，其可能具有不确定性的不同方面的特征。根据 Troy 和 Werle，不同类型的不确定性包含在 ETE 过程的各个阶段，包括创新知识的创造、将其转换成虚拟知识商品（专利）、其独特性、交易伙伴的策略、最终产品未来市场潜力的估计（基于专利），以及信息不完整及不对称的普遍性问题。Troy 和 Werle 确定了不确定性的两种概念类型。根据 Dosi 和 Egidi（1991），他们认为，如果基本的或实质性的不确定性存在，那么参与者将缺乏所有必要的信息来使用预测结果作出决定。并且，他们甚至认为，原则上，当作出决定的时候，这些信息是无法得到的。根据 Schelling（1997）和 Akerlof（1970），Troy 和 Werle（2008）进一步认为，不确定性的其他类型是战略性的，同时涉及信息不对称的情况，即某些参与者把握的信息对于那些可能引发道德风险和其他形式不良行为的其他参与者是不可用的。[18]根据 Beckert（1996），Troy 和 Werle（2008）还认为，从基于商品交换的市场运作角度看，不确定性具有不利的影响，除非形成"预期结构"和"社会手段"，其帮助参与者处理决策过程中的不确定性。为了 MfTI 克服这种不确定性，Troy 和 Werle（2008：13）认为，"站在交易参与者一边，一个市场的有效运作需要透明度、商品的一致性和完整的信息。"在这样一个市场中，经济风险则要么完全不存在，要么易于计算和吸收。在这种环境下，参与者能够预料他们决定的结果，并且合理分配资源，以取得最佳成果。

就第二种类别而言，信息不对称性呈现出在预防有效市场清算中所扮演的重要角色。信息不对称通常在委托代理问题的背景下进行研究。在工业组织和契约理论中，信息不对称的交易往往在决策的范围内研究，此范围内一方比另一方有更多或更好的信息。然后，信息不对称导致了交易中权力的失衡，增加了交易出错的风险。这种问题的例子包括逆向选择和道德风险。[19] 在逆向选择模型中，Akerlof（1970）作出了有影响的定义，当协商对于交易的共同认识或交易合同时，参与者信息缺乏；而在道德风险中，无知的参与者缺乏有关商定的交易履行情况的信息，或缺乏对违反协议行为的反击能力。Akerlof 对于这一问题（柠檬市场）确定了两种主要解决方案：发信号与筛选。Spence（1973）提出了发信号的想法，那就是，在信息不对称的情况下，对于人们来说，可信地将信息传递给对方并且随后解决不对称性（信号）是可能的。Stigler（1961）开创了筛选理论，在此，知情的参与者能诱导其他参与者透露信息。他们可以以这样一种方式提供一份选择菜单，即选择依赖于对方的私有信息。不管怎样，当存在信息不对称时，这是常用的规则。根据 Howard（2005：25），"买方和卖方之间的信息不对称程度越大，对独立而可信的中介的需求就越大。"

就第三种类别而言，在 MfTI 的交易背景下，至少针对笔者的知识，只有有限的证据试图量化交易成本的概念。然而，许多学者认为，这些成本目前仍然太高。因此，对于许多企业，由于来自一笔交易的预期利润太低，以至于不能形成一种激励去积极寻求交易，甚至尽管 MfTI 具有巨大的潜力。Williamson（1981）确定了交易成本的三大来源。第一，在均衡市场关系的测定中，不确定性的存在一直被认为是一个令人不安的因素。Williamson 将这种环境条件与代理的有限合理性的主观条件结合在一起（Simon，1959）。特别是，由于有限的计算能力，以及信息过载，不确定性永远不可能完全解决。第二，交易成本的来源提出了资产专用性问题。当一个异质资产参与了交换关系，两个参与者便相互捆绑在一起了。因此，在交换发生之前普遍存在的、完善的竞争性缔约条件发生了改变。第三，当机会主义行为存在的时候，交易成本上升。机会主义与那些战略性考虑有关，该战略性考虑支配着自身利益寻求且伴有"欺诈"性的行为。信息的战略操控和自我怀疑的威胁以及对于未来行为的承诺，对于一些参与者，可能是优势的来源。仅仅依靠承诺可能会暴露出合同执行和更新的危害（Williamson，1975）。

回顾所选择的基于 MfTI 交易中固有障碍的研究（其导致了关于企业间的交易挑战）以及关于三个主要障碍类别的简要讨论（不确定性、信息不对称性和交易成本），笔者同意 Lichtenthaler（2007：242）的观点，其指出，"为了知识产权，在市场中，许多固有的缺陷导致了明确的供需缺乏。"

然而，普遍存在的障碍可能确实代表了一种 TMI 兴起的原因。DeGennaro（2005：107）和 Stigler（1951）一致认为，"市场缺陷……为企业家产生盈利机会。能够降低追踪缺陷的成本的机构或个人具有竞争优势，并且能够赚取经济的租金——至少直到企业适应竞争"。因此，人们可能认为，TMI 最近已经开始认识到各种导致交易成本过高的交易障碍，并且试图开发新的交易模式，以便降低交易成本，从而支持企业克服交易挑战。因此，交易成本的降低，最终会导致更高的企业利润预期，并且在进行技术交易时，构成一种激励，使 MfTI 变得活跃。

注　释

1. 存在有关此主题的其他评论，所以笔者使这部分简洁，并且倾向于通过示例 Hentschel（2007）和 Escher（2005：35ff.），引导读者参考更加详细的阐述。

2. Boyens（1998：XXX）采用类似的定义根据"外部技术开发是有计划地转让技术知识从法律上和经济上独立的公司到另一个法律上和经济上独立的公司，并且它涉及用于赔偿的合同义务，无论是货币还是知识转移条款"（自译）。

3. 跨组织指的是企业间的转让，属于 Khalil（2000：343f.）提出的技术转让的 5 种类型之一（国际的、区域的、跨行业、企业间和企业内部）。

4. 关于知识的隐性和显性性质的讨论是由 Polanyi（1966）提供的。

5. Lichtenthaler（2006a：15）定义外部技术商业化（ETC）或外部技术开发为"一个组织针对另一个在法律上和经济上独立的组织，将其无形技术知识商业化的审慎行为，其涉及在货币或非货币条款中用于补偿的合同义务"。

6. 正如前面所提到的，笔者把焦点主要集中在技术交易机构上。因此，他主要参考技术管理文献，虽然相关主题也包含在授权文献里。

7. 根据交易成本理论，组织整合的程度与垂直整合的概念相关。高度集成的策略是针对内部（层级的）治理结构的主题，而涉及其他参与者的策略则是以市场为导向的治理结构的相反主题，特别是如果其涉及第三方企业，那么参与者将外包某些任务（拆解）。

8. 前段摘自 Tietze（2004），并且与 Granstrand（2000a）有关。

9. Czarnitzki 等（2001）应用了一个类似的概念，并且区分了那些直接支持 ETE 过程或者诱发间接的 ETE 过程的中介机构。

10. 付款方案的选择取决于各种因素，并且为了不同的市场群体，已被广泛地讨论和分析，例如，Bessy 等（2008）、Lemarié（2005）、Sen（2005）、Poddar 和 Sinha（2002）、Kamien 和 Tauman（1986），以及 Katz 和 Shapiro（1986）。

11. 一个例外是，Escher（2005）简要地提到，经纪人（作为一种中介）可以被确定为过程中的合作伙伴。

12. 尽管具有重要性和广泛讨论的市场缺陷，笔者却不能找到一个适用的分类法。凭笔者的经验，DeGennaro（2005：117）是极少数试图系统地"描述不可思议的众多市场缺陷"的人员之一。

13. 参见 Mansfield（1994），使用 Mansfield（2000）提供的一个扩展性讨论，以讨论向欠发达国家进行技术转让及外商直接投资。

14. 参见例如 Lichtenthaler（2006a），以及 Katz 和 Allen（1982）。

15. 笔者强烈关注这场争论，这也是 Hayek（1975）所主张的，他认为，只有市场价格信息代表着导致有效资源分配的必要信息。

16. 由于缺少一个可靠的经验分类法，笔者既不旨在提供一个这些障碍的完整概述，也不声称这三大类别在覆盖所有存在于 IP 交易中的障碍的过程中是全面或详尽的。参考 DeGennaro（2005：110）的观点："有无数的缺陷，并且没有哪个结构可以期望是完整的"。然而，笔者相信，所提出的三个类别覆盖了主要的障碍。

17. Arrow（1962）指出，有关信息的交易导致了特别复杂的问题。关于技术贸易，他认为这些问题被复杂化是由于高度的不确定性（关于发明创造的经济价值和转让的成功，存在其他顾虑）。对不确定性概念的详尽阐述，其非常普遍地在经济文献中被发现，见示例 Laffont（1989）、Borch 和 Henrik（1968）及 Alchian（1950）。

18. 道德风险问题来源于保险业，这意味着一个经济主体如果它远离风险与它暴露在风险之中相比，其行为表现是不同的。进一步地参考 Arrow（1963）、Arrow（1968），并且结合许可，参考 Shapiro（1986）。

19. 逆向选择的一个例子是，当人们处在高风险的环境下时，更可能购买保险。因为保险公司不能有效地歧视他们，这通常是由于缺乏特别是个人风险方面的信息，但有时也是由于法律或其他的约束力。道德风险的一个例子是，当人们获得保险之后，行为更可能无所顾忌，要么是因为保险公司无法观测到这种行为，要么是不能有效地反击它，例如，未续保。

第 **4** 章
技术市场中介

4.1 中介概念的来源

根据 van Lente 等（2003：251）参考 Smits（2002）的观点，"在创新过程中，中介机构重要性的日益增长，与过去几十年的主要趋势有关，其涉及研发活动中更多的参与者和要素"。由于拍卖公司代表一个特定类型的 TMI，这项研究需要深入了解其参与者的类型。中介概念源于金融经济学。根据 Tobin（1992：77f），《新帕尔格雷夫货币与金融词典》（The New Palgrave Dictionary of Money & Finance）对中介定义如下：

> 从事金融资产买卖的企业……不是像交易商和经纪人那样，其主要业务是为客户完成交易的中间人……（他们）做的比参与组织市场更多……（通过）增加离开他们就不存在的"市场"……（并且他们）确实带来了风险。

为了更好地了解中介机构的作用，Sauermann（2000）提出了一种有帮助的分类法。这种分类法是基于以下的论证，可变交易成本所占的份额通常在高度组织化的市场中比在缺少组织的市场中较低。因此，较高的组织化程度会导致额外的（主要是固定的）成本。固定成本和可变成本的最佳比率主要是由交易资产（例如，其标准化程度和可分割性）以及市场参与者（例如，参与者的数量、他们的专业程度，以及交易频率）的性质决定的。与这个问题密切相关的是有效治理这些市场的管理系统的配置。直到建立起用于调控账户的贷方和借方的这样一个系统，市场不可能使决策在没有高昂的交易成本的情况下通过高信息效率作出。Sauermann（2000）的结论是，在这样的情况下，中介机构可以服务于开发有组织的市场和交易系统（例如，股票交易）。

在他的分类法中，Sauermann 认为金融市场中常见的中介有四种类型。第一种类型，中介机构能够整合在地理位置上分离的市场。一方面，效率的增加产生于一个较低程度的固定组织成本，另一方面，则产生于较高程度的信息透明度、经济规模及多样化经营。第二种类型，根据 Sauermann，实施监控功能，例如，通过收视率和新闻机构。经济交易通常与风险和不确定性相关联。然而，如果投资者想为自己保险，以应对来自信息不对称导致的负面刺激，则需要评估和监控风险（监控成本）。根据 Eichberger 和 Harper（1997），Sauermann（2000）认为这些成本可能非常高，特别是对于小投资者来说，由于部分市场失灵而造成的风险。因此，中介机构可以专门对风险和机会进行连续监测。它们可以通过实现规模经济和学习效应以极低的成本进行这些活动。第三种类型，中介机构可以进行职能转换（例如，作为一个经纪人或投资银行）。例如，银行可以服务它们的客户，通过将财务报表中所占的某种性质的资金转变成其他性质的资金。例如，Fabozzi 等（1994）认为债务可能被激活，以便他们将其视为自己的责任，特别是与批量、风险和条款有关。第四种类型，中介可以整合上述活动（例如，投资银行和保险公司），并且提供一个完整的打包服务以降低总成本。中介可以对产生更高的品质进行整合，通过内在化某些缺陷建立一个更强的谈判地位来反抗资本寻求者，以避免重叠和刺激。

Levine 等（2000：32）测试和确认了中介对于市场发展的影响。他们认为金融中介通过使用资源配置和经济活动的有益影响，改善信息不对称的经济后果。他们的研究成果支持了金融中介促进经济增长的观点，其代表如 Hamilton（1781）和 Bagehot（1873）。根据 Hamilton（1781：36），银行是"曾经为了刺激经济增长而发明的幸福引擎"，并且，在创新的环境中，Schumpeter（1912）认为，中介（例如，银行）刺激经济增长。

4.2　TMI 与创新

在创新过程的背景下，许多学者已经对不同类型的中介进行了描述。然而，大多数学者都没有提及中介概念，而是使用了不同的称谓，例如，"专利经纪人"（Benassi 和 Di Minin，2009）、"经纪人"（Hargadon 和 Sutton（1997），Provan 和 Human（1999））、"中介"（Bessant 和 Rush（1995），McEvily 和 Zaheer（1999））、"上层架构组织"（Lynn 等，1996），以及"第三方"（Mantel 和 Rosegger，1987）。只有少数学者称这些公司为"创新中介"（Lopez 和 Vanhaverbeke，2010）、"特别与信息交换相关的信息中介"（Popp，2000）或"中介公司"（Stankiewicz，1995）。笔者不评述所有这些研究，而只评述两个经常被 Bessant 和 Rush（1995）以及 Howells（2006）引用，并且被 Benassi 和 Di Minin（2009）作为一种新的贡献引用的研究。[1]

对于顾问作为各种中介子类型中的一种特殊类型的中介，Bessant 和 Rush（1995）提供了对其作用的深刻理解。根据 Bessant 和 Rush（1995：98），顾问支持"技术转让的多维性"过程，他们将该过程定义为"非线性的并且以多元互动、系统集成以及复杂网络为特征"。因此，按照 Bessant 和 Rush（1995：98），技术转让不是一个"瞬时事件，而是一个基于时间的过程，其包含几个阶段……并且……包含多种参与者"。这些交易不可能总是"一对一为基础"地发生，也可能是"一对多或多对多"地发生。此外，交易"可能不直接进行，而可能经常是通过各种中介形式进行操作"。

基于对技术转让过程性质的阐述，Bessant 和 Rush 提出，客户在技术转移过程中有一定的需求，在此期间，顾问提供支持以及衔接活动。因此，顾问为了各种一般性的目的给予他们的客户以支持。为了建立某些能力，顾问可能会建议和告知他们的客户使其能够发展关键性管理能力，包括需求识别、创新探索和选择、规划、实施以及项目管理。为了"制度建设"，这些方案还提供了一个机会，用于发展供应方的战略能力，例如，动用大量的技术知识和技能以支持特定技术。咨询服务还可以进一步提供帮助以避免失误。提供有针对性的建议以及直接的技术和管理支撑，通过更好的转让创新管理实践的手段，为减少昂贵的投资失败率提供了机会，例如，通过选择适当的新技术及项目管理中的应用。顾问可以通过信息和咨询服务提供比他们的客户可以提供给内部的更加便宜的创新支持。使用顾问作为中介开辟了接触用户公司比传统金融支持机制更加直接的可能性，传统金融支持机制往往缺乏重点，并且往往错过目标群体中的许多潜在用户。使用顾问，可以使一个更加分散的涉及较少监测和控制的操作模式成为可能。一旦政府计划的整体目标确定，使用全面监控，它可能在很大程度上是自我管理，而由顾问专家小组提供的质量保证仅承担对特定项目的监测作用。

此外，Bessant 和 Rush（1995）提供了一个顾问具体功能的概述。顾问支持这样的客户，其认为清晰地表达具体的技术需求以及从始至终作出适当的选择是必须的。与此同时，顾问支持客户在需求识别过程中的选择，以及技能和人力资源的培训与开发。顾问为制订一份商业计划提供财务支持作为其资金来源，例如，作为风险投资基金。顾问还可以在业务的识别、开发以及创新战略方面进一步支持他们的客户。通过使用最佳实践的例子，顾问可以进一步提供教育和服务作为与外部知识系统的连接，例如，根据用于新兴技术的最新知识识别知识来源。顾问最终可能作为专家资源，并且在整个外部来源实施的过程中提供项目管理，例如，新的技术。在该讨论中，Bessant 和 Rush 提出了一种基于五个维度的"指示分类法"。顾问可以提议服务的范围，从专家到过程，从特定行业到常规。咨询公司可以很小，小到"一个人作秀"，也可以很大，大到包含多学科的企业。它们可以运用特定的技术（例如，总体质量），或者说是通才。它们的背景可以是相当传统的，或者与最新现象相关（例如，信息技术）。

通过回顾和综合现有文献，Howells（2006）形成了用于创新过程的一种分类法以及中介过程的不同作用和功能的框架，并且在英国范围内开始使用这种分类法。Howells 在英国组织了一系列的案例研究，包括与来自 22 个机构（外加它们的 8 家子公司）的管理者的半结构化访谈，其内容基于具体项目的合作，连同它们的整体策略和工作实践。贯穿该案例的研究，Howells（2006：720）使用了以下工作定义用于创新中介：

> 一个组织或机构，其在创新过程的任何形势下，在双方或多方之间充当代理人或经纪人。这样的中介活动包括：帮助提供关于潜在合作者的信息；协调双方或多方之间的交易；充当已经产生合作的机构或组织之间的调解人或中间人；并且帮助寻找建议、融资以及用于该合作创新成果的支持。

基于上述工作定义及其从文献综述中获得的对于创新中介的理解，在进行案例研究之后，Howells（2006：720）惊讶地发现了"比最初设想多得多的功能"。他确定了 10 个功能，包括：（i）预见和诊断；（ii）浏览和信息处理；（iii）知识处理及组合/重组；（iv）把关和经纪；（v）测试和验证；（vi）认证；（vii）验证和调控；（viii）保护结果；（ix）商业化；以及（x）结果评价。

最近，Benassi 和 Di Minin（2009）在整个对行业专家的采访中运用了一种使用雪球抽样技术的案例研究方法。在采访了 13 个中介后，作者沿着两个维度（附加价值度和自身风险）确定了 7 种类型的专利经纪人。它们包括执法者、集成商、交易撮合者、技术促进者、保护人、评估者和顾问，其中后四种是最突出的。根据 Benassi 和 Di Minin，经纪人通过（i）IP 资产评估；（ii）市场识别和选择；以及（iii）谈判从事许可交易。[2]

4.3　中介与技术交易

为了在特定的技术和技术交易背景下更好地了解中介概念，笔者讨论了有限和零散的涉及中介作用的文献，特别是源自 Lien（1979）、Czarnitzki 等（2001）、Birkenmeier（2003）、Krattiger（2004），以及作为从业者角度的 Millien 和 Laurie（2007）。

Lien（1979）界定了技术转让过程中"中间人"的四大功能。中间人可以决定根据具体需求的具体机会，这主要通过"市场拉动"进行引导，而不是"技术推动"。与传统技术"采购"相比，在买方选择"货架"上提供的可获得的技术时，中介交易包括了客户需求的详细描述。除了作为一名销售员，当客户提出一个技术报价，且需求被确认时，中间人执行采购任务。作为第二项功能，Lien 提出中间人帮助确定满足客户需求的合适来源，包括技术突破、科学信息以及其他技术的发展。一旦客户的需求被确认，中间人就使用他的专长和网络资源来满足这些需求，这需要一个主动的而不是被动的方法。此外，根据 Lien，中间人构建起了技术来源与那些能够利用技术的合作对象之间的桥梁。当交易双方被确认时，中间人通过适当介绍和解释该交易如何使双方受益将他们连接起来。最后，除了构建桥梁，中间人鼓励适当的链接机制，并且为了促进交易提供其他的服务、技能和投入。因此，除了代理人或经纪人的任务，中间人还充当催化剂，以支持性服务的形式提供知识产权方面的专业经验。

虽然他们的研究主要集中在高校的技术转让上，Czarnitzki 等（2001）提供了一个有趣的分类法。他们在直接和间接交易之间进行了区分。某些中介支持直接交易。这些服务包括某些信息的咨询和研究，以及为企业提供培训服务，建立其自身的能力。另外，Czarnitzki 等发现中介机构也进行自己的研究和开发，从而增加技术价值。根据 Czarnitzki 等，这些中介机构参与了直接转让。间接支持交易的 TMI，为供需双方提供了桥梁连接式的服务，例如，通过提供研发成果的商业化开发、专利分析服务和技术跟踪。

基于他们在交易过程中的问题分析，Czarnitzki 等是极少数提出中介"出发点"的学者，即建议中介如何能够帮助开发 MfTI（虽然主要集中于高校技术转让）。虽然他们的模型既非详尽全面，也非十分详细或无重叠，但它是极少数之一，并且应该在此提及。为了解决信息不对称，中介可以为技术所有者提供平台推广他们的技术，例如，在互联网上或在展会上。中介可以进一步咨询潜在买方关于在市场上提供的技术，并且监测重要趋势和某些技术的需求。克服有关企业获取感兴趣的技术的高成本问题，中介可以作为供给和需求之间的桥梁，可以进行某些搜索，准备报告（例如，尽职调查[4]），并且提供直接接触企业的可能性（例如，研讨班、研讨会、交易会）。为了降低较高的交易成本，中介可以提供关于合同的设计和项目管理方面的咨询。为了减少外部因素的不确定性，中介可以促进各参与者之间的信任发展，实施与任务相关的"具体"交易，并且在拆分公司时提供财务支持。关于减少转让可能性，中介机构可以提供培训课程，建立激励机制，提供创新管理中的咨询服务，并且依靠强有力的交易激励机制支持研发实验室的发展。

此外，Birkenmeier（2003）确定了中介支持的四个主要功能。[5] 首先，中介机构依据现有的技术知识及一定的资金来源，可以提供有关技术应用、市场数据、行业、企业和竞争对手的信息服务。其次，中介依据企业的创新与技术管理，向其提供咨询。再次，中介可以依据企业的专利申请、许可合同、创业和人力资源开发，对其进行支持。最后，中介支持企业的项目管理。

除了极少数对于开发一种分类法的系统化尝试，还有一些其他的出版物提及各种中介类型一览表。在下面的部分，笔者稍许提到了对现有的各种中介的说明，也对文献中的早期发展阶段进行了说明。

Krattiger（2004）提供了一个具体的中介列表，但未讨论它们的功能，并且只提供了每个中介组的一些性质。根据 Krattiger，中介充当了许可费征收机构、各种类型的结算机构（信息、技术和开源式创新）、经纪人和其他类型的促进者，并且提供 IP 管理服务（律师事务所和顾问）。此外，中介还起着商业化代理、商业银行或开发专利池的作用。从从业者的角度来看，Millien 和 Laurie（2007）提供了各类中介的另一个集合。其中包括专利许可及实施公司、机构专利整合者/IP 购买资金、IP/技术开发公司、授权代理人、诉讼金融/投资公司、专利经纪人、基于 IP 的兼并及收购咨询、技术拍卖行、在线 IP/技术交易/结算公司、IP 担保基金、专利资产证券公司、专利评估软件及服务、高校技术转让中介，以及一些最近的"新兴商业模式"，其中包括交易交流/交易平台、防御型专利池、技术/IP 分拆融资，以及以专利为基础的公开股票指数。[6]

结论，在技术和 IP 交易的特定背景下，各类中介已被确定和详细论述，但是仍然缺乏一个全面、系统和被广泛接受的分类法。随着 TMI 的不断出现，企业将不得不了解新的交易模式的特性，包括 TMI。公司和创新与知识产权（IIP）管理者必须了解这些模式如何影响技术交易的交易治理结构（TGS），以及它们如何能最好地利用不同类型的 TMI 更加经济地管理用于发明创造的交易。随着新的 TMI 类型和新的交易模式的不断出现，企业将面临越来越复杂的、选择一个合适的 TMI 以及它的交易模式的决策，例如，每个技术开发项目的"开发渠道"。技术拍卖是 TMI 开发新的模式之一，笔者在本研究的其余部分将专注于此。

4.4 定义 TMI

在前几章，笔者阐述了中介概念的起源，并且报告了之前的用于发明创造的中介作用的研究结果，以此为基础，笔者提出了 TMI 的定义，并且将其应用在当前研究中。

TMI 被理解为提供知识服务的企业，有时被称为"知识密集型商业服务"（KIBS）。[7] 虽然，TMI 可能从独立发明人那里购买技术，但笔者认为，它们的大部分日常业务主要集中于"企业对企业"的相关交易。对于 MfTI 市场上特别关注的中介活动，笔者建议调整中介的一般性定义。因此，笔者提出如下 TMI 定义：

> TMI 以盈利为目的，风险承担公司试图通过促进无形资产交易模式的发展来推进 MfTI，通过与以技术为主的企业互动来支持创新过程，其前提是不增加价值或持有财产的所有权。

为了捕捉新的中介现象，这个定义的范围应该被认为很窄的。因此，这个定义还涉及已在 MfTI 存在了很长一段时间的经纪人和交易商的概念（例如，被 Arora 等（2001）称为的"专业工程公司"）。然而，重点在于新的交易治理结构（例如，拍卖）或信息与通信技术的使用（ICT）（即互联网），例如，在线技术市场 Yet2.com。因此，这个定义排除了传统的专利律师事务所（PLF），由于它们的概念与经纪人概念的关系相当松散，正如，Hargadon 和 Sutton（1997）讨论的那样，即"为客户完成交易"的公司。虽然，PLF 可以被视为 KIBS 并且主要以提供逐项服务的方式参与交易（例如，设计特殊的合同），但是 TMI 更加关注新型交易模式的发展。然而，重点需要注意的是，最近主要的 PLF 已开始通过纳入新的服务扩大其投资组合活动，并且例如，已经开始为管理岗位配备员工。这样的公司已包括在定义中，而笔者排斥的是仅提供法律服务的传统 PLF（例如，专利申请和诉讼支持）。[8]

图 4.1 说明了双边交易之间的不同，其中，买方和卖方直接互动；但是在 PLF 的支持下。相比之下，图 4.1 中显示的交易中，TMI 被卷入了 IP 资产——甚至可能取得所有权。因此，当 TMI 卷入交易时，人们可以期待交易治理结构的改变。

由于存在不同的治理结构和激励机制，笔者给予 TMI 的狭义定义进一步排除了政府支持手段和高校的技术转让办公室（TTO）。然而，笔者的定义和本研究的意义是能够与它们相关联的。笔者的定义包括"非生产"（或实践）

实体概念——有时也被称为"巨头"——如上例中 Reitzig 等（2010）、Hall（2009），以及最近的业内人士的论著中所述。

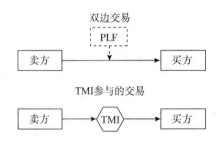

图4.1 没有/有 TMI 参与的交易的性质

注　释

1. 寻求更加详细的回顾和自己特有的分类法的建议，见 Lopez 和 Vanhaverbeke（2010）、Mortara（2010），以及 Tietze（2010）。

2. 应用更广泛的定义，Lopez 和 Vanhaverbeke（2010）还提出了一种有四种类别的分类法，包括"创新顾问""创新孵化器""创新中介"和"创新交易者"。

3. 中介概念进一步在 IP 交易的特定背景下被论述，例如，Pollard（2006）论述了在网络创新过程中技术转让中介的作用，涉及高校、研究与开发中心，以及具有国际视角的商业机构；Fu 和 Perkins（1995）确定任务为具有"外部专家"帮助的（包括评估、培训、金融谈判、法律/技术/战略谈判、按需定制技术、接洽和前景识别）；Mittag（1985）论述了各种形式的专业中介。此外，Granstrand（2004a）论述了大型跨国公司在拆分自己的许可部门作为独立经纪人和交易商时的具体情况。

4. 尽职调查是兼并和收购过程中的常规做法。它涵盖了以达成协议为目的的接触、收集信息和审计收购对象的过程（Parr，2006）。正如兼并和收购，在专利交易的情况下，Rivette 和 Kline（2000：169）建议"IP 资产尽职调查应该严谨而可靠"。

5. 请注意，Birkenmeier（2003）不提供他如何开发这种分类法的详细说明；也不提供任何用于这些功能的详细解释。

6. 基于专利融资模型的广泛讨论，参见 de Vries（2011）。

7. 也参见，例如，Aslesen 和 Isaksen（2007）、Flikkema 等（2007）、Koch 和 Stahlecker（2006）、Strambach（2001）、Den Hertog 和 Bilderbeek（2000）、Hipp（1999），以及 Miles 等（1995）。

8. 例如，Zacco A/S，一个北欧领先的 IP 公司，最近已经开始调整自己的商业模式。Zacco 不再把自己作为一个传统的专利事务所，而作为一个现代的知识产权咨询公司……并且……提供全方位的投资组合管理服务，包括对自己的客户进行欧洲专利授权认证。

第 **5** 章
用于技术交易的拍卖

5.1　拍卖理论简介

　　拍卖是价格形成的最古老的谈判机制之一，它们出现在各种资产交易的不同领域和多重背景之下。传统上，在拍卖中交易的最重要的资产是艺术品、古董和葡萄酒。[1] 然而，近年来，拍卖已被应用于越来越多的有形资产（例如，二手工业机械出口到第三世界国家、房地产等[2]）和无形资产〔包括，各种类型的服务（例如房屋维修工匠服务、旅游服务、软件开发服务以及问题解决服务）或 IP 资产（例如，专利及 3G 许可）〕。[3] 最近，拍卖已经被 TMI 发展成为促进那些企业可能会用于更有效的发明创造的技术交易。Birkenmeier（2003）是在 ETE 背景下为数不多的学者之一，其称拍卖是一种除了其他方法（例如现有的市场价格以及确实以实用为基础的方法）之外的确定技术价值的"基于市场的方法"。

　　虽然拍卖是最古老和最广泛使用的交易机制，但它们的理论基础则是最近才刚刚建立。根据 Berz（2007）、Milgrom（2005）、Klemperer（2004）及 Vickrey（1961）的观点，拍卖理论主要来源于博弈论。作为一种贸易或价格形成的谈判机制，拍卖的广泛使用已吸引了学者们对这一领域的关注，并且在大约 50 年前形成了一个新经济学领域的基础。根据 Berz（2007）和 Klemperer（2004），拍卖的理论基础，即拍卖理论，自 20 世纪下半叶才刚刚出现。由于其被广泛认可的出版物，Friedman（1956）经常被认为是拍卖理论的开创性贡献者之一。自那之后，拍卖理论已经作为议价理论的一个特例，成为博弈论的一个分支学科（Berz，2007）。

　　根据交易的方向，拍卖通常是不同的，即不论是卖方提供资产（销售拍卖）还是买方想购买资产（采购拍卖）。然而，根据 Klemperer（2004：15），"正常拍卖之间没有形式上的区别，其中，拍卖人是卖方，竞买人是买方，竞买人对于销售对象和采购拍卖是有价值的。在拍卖公司是买方，竞买人是卖方的情况下，竞买人有提供购买对象的成本。"在反映属性时，同样的论证通常适用。然而，就这项研究的重点放在卖方的角度看，即技术开发企业，在下面的部分中，笔者主要指销售拍卖。[4] 此外，这项研究重点关注公开拍卖，在封闭环境中的私人拍卖因此被排除在研究的论述之外（例如，参见上述商业案例）。甚至在公开技术拍卖模型被开发出来之前，私人拍卖就已经被用于技术交易；不过，数据因众所周知的保密性问题而难以访问。根据是采取线下方式还是在线方式，拍卖可能会有所区别。不管怎样，笔者的实证分析侧重于线下拍卖。由于拍卖中通常提供多件拍卖品，那么以下问题就出现了：拍卖品是应该按顺序提供，还是同时提供（即平行的）？本实证分析仅仅侧重于顺序拍卖。

5.1.1 议价理论基础

为了明确市场，并在卖方和买方之间达成协议（即商定卖方和买方两个价格窗口内的销售价格），技术交易可以被解释为议价情况。特别是，以传统的方式进行技术交易的方法，其通常是根据具体情况进行设计（例如，根据特殊合同），必须视为主要发生在卖方和买方之间的双边议价谈判，虽然他们有时是由专利律师事务所（PLF）支持的。

由于拍卖理论是议价理论的一部分，因此本章简要介绍作为拍卖支持机制的议价理论的主要概念。在基于议价理论的大量文献中（例如，Muthoo（2002）、Napel（2002）、Singh 和 Bhatia（2000）、Coles 和 Wright（1994）、Canning（1989）、Sutton（1986），以及 Stahl 和 Economic Research Institute（1972）），笔者主要依据 Muthoo（2002），其针对议价理论基本原理提供了有价值的介绍。

笔者采用了 Muthoo（2000：146）关于议价情况的定义。由此，任何"交换状况都可以被视为议价情况，该状况中，一对个人（或组织）可以从事互惠贸易，除了在贸易条款上有利益冲突。"换句话说，议价情况是这样一种情况，即两个或两个以上的参与者（例如，个人或组织，如公司、政党或国家）有共同的合作利益，除了在具体如何合作上有利益冲突。因此，在议价情况下，参与者面临的主要问题是，需要在具体如何合作上达成一个协议（即在双方的价格窗口内商定一个价格）。[5]

我们可以假定每个赞同议价前规则的参与者希望达成一项尽可能地对他有

利的协议。讨价还价的过程通常是耗时的，并且包括参与者的报价和还价。议价理论的一个主要关注点是谈判结果的效能和分配属性。效能属性涉及在约定的时间窗口中参与者未能达成协议的可能性。分配属性涉及的是从合作中获得的收益究竟在参与者之间如何分配的问题（资源配置）。不同的是，参与者对于在盈余划分上达成协议有共同的兴趣，除了在具体划分上有利益冲突的情况（其中，每个参与者都希望获得尽可能大的盈余份额）。

Muthoo（2000）提出了议价理论的 5 个原则，其应被视为影响谈判结果（和它的效率和分配属性）的关键概念。由此，这些概念决定了参与者议价能力的来源。这些原则指的是参与者的焦躁、崩溃的风险、选项（外部和内部）、承诺的策略，以及信息的不对称。

在大多数议价情况下，每一位参与者定价的时间，更愿意基于当前的特定价格达成协议，而不是未来的价格。然而，参与者的时间价值取决于各种因素（例如个人情况，如收入和财富，以及市场利率）。因此，很可能每位参与者定价的时间是不同的。由此，虽然参与者通常有动机妥协，并且毫不拖延地达成了协议，但当交易发生时，较少焦躁的潜在买方却呈现出了比其他人更高的价格。因此，一个参与者的议价能力可以被认为，相对于其他谈判代表具有更大的耐心。从这一原则可以推断出，一个参与者可能会降低自己的"还价价格"和/或增加其他谈判代表的"还价价格"，以此来提高自己的议价能力。谈判过程中，耐心赋予议价能力，而避险心理会对其产生不利影响。

在讨价还价的同时，参与者们可能会意识到，由于一些外部因素和不可控因素，致使谈判产生分歧，例如，当第三方的"干预"减少了参与者之间的合作收益时。举个例子，当两家公司在如何分享一项新技术的收益上讨价还价时，一家外部公司可能会发现一项优秀的技术使得它们的技术过时。Muthoo 推断，一个参与者的议价能力越高，紧随其较高的利润（或收益）之后的将是触发谈判破裂的外部和不可控因素的出现。同样的，一个参与者的收益越高，同一情况下的其他参与者的议价能力就会较低。根据 Muthoo 的观点，利润与参与者的风险规避程度有关。参与者越规避风险，其越渴望减少失败的风险。这被少数风险规避参与者所利用，其需要更大份额的净盈余。如果双方都是同样的避险心理和同样的急不可耐，那么他们很可能会同样分担他们之间的净盈余。

另外，参与者的议价能力取决于他们购买的其他选择。如果一个参与者有相对较少（低）的外部选择，那么这一概念对议价价格影响不大（更确切地说，他们太微不足道，以至于没有益处）。然而，如果参与者面对一个承诺是有益的外部选择，那么这个概念就会产生影响，即价格必须与其相等。因此，如果外部选择有足够的吸引力，那么参与者的外部选择就可能会提高议价能力。这一结论背后的逻辑与谈判过程中的威胁可信度（或其他）问题有关。该外部选择原理表明，外部选择并不需要提高议价能力，因此，谈判者应该不允许自己受空洞的威胁（或承诺）影响。在这种意义上，当且如果此刻这样做时，威胁和承诺也不会兑现。如果一个参与者的外部选择具有足够的吸引力且变得可信时，则其只提高议价能力。如果两个参与者的外部选择都具有足够的吸引力，那么很可能不会有合作收益（并且各方可能因此倾向于运用他们各自的外部选择）。假如所有参与者的外部选择都没有足够的吸引力，那么根据他们内部选择的高（大）程度，参与者的议价能力将提高，即参与者在讨价还价过程中获得收益（即参与者谈判或临时分歧的原因是什么）。当两个参与者的外部选择都不具有吸引力的时候，那么内部选择更具吸引力的参与者将具有更大的议价能力。然而，当一个参与者的外部选择具有足够的吸引力，那么两个参与者的内部选择都不会对议价结果产生影响；拥有更具吸引力的外部选择的参与者将获得更有利的交易，并且，如果两个参与者的外部选择都有足够的吸引力，那么参与者运用它们将是互惠互利的。[6]

Muthoo（2000）进一步报道，在许多议价情况下，参与者们经常在谈判过程之前和/或谈判过程之中采取行动，某种程度上就某些战略性选择的谈判地位（或要求）作出承诺。虽然这样的承诺策略通常是可撤销的，但撤销承诺（即对要求的放弃）可能会付出很大的代价。如果，仅仅是如果，放弃要求的成本足够大，那么承诺策略提高了参与者的议价能力。当一个谈判代表为了一个选区的利益进行谈判时，承诺策略是最有效的。然而，如果强有力的承诺具有相当程度的放弃成本的风险，那么讨价还价的过程将最终处于一个僵局中。

在议价情况下，结果通常进一步被参与者之间存在的信息不对称所影响。信息不对称的一个主要后果是，协议可能无法达成。事实上，此时，在缺乏完整信息的情况下，将是互惠互利的。如果谈判中的一个或多个参与者拥有其他参与者不拥有的可变因素相关信息，这相应地导致了低效的议价结果，那就是，分歧和/或昂贵的延迟协议的结果，除非这些信息被可靠地传达给不知情的参与者（们）。知识是谈判中真正的力量，并且提升了那些能更好地获得信息的人们的议价能力。

根据 Muthoo（2000）的观点，上述原则适用于各种议价情况，而其他各种因素在决定谈判结果的过程中也同样重要。它们包括：参与的程序及谈判形式（特别是主动提供报价，而不是对其进行响应）、参与者的声誉（他们的能力以及他们的决心和持久力等）、民粹主义、公益诉讼，以及可能使谈判瘫痪的司法维权行动，除非议价在完全保密的环境中进行，并且参与者都很清楚社会、经济、政治及其他方面的包罗万象的议价情况，以及问责制与透明度的最终需要。关于技术交易——正如前面所提到的——信息不对称被视作一种 MfTI 的障碍（见第 3 章）。为了改善谈判结果和 MfTI 的资源配置，其一直被视为技术拍卖所能够作出的贡献。

5.1.2　拍卖选择的决定因素

虽然与议价谈判相关，本研究却对拍卖特别关注，这将在本章的后续部分进行讨论。根据 Kjerstad（2005：1241），拍卖可以被认为具有"精确指定市场结算如何决定价格的明确交易规则"的市场，其需要合理的设计，以保证最佳的资源配置（Roth（2008）、Milgrom（2005）、Klemperer（2004））。相比议价谈判，拍卖会诱发竞争要素，这是一个基本的理论标准。Bulow 和 Klemperer（1996）声称，根据最优拍卖理论，卖方被视为一个垄断者，可以任意选择机制，如建立最低销售（或保留）价格，以最大限度地实现其预期利润。在垄断理论中，最优拍卖理论将所有议价能力分配给卖方，由于受到约束，卖方无法获得买方的关于其资产价值的私人信息。根据 Kjerstad（2005），拍卖经常作为一种非对称信息问题的响应。Milgrom 和 Weber（1982）证明，一般情况下，通过调整提供销售对象的专家质量评估的政策，卖方可以不论拍卖类型提高预期价格。在缺乏市场价格的情况下，供应商也可以使用拍卖获取潜在买方的最低保留价格（MRP）。然而，假使遵循事前规定的拍卖规则，成功完成拍卖，则需要来自签署合同的所有参与者的强有力的承诺。此外，虽然一场拍卖甚至只有一个竞买人就可以举行，但通常有 2 个或多个竞买人参与以提供一个真正的竞争态势。同时，竞买人的品质对其也有重大影响。因此，可以预先选定竞买人，或者可以由拍卖公司限定允许竞买的人数（Berz，2007）。[7]

计划利用外部技术的公司需要明白，在这种情况（即为了某项技术）下，它们应该更愿意拍卖成为超越议价谈判的"开发渠道"。在下面的部分中，将对拍卖和议价谈判之间的选择问题进行研究，并报告其选择结果。

Goldberg（1977）是研究在何种情况下应首选拍卖或议价的第一批学者之一。他通常认为，由于拍卖可能阻碍重要的协议前阶段信息的交换，对于非标准的复杂交易，议价谈判应该是首选。Manelli 和 Vincent（1995）形成了一种资产的买方关注质量和成本的框架。在这个二维框架中，Manelli 和 Vincent 表明了，当对质量的关注度足够强时，谈判比拍卖好。Bulow 和 Klemperer（1996）使用一个标准的拍卖模型显示出，在大多数情况下，相对于只有一个买方的最佳议价谈判，卖方应该更愿意使用简单（非 MRP）的拍卖。在经常被引用的论文中，Bulow 和 Klemperer 是少数用数学方式证明其发现的学者。

然而，Rosenkranz 和 Schmitz（2007：4）发现，Bulow 和 Klemperer 的结果不能"保持参考点的存在"，即一个最低保留价格（MRP），其没有被用在他们的模型中。建立在 Manelli 的 Vincent（1995）的理论工作基础上的补充性研究中，Bonaccorsi 等（2003）基于意大利医院的医疗设备采购，进行了拍卖和议价的实证分析，作为可供选择的采购机制使用数据。Bonaccorsi 等能够确认 Manelli 和 Vincent（1995）的结果，即对质量的关注影响着判定机制的选择。从医院采购合同的普通最小二乘法（OLS）回归分析，Kjerstad（2005：1241）发现证据表明，"与谈判相比，拍卖不会导致显著低于合同谈判结果的价格"。令人惊讶的是，这一发现与一些结果形成了对比，例如 Milgrom（1989）。Kjerstad（2005）认为，拍卖和议价可能会涉及某种形式的事前和事后成本，如用于准备及合同管理。因此，议价成本可能会随着谈判者数量增长而增长，其因此需要与拍卖相关的准备成本进行比较。Kjerstad 进一步发表了一个有利于谈判的可能性论点，那就是在任何交易结束之前确定最满意的质量的潜力。虽然竞买人在竞买之前可以测试产品并进行尽职调查，但拍卖仍可能会有较高的概率失去质量目标。在最近的一项研究中，Leffler 等（2007）收集了美国北卡罗来纳州的木材私人销售数据。根据 Goldberg（1977）和 Bajari 等（2007）关于复杂性影响的结论，Leffler 等（2007）展示了他们的复杂性措施和议价谈判使用之间的积极关系，同时证明了，在有较多合适买方的情况下，更可能使用拍卖。采用离散选择经济模型，借助对美国加利福尼亚北部 1995～2001 年建筑合同的研究，Bajari 等（2008）发布了三项结果：首先，较为复杂的项目（即事前信息有价值，事后变化可预期的）采用议价谈判相比拍卖更可能受益。其次，拍卖使用的是反周期性的，当多个竞买人可用时，与拍卖增加的收益相一致，即在有利于更多竞买人的环境中，拍卖是首选。最后，谈判结果似乎偏向于更大、更有经验的承包商。此外，Bajari 等质疑定义明确的产品的标准假设，其是机制设计和拍卖文献的核心。当事前信息是有价值的，并且事后变化是可预期时，使用拍卖可能是低效的，其往往需要固定价格合同。

总结有关上述被选结果的评述，笔者发现，纵观各种研究，虽然来自评述的结果有限，但似乎在很大程度上是一致的。与议价谈判相比，笔者只能得出关于拍卖选择的三个决定因素的结论。Manelli 和 Vincent（1995）以及 Goldberg（1977）证明，在产品质量不太重要的情况下，拍卖应该是首选。Bajari 等（2008）、Leffler 等（2007）以及 Bulow 和 Klemperer（1996）证明，当潜在买方的数量比较高时，拍卖应该是首选。Bajari 等（2008）、Leffler 等（2007）、Kjerstad（2005）以及 Goldberg（1977）发现，当项目高度复杂（即事前信息是重要的，且事后变化可以预期）时，拍卖不是最优选择。关于各种现有的拍卖类型（还有一些有争议的研究结果），这些结果将仍然被认为是不够的。这一观点也被进行上述研究的学者们共同分享。根据 Bajari 等（2008：2），是否拍卖的问题导致了收益最大化，如果是这样，那么仍处在"不受关注"的情况下，同时，Kjerstad（2005：1240）注意到，"令人吃惊的是，对于拍卖和谈判相对优点的比较，已很少能凭经验进行"。

因此，为了完善笔者的推测，笔者只能借助于有限的、可以获得的、来自拍卖论著的结果。此后，虽然笔者没有应用拍卖理论的观点，但其结果以及他们关于技术拍卖的论述，与议价谈判相比，应该有助于这个主题，并对未来的研究有所支持。

5.2 拍卖流程设计

如第 2 章所概述，本研究的目标之一是形成对技术拍卖的交易治理结构（TGS）的理解。为了形成对 TGS 的理解，笔者应用了来自管理文献中论述的交易过程模型的见解，下面介绍的拍卖设计文献的见解对其进行了补充。[8]

在实践中，有多种多样的拍卖。例如，拍卖可以应用不同的竞买程序（例如，英格兰式增价拍卖）和实现特定的设计概念（例如，MRP）。各方面的学者已经仔细研究了不同的拍卖类型，提出了对它们进行分类的分类系统。例如，Friedman（1993）和 Engelbrecht - Wiggans（1980）按层次分类法组织拍卖，Wurman 等（2001：304）提出了一种"拍卖设计空间参数化法……即以一个比简单的分类法更具描述性和可用性的形式，抓住许多拍卖机制本质上的相似性和不同点"。

笔者没有回顾有关拍卖设计或广泛的设计理念的文献，而是详细阐述了与这项研究相关的概念。在下面的部分中，呈现出了一个由 Kumar 和 Feldman（1998）提出的通用的拍卖流程模型。为了讨论和评估拍卖的性能，了解在涉及各种设计概念的拍卖流程中作为主要因素的竞买程序是非常重要的（例如，价格动态、定价逻辑和竞买文件提交）。随后，笔者解释了四个最突出的竞买过程形式（英格兰式、荷兰式、第一价格密封递价和维克瑞拍卖），其中，英格兰式的竞买程序主要用于受关注的技术拍卖。接着，笔者论述了被拍卖资产的各种特点，其通常在拍卖文献中进行剖析。这个问题与这种假设有关，即与议价谈判相比，技术拍卖作为开发渠道如何确定优先权（见第 9.3 节）。

5.2.1 一个通用的拍卖流程模型

在拍卖文献中，竞买程序经常被概念化为拍卖本身。然而，根据 Milgrom

（2005：251），"拍卖本身……只是交易的一部分，并且它的成功……甚至更加取决于拍卖前后发生了什么"。因此，在本章中，笔者呈现出了一种通用的拍卖流程模型，它包含了竞买程序之前和之后的不同阶段。

　　如上所述，拍卖流程通常被概念化为议价谈判的具体类型。如所有谈判一样，参与者们（包括买方、卖方、拍卖公司、经纪人等）在一套已明确的规则内交换消息，以改变可协商的交易，从而使他们之间达成其条件可以被买卖双方所接受的最终交易。与议价谈判相比，拍卖往往涉及买方或卖方之中的多个参与者，这导致一个"竞争性出价"因素进入谈判过程中（Bajari 等，2008）。描述拍卖流程有不同的概念模型。为了本研究的目的，Kumar 和 Feldman（1998）的概念模型似乎是合适的，因为它逐段描述了与 Lichtenthaler（2006a）及 Escher（2005）的交易模型相类似的交易过程的特征。如图 5.1 所示，由 Kumar 和 Feldman（1998）提出的拍卖流程模型包括五个阶段。

图 5.1　通用拍卖流程示意图

　　第一阶段包括拍卖参与者（特别是潜在买方和卖方）的身份认证和初始注册。第二阶段涉及拍卖活动的设置。这一阶段特别包括所提供资产的描述、用于谈判的拍卖和参数规则的定义（包括投标控制规则、费用、交货日期、购买多少的选择，以及包括支付条款在内的合同问题）。关于拍卖规则有五个特别重要的问题。第一个问题是拍卖类型的选择，其分别具有各自的竞买程序。正如下面所讨论的，有不同类型的竞买程序，并且，每个方法中有几种变化，因此，选择最佳的竞买程序可能是一项具有挑战性的任务。第二个问题与拍卖活动的安排有关。根据 Kumar 和 Feldman，拍卖公司的关键成功因素之一是带给拍卖活动最大数量的潜在买方。这一阶段中的第三个问题包括提醒潜在买方。Kumar 和 Feldman 建议潜在买方提前向拍卖公司注册，并且注明它们感兴趣的计划拍卖项目，这样，当安排了它们感兴趣的拍卖时，它们可以获得提醒。第四个问题涉及安全方面的考虑，例如，确保有关潜在买方的信息以及所提供的项目细节能够保密。最后，拍卖公司可以限制进入拍卖。拍卖行政策和来自卖方的指令决定是否拍卖可向广大公众开放（开放式拍卖架构），随后的选择过程针对注册了拍卖服务的买方/卖方，或仅针对被特别邀请的买方/卖方（封闭式拍卖架构）。

　　第三阶段特别关注竞买规则的设计，这是拍卖流程中的关键因素。Kumar

和 Feldman 再次提到了 5 个相关问题。第一，重要的是要制定一个通知机制，以根据最新的报价活动更新竞买人。这个问题在典型的离线拍卖中很容易克服，其中的竞买人实际存在。然而，如果竞买人不在竞买室中（例如，通过电话或互联网缺席出价），那么他们需要了解竞买的进展。可能的通知方法包括电话或互联网连接，它要么在拍卖期间被每个竞买人一直持有，要么缺席者能根据客户请求被手工修改。第二，拍卖公司需要制定卖方和买方可用的条款和条件。如果竞买流程允许买方请求变更支付或装运条款，那么这些条款应作为出价的一部分。拍卖图（通常存在于一个拍卖目录中）应在所展示的报价旁边显示报价的条款和条件。此外，创建产品描述时，卖方应指定可接受的条款和条件的范围，并指出它们如何被作为出价评估因素进行考虑。第三，拍卖公司必须决定出价的保证金。根据不同的问题，在竞买人参加拍卖之前，可能需要押金，或者必须支付保证金。在整个竞买过程中，应考虑一定的安全措施。特别是在密封竞买过程中，拍卖公司必须确保提交的竞买报价没有向其他竞买人披露，以免违反拍卖规则。在公开叫价拍卖中，由卖方或拍卖公司投入虚假的出价，以促使最高的出价者进一步增加其应该被保护的出价。第四，竞买的撤回需要被限定。在竞买阶段，在一定条件下，可以允许卖方停止或撤销拍卖，或修改规则。同样，在一定条件下，应该允许出价人撤回或修改他们的报价。第五，确定拍卖的关闭是一个重要问题。通常情况下，拍卖会根据指定的关闭规则结束。在那个时候，中标叫价可以被视为，如果需要，可以转化为传统的采购订单。

第四阶段涉及竞买人的出价的评估，特别是关于拍卖的关闭规则。两个问题尤其相关。第一，拍卖公司必须就拍卖结果与竞买人进行沟通。根据拍卖政策，一些信息将公开提供，所有竞买人都可获得一些公共信息，而有些则只传递给与信息相关的竞买人。另外，可能需要安全和隐私规则。如果拍卖公司不是卖方本身，拍卖结果也必须传达给卖方。拍卖结果包括买受人人或前几位竞买人的名称和地址，竞买金额及运送和支付条款（如果竞买过程中允许更改这些条款）。第二，拍卖公司必须向竞买人和卖方证明，拍卖是公平的（记录保留）。为了其内部记账要求，卖方需要保留这些纪录，并且证明其满足了政府的规章制度，例如公平交易惯例。记录保留策略会有所不同，也将取决于交易和商品销售的货币价值。记录通常包括产品说明、张贴在何时何地，以及用于什么时期。它可以包括竞买参与者的名单和投标报价的记录。评价方法也应该作为记录的一部分保留。最后，第五阶段与贸易结算有关，包括给卖方付款、将货物转移给买方，并且如果卖方不是拍卖公司，那么向拍卖公司支付佣金。

5.2.2　竞买流程设计

在 Kumar 和 Feldman（1998）的拍卖流程模型（虽然已经在第二阶段确定）的第三阶段中，竞买流程的设计对于拍卖结果是至关重要的。为了拍卖结果最大化，一个核心要素是竞买流程形式的价格谈判，其以"起拍"开始，并以"最终叫价"结束。然而，如果最终叫价低于卖方所确定的公开宣布的最低销售价格，那么最终叫价不一定导致交易成功。

在文献中，有各种分类法来定义竞买流程的不同类型（例如，Wurman 等（2001）、Friedman（1993），以及 Engelbrecht - Wiggans（1980））。以下，笔者将对竞买流程的四种属性作出区分（参见表 5.1）。

第一种属性与拍卖过程中的价格形成有关。在增价拍卖中，随着每一次出价，叫价会增加；而在降价拍卖中，每一次随后的出价都会低于前一次。[9] 提升或降低报价的间隔，可以被拍卖公司固定（例如，通过价格收报机）或可以放开由竞买人决定。在后一种情况下，竞买人决定提升/降低多少报价，虽然通常最小间隔（例如，10% 或 1 欧元）在拍卖规则中定义。

第二种属性是定价逻辑，其有两个主要类别。赢家要么必须按最终出价价格（第一价格）支付，要么必须按第二高出价价格（第二价格）支付。第一价格拍卖由于存在偏见而遭到批评。他们不会透露买方的无差异价格或购买项目的真实市场价值，因为中标价格只需略高于第二高的出价。为了提高拍卖结果，Vickrey（1961）建议第二价格拍卖。在第二价格拍卖中，获胜者只需按第二高的出价支付，而不是最高出价。因此，竞买人被激励叫出更接近他们自己的价格，从而使拍卖结果最优化。[10]

第三种属性与出价提交的方式有关。出价要么作为公开出价进行提交，此时，所有竞买人的出价其他竞买人都知道；要么密封出价。不像密封出价拍卖，"公开叫价"拍卖是"公开"或完全透明的，因为在拍卖过程中，所有竞买人的身份都是向其他竞买人公开的。还有一种混合的形式，在这种情况下，拍卖公司宣布所有不同的出价，但没有透露各自竞买人的名称。

针对区分竞买流程的第四种属性是拍卖的持续时间可以根据时间限制或通过出价轮次来设定。这样两种情况必须特别作出区别，即竞买人只允许一次出价的情况，以及他们可以多次出价的情况。拍卖可能持续一轮或几轮，并且有些事可能持续几分钟、几周，有时甚至几个月。拍卖公司可以设置拍卖的最长持续时间，或确定单轮的最长持续时间。拍卖公司还可以决定设置两轮之间的间歇时间。当竞买人根据竞买过程中获得的附加信息，需要时间来重新考虑他们的无差异价格时，间歇可能是首选，例如，知道其他竞买人的出价，或者至少是封闭一轮后，拍卖公司宣布了匿名出价。

Klemperer（2004）声称，竞买流程的四个基本类型被广泛使用和分析：递增式出价拍卖（也称作公开式、口头式或英格兰式拍卖）、递减式出价拍卖（也称作荷兰式拍卖）、第一价格密封出价拍卖和第二价格密封出价拍卖（也称作维克瑞拍卖）。[11]笔者根据上述的前三种属性，描述了这四种拍卖类型（见表5.1）。第四种属性不予考虑，因为它所有的说明都能同样地适合于所有的竞买流程类型。英格兰式拍卖主要用于技术拍卖（见第9章）。

表5.1　四种常见的竞买流程类型

	英格兰式拍卖	荷兰式拍卖	第一价格密封出价拍卖	第二价格密封出价拍卖（维克瑞）
价格动态	递增	递减	密封	密封
定价逻辑	第二价格	第一价格	第一价格	第二价格
标书提交	公开	公开	密封出价	密封出价

在英格兰式拍卖中，价格是依次提升的，直到只有一个竞买人留下，并且该竞买人以最终竞买价格赢得标的物。因此，它涉及在一个不利于竞买人的方向上调整价格的重复过程。提交竞买书对于所有竞买人来说通常是可见的。这种拍卖的运行可以由卖方宣布价格，或由竞买人叫出（公开叫出）自己的价格，或使用最流行的竞买方式提交电子竞买书。尽管出价最高的竞买人支付最后出价，但是由于买受人只需要以高出出价次高的竞买人最小的增量出价，英格兰式拍卖被称作第二价格拍卖。因此，在效果上，赢家支付的数额等于或略高于第二最高出价。两个附加的规则经常被用于此设置。一个规则不允许竞买人再次进入竞买，如果他们已经退出。通常被应用的另一个规则是，竞买人不允许制造大的"跳跃式出价"。古董和艺术品以及房屋，通常使用的是递增式拍卖形式。不同类型的递增式拍卖曾被论述，例如 Bikhchandani 和 Riley（1991）。

递减式或荷兰式拍卖以相反的方式进行工作。为了出售资产，拍卖公司最初标示一个价格，其大大高于任何竞买人所愿意支付的。然后，在一个通常使用"时钟"设定的时间范围内，连续降低价格。第一个叫出接受当前价格的竞买人以标价赢得资产，因此，被支付的价格是第一价格。荷兰式拍卖的经典应用实例是荷兰的花卉拍卖、以色列的鱼类拍卖，或加拿大的烟草拍卖（Katok 和 Roth（2004）、van den Berg 等（2001））。

第一价格密封拍卖是第一价格拍卖的衍生物。每个竞买人独立且在不看其他人报价的同时提交各自的报价，标的物最终出售给出价最高的竞买人。没有任何投标人知道其他参与者的出价。获胜者按"第一价格"出价支付。由于出价保持匿名，因此竞买人不能调整自己的出价。第一价格密封拍卖通常用于拍卖国有土地开采权。在第二价格密封拍卖（又称维克瑞（1961）拍卖）中，每个竞买人独立且在不看其他人报价的同时提交各自的报价。该资产出售给出价最高的竞买人，然而按出价第二高的竞买人的出价支付。实际上，支付的价格往往是最低价买受人的。根据 Lucking-Reiley（2000），英格兰式拍卖经常采用竞买代理系统（例如，在网站上），类似于维克瑞密封拍卖。这种拍卖类型通常很少在实践中使用。[12]维克瑞拍卖的一个罕见的例子是通过邮件进行的邮票拍卖。

除了不同类型的竞买流程，特别需要注意对一个额外的属性感兴趣，根据 Ockenfels 等（2006）、Dewally 和 Ederington（2004）以及 Bajari 和 Hortacsu（2002）的观点，其可以适用于所有类型的拍卖，并且对拍卖结果具有实质性影响。最低保留价格（MRP）可以被视为卖方愿意出售给竞买人的资产最低价值，正如卖方的无差异价格，或者，换句话说，卖方的最低出售意愿。如果出价没有达到 MRP 水平，那么资产保留，不出售，并且被说成"买进"。MRP 可以看作以防无把握竞争的安全机制，以避免资产低于最低价格售出。MRP 因此代表了卖方的底价。卖方通常提供选项来选择是否要设置一个 MRP，为此，他们将被收取一笔额外的费用。如果设置了一个 MRP，竞买人通常被告知有关事实，虽然不一定是关于它的数额。是否透露 MRP 的数额，通常取决于拍卖公司和拍卖设计。[13]

当被透露的 MRP 充当了作为最低出价的类似功能时，秘密的 MRP 就起到了一个无形的、额外的推高其独立价格水平的竞买人的作用。[14] MRP 是否应该保密（例如，公告可以阻止一些竞买参与）或透露给竞买人，已被 Horstmann 和 LaCasse（1997）、Vincent（1995）、Ashenfelter（1989）以及 Milgrom 和 Weber（1982）有争议地论述。这个决定取决于各种因素。最重要的是，它取决于竞买流程的设计，即是否使用了第一价格或第二价格拍卖。Bajari 和 Hortacsu（2002：26）发现，在他们的数据库中，84%的卖方不愿意使用保密的 MRP，他们意识到原因在于竞买人"经常困惑和沮丧"。

当卖方或拍卖公司想使用 MRP 时，他们面临不得不了解 MRP 对拍卖结果的影响并且确定其最佳水平的挑战。然而，根据 Englmaier 和 Schmöller（2008）的论述，卖方何时使用 MRP、卖方如何设置 MRP，以及他们更喜欢什么时候披露或匿名 MRP，有关这方面的依据几乎没有。[15]

根据 Englmaier 和 Schmöller（2008），关于 MRP 在销售价格方面的影响，有各种各样的依据。当 Kamins 等（2004）以及 Ariely 和 Simonson（2003）找

到了 MRP 在销售价格上的积极影响时，Hoppe 和 Sadrieh（2007）以及 Bajari 和 Hortacsu（2002）没有发现任何影响。Bajari 和 Hortacsu（2002）发现，卖方倾向于对高价值的资产限制 MRP 的使用。看来，MRP 增加了用于卖方以及买方的复杂性，并且增加了由此产生的交易成本，其反过来又为某些资产类型承担了风险。各种研究已论述了如何确定最优的 MRP，例如，Rosenkranz 和 Schmitz（2007）、Reiley（2006）、Myerson（1981），以及 Riley 和 Samuelson（1981）。然而，它们的结果却很难归纳。相反，大体可以得出这样的结论：MRP 与"参照点效应"相关。因此，较高的 MRP 可能对竞买人的支付意愿有一个积极的影响。而提高 MRP 超过一定的上限，通常会增加交易将根本不会发生的概率（Rosenkranz 和 Schmitz，2007）。Klemperer（2004：7）指出，未能设置一个合理的 MRP"增加了掠夺行为的动机，并且可能鼓励相互勾结，将不会另外顾及所有竞买人的利益"。通常，只能得出一个结论：MRP 需要的是可靠（即对于通过让竞买人透露他们的无差异价格探索资产市场价值，不是太高，或正好足够高）。根据 Klemperer（2004：112），如果 MRP"不是一个拒绝出售标的物的真正的承诺，如果它没有达到其最低保护价格，那么它是没有意义的，并且竞买人也会这样认为"。[16]

5.3　资产的价值属性

如本章所介绍的，拍卖被用来交易范围广泛的资产。传统上，被拍卖的资产包括艺术品、古董和葡萄酒，而最近拍卖已变成应用于不断增加的资产范围（例如，二手工业机械、房地产、旅游和软件开发服务，以及 3G 许可）。最近，TMI 也应用拍卖促进技术与创新交易市场上的技术交易。作为对第 6 章的补充，该章论述了摘自管理文献的技术属性，以及拍卖文献中我们认为相关的资产属性。主要基于标准的拍卖文献（例如，Berz（2007）、Ashenfelter 和 Graddy（2005）、Milgrom（2005）及 Klemperer（2004）），笔者发现被拍卖的资产可以根据四个标准来区分。三个与资产相关，一个尤其与资产的价值有关，其中有一个影响值得注意，即"赢家的诅咒"。

第一个标准，资产可以根据它们的物理性质进行区分，即它们是有形的（例如，房子、汽车和机械）还是无形的（例如，服务、技术或其他知识产权资产类型）。

第二个标准是指资产是否可以被区分为同质的或异质的。同质资产具有一致性。因此，它的任何单元都是可以与其他单元互换的，因此，这样的项目性质上是完全相同的，或者至少被买方视为相同（例如，农产品、金属和能源产品）（Black，2002）。相比之下，异质资产在规格或质量方面是不同的（例如，持有影响客户信心的不同品牌名称）。如果有几种替代品，异质资产可以被认为是特有的。[17]这个标准可以适用于一般的资产或其当前状态。前者指的是，例如，针对特定公司的制造系统专门定制的机械，后者指的是资产是否可以被认为是崭新的（即直接从原始设备制造商（OEM）处售出）或被使用过的（例如，折旧后，企业可以在二级市场将机械转售到欠发达国家）。在一个极端的情况下，如果没有替代品，专项资产在所生产的单位数量（即等于1）或关于其现状方面可能被认为是独特的。[18]如果资产不是独一无二的，其可能会被以各种数量拍卖。在包含不同的"批次"且交易同样的资产的情况下，拍卖通常被视为多单位拍卖。[19]在荷兰的郁金香拍卖是这类拍卖的一个突出例子。相比之下，通过定义，独特的资产只能被交易一次，并因此被视为单一单位拍卖。

第三个标准与资产和其他资产的关系有关。资产通常根据它们是否与其他资产互补（即它们更有效地与其他资产一起尽责或工作）或相互独立（即它们可以被充分利用，而不需要其他资产）进行区分（Berz，2007：第3.2节）。

第四个标准是指资产价值的不确定性。虽然某些资产的市场价格不确定性很低（例如，同质资产基于悠久的贸易历史），其他资产却缺乏可靠的市场价格（例如，具有较短贸易历史的异质资产）。因此，被拍卖资产的价值概念经常更进一步在"私有价值"资产或"共有价值"资产之间进行区分。对于私有价值资产，假定资产对每个竞买人具有特定和不同的价值。虽然每个竞买人都知道一项资产对于其所有的具体价值，但竞买人不知道该资产对其他竞买人的价值。因此，每个竞买人都有一个自己的无差异价格。假定竞买人表现得具有竞争力，因而，这种拍卖通常被视为竞买人之间的非合作性游戏（Milgrom和Weber，1982）。根据Milgrom和Weber（1982：1093），私有价值假设是"在非耐用消费品拍卖中最接近于满意"。他们认为，"来自消费这种商品的满意度被视为个人的私事是合理的，所以貌似合理的是，竞买人可以知道自己的资产价值，并且可能会允许别人对资产估价不同"。根据Ashenfelter和Graddy（2002）以及Goetzmann和Spiegel（1995），在艺术品拍卖中，私有价值资产通常被假设。相比之下，共有价值拍卖构成了一种市场环境，在其中，参与者尤其可能很容易受到判断失误的影响，从而影响市场结果（Kagel和Levin，1986）。共有价值拍卖发生在这样一个环境中，其中，用于销售的资产价值信息是分散在竞买人中间的，即什么时候资产对于所有的竞买人具有相同的价值，虽然没人可能知道确切的价值。与私有价值模型不同的是，在共有价值拍卖中，任何竞买人的无差异价格取决于其他竞买人的价值。竞买人收到的关于其他竞买人价值评估的任何信息，将在自己的无差异价格决定中被考虑。根据Milgrom 和 Weber（1982），政府在销售矿产或石油的权利时，常采用共有价值模式。然而，实际上，既没有纯粹的私有，也没有纯粹的共有价值拍卖发生。对于大多数拍卖，通常都有一个共有价值元素。例如，投标者为了一幅画，可能为了自身的满足想要购买它（一个私有价值元素），或者，他们也可能为了投资和最终转售目的竞买（一个共有价值元素）。[20]

此外，在共有价值拍卖中，"赢家的诅咒"的效应可能会出现。[21]根据 Kagel 和 Levin（1986）及 Lorenz 和 Dougherts（1983），"赢家的诅咒"，一个不平衡的现象，可能被定义为一个判断性的错误，即最高出价者对资产价值的系统性高估。[22]假设所有竞买人作出了公正的估算，作出最大估算的竞买人将获胜。如果竞买人的平均估计正确，则最高出价将往往被过高估计了资产价值的人设置。因此，赢家将高估（平均而言）资产的价值。特别是，弱势的竞买人（例如，在竞买倚靠大企业时的小公司）不得不特别谨慎，因为他们必须认识到，他们只有在甚至比平常更高估值的时候，才可能获胜（Klemperer，1998）。相比之下，一个"得天独厚的竞买人"可能不太谨慎，因为打败非常谨慎的对手并不意味着需要高估价值。因此，由于"赢家的诅咒"对弱势公司影响大于强势公司，并且它是自我加强，在这样的拍卖中，具有优势的竞买者大多获胜。此外，如果他们赢了，这些竞买者一般都会以低价支付，因为他们的竞争对手出价非常谨慎。当然，"赢家的诅咒"效应使这个问题加剧，即弱势竞买人可能不愿意参与增价拍卖。强势竞买人也获得激励去创造一个积极进取的声誉，以加强他/她的优势。因此，增价拍卖经常有效地阻碍了弱势竞买人的进入，并且同时鼓励强势竞买人联合竞买或共谋；毕竟，他们知道，没有其他人能进入拍卖密封他们创建的共谋租金。Lorenz 和 Dougherts（1983）认为，给予足够的时间和正确的信息反馈，"赢家的诅咒"效应可以被纠正。"赢家的诅咒"是无处不在的，并且在学习过程的早期阶段，被公平地应用于所有个人（Kagel 和 Levin，1986）。拍卖公司可能试图通过向竞买人提供足够的信息，消除"赢家的诅咒"，例如，在资料室中，或通过专家意见的手段。

应用这些来自拍卖文献已确定的标准来对专利技术进行分类，可以分类如下：就其物理特性，专利技术代表着无形资产（如第 6 章所述）。它们一定被认为是由多个部分组成的，因为保护它们不同组成部分的专利被定义为唯一的。专利技术往往需要互补的资产（在复杂技术或非关联技术中的其他技术组成部分可能需要市场投资来促进创新）。技术带有私有价值元素，因为它们通常对于获取的公司有价值，即使它仅仅是为了阻止竞争对手。然而，技术通常带有共有价值元素，例如，如果一项技术被确立为一个行业标准，并且可以被其他公司广泛使用。

注　　释

1. 例如，Sotheby 和 Christie 拥有世界上最著名的艺术品拍卖行。

2. 参见，如 Azasu（2006）以及 Shenkar 和 Arikan（2006）。

3. 学者们对拍卖的兴趣很大程度上是由互联网的兴起引发的，主要是因为互联网使卖方可以进入比议价谈判可能提供的更加广泛的买方群体。因此，最近拍卖已经由此经历过了一个复兴时期。各种类型的在线交易平台已经出现，解决企业与企业之间的关系（例如，为了来自它们的供应商的采购项目，由汽车的 OEM 设立）以及私有客户（例如，eBay）。根据 Lucking - Reiley（2000：38），与互联网交易有关的拍卖量，在 1998 年……已有 10 亿美元的订单，这令人印象非常深刻，特别是，这样一个短暂的历史，建立了这样一个市场。

4. 关于采购拍卖方面的阅读，笔者推荐 Bajari 等（2008）。

5. 根据 Arévalo（2004：193），Nash（1950）在博弈论中定义了一个经典议价问题，"作为一套实用的共同配置，其中一些将与在达成协议的情况下参与者所获得的相一致，另一些则代表他们协议失败时所得到的。"

6. 一个相关概念是"谈判协议最佳替代方案"（BATNA），其被定义为：当有其他市场参与者的拟议协议导致了一个不令人满意的协议时，或当协议未能兑现时的一种将要采取的替代行动（Fisher 等，1991）。进一步参见，例如，Tekin - koru（2009）、Peppeo（2000），及 Brett 和 Okumura（1998）。

7. 由于基于拍卖理论有几项调查，笔者不再提供详细的文献综述。这些文献包括 Kagel 和 Levin（即将完成的）、Kagel（1997）、Rothkopf 和 Harstad（1994）、Milgrom（1989）、McAfee 和 McMillan（1987a）以及 Engelbrecht - Wiggans（1980）。关于按时间顺序选定的参考书目，对于拍卖理论和设计的突出贡献，见 Mossetto 和 Vecco（2002：21ff）。Rothkopf 和 Stark（1979）对有关竞争性出价文献的常规书目进行了进一步的收集，以及 Engelbrecht - Wiggans 等（1983）收集的文章和通过 Stark 和 Rothkopf（1979）收集的参考书目。此外，Cassady（1980）全面研究了拍卖的历史和实践。

8. 正如前面提到的，虽然有在线技术拍卖网站，这项研究仍侧重于离线拍卖。用于一般性的在线拍卖研究，参见 Parente 等（2004）、Dewally 和 Ederington（2004）、Bajari 和 Hortacsu（2002）以及 Geng 等（2001），用于在线和"现场"拍卖之间的比较，参见 Kazumori 和 McMillan（2005）。

9. "auction"一词源自拉丁语的"auctio"，其意味着"递增"。

10. 用于该机制的详细论证，参见 Klemperer（2004）。

11. 不同类型的描述和示范性应用可以在不同的拍卖调研论文中找到，包括 Milgrom（2005）、Friedman（1993）、McAfee 和 McMillan（1987b）、Milgrom 和 Weber（1982）和

Engelbrecht – Wiggans（1980）。

12. Rothkopf 等（1990）检验了为什么维克瑞拍卖很少使用的七个原因。他们发现两个主要原因（竞买人担心出价者作弊，及竞买人抗拒真相揭示策略）以及被排斥的五个理由（出售多个标的物、竞买人的避险心理、竞买人不对称、非独立性价值和惯性）。然而，在经济学家中，维克瑞拍卖往往是因为它们具有吸引力的理论特性而被研究。

13. 在实践中，MRP 往往被保密，例如，像 Christie 和 Sotheby 那样的拍卖行（Ashenfelter（1989））。

14. MRP 不应该被误认为是一个"虚构"的报价，虽然这仅仅适用于第二价格拍卖，但其可以被卖方用来提高出价价格。根据 Berz（2007：120ff.），MRP 在第一价格拍卖中没有影响。

15. 相比之下，有相当多的 MRP 在竞买行为上的影响的（虽然冲突的）依据。由于竞买行为不是这项研究的主题，因此笔者不就此作出报告。由于类似的原因，他作出了探讨 MRP 与开始出价之间关系的研究报告结果（例如，Bajari 和 Hortacsu（2002））。

16. 增价拍卖中的强势竞买人在共谋以低价快速结束拍卖或迫使价格上升以驱逐弱势竞买人之间有一个选择。在拍卖可能被终止的情况下，MRP 较低，第一选择更具吸引力（Klemperer，2004）。

17. 在微观经济学理论中，资产可以以一个固定的比率被替代为另一种资产，其被认为是"完美的替代品"。关于替代品，无差异曲线的经济概念很重要。对于完美的替代品，无差异曲线是一条直线，即完美替代品有一个恒定的边际替代率（Katz 和 Rosen，1998）。

18. 针对拍卖专用资产，Milgrom（2005）建议卖方吸引"最具可能的购买者"，并且为这些竞买者将目标市场定义为"特别有价值的"。

19. 关于多单位拍卖的讨论，见 Ausubel 和 Cramton（1995，2002 年 7 月 22 日修订）、Kagel 和 Levin（2001）、Maskin 和 Riley（1989），以及 Engelbrecht – Wiggans 和 Kahn（1998）。

20. 因此，如果资产不仅买来享受，而是出于买方的动机还具有投资成分，投资成分导致了将资产价值分类成为具有共同的价值一个成分（Ashenfelterg 和 Graddy，2002）。

21. 虽然，传统上，拍卖理论预测"赢家的诅咒"效应仅在共有价值拍卖中，但有迹象表明，它可能也存在于私有价值拍卖中。例如，调查是否"艺术品的私有价值成分"诱导买方高价买画，Goetzmann 和 Spiegel（1995：549）的调查结果表明，"私有价值回报可能是显著的和积极的"。

22 "赢家的诅咒"首先被 Capen 等（1971）证明，其声称在 20 世纪 60 年代，这种效应是为石油公司在近海地区的低利润盈余负责任。作为"赢家的诅咒"效应发生的案例，Kagel 和 Levin（1986）及 Roll（1986）报告了企业的收购战争、外大陆架的石油租赁、专业棒球的自由代理市场（Cassing 和 Douglas，1980），以及图书出版物的拍卖（Dessauer，1977）。"赢家的诅咒"的讨论有时类似于逆向选择或 Akerlof（1970）中"柠檬效应"的例子。

第 *6* 章
技术特征

6.1 技术的定义

Schmookler（1966：vii）将技术定义为"工业艺术的社会知识库。任何一种在任何地方可供人使用的技术知识，都通过定义包含在这个知识库中"。而发明是"添加到现有知识库存中的'小片段'"。[1] Delmas（1999：638）根据Loveridge（1990）、Burgelman 和 Rosenbloom（1989），将技术定义为"一组能力。它是实践知识、技术秘密、技能和人工制品，可用于开发产品/服务，和/或生产/交付系统。技术可以体现在人类、材料、认知及物理过程、工厂、设备和工具中。技术的要素可能是隐含的，仅仅以一种嵌入式的形式存在（就像基于技术诀窍的商业秘密），并且可能有大量的隐性成分"。基于企业的知识或资源型观点，Granstrand（2000a：548）在企业以技术为基础的理论背景下，将技术定义为一个"关于技术和技术关系的知识体系，通常是关于如何改变有形的物质以达到更理想的物理效果的方法。所提及的知识体系可以被或多或少地专业化"。接下来由 Tschirky 和 Koruna（1998：227）、Hentschel（2007：5）、Escher（2005：17）以及 Birkenmeier（2003：17）提出的定义声称"技术以显性和隐性的形式包含特有和共同的知识，以用于基于自然、社会和工程科学知识的产品和面向过程的使用"。[2] OECD（2007：780）定义技术一般为"关于资源转化为产出的知识状态"。

然而，笔者认为由 Singh（1997）提出的相当具体的定义对于本研究特别有价值，因为它突出了各种互补的技术组成成分的组合效应，并且因此指出技术产品日益复杂化。Singh（1997：340f）基于 Simon（1969）将复杂技术定义为"一个组件有多重相互作用，且构成了一个不可分割的整体的应用系统……其中……元素单位或组件，通常被组织在层次结构的子系统当中。虽然各个组件之间的相互作用往往是简单和直接的，但是子系统内的组件之间、跨子系统的组件之间以及不同层次子系统之间的复杂相互作用和反馈则创建了一个非简单关系（系统体系结构）的复杂网络。……在没有严重地降低其性能的情况下，其不能被分离成它的组件。"以类似的方式，Aggarwal 和 Walden（2009：27）提供了最近一个与本研究相关的技术定义，由于它明确把专利看作（其中每个代表一项发明）组件，即结合成了一项与被研究的技术类似的技术，并且在笔者的定量研究中被用于操作。因此，他们把技术定义为"一系列的发明……其通过知识产权（IPR）的方式受到保护并独自拥有"。因此，创新者必须协调各个知识产权所有者的不同利益，以创造有用的技术。如果一些捆绑要素超出了企业的边界，那么它们需要被交易（例如，内部许可）。有时，为捆绑中的单个组件支付成本可能掩盖技术本身的价值。

当一个人把技术理解为捆绑在一起的组件，就产生了下面的问题：这些组件的哪一个需要在技术交易中被转让？因此，重要的是了解不同的技术要素（即组件和专利）如何相互关联。为了解决这一问题，Ewald（1989）的概念看起来很有价值，因为他将技术的主要特征描述为捆绑在一起的知识组件。Ewald[3]认为，不同的信息载体，承载着嵌入在技术中的技术知识。他随后介绍了"知识信息载体"的概念。Ewald（1989：40）区分了三类载体，如图 6.1所示。

图 6.1　技术信息的载体类型

Ewald 将研究人员、科学工作者、管理人员、职员以及律师分类为个人载体。物质载体包括样品、实验室设备、产品、系统和生产工具，而信息载体包括专利、许可证、施工图、规范、软件工具和各种形式的文献资料。Ewald 所提出的概念表明，专利可以视为信息载体，其包含被整理成书面文本的显性知识。正如文献中所讨论的，这方面的难度反映出，专利交易不等同于技术转让，使买方能够完全地使用技术。除了所有权转让（例如，专利），买方往往需要通过物质载体进一步转让额外的编纂知识（例如，蓝本、技术图纸等）以及主要通过个人载体转让的隐性附加知识（例如，通过主要发明人进行的培训）。在多大程度上需要不同的载体，以使买方能够利用获得的技术，这取决于很多因素，例如，项目的技术复杂性、不确定性以及隐性知识被编纂的程度（Cowan 和 Foray，1997）。根据 von Hippel（1994），编纂知识可能传输成本很低，因此不太可靠，并且很难包含隐性对应物，但是如果人们只需要它的"黏性"，则这一切都显得无关紧要了。

结合 Aggarwal 和 Walden（2009）的定义以及 Ewald（1989）的概念中对不同的知识组成（显性的、隐性的/黏性的）的认识，在本研究中，笔者对技术的定义如下：

> 技术是捆绑在一起的部分为专利所保护的发明，其被视为包含显性知识的信息载体，其中的每项专利代表一个子系统，该子系统由共同使技术得以利用的组件捆绑而成。

在理解这一点之后，笔者进一步阐述了专利的一些具体特性。根据由 Granstrand（2000a：71）提供的 EPO 的定义，专利是"授予其持有者在一段有限的时期内使用一项发明的专属权的法定权利，以阻止他人未经授权制造、使用或出售该发明"。因此，为了其所有者，专利作为一项临时独占权[5]保护技术发明免遭模仿。因此，作为一种对于企业的激励，社会职能部门授予其独占权，以适当的充分回报，使研发投入变得有价值（Levin 等，1987）。相比其他类型的知识产权（例如，版权、商标、设计等），专利往往被认为是保护技术发明的主要知识产权类型，因为它们提供了最强的法律确定性。专利一旦被授予，则被视为申请者的知识产权，其可以自由转让该所有权，或通过许可转让某些使用权。[6]

虽然专利提供给专利权人以保护，阻止其他人对该发明的商业性利用，但它并不是一种授予其所有人专属权以利用该发明的法定权利。专利是一种授予其所有人专属权以阻止他人使用或制造该发明的法定权利。如果第三方想使用一项受专利保护的发明，则该方需要从专利所有人处获得专利的所有权或者使用许可。

在几乎所有的司法管辖区，为了获得专利权，一项技术发明必须满足三个可专利性条件，即它必须是新颖的、非显而易见的和可工业应用的。[7]事实上，新颖性是指在申请日之前，该专利事项必须是未知的和未公开的。特别是，由于新颖性的要求，任何专利都被定义为独一无二的。因此，根据 Williamson（1985，1979），在交易成本理论背景下解释时，专利具有很高的"资产特征"。非显而易见的情况是指该发明不应该被具有"本领域普通技术"的人在没有反复实验的情况下想象出来（发明步骤的要求）。工业实用性是指发明必须具有技术性质（例如，不是一个书面文本），并且一项发明必须可工业应用。除了这三项授予专利权的评判标准，一般还要求专利申请的撰写方式必须向该技术领域的专业人员揭示如何复制和实践这项发明。专利权可以授予产品（例如，零件、应用或化学物质）或过程（例如，制造程序）。[8]

此外，专利制度的一个重要的法律属性是指它通常是一种国家制度，即每个国家的专利制度只允许在各自国家授予一项独占权。在不同国家，遵循原始专利申请（首次或优先申请）（之后提交）的一组专利（或申请）通常被称为"同族专利"（OECD，2009）。[9]因此，为了获得国际专利保护，发明人需要在每一个要求专利保护的国家申请专利。虽然为了理顺申请流程的协调努力（例如，EPO 和 PCT 专利申请系统）已经持续了许多年（Granstrand 和 Holgersson（即将出版）），但至今还没有单独的世界专利存在。国家专利制度和程序的差异，可能导致在首次和随后提交的申请中，申请及获得的保护范围存在差异。然而，由于专利的法律方面不是本研究主要关注的问题，因此，接下来，笔者将在专利技术的技术特征和经济特征方面进行详细的阐述。

6.2 专利技术的特征

接下来的重点具体关于专利技术，因为它们代表着通过技术拍卖交易的特定资产类型，其已经成为这项定量研究的主题（即解决本研究的第二个具体研究问题，以了解哪项技术应该被拍卖）。笔者特别关注第 10 章基于专利数据的实证研究中的可操作性的论述。被论述的特征包括：（i）技术的复杂性；（ii）技术的不确定性；（iii）技术对后续技术发展的影响；（iv）技术质量；（v）技术价值；以及（vi）技术的起源，即它们是在什么情况下开发的。

6.2.1 技术的复杂性

在第 1 章中，笔者曾提出，最近在许多行业，产品的复杂性已呈上升趋势。例如，现代手机，如今被称为"智能手机"，其不仅包括语音传输技术，而且包括照相机、触摸屏、GPS 和 Wi－Fi 模块（Lindmark，2002）。在开放式创新架构中，对复杂性概念的理解是很重要的，因为它与企业跨边界管理交易的需要紧密相连（例如，为了加快创新速度，公司决定不通过内部开发来获得技术或组件）。[10]技术的复杂性也在 Singh（1997）的技术定义中有所反映（见上文）。[11]

根据 Simon（1962：468），一个复杂的系统是"由大量相互作用的部件以一种非简单的方式组成的……以及由子系统组成，反过来，即它们有自己的子系统等……其组织……经常采用一种层次结构的形式。"因此，复杂性涉及包含在系统中的部件的数量，以及那些部件之间相互关联的性质（Simon，1969）。在专利背景下，Merges 和 Nelson（1990）在离散和复杂（多组分）技术之间作了区分。离散技术的特征是一个比较强大的专利产品链（例如，在药品或化学物质中），而复杂的技术通常受到大量专利的保护，这些专利通常由各方持有。在文献中，这种区别已被广泛接受（Hall（2005）、Cohen 等（2000）、Kusunoki 等（1998））。Kogut 和 Zander（1992）指出，技术的复杂性是"一个实体或活动所包含的关键和相互作用的元素的数量"。

其他定义（例如，由 Langlois（2002）、Soh 和 Roberts（2003）、Simonin（1999）形成的）提出了技术复杂性的类似概念。Singh（1997：340）的定义反映了先前定义的主要元素。他将一项复杂的技术定义为一个"应用系统，其组件有多个相互作用，并且构成一个不可分割的整体"。对于这项研究，Singh 的定义似乎特别有价值，因为它总结了复杂性的主要因素，但也以一种系统的、详细的方式对它们作出了解释。他指出了复杂技术的三个方面，其中每一个都是必要的，但不充分。

第一，"系统性"方面意味着，一项复杂的技术包括基本的单元或组件，通常被组织成子系统的层次结构。由于这样的层次结构，每个子系统的性能取决于其组件的性能，同时影响和依赖于高阶系统的性能。第二，通过单个组件之间简单而直接的相互作用，子系统内组件之间、跨子系统的组件之间以及各种层次的子系统之间的多重相互作用和反馈，"非简单关系"的复杂网络被建立（Simon，1969）。这些相互作用代表着组件及子系统之间的接口，并且被称为"一个系统的体系结构"（Henderson 和 Clark，1990）。第三，如果在没有真正降低其性能的情况下，不能被分解成为其组件，则技术是不可分解的。因此，如果一系列子系统被丰富地连接，每个变量都受到其他子系统中变量的影响，就像受到其自身所在子系统的变量影响一样，那么当这种情况发生时，整体到子系统的划分不再有任何自然基础（Ashby，1960：213）。根据 Holland 和 Miller（1991），在保持该技术处于或接近于最优性能水平时，很难把复杂的技术分解成子系统。模块化通常是指一种通过将元素分组成若干子系统以管理复杂性的方法（Simon，1969）。

因此，除了复杂技术的这三个方面之外，当转让技术时，另一属性是相关的。如上所述，涉及技术的隐性（黏性）知识的程度对其可转让性有一定的影响。随着编纂程度的提高，技术的复杂程度将会降低，并且可以被更加容易地理解和利用。根据 Foray（2004），通过编纂，技术变得更像一件商品。它可以在内容及知识产权条款中被更加精确地描述和规定，因此更容易被交易。该技术变成可以通过其他载体进行独立转让，例如拥有隐性知识的主要发明人。

因此，在转让一项复杂性较低的技术时，隐性知识只需针对有限范围转让。这对于只有少量文献，甚至只有产权（例如，专利）的转让可能已经足够了，其包含了显性的、被编纂过的知识。然而，当转让一项高度复杂的技术时，为了使受让者能够充分利用这项技术，需要转让的隐性知识的数量会非常高。例如，主要发明人的额外培训可能是必要的。因此，交易复杂的技术要求编制复杂的合同，涵盖所有具体要求和相关性（Delmas，1999）。

6.2.2　技术不确定性

不确定性是 TGS 选择的主要决定因素（见第 7 章）。因此，已在定量研究中对其作了研究，并且随后将在技术特征的背景下进行讨论。[12] 文献在不确定性之间进行了区分，其通常采用 Abernathy（1978）建议的二分法以及 Walker 和 Weber（1984）作为正式定义的"需求的不确定性"和"技术的不确定性"。本研究侧重于技术的不确定性，其在 TGS 选择的文献中的定义非常一致。[13]

Walker 和 Weber（1984）将技术不确定性定义为，在技术环境下意想不到的变化（例如，新技术的产生）。其是一项技术改进的可能性，它可能会使目前技术开发所作的努力过时。笔者应用了这个定义，因为它通常被使用，例如，被 Arranz 和 Arroyabe（2008）、Holcomb 和 Hitt（2007）、Folta（1998）、Robertson 和 Gatignon（1998），以及 Balakrishnan 和 Wernerfelt（1986）使用。Bensaou 和 Anderson（1999）以类似的方式，将技术不确定性定义为，市场无法准确预测一项特定技术的接受程度。Flygansvær 等（2002）将技术不确定性定义为，与环境的不可预测性相对应，并且无法准确预测交易关系中的技术要求。技术的不可预见性可能产生于组件设计中的变化（Walker 和 Weber，1984），最终导致产品的变化（Heide 和 John，1990），或底层生产过程中的变化（Stump 和 Heide，1996）。

关于 TGS 的选择，Walker 和 Weber（1984）假设，由于技术的不确定性增加，购买决策（从外部公司购买）几乎变得不可能。然而，他们的实证结果指向了一个相反的（虽然不显著）方向，即尖端技术的不确定性实际上更可能与购买决策联系在一起。从那时起，Holcomb 和 Hitt（2007）认为，在技术的不确定性程度较高的情况下，较大的信息不足增加了机会主义的可能性，使其通过市场交易变得昂贵。在技术的不确定性程度较高的情况下，企业发现很难事前准确预测生产中可能发生的事件和结果的组合（March 等，1958）。根据 Rindfleisch 和 Heide（1997），当受到技术的不确定性影响时，企业更倾向于独立企业关系。Perry 等（2004）认为，面对相当高的技术不确定性时，合作伙伴公司之中较高的信任度使提高承诺成为可能。回顾了直至 2001 年的有争议的文献，Flygansvær 等（2002）得出结论：尽管这些结果在一定程度上不确定，但主要结果表明，当技术不确定程度较高时，"长臂"关系是首选的治理模式。定义了技术的不确定性之后，人们可能会质疑它是否保持恒定或随时间而变化（Delmas，1999）。

与 Kuhn（1962）的观念相类似，其中，众所周知，科学的进步带来了一个阶梯式的发展轨迹，技术的发展则普遍被认为发生在生命周期的整个阶段（Brockhoff，1992）。在文献中，关于在整个生命周期阶段的技术演进中，对 S 形关系的解释存在共识（例如，Campbell（1983））。在生命周期的早期阶段，解决了与高研发风险和技术的不确定性相关的基本的科学和技术问题。例如，就其潜在价值和成功而言，新兴技术是不确定的（Dosi，1982）。由于只有少数开创性的公司愿意在这样的一个早期阶段承担较高的技术不确定性，因此，专利申请的数量是可以想象得低，但是，虽然它增长缓慢，却仍围绕在少数企业周围。当基本的技术和市场的不确定性已消失，并且已经建立了主导设计（Abernathy 和 Utterback，1978），[14]则可以开发一个广阔的市场应用。在文献中一个普遍的预测是，当主导设计出现时，技术的不确定性将减少。在那个阶段，研发风险和技术的不确定性将减少，而专利申请的数量将增加，这主要解决了一些导致渐进型创新的小的技术问题。在这个增长阶段，典型的是，由于新的竞争对手的出现，专利的集中程度会减少，而专利申请的绝对数量每年都在上升。在接下来的成熟阶段，专利申请数量（典型的渐进型创新）保持稳定。随后，当以技术为基础的新产品的创新潜力和由此产生的每年的专利申请数量开始减少时，衰退阶段就开始了。这一论证得到了不同学者的屡屡支持（例如，Utterback（1996）、Henderson 和 Clark（1990）、Tushman 和 Anderson（1986）、Abernathy 和 Clark（1985）、Dosi（1982））。

改变技术生命周期中的不确定性程度的一个主要原因是，改变涉及一项技术的隐性知识和编纂知识所占的比率。Bessy 和 Brousseau（1998）认为技术的共性程度取决于其生命周期阶段，其声称，在它们的生命周期的早期阶段，技术构成中往往隐性知识占有较大比率。因此，在生命周期的早期阶段，知识组成占有相当大的比率，这对于使用一项技术来说是必要的，其属于发明公司（即这些知识组成对于内部发明人是非常棘手的）。在这种情况下，发明公司外的专家群体（例如，来自竞争公司的工程师）缺乏这些隐性知识组成来利用这项新的技术。因此，将这样一项新的技术转移到另一家公司，以便使其能够充分利用，这样的技术要求更多的转让，而不仅仅是相关知识产权。[15]

沿着生命周期（即随着不断增长的技术扩散），更多的隐性知识变得清晰了（例如，编纂成技术手册）。因此，在技术生命周期的后期阶段（例如，主导性设计出现之后），人们可以假定之前的新技术的主要原理已经扩散到了专家群体，并且被其了解。最终，当技术具有"共性"特征时（即已成为科学共性的一部分），几乎没有隐性知识属于原来的发明人，并且 IP 资产往往只是剩余资产（Bessy 和 Brousseau，1998）。因此，技术周期后期阶段的特点是更高层次的共性或较低水平的技术不确定性。因此，在这样一个最后阶段转让技术时，卖方必须仅在有限的范围内向买方转让互补的隐性知识。

6.2.3　技术的影响

在这项研究的介绍中，笔者认为，伴随着所有有助于知识储备的技术发展（Schmookler，1966），经济正变得越来越依赖于创意的生产、改进和累积（Powell 和 Snellman，2004）。日益增长的技术储备提供了越来越多的机会，并将更多的技术重新组合成创新成果。[16]因此现代的创新模式确认了创新是一个累积的过程，其建立在之前发现的基础上（Gallini，2002），基于一些先驱的发明，产生一系列连续的改进（Scotchmer（1991）、Merges 和 Nelson（1990））。[17]因此，一项有助于随后技术进步的技术，对未来的技术发展和发明创造具有一定的技术影响。[18]

Scotchmer（1991：29）推论："大多数创新者站在巨人的肩膀上，并且在几乎所有的技术进步都建立在早期创新者所提供的基础之上的情况下，从不超越现代高科技的演变。"[19]类似地，Aghion 等（2001）、Harris 和 Vickers（1987）以及 Budd 等（1993）将创新阐释为知识的生产，将科技的进步阐释为摆脱动态的按部就班的过程，此过程中，来自一个步骤的输出成为下一个步骤的输入。Knott 和 Posen（2005：629）也提到"溢出效应下，企业被动地从其他企业在市场中的累积活动中受益"。根据 Sahal（1985）、Dosi（1982）以及 Nelson 和 Winter（1982），Murmann 和 Frenken（2006：944）强调，"科技史上最快速的进步，通常沿着明确定义的科技发展轨迹进行"，即后来标记的"路径依赖"。[20]根据 Murray 和 O'Mahony（2007：1008），"为了创新的出现，知识必须不仅仅流动：创新必须有能力实际结合或积累知识。"

遵循这一原则，Murray 和 O'Mahony（2007：1006）将创新定义为"累积"，它遵循一个建立在他人想法上创造新的发明的过程。[21]因此知识的积累不是创新过程所固有的，但是可能在创新发生的背景下被支持或限制（Mokyr，2004）。例如，网络和技术团体在帮助创新者建立另一想法上发挥着作用（例如，由 Tietz 和 Herstatt（2007）论述的，在开源软件开发中由 Schweisfurth 等（即将出版）论述的，以及 Dahlander 和 Magnusson（2005）论述的）并且代表了在组织理论研究中知识积累的一个重要方面，例如 Fleming（2001）、Hansen（1999）、Knorr – Cetina（1999）、Hargadon 和 Sutton（1997）及 Van de Ven（1993）的研究。[22]

在类似的方式中，Riis 和 Shi（2009：1）将创新定义为"'累积'，如果后来的发明是建立在之前的创新的基础上……或者……未来的创新必然建立在当前技术的基础上"。累积创新的重点，乍看之下，可能似乎与创新的突破性的、更加传统的解释形成对比（Christensen，1997），并且，激进型创新为进步作出了贡献。然而，一个积累了各种来源的不同技术的创新，可能是一个破坏性的创新，其建立在现有技术的一条"狭溪"之上，反之亦然。

Dosi 和 Nelson（2010：25ff）注意到，"在技术的大部分领域，进步是通过昨天失败和成功的努力累积的，为今天的努力和成就设定这个阶段……或者，在一个累积技术中，今天的技术进步借鉴和改进了在这个时期开始阶段获得的技术，相应地，明天的发展建立在今天的基础之上"。最近的证据（例如，Garud 和 Karnøe（2003）、Katila 和 Ahuja（2002）及 Fleming（2001））表明，通常情况下，创新是他们对多个来源的先验知识进行整合的程度的累积。Murray 和 O'Mahony（2007）指出，累积创新架构特别适合，但不局限于具有分布式"创新格局"的知识密集型领域，如软件、生物技术和创意产业（Powell 等，1996）。然而，创新的来源越来越被认为是多样的和分散的，在这个领域中，也包括半导体、石油和天然气勘探、消费品和电子行业（Jeppesen 和 Frederiksen（2006）、Bessen（2004）、Chesbrough（2003c）、Linder 等（2003）以及 von Hippel（1988））。

Scotchmer（1991：29）进一步提供了累积创新的例子，其解释道："例如，大多数的分子生物学家使用由 Herbert Boyer 和 Stanley Cohen 在 20 世纪 70 年代早期开创的基本技术，将基因嵌入细菌中，并且许多人使用由 Genentech 开创的使细菌表达人类蛋白质的技术。在药品中，许多药物如胰岛素、抗生素和抗凝血药物，已由于后来的创新者超越之前的技术而得到逐步改进。"两个被详细记录的来自英国工业革命时期的例子，包括钢铁行业的鼓风炉（Allen，1983）和采矿业的 Cornish 蒸汽泵（Nuvolari，2004）。最近的例子包括激光和电子表格的发明（Scotchmer，2004）。激光是受其前身"微波激射器"的启发，而微软 Excel 的电子表格是建立在其前身 Lotus 1 – 2 – 3 的基础上，而 Lotus 本身是在第一个电子表格 VisiCalc 基础上的改进（Bessen 和 Maskin，2009）。

累积创新可能会出现在微观层面，如果企业注重其研发努力在建立的创新过程的某些阶段，使其在价值链中所处的位置进一步下降。这样的"劳动分工"在很多行业中是常见的（Allain 等（2008）、Arora 等（2001））。例如，小型生物技术公司在实现某些领域的早期发现中，可能具有比较优势，而大型制药公司则被认为在进行后期临床试验中更加高效（Arora 和 Merges，2004）。在这种情况下，企业必须公开地进行创新，跨过企业边界与那些处于创新过程下一阶段的企业进行技术交易。因此，影响创新过程进一步向下发展的技术（例如，在制造过程中使用，或嵌入产品中）具有技术影响力。然而，一项技术的影响程度会变化，虽然可能在不同程度上是暂时的（即随着技术变得过时或被新的技术所取代而逐渐减弱）。并非所有技术都同样地有助于未来的技术发展。虽然在一个行业的特定企业中，某些技术针对一个技术问题是具体的，而其他技术则是通用的、多用途的技术（例如，一项"通用技术"，其甚至对自己公司领域之外的未来技术的发展具有广泛的影响（Hall 和 Trajtenberg，2006））。例如，薄膜晶体管（TFT）显示技术的发展已经出现了从小规模的应用沿着技术轨迹跨越企业和行业的界限，并且在今天被应用于不同的领域，从医疗设备、电视屏幕直到飞机（Tietze 等，2009）。这类技术已成为技术储备中不可或缺的一部分，并且从根本上有助于积累技术进步。一项证明有助于今后技术发展的技术，将被认为对未来的进步具有一定的技术影响力。

6.2.4　技术质量

技术质量是一个多方面的概念。在本研究中，高质量的技术被定义为作为一个类似问题的解决方案，其优于其他低质量的开发技术。一项多组分技术的质量还与保护基础发明的专利质量有关。如果专利是高质量的，且在法庭上进行了实际测试，它们则将被认为是具有法律效力的（Lemley 和 Shapiro（2005）、Parchomovsky 和 Wagner（2005））。因此，在审查员考虑了所有相关现有技术后，低质量的专利是不会被授予专利权的。

Wuchty 等（2007）的广泛研究表明，专利的质量是与开发过程中所作出的努力，特别是开发团队密切相关的。技术可以来源于单一发明人或发明人协作团队在开发过程中所作的努力。Jones（2009）提及了由 Malone（1995）提供的一个有价值的案例。微处理器的发明是离不开团队工作的。一位叫 Ted Hoff 的研究人员提出了最初的想法，其在开发过程中加入 Stan Mazor。然而，他们谁都不知道如何将结构转化为一个工作芯片设计。只有极少数人拥有知识和技能完成下一步工作。Hoff 和 Mazor 随后聘请了物理学家及电气工程师 Federico Faggin 参与其中。因此，微处理器不应该被认为是个人的想法，其应该是团队的创新。Singh 和 Fleming（即将出版）解释了为什么发明团队会创造出高质量的发明。根据 Singh 和 Fleming（即将出版：9），"一个合作团队将从大量的不同观点和潜在的应用中来考虑这项发明，这样宽泛的考虑更可能揭示问题。由于给出了基于合作团队的大量典型的多元化的经验，一些成员更容易回忆起类似发明中已经暴露出的问题，并且提出放弃或修改该方法的理由。简而言之，合作的创造力会使个人构思的想法服从一个更加严格的选择过程，以尽量避免糟糕的想法被实施。"

有力的证据表明，团队合作已经变得越来越普遍，并且比单独工作更加富有成效。Giuri 等（2005：13）公布了关于个人及团队发明分配的证据。借助于 PatVal 样本，他们发现，只有三分之一的专利是由单独的发明者开发的。随后，他们得出这样的结论："取得专利权的创新通常是团队合作的结果。"然而，他们注意到，专利文献并不表明属于同一或不同组织的发明人之间是否有合作发生。专利文献都未表明合作的类型，其可以从紧密的、正式的合作变成关系松散、非正式的联合开发活动。[23]然而，Giuri 等（2005：13）发现，在欧盟，所有专利中略超过 20%（荷兰，34.5%；德国，13.3%）是与其他合作伙伴共同开发的。在超过 5 年对 1990 万篇学术论文以及所有已注册的美国专利（从 1975～1999 年的 210 万件专利）的广泛研究中，Wuchty 等（2007：2）证实，在几乎所有的领域中，团队的发明比个人发明越来越占主导地位。从数据中他们观察到一个"由于团队合作而逐年增长的趋势。伴随着大型团队持续向上的趋势，团队的平均规模已从每件专利 1.7 个发明者上升到 2.3 个。"

除了来自团队努力的发明的增长趋势，不同的研究得出了类似结论：团队也能创造出高质量的发明。Wuchty 等（2007）也证明，团队能产生比个人更高的引用研究，而且这种优势正在持续增长。衡量团队发明的质量，Wuchty 等（2007：2）发现，"一个普遍的趋势是团队比学者个人能够产生更高水平的引用著作，即产生非常高质量的研究成果，在这种情况下，区别甚至是单独学者研究范围的一倍。"此外，Wuchty 等（2007：3）清楚地表明，"个人永远不会比团队更有希望产生更具影响力的工作"。考虑 570 个意大利发明家的区域样本，Schettino 等（2008：3）基本上确定 Wuchty 等（2007）的结论，并且发现，"发明团队的存在对于提高发明的数量和质量是有效的，并对发明者的生产能力产生了积极和重大的影响。"此外，他们发现，"专利质量确实受到不同的个人属性的影响，如年龄、教育水平和性别，而在组织属性中，只有创造性团队的存在产生了显著的积极影响。"（Schettino 等，2008：22）此外，他们报告说，在不同的发明来源中，发明团队更趋向存在于具有更多专利组合的大企业。Jones（2009）也证实了团队合作的兴起。强有力的证据表明，相比任何其他的技术属性，团队合作会导致由此产生的专利具有更高的质量。

6.2.5 技术价值

交易前，卖方创新和知识产权（IIP）管理人以及潜在买方需要对一项技术或其专利的价值进行评估，以作为成本计算和谈判的基础。假定所有前期研发投入都是沉没成本，为了使任何交易都是经济上的成功，其交易成本（TC）不应超过其预期收益（参见图 9.4）。由于 TC 因不同的 TGS 而变化，因此估计值对合适的 TGS 的选择具有一定的影响。

然而，评估一项技术的价值并不是琐碎的小事，也不是价值概念的定义。通常，人们会区别一项技术的价值（各基础发明的价值）和它的专利价值之间的不同。前者指的是发明的技术影响，也就是它对于技术储备的贡献，如用于创新产品、过程、服务等的潜力。后者仅包括由于发明被授予专利权而产生的附加值，即该发明由于被授予专利权而产生的价值与其如果未被授予专利权所具有的价值之间的差异（根据 Arora 等（2004），有时也被称为"专利增值"）。以下，笔者指的是由多个（被授予专利权的）发明捆绑组合在一起的技术的价值。[24]

由于这样一项活动具有多重复杂性，因此评估一项技术的价值是非常困难的。为了进行价值评估，企业必须考虑许多因素，特别是与技术的预期目标和潜在的专利有关的因素，即它们的现在和未来以及经营和战略的利用，或其对未来技术发展的影响（Hall 和 Ziedonis，2001）。根据 Troy 和 Werle（2008），专利的价值受到如下影响，即专利权人是否将其视作一种排除潜在市场竞争对手并且获得针对专利产品的垄断价格（垄断价值）的手段，或者将其视作用于销售或许可的技术知识的配套组成部分（贸易价值）。一项专利的价值还取决于该专利是否将被用来获取资本，例如通过银行贷款（资产价值），以解决其他公司阻碍创新的活动（阻塞价值），或者被用来建立特定的技术力量（Narin 和 Noma Ross，1987）。此外，人们需要评估一项技术在其生命周期中的阶段，由于技术的地位和重要性可能根据其处于生命周期的阶段的不同而不同，即从发明日、专利申请日（决定专利期限）到技术交易日，这个问题被进一步复杂化了。根据 Reitzig（2003）和 Granstrand（2000a），困难还产生于专利的独特（异质）性及其在技术、商业和经济方面的不确定性。尽管基于专利价值评估方面的研究很广泛，但仍存在"专利权价值评估方面众所周知的问题"（Harhoff 等，2003：1345）。

了解和回顾现有的价值评估方法，由于它超出了本研究的范围，笔者接下来不再作更加深入的讨论。[25]相反，本研究探讨一般的概念性价值评估，以及由 Granstrand（2000a）提出的针对专利的定价模型。这个也可以应用于技术的模型，有助于说明卖方和买方是如何就价格达成协议的。Granstrand 认为，一件专利（或一组专利）的市场价值可确定为一个相应的专属、无地域限制许可的价值。他提供了一系列买方和卖方应该考虑的因素。因此，卖方可以使用这些来估计一个"底价水平"，而买方可以使用它们来建立一个"上限价格水平"。如果由此造成的价格窗口相对较窄，那么买方和卖方极有可能协商一个双方都愿意接受的价格。

关于卖方的价值评估，可能值得注意的是，学者们已经讨论过所有者是否高估了专利的价值。发明者可能高估一件专利的价值，是因为他们对发明的发展有着固有的承诺。例如，Heller 和 Eisenberg（1998：701）认为，由于"认知的偏差……人们总是会高估具有高显著性的极低概率事件将发生的可能性。"例如，在生物医学研究中，这种偏差会导致上游专利拥有者高估他们的发明。假设没有专利所有者事前知道哪项发明将成为未来关键性的"重磅炸弹"，那么上游所有者将共同要求比他们投入的总的市场价值更高的价值。因此，下游买方将拒绝报价，从而使新药永远不会被开发出来。参照 Granstrand（2000a）的模型，这种偏差会导致较大的价格窗口，并且减少双方都愿意接受的谈判价格的可能性。[26]

然而，由于估量专利价值方面的困难，有关这种效应大小的证据是有限的。Gambardella 等（2008：76f）指出了发明人的潜在偏见，并且认为，管理者可以提供比发明人本身更加现实的价值评估，关于专利的市场价值和未来使用，其有更加客观的看法。比较发明人和管理者的价值评估，Gambardella 等能够展示出，发明人评估的平均价值比管理者高。然而，他们的方法没有考虑用于确定真正的专利价值是否已被发明人和管理者高估，因为，尤其是小公司和技术转让办公室（TTO），"发明人和管理者可能相互接近……并且因此……讨论大量的专利潜在价值。"[27]

撇开关于技术或专利价值评估方面的困难不谈，关于价值分配的协议已经达成。发表在 Griliches（1990）上的文章显示，Rossman 和 Sanders（1957）发现了专利价值的高度分散性，这被 Lanjouw 等人（1998）、Grabowski 和 Vernon（1994）、Pakes 和 Schankerman（1984）以及 Scherer（1965）进一步证实。

图 6.2 提供了一个企业投资组合中的专利价值分布示意图。从 70 个行业代表的采访及其行业经验中，Tao 等（2005：54）与以前的研究结合，发现公司投资组合中的专利价值是不对称的（对数线性分布）。

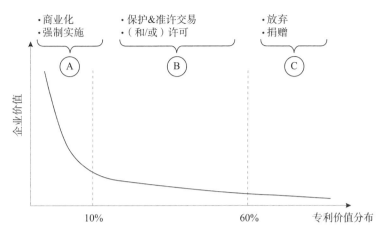

图 6.2 专利组合价值分布及推荐

与通常的区分高价值和低价值专利的价值分布概念相反，Tao 等在三个类别之间进行了区分。[28]因此，一小部分具有较高价值的专利（约 10%），将积极迫使其与竞争对手展开竞争，并且与自己的产品一起商业化（类别"A"）。为了能够交易，大多数只有中等价值的专利（约 50%）对于保护自己的核心技术（周围专利）是很必要的。然而，其中相当多的专利将被考虑用于许可（类别"B"）。在企业的投资组合中，大量的专利（约 40%）通常是低价值的。这些专利应该被捐赠（例如，因为税收原因而赠给大学）或放弃（例如，失效变为公有财产）（类别"C"）。

在下面的部分中，笔者提出从计量经济学的专利价值研究中选择专利的货币经济价值证据。然而，关于技术和专利的定量价值的具体证据仍然是有限的。Griliches（1990）报告了早期收集的有关专利价值的实证结果。在这些研究中，Rossman 和 Sanders（1957）估计，目前使用中的专利的平均价值是 57.7 万美元（中位值是 2.5 万美元），而未被使用的专利的平均价值是 11.2 万美元（中位值接近于零），无收益、无亏损。Harhoff 等（2003）将专利发明的价值分为 9 类，范围从小于 5.1 万欧元到大于 3130 万欧元。他们发现，在他们采集的样本中，有 27% 的专利价值小于 5.1 万欧元。共有 74.1% 的样本价值低于 51.1 万欧元，只有 5% 的样本具有 260 万欧元以上的平均价值。

一项在 2003～2004 年进行的研究，通常被称为 PatVal，包括 9017 件 EPO 在 1993～1997 年授予的专利样本（见图 6.3）。[29]根据 Giuri 等（2007），专利价值被分为 10 类，范围从低于 3 万欧元到超过 3 亿欧元。在 PatVal 样本中，大约 8% 的专利被估计价值超过 1000 万欧元，大约 24% 的专利被估计价值在 100

万~1000万欧元，并且68%左右的份额落入估计价值低于100万欧元的剩余部分。不幸的是，由于价值分布的高偏斜度，针对应用的适当的位置和分散性的测量是很困难的。然而，Gambardella 等（2006）估计，每件专利的中位值是30万欧元。此外，从一项对2600家随机选择的德国制造和服务企业的研究中，德国科隆经济研究所（2006）为未使用的专利估计的粗略的平均价值为14.7万欧元。[30] 此外，专利价值根据行业的不同而不同。[31] 因此，Giuri 等（2007）报告了5个宏观技术分类之间专利价值的不同。与其他所有的行业相比，价值超过1000万欧元的发明通常在化工和制药行业（占11.7%），并且占总样本的7.2%。只有58%的化工和制药专利价值低于100万欧元，而70%左右的电气工程、仪器仪表、工艺流程和机械工程方面的专利价值低于100万欧元。

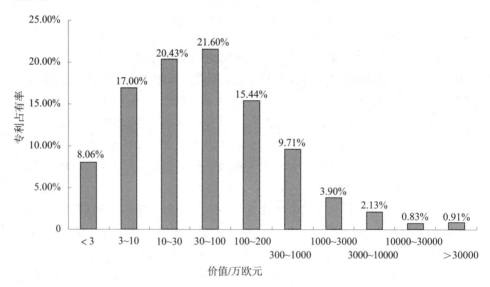

图6.3　欧洲专利在宏观技术分类中的价值

来源：Gambardella 等（2008）；考察数量：8217。

Gambardella 等（2006）报告了跨越30个技术分类的专利的平均价值和中位价值（见表6.1）。通过中位值排名，在有机精细化工行业的专利排名最高，中位值是67.9万欧元；其次是药品和化妆品，中位值是60.5万欧元；化工和汽油、基础材料化学位列第三，中位值是58万欧元。总共30个行业分类中有16个显示高于中位值。最低的专利中位值为17万欧元，可以在农业和食品加工、机械与设备中发现。[32]

表6.1 行业专利的平均价值和中位价值

行 业	中位值/万欧元	平均值/万欧元	行 业	中位值/万欧元	平均值/万欧元
有机精细化学	67.9	626.1	运输	29.8	278.0
药品、化妆品	60.5	526.0	半导体	28.4	255.5
化工 & 石油、基础材料化学	58.0	529.8	机械工具	27.6	256.8
材料、冶金	46.7	418.7	土木工程、建筑、采矿	27.5	254.6
高分子化学、聚合物	44.9	398.0	核工程	27.4	242.1
太空技术武器	41.4	385.4	操作、打印	26.9	244.1
农业、食品化学	40.6	363.7	分析、测量、控制技术	25.2	235.8
材料加工、纺织、纸张	36.7	332.5	电信	24.7	233.1
发动机、泵、涡轮机	36.4	334.4	机械元件	24.3	220.8
环境技术	35.4	325.0	视听技术	23.6	229.6
医疗技术	35.1	327.9	信息技术	23.5	226.5
生物技术	33.6	313.4	电气设备、工程、能源	21.1	193.8
化学工程	33.2	299.2	消费品和设备	19.3	181.4
热处理及装置	32.7	301.2	农业 & 食品加工机械设备	17.0	154.4
表面技术、涂料	32.5	292.4			
光学	30.8	296.0	总计	30.5	302.4

结论是，由于众多因素的影响，评估技术和专利的价值对于企业和学者仍然是一项烦琐的工作。然而，学者们认同，专利价值遵循高度不对称的分布。但最近有限的证据表明，跨越所有技术分类的专利的中位值，其范围为17 万 ~ 67.9 万欧元，平均值为30 万欧元。然而，这些价值只被确定用于在整个期限内持有的个人专利。因此，似乎很难推断一项包含一组捆绑在一起的不同专利发明的技术的价值。每项专利都贡献类似的价值给一组捆绑价值吗？或者假设一项或几项专利保护技术核心似乎更加合理？该技术通过专利保护技术的具体部分来实施。

6.2.6 技术来源

技术可能来源于不同类型的发明人的开发努力。贯穿所有文献，通常讨论的发明有三个来源。这些包括个人（独立发明人和用户，例如，由 Hüner 等

（2010）进行的区分）的发明、通过高校/研究机构的学术能力开发的发明和企业的发明（大企业和中小企业）。此外，协同发明似乎是由不同的组织类型的参与者共同开发的。

在文献中有持续的讨论，即关于是否大企业（大且好）或小公司（小而好，这是企业家 Schumpeter 的观点）开发"跨越式"（激进型的或突破性的）创新（Diamond Jr，2006）。Brodbeck（1999）显示，大型企业在外部开发技术上比中小企业更活跃，因为它们更专注于核心价值增加（制造）活动。然而，尽管中小企业拥有的绝对专利数量比大企业低，德国科隆经济研究所（2006）还是发现了一个针对两个群组的类似价值分布。

在高校/研究机构开发的发明是由其教职员工创造的，并且当提交专利申请和对其进行外部利用时，普遍得到高校 TTO 的支持（Markman 等，2005）。[33]而高校教职员工普遍从事的是基础性研究，他们的发明往往不接近于市场销售，而相当程度上被视为处于"胚胎"阶段，因此需要较长的交付周期和显著的互补性投资，从而转变成一项创新[34]（Thursby 和 Thursby（2007）、Tijssen（2002）、Schilling（1998））。[35]此外，创新项目的失败率似乎与企业从高校获得的技术的发展阶段密切相关。根据 Thursby 和 Thursby（2007），基于高校发明的创新项目比从非高校发明来源的许可发明有更高的失败率。由于许可被列为一项服务，其对任职和晋升决定没有很大影响，因此教职员工并不愿意专利创新（Markman 等（2005）、Jensen 等（2003）、Agrawal 和 Henderson（2002）、Tijssen（2002））。此外，对比之下，大企业已经使用了专利部门几十年，而最近成立的 TTO 往往还缺乏经验和资源（Taylor 和 Silberston，1973）。在企业发明的比较中，Sapsalis 等（2006）发现，学术专利的价值分布与企业专利非常接近，且具有相似的偏斜度。

独立发明人是一个成分混杂的群体，范围从为技术进步作出巨大贡献的"英雄"，到只有边际贡献的"业余爱好者"（Dahlin 等，2004）。Rosenberg（1994）与 Schumpeter 一致认为，由于创新变得越来越工业化，因此在创新活动的世界中，独立发明人越来越被视为边际性贡献者。然而，其他人则认为，在许多行业中，用户似乎成了一个特别重要的发明来源（Fleming（2007）、Lettl 等（2006）、Herstatt 和 von Hippel（1992）、von Hippel（1988））。一般来说，资源的限制使独立发明人几乎不可能将他们的发明商业化（Dahlin 等（2004）、Grown 和 Bates（1992）、Bates（1990）、Evans 和 Jovanovic（1989））。[36]

虽然之前的研究主要是采用小样本（例如，Meyer（2006）、Ernst 等（2000）、Narin 和 Breitzman（1995）），表 6.2 呈现了专利在基于广泛的 PatVal

样本的不同发明来源上的使用。[37] Giuri 等（2007）发现大企业 50% 的专利在内部使用。它们用于交易的不到 10%，而 40% 左右并不使用。超过一半的未使用的发明，其目的是阻止竞争对手。Giuri 等认为，大企业开发的大部分未使用过的专利可能源于其较低的获取专利的边际成本。由于其规模较大，它们更经常获得专利权。因为这个原因，大企业建立内部部门专门从事专利申请或许可，或者有专门的管理人员或资产致力于这项任务。因为涉及固定成本，它们随后表现出较高的专利倾向。结果是，它们也为那些不太可能被使用的小发明申请专利。事实上，据表 6.2 显示，相比中型企业（24.2%）和小企业（18.4%），大企业未使用专利的较高份额（40.8%）是一致的。此外，中等规模的企业比小企业（55.8%）有较高的内部使用率（65.6%），而小企业比大企业（50%）的内部使用率略高，并且比大企业具有更高的许可率（25.8%）。公共或私人研究机构和高校将它们的很大一部分技术进行许可，并且正如前面 Mowery 等（2001）所讨论的。

表 6.2　跨越不同发明来源的专利使用

	内部使用/%	许可/%	交叉许可/%	许可并使用/%	阻止竞争对手（未使用）/%	休眠专利（未使用）/%	总计/%
大型企业	50.0	3.0	3.0	3.2	21.7	19.1	100.0
中等规模企业	65.6	5.4	1.2	3.6	13.9	10.3	100.0
小企业	55.8	15.0	3.9	6.9	9.6	8.8	100.0
私人研究机构	16.7	35.4	0.0	6.2	18.8	22.9	100.0
公共研究机构	21.7	23.2	4.3	5.8	10.9	34.1	100.0
高校	26.2	22.5	5.0	5.0	13.8	27.5	100.0
其他政府机构	41.7	16.7	0.0	8.3	8.3	25.0	100.0
其他	34.0	17.0	4.3	8.5	12.8	23.4	100.0
总计	50.5	6.2	3.1	3.9	18.8	17.5	100.0

来源：Giuri 等（2007，表7）；观察次数：7556。

注　释

1. 技术各种定义的概述可以在 Brodbeck（1999）中找到，并且可以找到详细的解释，例如，在 Cardullo（1996）、Edosomwan（1989）、Rubenstein 和 Ribenstein（1989），及 Mitchell（1988）中。基于各种技术方面的讨论也能在 Sahal（1982，1981）中被找到。

2. Tschirky 和 Koruna（1998）提出的定义专指技术组成的不同知识组件之间的差别。这种差别指的是 Polanyi（1966）最初提出的隐性知识和显性知识之间的区别。甚至

Williamson（1979：242）根据 Polanyi（1962）的概念，指出，"即使在现代工业中难以定义的知识仍然是技术的重要组成部分"。根据 Delmas（1999：640）参考 Collins（1974）和 Teece（1977），"当知识是隐性的，它就不能以规范化的文件形式有效地转让；它的交换必须依靠人类的亲密接触……难以起草简单合同管理销售或许可……（Mowery，1983，Pisano，1990）"。

3. Birkenmeier（2003）也提到了这一架构，但没有提供任何详细的论述。另见由 Granstrand（2010：表 13.1）形成的技术信息载体之间的比较。

4. 根据 Cowan 和 Foray（1997：600），有了"目前的一个共识，即规范化隐性知识是补充而不是替代。规范化整理的过程并不提供从事一项活动所需的所有知识，总有一些隐性知识参与实施活动之中。这就是为什么规范化整理不能被视为一项简单的从隐性到规范化文件的知识转移。相反，它是对规范化隐性知识的新的整体构建。换句话说，规范化整理永远都不会是不完整的，有些形式的隐性知识将始终继续发挥着重要作用"。

5. 历史上，专利制度被设计为一种经济激励制度，以促进研发投入，最终导致创新（Scotchmer，2004）。根据 Arrow（1996：125），专利"创造了天然不存在的人为稀缺性，尽管产权的持续时间是有限的。这些稀缺性是为了创造获取信息必要的激励。对于创新者来说，另一条路径是保守秘密，并有一些可获得的对于商业秘密的产权保护"。当前，有一个基于创新的有关专利现实影响的持续辩论，其侧重于开放的创新模式中知识产权的作用。Arrow（1996：127）预期这个问题指出，"我们刚刚开始面对私有财产制度与信息获取及传播系统之间的矛盾"。

6. 各种知识产权的定义以及来自其他类型文化产权的界定，见 Foray（2004：131ff）。

7. 在欧洲，继《欧洲专利公约》——其用于可授予专利权的发明——该发明必须是新颖的（事先没有披露或使用过；第 54 条）、有创造性的（不是一项显而易见的专用技术；第 56 条），并且可适合于工业应用（第 57 条）。关于美国专利，接下来的美国专利法（35 USCS Sects. 1~376，第 10 章），特别是其第 3 条非常宽松。根据美国"用于发明可专利性的法定要求"，要获得专利，发明必须是新颖的、非显而易见的，并且必须具有实用性。然而，根据 OECD（2009），第 3 条的解释和范围大体与工业应用相同。国际专利条约经常使用"实用"和"工业应用"这样的类似词汇。

8. 由于作为今天许多国家 GDP 不可分割的组成部分的新事物的出现（例如，软件、基因和商业模式），一个正在进行和有争议的讨论是关于那些新事物是否应该被授予专利权。在美国，软件从 1981 年起可以被授予专利权，并且经营商业方法（MDB）自 1998 年亦可以被授予专利权。然而，在欧洲，软件直到 2003 年秋季才能够获得专利权（软件仍然只有嵌入在"计算机实施的发明"中时，才能被授予专利权）；而根据 Granstrand（2000a），MDB 专利仍未被接受。

9. "同族专利"的其他定义存在于那些在 OECD（2009）中提出的最常见的定义中。

10. 密切相关的概念，如"技术的复杂性"和"创新的复杂性"，在文献中的使用几乎是同义的。参见 Ebersberger 等（2005）。

11. 在这项研究中，当复杂性在不同层次上（包括产品、技术、企业、行业和国家）

已被讨论和定义时，笔者侧重于可用于技术的定义。

12. 风险的概念与不确定性的概念密切相关。然而，在与交易成本理论相关的研究中，这点却很少见。Knight（1921）通常作为第一个对可量化的不确定性与不可量化的不确定性之间进行区别的学者被引用，虽然他指的是，作为风险，前者可以建立一个先验（例如在轧制模具时）或后验（例如，汽车保险公司计算一个模型的事故风险）。在这两种情况下，定义的特征是，虽然不能预先设定实际的结果，但可以设定其发生的概率。相比之下，根据 Knight，有一种发生概率的"内在不可知性"。Knight 还注意到，大多数商业决策实际上属于此类。这是因为它们涉及的情况如此独特和不可复制，没有为其预先建立概率分布。

13. 对于不确定性和交易的深入讨论，见 Shin（2003）。

14. 根据 Nelson（1994），许多被打上"主导设计理论"标记的当代构想是由 Abernathy 和 Utterback（1978）提供的。当他们第一次发表这个主导设计概念时，仅仅是基于一个行业（即汽车制造业）的详细观察。自那时起，"基本的故事情节"已经过检验，并在各种行业中找到了合适的配件（例如，Tushman 和 Anderson（1986），以及 Utterback 和 Suarez（1993））。然而，一些学者，例如 Nelson（1994），对主导设计理论是否适用于所有行业持怀疑态度。

15. 此外，对于一项早期技术，市场的不确定性是很高的（即它是否将被建立成为一个行业标准）。然而，这种类型的不确定性，在这项研究中没有进行详细调查。

16. 例如，Mukoyama（2003）研究了模仿的影响和累积创新的普及。

17. 例如，Rothwell（1994：26）提出了第五代创新过程，以使"产业创新可以被描述成为一个涉及内部和外部学习要素的技术秘密积累过程，或学习过程。"

18. 由于创新对于企业成长是很重要的，累积创新的概念在内生增长理论（例如，Romer（1990））、演化增长文献（例如，Nelson（2008））和 neo – Schumpeterian 增长模型（例如，Denicolò 和 Zanchettin（2004））中也已被正式化。

19. "站在巨人的肩膀上"理念的提出，源于 Isaac Newton。Hawking（2003）也将一本畅销书命名为"站在巨人的肩膀上"，谷歌学者采纳了这个概念作为其名言。

20. 参见示例，Dosi 和 Nelson（2010：17）对技术轨迹和累积创新的探讨。他们指出，"正常的技术进步，因为沿着一条给定的轨迹发展，不论它们多么大，发生的速度多么快，而我们对于那些与模式变化有关的创新仍保留了'激进型创新'的称呼。"

21. Murray 和 O'Mahony（2007）提供了一个累积创新架构。这个累积创新架构的侧重点是"谁能够在知识的基础上共享、重新利用和建立"，最重要的是，"在什么条件之下"。公开是允许累积创新周期中的第一步。其次，创新者必须能够获得这些想法。再次，这些条件都依赖于奖励，用于鼓励早期的创新者公开自己的想法并提供访问，以便有效地整合这些想法。

22. 经济学也明确顾及了影响累积创新的因素，除了在法律方面重点强调，特别是知识产权（Jaffe 和 Lerner（2004）、Scotchmer（1991））。然而，根据 Murray 和 O'Mahony（2007：1007），"由于经济学和组织理论之间交流极少，我们对累积过程只拥有一幅支离破碎的画面"。

23. Hagedoorn（2003）指出，由于法律的复杂性涉及跨越企业边界和国际专利司法管辖区的知识产权管理，企业往往考虑次优的合作关系。Hagedoorn 也表示，联合专利申请非常频繁地用于化学和医药专利中，这种情况下，专利保护是强大的，同时法律争议的范围是有限的。因此，除了低估研发领域的合作程度，联合专利申请的数据可能会偏向于特定的技术。

24. 经济文献进一步区分了私人与社会的专利价值（OECD，2009）。对于专利权人，私人价值被定义为打了折扣的由专利在其有效期内建立的收益流。专利的社会价值被定义为其对社会技术储备所作出的贡献。然而，这两个概念是相关的。所产生的收益应该与技术贡献相对应。而由于外部性，部分社会价值不被专利权人所独占。例如，通过该专利所公开的知识可能被其他发明者和/或竞争对手使用。

25. 对于价值评估方法的回顾，笔者参考的是 Kamiyama 等（2006）。他们回顾了现有的价值评估方法，并将它们分为 3 类。其中包括质量的（例如，评价和评分系统）、数量的（最突出的是成本、市场和收益的方法）和计量经济学的（例如，大规模回归模型）方法。根据 Fröhling（2005），方法的选择尤其受到专利组合规模的影响。当一个小规模的专利组合允许一个深入的年度价值评估（货币）和评价（非货币价值评估），简单化的评价方法则优先用于大规模的专利组合（例如，超过 1000 个专利族及 1 万件专利和专利申请）。

26. 在行为经济学中，禀赋效应（也称为损失厌恶）是这样一种效应，即预测人们一旦拥有商品或服务的财产权，那么他对其的价值评估就会增加。换句话说，人们对自己所拥有对象的价值评价高于他们所不拥有的对象。在一个实验中，人们要求给他们已经得到的咖啡杯一个更高的价格，而给他们还没有拥有的咖啡杯一个较低的价格。禀赋效应被描述为与标准经济学理论不一致，其主张，一个人对一件商品的"支付意愿"应该与其对于这件商品被剥夺时的赔偿"接受意愿"相当。这一假说是消费者理论和无差异曲线的基础（Plott 和 Zeiler（2005）、Kahneman 等（1990），以及 Thaler（1980））。

27. 虽然讨论卖方的价值偏差超出了本研究的范围，第 10 章仍针对实际取得的拍卖价格，比较卖方的价值观念，提供了一些定量的见解。

28. 例如，Gu 和 Lev（2000）报告说，"作为一个经验法则"，专利组合中 10% 的专利占了 80%～90% 的组合价值，而 90% 的专利占了余下的 10%～20% 的组合价值。

29. 这和随后的研究（例如，Harhoff 等（2003）、Gambardella 等（2007），其中有一些来自第一项研究的学者再次参加）采取了类似的方法，除了稍作修改的问题（例如，专利样本改变的年份、销售价格因此被要求改变的年份）和扩大强加给发明者的问题数量及针对其他国家的范围。Giuri 等的研究（2007）中包括的国家是法国、德国、意大利、西班牙、荷兰和英国。

30. 在一项调查中，受访者被要求透露他们将愿意出售其未使用专利的最低价值。德国科隆经济研究所将这个值定义为："某公司刚好愿意以这个价钱将其未使用的专利出售。"

31. 其原因涉及，如，针对创新的各种激励机制存在的差异，或者专利制度通过不同行业在专利及其企业使用中的影响（Levin 等，1987）。Griliches（1990）进一步注意到，行业在他们的专利倾向中存在很大不同。

32. 两项研究均采用 Hinze 等（1997）提出的基于 6 位 IPC 分类的分类方案。

33. 例如，Zucker 和 Darby（1996）谈论不同类型的科学家。

34. 根据 Thursby 和 Thursby（2007），为了带来许可使用费，高校申请专利的倾向正在不断增长，甚至由此引发了许多担忧，即高校正在转向应用性研究，并脱离基础性研究。不管怎样，现有的迹象描绘出了一个复杂的局面。

35. 基于 TTO 管理者和行业代表调查高校向行业许可的发明的两次调查结果，Thursby 和 Thursby（2007）报告说，TTO 许可给企业 82% 的技术是在早期阶段，而公司管理者报告称，他们以往从高校获得许可的 74% 的技术处于早期阶段。

36. 根据 Mariani 和 Romanelli（2007），获得个人发明者信息的难度已经阻碍了先前关于这个问题进行的系统性实证研究。然而，一些研究（例如，Gruber 等（2009））调查了发明者的生产力在数量上和质量上的决定因素（例如，年龄、性别、教育和社会嵌入性）。

37. Giuri 等（2007）通过应用欧盟委员会公约的定义，区分了发明的来源，即小企业（少于 100 名雇员）、中型企业（100～250 名雇员）、大型企业（250 名以上的雇员）、高校、公共或私人研究机构及其他。

第 7 章
交易成本理论

7.1 简　　介

交易形成经济思想基础的想法是由 Commons（1931）引进的。交易成本理论，最初由 Williamson（1975）正式确定，其表明交易成本（TC）对于制造和购买决策是至关重要的，从而影响企业（垂直整合）和市场（协议）之间的选择。换言之，交易成本理论是用于机构解释的一种方法，即考虑与（企业间）市场交易相比，在企业边界内进行交易的相对价值（Black，2002）。在交易成本理论中，分析单元是有参与者的交易活动单元。因此，它与这项研究的分析单元是一致的。

根据 Shelanski 和 Klein（1995），交易成本理论的关系分支与本研究尤为相关，因为它的目的是解释交易伙伴如何从一套可行的机构备选项中进行选择。在开放式创新的背景下，企业越来越多地跨越他们自己的边界转移技术。因此，它们需要选择交易伙伴。特别是创新及知识产权（IIP）管理者面对制造或购买的决定（即是否要收购一项技术或进行内部开发），以及是否要在内部保留技术或进行外部利用（即保留或出售决定）。然而，本研究并不是主要关注这些决策类型。相反，它有助于在这些决定已作出时，对随后的问题进行理解。当决定不在公司自己的研发中心开发一项技术，而是收购（利用）时，IIP 管理者不得不决定是否要用内部资源或使用 TMI 进行这样的技术交易，以替代确保最有效和具有最大效能的发明创造。此外，IIP 管理者需要决定最佳的收购/开发策略（这是最合适的治理结构），这是由 TMI 开发的交易模型的特性反映的。这些类型的问题由交易成本理论的关系分支特别处理。在开放式创新的文献中，各种研究已将交易成本理论应用于类似的目的，就如在本研究中一样。例如，这些研究包括技术获得（Van de Vrande 等（2006）、Delmas（1999））、制造或购买决策（Klein，2005）、许可合同（Bessy 等（2008）、Brousseau 等（2007））和联盟（Colombo（2003）、Oxley（1999））相关问题。

然而，据笔者所知，只有极少数已经进行的针对技术交易的研究与 TMI 的选择密切相关。在一个小规模的研究中，Feller 等（2009）探索了这样的途径，在其中，企业利用层级关系和市场机制，向公司提供和收购外部的创新能力及 IP 资产。Wagner（2006：3）探讨了企业与 IP 服务密切相关的制造或购买决策，或者说，"企业在维持一个足够大的知识产权部门和其在市场上购买一定份额的用于知识产权管理的服务需要之间所作出的决策"。然而，至少据笔者所知，还没有研究调查企业什么时候愿意使用 TMI 替代自身的内部资源用于交易，或什么时候拍卖比议价谈判更可取。因此，由于相关文献的密切配合，在这项研究中使用了交易成本（TC）理论，尤其是交易治理结构概念。

7.2　（动态）交易成本

根据 Allen（1999），Demsetz（1964）提出了第一个明确的交易成本观点，并且后来将交易成本定义为"更换所有权人名称的成本"（Demsetz，1968：35）。自 20 世纪 70 年代中期，TC 理论文献越来越多。由 Macher 和 Richman（2008）进行了一项广泛调查，其中包括针对主要的有重大影响和贡献的参考，其估计在交易成本经济学方面的实证论文数量已超过 900 篇。[1]根据 Macher 和 Richman（2008：3），对 TC 理论的一个关键性见解是，"认识到，在一个积极的交易成本世界中，必须管理交换协议，并且就组织交易而言，某些形式的管理比其他方式更好"。

根据 Tirole（2008），参考 Coase（1937）和 Williamson（1975），TC 可以被分为 4 种类型，其中两个发生在缔约日，两个发生在其之后。第一类是指当事人所面对的在缔约日不可预见的意外事件，以及合同中包含的太多可以预见的意外情况。第二类是指那些监控相关当事人是否遵守合同时发生的 TC，或者那些强制执行合同时发生的 TC（例如，法律成本）。然而，现在，一些 TC 类型已经成为众所周知的特定名称，例如"检索和信息成本""议价成本"和"监管和执行成本"。TC 分类往往被进一步区分，根据是否发生在企业边界之内（公司内部）或企业边界之外（公司外部）（Dahlman，1979）。[2]

此外，似乎值得注意的是，TC 和管理成本的概念往往有所区分。[3] Demsetz（1988）认为，"通过市场产生的 TC 和内部管理成本之间"应该有所不同。根据 Demsetz，TC 被定义为从事交易的成本，并且更具体地指通过市场管理协调资源的成本。Granstrand（1998）也遵循这一论证思路，并且对与企业内部层级交易相关的管理成本和保留的用于市场交易的 TC 术语之间进行了区分。Schlag（1989：1675）指出，"TC 过于宽泛的观点可能使科斯定理（Coase Theorem）反复赘述……而 TC 过于限制性的观点可能有效地驳斥该定理"。然而，Williamson 仍然是"一个广泛应用 TC 概念的有力倡导者"（Allen，1999：900）。认识到这些论点后，笔者接受与市场和分层交易相关的成本类型必须进行区分的观点。尽管如此，人们可以认为，尤其是大公司发生在所在公司研发中心的内部技术开发，构成了跨公司的内部细分市场交易（例如，在研发中心是制造部门的供应方的情况下）。在这项研究的其余部分，笔者使用了术语 TC。然而，在必要时，在两个组成部分之间进行了区分，将与市场交易相关的成本标注为 $TC_{市场}$，并且将那些与内部管理的交易相关的成本标注为 $TC_{层级}$。

学者们还认为，TC 是动态的，并且因此随着时间的推移而变化。根据 Langlois（1992：99），动态 TC "是说服、谈判和协调，以及教导他人的成本。它们随着变化而出现，特别是技术和组织创新"。Langlois 认为 Williamson 所定义的 TC 不是至关重要的，反而是那些标记为动态的 TC。因此，他指出，"最终，导致垂直整合的成本是说服、谈判和协调以及教导外部供应方面对经济变化或创新的（动态）TC。"以类似方式，Granstrand（1998：471），在用于内部交易的治理成本和用于市场交易的交易成本之间进行了区分，其认为"经营管理上的学习降低企业的管理成本，比任何与市场上周而复始的契约活动相关的学习更加快速。在动态的 TC 理论中，对于随着时间的推移逐渐内在化的解释和预测比在通常的 TC 理论中基于比较静态交易成本的任何理论更好。"其中，Jacobides 和 Winter（2005）及 Jacobides（2008）建立在 Langlois（1992）论据的基础上，并且试图缩小交易成本与能力方法之间的差距。[4] Jacobides 和 Winter（2005：395）提出了一个"能力差异与变化的交易成本之间相互作用的架构"。Williamson（1999：1100）也认识到了这些学者的批评，并注意到，"交易成本经济学是静态的，因为它解决了一个平衡的契约设置"。

7.3 治理结构

根据 Macher 和 Richman（2008），交易成本经济学的主要概念假设是在组织条款中描述企业（即作为治理结构），而不是在新古典主义的条款中（即作为生产职能）。Coase（1937）创造了交易治理结构（TGS）概念。[5]根据 Zhang（2006），Williamson（1991、1981、1979）延伸了这一概念，并且将 TGS 定义为这样的结构，即调节可分离技术接口或生产阶段之间的商品或服务的交换。

此外，Ring 和 Van de Ven（1989：173）将 TGS 定义为，"适用于不同种类交易治理的法律形式（按市场层级排列），以及当事人在交易谈判中的结构和程序上的保障。"[6]换句话说，当交易资产时，企业需要选择用于其交易的最经济的治理结构。他们需要定义组织间的关系"发生在两个或多个组织之间相互交易资源（金钱、物理设施及材料、客户或客户转介、技术人员服务）时"（Van de Ven，2000：25）。

根据 Williamson（1998：179），"组织的每一个通用模式都是通过合同法的一种特殊形式定义的。[7]每个模式也根据激励和控制而不同，每个都实现了不同程度的自主和协作适应的混合。结果是，组织的每个通用模式都是由产生独特优点和弱点的属性的内部一致性综合征定义的。"在一个治理结构的分类法中，Williamson（1979：247）提出了三大类型的治理结构：非交易特定的、半特定的和高度特定的。市场是典型的非特定的治理结构，在其中，"匿名买方和卖方满足于以均衡价格即时交换标准化商品"。相比之下，高度特定的结构（特质/层级）是根据交易的具体需要和参与者的身份量身定制的。半特定的结构（混合的）介于两者之间。

根据 Zhang（2006：59）提到的 Hennart（1993）、Heide 和 Miner（1992）与 John 和 Reve（1982），并且 Williamson（1991）也已认识到，虽然许多应用 TC 理论方法的研究使用极性分类区分市场治理和层级治理，文献最近已经看到一个"从极性分类到统一体的 TGS 的转变"。根据 Klein（2005：28），"各种各样的契约和组织选择是可用的，但有许多灰色区域"。根据 Macher 和 Richman（2008），最常见的实证方法目前是将 TGS 概念化为 3 个离散类型之一：市场交易、各种混合体或垂直整合交易，如图 7.1 所示。简单地说，现货市场交易处于一个极端，而垂直整合交易处于另一个极端，各种混合形式介于两者之间。这些包括，例如，合资企业（Klein et al.，1990）、关系合同（Goldberg，1980）和双边治理（Heide and John，1990），以及复杂合同、特许经营、互惠协议、股权关联和抵押品的使用，以及联盟（Oxley，1999）。Oxley 提出了一个市场层级范围，从简单的单边合同协议（例如，单方面许可协议、长期供应合同和研发合同），到双边合同协议（例如，技术共享或交叉许可协议、联合研究协议），到以股权为基础的联盟（即合资企业）。

关于创新，一个层级管理的例子是只被用于公司自己的产品或服务的内部研发中心的技术开发（图 7.1 中的左极值）。这样的交易是指具有 Granstrand

等（1992）架构的最高程度组织整合的"内部研发/开发策略"（见第 3.1
节）。Williamson（1979：241）将这些特殊的交易定义为那些"由于涉及上述
严重契约后果的交易特定成本，买方和供应商之间的关系很快被转化为双边垄
断之一"。在另一个极端，来自在线交易市场，具有标准化合同和一次性付款
的技术收购，能被解释为一个（现场）市场交易（图 7.1 中的右极值）。
Williamson（1979：241）将现货市场交易定义为那些"可行的标准化交易涉
及特殊活动的契约严重缺乏投资动机，（因为在这种情况下，大量的竞争是不
断自我管理的）"。这种交易涉及 Granstrand 等（1992）的具有较低组织整合
程度的"技术采购/销售策略"。

图 7.1　TGS 类型的连续区

来源：改编自 Burr（2007：Abb. 14）及 Pelton 等（1997：Exhibit 11. 2）。

　　与上述论点相一致，Granstrand（1979）指出，在创新背景下，极端形态
似乎不代表优选的 TGS，而是处于它们之间连续区上的中间形态来代表，特别
是在审视不同行业时。Granstrand（1979：371）怀疑，"在 Williamson 的极性
或无差别类型管理和市场结构之间，是否在某种意义上存在结构的最佳中间形
态"。一个混合治理结构的例子是，一项技术由在一个联盟或合资企业中的两
家公司联合开发。这个例子涉及 Granstrand 等（1992）的具有中等组织整合程
度的"联合技术冒险战略"。

　　此外，TGS 根据参与者的数量进行分类。除了涉及一个卖方和买方的交
易，Williamson（1985）表明，雇用第三方作为"中间人"，导致了"三边治
理"，这将有助于买方和卖方之间的交流（Benassi 等（2010）、Nooteboom
（1999））。在技术交易的背景下，Benassi 等（2010：16）提到，"专利经纪人
是一个依赖于三边治理模式的例子"。如果一个混合体或市场交易中涉及第三
方积极参与的程度，例如他们取得了资产的临时所有权，那么笔者认为，这样
的交易属三边治理。特别是，当 TMI 参与了创新产物的交易时，Feller 等
（2009）希望，在开放的创新环境中，交易成本理论的重要性能进一步提高，
特别是 TGS 的概念能不断丰富。

7.4 治理结构选择的决定因素

企业在 MfTI 从事技术交易时，IIP 管理者需要选择最适合的 TGS。之前的概念性和实证性研究已经呈现了作为本研究基础的结果。根据 TC 理论，TGS 的选择在很大程度上受到 TC 的影响。

最初，Williamson（1975）定义了 5 个交易决定因素，即交易频率、资产专用性、不确定性、有限理性和机会主义行为。根据 Yazdanparast 等（2010），交易频率是指当事人所涉及的交易数量。资产专用性是指在无法重新分配的合作关系中的特定投资（例如，培训和专用设备）。不确定性可以进一步分为环境不确定性和行为不确定性。环境的不确定性是指不能事前指定与交易相关的情况，而行为的不确定性是指在验证是否遵守既定的协议时所发生的困难。有限理性意味着决策者在他们的认知能力上有约束（或具有有限的信息处理能力），并且对他们的理性有限制。机会主义认为，给予机会，决策者会不择手段地寻求服务于他们自身的利益，并且很难预先知道谁是值得信赖的和谁不是值得信赖的。

根据 Macher 和 Richman（2008），Williamson（1975）提议的 5 个决定因素中有 3 个在各种研究中是主要的重点。这一发现符合 Williamson（1979）的论证，其结论是，描述契约关系的关键方面是投资的特殊性（资产专用性）和不确定性的程度，以及交易重复出现的频率。Macher 和 Richman（2008）报告了这 3 个决定因素的实证检验结果，其总结如下。

第一，根据 Williamson（1991：281），资产专用性是指"资产可以重新分配用于其他用途的程度，以及在不牺牲生产价值的情况下由其他用户重新分配的程度"。用户的非专用资产极少带来危害，因为在这种情况下，买方可以很容易地转向其他资源，同时供方可以为了一个特定的订单毫无困难地将预期输出量销售给其他买方。当参与者的具体身份具有重要的成本负担后果时，"非市场化"的问题就出现了。Williamson（1979）指的是这种"特殊"的交易。因此，投资可以分为 3 类（非特定的、混合的和特质的）。他进一步提出了 6 类资产专用性：（i）区位的专用性（两种或更多资产彼此共同存在的优势）；（ii）实物资产的专用性（互相定制的物理设备）；（iii）人力资产的专用性（通过实践的培训和学习）；（iv）品牌名称资本；（v）专用资产（在特定客户请求下，在通用目标工厂进行的非连续性投资）；（vi）时间的专用性。根据 Macher 和 Richman（2008），作为 TGS 选择的一个决定因素，实证研究已经很大程度上证实了资产专用性的显著影响。

第二，Williamson（1979）认为，交易频率提供了分离私人订购的边界条件（其中只有参与者自己参与管理），这对于高频次交易是有效的；对于有第三方存在的三边管理，例如仲裁员，其涉及对低频交易有效的管理。交易频率通常被标记为一次、偶尔和周期性。同样，Nooteboom（1999）认为，当控制TC的管理是必要的，但所涉及的交易太小或罕见时，可以证明"双边"治理方案（议价谈判）往往需要相当大的成本。对于达成一份简单的整体协议及雇用第三方进行仲裁，这可能是非常有效的。在这种情况下，Benassi 等（2010）认为，当交易是偶然的且具有混合和高度特异性时，三边治理应该是可能的。根据 Nooteboom（1999），第三方必须对两个主要参与方表示信任，也必须有效及公平地判断其能力和意图。Nooteboom 为"中间人"定义了6个角色，他认为其中的两个对于创新特别重要，即第三方应该充当作为防止溢出的滤子，以及建立信任感的中介。

在实证文献中，交易频率受到的关注远远低于资产专用性和不确定性（Rindfleisch 和 Heide，1997）。然而，现有的实证研究结果是模棱两可的。一些实证研究已发现了交易频率和 TGS 的显著关系，主要是测量交易频率时使用两项分类变量（一次和反复）（Klein 等（1990）、John 和 Weitz（1989）），而其他人无法证明它们之间的正向关联（Maltz（1994）、Anderson（1985）、Anderson 和 Schmittlein（1984））。

在实证 TC 文献中，不确定性的处理比资产专用性的处理更加没有规则，特别是因为不确定性的类型繁多。根据 Noordeewier 等（1990：82），不确定性通常指的是"在与交易密切相关的情况下未曾预料的变化"，典型的是指在环境和未来事件中的变化（Anderson，1985）。第二类不确定性有一个行为基础。然而，这一战略性构想在文献中已很难见到用于操作。Harrigan（1986）认为，围绕不确定性的各种实证结果的一个貌似合理的解释是，它需要与资产专用性一起考查。当资产专用性不存在时，交易成本经济学不能预测，不确定性会导致更多的层级治理形式。

7.5　TGS 的选择

为了选择 TGS，Williamson（1979）提出了一个如图 7.2 所示的架构。该架构根据 Macneil（1973）提出的合同三向分类法对 TGS 进行分类，并匹配资产专用性（投资特征）和交易频率，同时忽略了只出现一次的离散交易。该架构是用于本研究的核心论点，也是为了决定哪些技术应该被拍卖而将技术属性（见第 6 章）与技术拍卖的 TGS（见第 9.3 节）进行匹配时的主要关联。

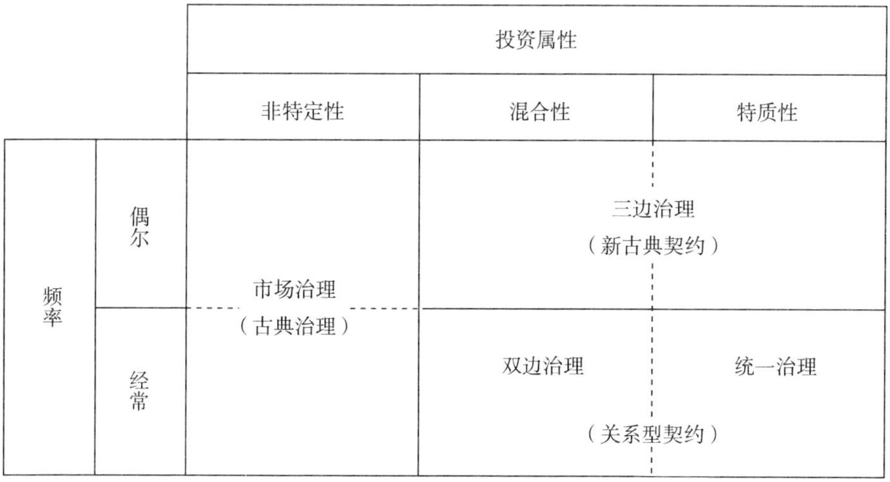

投资属性		
非特定性	混合性	特质性

		非特定性	混合性	特质性
频率	偶尔	市场治理 （古典治理）	三边治理 （新古典契约）	
	经常		双边治理	统一治理
			（关系型契约）	

图 7.2　治理结构与商业化交易的匹配

来源：改编自 Williamson（1979，Figure Ⅱ）。

通常情况下，特定的 TGS 设计用于两类交易。这些都是混合和高度特别的（特质的）资产的经常性交易。特定的 TGS 广泛需要专业人员和用于生产的实物资产。因此，没有明显的规模经济通过企业间交易来实现，即买方（或卖方）无法自我实现（通过垂直整合）交易。不管怎样，由于交易的频繁发生，设计一个特定的 TGS 是可以受益的。当它们被"从市场上撤回，并且在企业内部根据职权关系进行组织（垂直整合）"时，Williamson（1985：75）将交易定义为单边的。就技术开发而言，这种交易类型是指企业针对高度特定的技术有经常性需要的情况。在这种情况下，设置自己的研发部门是可以负担的。根据 Granstrand 等（1992）的架构（见图 3.4），这样的 TGS 是指具有较高组织整合程度的内部研发策略。双边 TGS 是指经常性的重复交易，其中，维护了参与方的自主权，并且被交易资产极少是特质（混合）的。就技术开发而言，是指，例如，在企业为不断获得的技术而建立一个许可部门的情况下，使每个具体的合同都是进行内部开发和双边谈判。这种 TGS 类似于在 Granstrand 等（1992）的架构中定义的具有中等组织整合程度的技术购买/销售策略。他们经常性的许可活动（和学习效果）允许用于经营许可部门的专业化结构成本的回收。

由于混合和高度特质性的交易发生频率较小（偶尔），Williamson（1979：249）提出了涉及中介第三方的三边治理。对于这样的交易，一旦参与者签订了合同，就有"强烈的动机去审视合同，直到完成"。不仅专用投资已经到位，而且向继承人转移这些资产，供方也提出了在资产评估方面的困难。在维持关系方面，主要负责人的利益对于高度特殊的交易是格外重要的。市场减免因此不能令人满意。关于技术交易，例如，这种情况涉及一些极少发生的交易，其中，中小型企业没有内部许可部门，而只能继续协调交易，并且将各种任务外包给 TMI（例如，买方识别和技术估价）。对于中小企业，由于交易频率低，运行完整的内部许可部门将不能负担。在 Granstrand 等（1992）的架构中，这样的交易将涉及具有较低组织整合程度的技术购买/销售策略。

市场治理是用于偶尔发生和频繁发生的非特定性交易的主要 TGS。当交易频繁发生，并且交易资产是标准化的（非特定性）时候，市场治理特别有效。在这种情况下，双方都只需要凭借自己的经验去从事低成本的交易。例如，购买一项能够很容易被收购公司的工程师理解的成熟技术，其可以在市场上很容易地买到（例如，高度规范化的化学物质文件及其 IP 资产，其被交易给一家收购企业，并且利用现有的工艺流程和设备进行生产）。由于标准化，可供选择的购买和供给协议大概很容易找到。对于非特定性和偶然的交易，买方（和卖方）不大可能仅仅依靠自己的经验，接下来，他们宁愿根据顾问（例如，评估服务和专利律师事务所（PLF））。在 Granstrand 等（1992）的架构中，虽然组织整合程度较低，该 TGS 也会涉及技术购买/销售策略，这是一家不需要许可部门的企业，但可以通过其采购部门执行这些交易。

总之，经过认真的实证检验之后，Williamson（1979）最初提出的 3 个决定因素似乎仍然是最普遍的。因此，以下 Williamson（1979：239）的论点似乎仍然是有效的。据他所说，"简单的治理结构应与简单的契约关系结合使用，复杂的治理结构保留用于复杂的关系……对于治理一种简单关系，复杂结构的使用很容易引起不必要的成本，同样，对于复杂交易，简单结构的使用会产生压力。"大量的研究已经产生了一致性的结果，即，当资产专用性、不确定性和频率都很低时，市场 TGS 更加经济。否则，层级 TGS 趋向于导致较低的交易成本（Anderson（1985）、Heide 和 Miner（1992）、Walker 和 Weber（1987））。因此，更加完整的 TGS 与更高程度的特定关系资产、更复杂的交易、更大的不确定性（包括但不限于客户、供应商或技术不确定性）或更频繁的交换有关。

此外，之前的研究已经证明，资产专用性仍然是用于 TGS 选择最重要的决定因素。在创新的背景下，复杂和新颖的技术是具有高资产专用性的技术的例子，即由于它们是处于生命周期的早期阶段，因此不能很容易地被新的所有者所采纳，其需要付出特定资源（例如，强化员工培训）。相反，众所周知，处于生命周期成熟阶段的离散技术是低资产专用性的例子。

　　图 7.3 说明了 3 个通用 TGS 的交易成本（图 7.1 中说明的连续区的两个极端和一个混合 TGS），其取决于作为用于选择 TGS 的最强决定因素——资产专用性。根据图 7.3，当资产专用性低于 K_1 时，用于资产交易的市场交易将比混合交易成本更低。然而，对于资产专用性大于 K_2 的资产，层级交易（垂直整合的）将是最具成本效益的。对于资产专用性在 K_1 和 K_2 之间的资产，混合交易会是最具成本效益的。

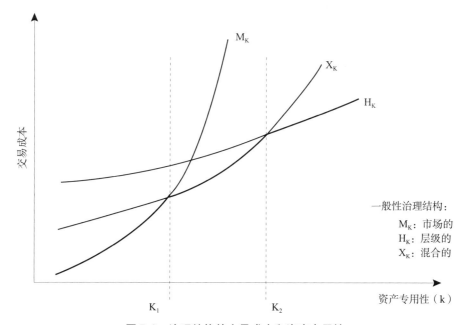

图 7.3　治理结构的交易成本和资产专用性

来源：改编自 Williamson（1979，Figure Ⅱ），也出现在 Williamson（2002，1996）中。

　　根据 Dyer（1997：535）提及的 Williamson（1985），对于该曲线的标准论断是，"随着资产专用性增加，更复杂的治理结构（即更复杂的合同）是必需的，以消除或衰减超过来自专业资产收益的议价成本。"到目前为止，大多数研究得出的结果在逻辑上是一致的，即用于层级交易的资产专用性比用于跨市场交易更大（Masten（1984）、Walker 和 Weber（1984）、Monteverde 和 Teece（1982））。

　　这与 Williamson（1979）一致。他认为，交易的动机减弱，是因为交易变得更加特殊。其原因是，参与交易的人力和物力资产对于单一用途变得更加专业化，因此不大可能转移到其他用途，TGS 的选择朝着具有较好的自适应性能的选择，即垂直整合（层级）。学者们已经注意到这种处于封闭创新模式中的企业行为，在这种情况下，许多企业更喜欢使用它们自己的研发资源在内部进行技术开发（即垂直整合）。[8]然而，在开放的创新模式中，企业积极参与企业间的技术交易，这往往具有较高程度的资产专用性特征。在这种情况下，TMI 对于设计新颖的（三方）TGS 能够产生积极的影响。第 5.3 节解决了如何描述技术拍卖的特定 TGS 的特征，以及如何适应这一架构。

此外，参考 Jacobides（2008）、Jacobides 和 Winter（2005）、Langlois 和 Foss（1999）及 Langlois（1992），在 TGS 的选择方面，如果 TC 是动态的，我们不得不考虑企业的偏好会随时间而改变。例如，当企业不断建立内部能力（例如，通过参与交易进行学习）时，用于企业内部交易（层级）的 TC 将随着时间的推移而减少，而如果 TMI 保持其费用不变，则市场交易（企业间的）的 TC 实际上也可能保持不变（即虽然 TMI 也可能学着优化自己的交易模式，从而降低其内部 TC，但是为了增加利润，他们也有动力保持较高的 TC）。

注　释

1. 对于其他评论，参见 Rindfleisch 和 Heide（1997）或 Shelanski 和 Klein（1995）。

2. 请注意，TC 必须考虑的是，宽泛的术语"治理成本"相当狭义的定义。

3. 根据 Allen（1999：903），Demsetz（1964）是"第一个处理用于交易成本的定义宽度的人。"

4. Teece 和 Pisano（1994）首先（如果不是第一个）发起对动态能力的讨论。

5. "治理"一词来源于希腊动词 κυβερνάω［kubernáo］，这意味着"控制"，并且在隐喻意义上，已经被柏拉图（Plato）使用过了（欧盟委员会，2002）。

6. 其他的理论（例如，资源基础理论（RBV）和实物期权）在预测交易结构选择或制造/购买决策方面，已经过了检验。然而，根据 Klein（2005：28），它们还没有产生一组证据能够与用于垂直整合的交易成本解释相当。基于资源（或能力）的观点经常被应用在战略管理文献中，但它并没有产生大量的实证结果。然而，学者最近已经开始提倡将不同理论整合成为一个综合性的理论架构（Poppo 和 Zenger，1998），其认为，RBV 和交易成本理论应该作为互补的方法被考虑（Mahoney 和 Pandian，1992）。用于比较方法，参见，例如，McIvor（2009）和 Madhok（2002）。

7. 交易成本经济学进一步认识到，不同的治理模式被不同的法律制度所支持，范围从用于市场治理的合同法，到用于层级结构的劳动法（Williamson（1991）、Masten（1988））。

8. 应用更加复杂的推理，也包括来自演化经济学理论的论据，如有限理性，Hall（1994）得出了类似的结论。

第三部分

技术拍卖的实证研究

第 **8** 章

方　法　论

8.1　技术拍卖的治理结构

为深入理解技术拍卖的交易治理结构，基于特别挑选的实例，[1] 结合一项定性的拍卖程序分析研究见解（第一预研究）与卖方交易经验（第二预研究），笔者展开了两个互补性的课题研究。预研究的不同数据源的集合常被视为三重剖析形式。根据 Scandura 和 Williams（2000）研究表明，从不同角度研究相似内容（如技术拍卖的交易治理结构）有助于提高研究结论的可靠性。

8.1.1　技术拍卖的过程结构

本书第 2.3 章节描述了第一预研究，笔者选择多种实例研究解决第一特殊研究问题的原因。主要延续 Yin（2003）的研究组织实例的调研，笔者以比较分析模式撰写了实例调研文章以区分两种过程的相似性与差异性。在该章节中，笔者将主要从三个方面阐述该方法，包括实例研究的选择、数据收集以及分析。[2]

实例选择

2007 年底，实例研究起源于 Tietze（2008）报道的 TMI 的预研究以及其他专家的访谈。那时，只有两家公司曾组织过公开的技术拍卖活动。截至 2007 年底，海洋托莫公司（OT）就曾组织过 5 次拍卖活动（在美国本土举行了 4 次；在英国举行了 1 次）。另一家 IP Bewertungs AG 德国子公司——知识产权拍卖股份有限公司（IPA）在德国举行了一次拍卖活动。最多可研究的实例不超过 6 件。[3]

针对多实例研究设计中实例的选择，Yin（2003）提出以不同的方法提升实例研究结果的确定性。可采用的方法包括重复（研究理论）和实例选择，在一定程度上，两者存在差别。最优的情况是采用慎重选择的理论原理并实际从可选范围的两端选出，他定义为"两端"设计（如，好/差）。然而，Seawright 和 Gerring（2008：294）提出对于实例选择的技巧需要进行全面评估，应关注"有目的取样"的方式。在仅有 6 个可选用的实例情况下，笔者对于 OT 组织的 5 次拍卖活动目录进行粗略调查后发现，很大程度上它们的设计大同小异。甚至在英国的那次拍卖活动与之也近似，因为该活动的组织人员来自拍卖公司的美国分支机构。因此，有理由推断 OT 第 1 次到第 5 次的拍卖活动经历了学习曲线的过程，因此它们对于拍卖活动做出一次次微小的改动。从而，笔者得出结论，OT 在 5 次拍卖的综合考察研究结果的可信度有限，需要对近期的 2007 年 10 月的拍卖过程进行调研。

为提高研究结果的可信度，笔者选取不同于 OT 最新拍卖活动研究的结果作为补充。笔者选取了由 IPA 组织的拍卖作为对比研究。区别于 OT 的拍卖活动，IPA 的拍卖活动的组织方为一家欧洲公司，基于这个原因，他们的拍卖活动设计有异于第二个实例研究。因事实上 IPA 截至 2007 年底仅仅举办过唯一一次拍卖活动，因此拍卖活动的最新选择基于此。[4]

数据收集

Yin（2003：85）分析了重要补充证据收集的"6 个主要来源"（包括文献、档案记录、访谈、直接观察、参与观察以及实体作品）。本研究中，笔者采用了 3 种数据收集来源，包括文献、访谈及直接观察。

正如 Yin（2003）提及，数据的收集来源于文献为最佳，因为文献数据资源是稳定的、无干扰的、精确且涵括范围广泛的。因此，笔者从不同种类文献中获取数据。拍卖活动目录作为前期的主要数据来源。尽管活动目录手册被视为宣传性材料，但是每份目录第一章描述的条款与规程可视为受法律约束的且可信赖的数据资源。目录提供了详尽的法律条框和规则，同时也披露了组织架构信息以及拍卖活动的日程，如提交技术文件的截止日期。笔者对前 4 次由 OT 组织的拍卖活动目录中条款和规则展开进一步研究以对比其与第 5 次 OT 组织的拍卖活动的相同性与差异性。此外，笔者从拍卖公司（如 OT 和 IPA）的网站上获取拍卖过程的信息。另外，笔者还采用了参与拍卖活动的知识产权专家针对技术拍卖的评论，这些信息来源于多个网络资源。[5]

Silverman（1993：30）强调观察需要基于对常规程序的基本理解。听取这个建议后，并为获取技术拍卖的第一手信息，笔者参加了两场拍卖活动。[6] 在 IPA 举办的拍卖活动上，两位观察员参与了活动，依据 Yin（2003）的观点这有助于呈现结果的可信度。因此，笔者能够理解 Yin（2003：92）提及的及时关注事件发生的情况以及内容。

依据 Yin（2003：92）所描述，"访谈是个案证据的最基本的素材来源"。在 2007 年 5 月 IPA 以及 2007 年 6 月 OT 的技术拍卖会上，笔者采访了 3 组不同的技术拍卖活动参与者。[7] 接受采访的人员包括技术拍卖活动的组织者、技术出让方、技术潜在购买方以及为技术拍卖提供专业服务的供应商（例如，价值评估服务提供商）。[8] 笔者偏爱无固定模式的采访，正如 Fontana 和 Frey（1994）建议，这样有助于笔者在调研拍卖目录后理解及解读某些开放式的特殊问题，最终熟悉技术拍卖活动的组织形式以及知识产权生态圈的语言。根据 Punch（2005）所述，若采访人期望达成深入的采访目的，并建立彼此的信任关系，无固定模式的采访是最优方案。采用这种方式，笔者甚至可以提出有争议性的问题，被参访人同样可以自然地表达他们的观点，譬如说，技术设计的缺陷。

案例分析

从 3 种不同的数据源获取数据并通过采访的方式明确开放式问题和矛盾，针对初次及二次研究数据的分析遵循 Yin（2003）推荐的流程进行。然而，对于特定方面，Gibbert 等（2008）、Eisenhardt 和 Graebner（2007）、McCutcheon 和 Meredith（1993）、Leonard–Barton（1990）、Bourgeois III 和 Eisenhardt（1988），以及 Bonoma（1985）的研究结果可以予以关注。分析的过程分为两个阶段，采用 Price 和 Erwee（2006：10）的研究目的，"区分不同案例的过程及结论以便更好理解其相似性及差异性"。

整个分析的第一阶段，笔者遵循了 Yin（2003：109）提及的第三个"总体分析策略"以确定技术拍卖流程框架。笔者开展了 Eisenhardt（1989）提及的"案例内部审核"，类似于 Yin（2003）力推的第 5 案例研究技术方法，抑或是 Miles 和 Huberman（1994）推荐的第 6 种分析技术方法。因拍卖的流程大体贯穿整个事件始末，数据按拍卖流程的逻辑顺序归类以阐释事件流程的因果结构。根据 Miles 和 Huberman 所述，该方法尤其适用于叙述性案例。根据 Yin（2003：125）所述，"按时间顺序编写事件对于案例研究来说是个惯用方法，也被视为时间周期分析的一种特殊形式"。当起草技术拍卖流程案例分析报告的时候，笔者有意避免 Yin（2003：154）提到的常见缺陷，对于早期事件投入太多不适宜的精力，而对于后续缺乏关注。然而，后期他并没有如建议所说起草案例分析报告，而是，在案例研究主要部分投入适当的时间避免这个缺陷。

为了将实践观察到的拍卖流程模式与技术转移（开发与获取流程模式）的文献所述进行匹配，笔者采用了 Lichtenthaler（2006a）提到的技术转移流程模式，用以区分技术流程不同阶段，详细情况将在第 3 章中有所描述。第 5 章将对调研拍卖流程中最重要的一个步骤投标环节进行描述，该部分内容引用 Kumar 和 Feldman（1998）拍卖流程模式予以陈述。与 Lichtenthaler（2006a）的模式比较，拍卖模式的第一及第二阶段可视为筹划阶段内容之一。第三及第四阶段视为谈判阶段。第五阶段视为实施阶段。因此，特定标书的内容按照 Lichtenthaler（2006a）模式的三项核心阶段以时间顺序撰写。本书第 9.1 节中将有详细介绍。

笔者于分析的第二阶段进行了类似于 Yin（2003）[9] 推荐的第五案例分析技术的交叉案例分析。根据 Bourgeois III 和 Eisenhardt（1988）所述，交叉案例分析对于确认多个案例间相似和不同之处尤为适合。Yin（2003）提出该方法明确类似与交叉实验结论分析，当处于实验数量较少的情况下，并无数值属性。

Eisenhardt（1989：541）针对进行交叉案例分析提出了三个策略：促使调研者摆脱第一印象；对数据进行结构化的且不同角度的解读；加强调研者从数据中解读出新结论的可能性。笔者遵循了第二个策略并筛选出案例具体细节内容对应他列举的一组数据的相同及不同之处。按照 Eisenhardt（1989）推荐的方式，笔者以表格的形式汇总了本研究的不同内容以提取技术拍卖流程中的相同与不同之处。为获取外部有效性，笔者开展了多项案例研究。据 Eisenhardt 所述，针对一个既定论题的多项案例研究更具有外部有效性，一般而言，对于一个案例，通过论证多个信息源以确保实施的有效性。

针对采用有限数量案例进行交叉案例分析的质疑（如 Yin（2003））集中在该类型研究强烈依赖于论点释义而非数值测算。而笔者主导的案例研究带有明确目的，但不阐述任何明确的统计性结论。笔者采用多种方式以避免 Yin（2003：165）指出的因过度关注一个或几个系列案例而会导致偏颇观点引发的结论。遵循 Kumar 和 Feldman（1998）以及 Lichtenthaler（2006a）的理论体系，笔者采用了一个周密的理论基础对拍卖流程结构进行分析。

8.1.2　成功交易的案例研究

第二预研究因同样关注第 2 章描述的第一预研究的问题，因此被视为第一预研究的补充。遵循 Punch（2005）研究的建议，第二预研究被用于确保内部一致性以及贯穿于研究的构成因素的清晰逻辑，包括样本采集。准备及开展案例研究的大致流程都基于 Yin（2003）的阐述。笔者在以下章节中主要阐述了方法论的 3 个方面，这类似于第一预研究的研究方法描述。这些表述包括案例研究的选择、数据收集以及数据分析。

案例选择

第二预研究的目的在于补充第一预研究的结论，通过技术拍卖加深对交易治理结构的理解。从授予专利的技术卖方处获取流程分析的补充信息和对于技术拍卖组织及流程架构的额外信息。案例研究的选择源于定量分析的一套交易数据集。这套数据集包含 2006 年春季至 2007 年秋季的 6 场技术拍卖会上的393 件授权专利技术。

为确定最适用于本研究的案例，对于技术拍卖治理结构进行严格分析研究，笔者采用了 Punch（2005）提出的目的性抽样方式（有目的抽样）。并且，笔者采用 Miles 和 Huberman（1994）研究列举的 16 种抽样方式以确保最适用于本研究目的。因此，本研究抽样方式可认为汇集多种标准、采用不同层级且考虑极端案例情况的选择。

所有的案例研究必须符合两种基本标准以确保最大限度的可靠性。第一，授权专利的技术必须是已出售状态，以保证一定程度的说服力。这一筛选条件使得备选案例研究数量降至 156 个。第二，笔者特别选择由公司出售的授权专利技术，因为本研究着眼于管理科学领域，主要希望理解公司行为。[10]这一筛选条件过滤保留了 66 个备选案例。为提高本研究结论的可靠性，笔者采用了分层抽样的过滤方式。出售授权专利的公司被标以中小企业或大型企业作为备注。根据 Yin（2003）研究所述，案例研究中对比组的结论比较有助于深层次理解研究结果并提高研究结果的可靠性。因此，笔者决定在案例的选择中涵盖中小企业和大型企业。最终，笔者试图设计一些筛选条件以挑选最能展现的、有代表性的且具有深刻见解的结论的案例。针对该情况，Yin（2003）曾建议采用抽样极端案例的方法，因这些案例常能体现最具代表性且深刻的见解。本研究过程中，笔者将这些极端案例与最佳实践案例（买方从交易活动中获取重要的经验）区分确认。

为了确认最佳实践案例，人们常认为可被以高价出售的授权专利技术因偶然性原因未能以最好价格出售。原因可能是技术的卖方掌握的信息表明该技术价值尤为重要。相对于以中等价格出售的授权专利技术，有理由假设其原因在于被赋予高价出售期望的授权技术的卖方为交易进行了细致的准备工作。因此，可期望从授权专利的卖方得出丰富且扎实的见解，了解以何种方式达到高价出售他们技术的目的。[11]

为从数据库中确认最佳实践案例，笔者采用了价格比较方法。从每一组 6个技术拍卖的案例中，笔者挑选了两个最高售价及次高售价的交易案例。对于每个拍卖案例分别采用该筛选条件并考虑不同的拍卖活动中达到的不同价格水平（譬如，第一个欧洲拍卖的价格远低于第三个美国拍卖出售均价）。因此，笔者避免采用区别于样本案例的某些拍卖活动中的类似案例。[12]12 个备选案例都选用了如上的筛选条件。其中，8 个授权技术是被中小企业出售，其他 4 个是由大型企业出售。出售价格从 2.5 万～3700 万欧元。12 个备选案例中的 4 个案例最终被本研究采用。

数据收集

根据 Yin（2003）提出的 6 种证据源收集方式，本研究采用访谈的方式收集了第一手主要数据。Minichiello 等（1990）针对访谈曾设计了一个连续模型且 Punch（2005）据此将访谈类型由 Yin（2003：91）提出的含有详细的、有组织性问题的正式调研问卷的第一访谈类型细分为 3 种类型（组织型、全体型、非组织型访谈）。Punch（2005：170）指出，"有组织型的访谈其灵活性及变通性有限，而标准性被扩大化"。因笔者有意从案例研究中获取最高等级的相似性数据信息，最终决定采用组织型访谈方式收集原始数据。设计好访谈大纲，组织型访谈可有利于进一步对数据直接进行解析。此外，根据 Larsson（1993：1518）所述，组织型访谈增加了"在有限资源中案例研究的数量"，尽管采用标准化访谈大纲"会损失对案例数据深度解析的可能"。然而，本研究的性质为陈述性而非探索性。

为更好地完成第一预研究，三个方面内容着重贯穿于访谈中，其包括："交易流程的组织形式、技术拍卖流程的优缺点以及成功交易的卖方观点。"针对以上每个内容，依据访谈大纲设计的问题参照了以往文献以及相关研究领域资料。[13]

这些内容尤其包括由 Lichtenthaler（2006a）提出的交易流程模型，其涉及交易流程阶段资源需求的相关问题；Gambardella 等提出的技术买卖雇佣中介的优缺点；以及 Milgrom（2005）提出的涉及拍卖设计的优缺点问题。除此之外，Rieck（1993）、Kaufmann（2001）和 Thiele（2003）提出针对具有传统议价谈判经验的公司如何应对技术交易问题有益的观点。为提高问卷的有效性，笔者尽可能地复用以往调查表采用的问题，包括第四版欧盟委员会创新调查（CIS4 2006），Granstrand（2000a）以及 Granstrand（即将出版）。通过对采访大纲的进一步完善，笔者意图实现 Atteslander、Cromm（2006）、Punch（2005）提到的精确性、确定性以及多元性标准。[14]

完成基于文献拟定的第一稿采访大纲后，为提高问卷的有效性，其内容、实用性（尤指问题的可理解性）由 3 位专家进行检验。[15]他们对于选项、内容以及可答性都提供了有价值的评价和建议。采纳这些建议后，第二版访谈大纲被用于 4 家入选的公司。[16]经过微小修订，最终版访谈大纲包括 3 个部分，共 3 个问题。大多数问题采用封闭式答复以确保受访者能在规定时间内完成问题并确保答案的可比较性，因此案例研究采用多元案例分析法（Atteslander 和 Cromm，2006）。

访谈大纲的第一部分涉及 15 个问题，针对出售的授权专利技术的属性、交易公司内部组织架构、卖方研发这一特定技术的动机以及技术选择流程。这一部分的问题种类包括是/否问题、多项选择答案的问题以及五分评定结构的封闭型问题。[17]一项开放式问题也包括其中，其涉及贯穿交易始终的成本驱动因素。访谈大纲的第二部分，笔者通过比较技术拍卖和传统商业谈判调查交易的优点与缺点。这些问题尤其从卖方角度分析交易的成功性。这一部分包括 4 个五分评定结构的封闭式问题，附加一个确认改进技术拍卖可能性的开放式问题。最后一部分提出的 3 个控制性问题涉及公司处理技术和 IP 资产交易的经验以及往年公司的经济业绩。

2007 年 12 月，笔者采用采访大纲中的问题对 12 家入选公司进行采访。[18]为提升结论的可靠性，笔者采访的对象为参与交易活动最关键的人物，尤其是负责各个交易活动的前任项目经理。[19]笔者通过预先电话联络收集到这些人员的联系信息，凭借该方式笔者期望能够增强公司参与本研究的可能性，如同 Attes–lander 和 Cromm（2006）所建议的一样。[20]

通过第二预研究的补充数据，凭借访谈方式收集的第一手资料得以完善。笔者从归档文献（主要来源于欧洲专利局和美国专利商标局授权专利在线数据库信息）和可获取文献中收集次级信息。从专利文献中，笔者获取专利的详细信息，包括专利年限、权利要求数量等。拍卖目录提供出售专利类型、拍品集中专利数量、技术应用领域以及准确的交易量等信息。公司官网提供卖方组织架构信息以及往年商业数据信息。[21]

为提高案例研究的可靠性及有效性，Morse 等（2002：1）曾建议"采用多种核实策略进行内部和自我修正。"针对多种不同策略，他提出一项中肯的建议，为能够交互验证研究的结论，应从不同数据源收集数据以避免单一反馈的偏颇性（譬如，在项目进行过程中，可以采访不同的人员）。为达到本研究描述性研究目标，本研究数据收集的主要手段为访谈大纲形式。因此，相较于 Morse 等（2002）提议，笔者未从交易活动的其他参与者处获取额外的信息以修正最终反馈的偏颇性。

案例分析

如同第一预研究案例分析过程，技术交易分析也分两步进行。譬如 Punch（2005）和 Yin（2003）所述，笔者首先准备个案研究说明，随后通过交叉案例分析进行验证。

不同于第一预研究的案例研究说明，本研究案例说明并非按照时间顺序而是依据 3 个主要调研内容的课题顺序描述，包括交易企业内部组织架构、交易的优点和缺点、卖方对于成功交易的评判。个案描述将在第 9.2 节中进行陈述。

第二步中，个案说明进一步倾向于交叉案例分析。这些案例研究被划分为两个类别，中小企业和大型企业。遵循 Eisenhardt（1989）的建议，该策略适用于对结论差异性及相同性的深度理解，因此也提升了结论的可靠性及普适性。为解析丰富的数据，遵循 Leonard – Barton（1988）的建议采用表格的方式进行交叉案例的分析。

为对比个案的结论，笔者设计了一种定量方法，但并非意图对定性研究不应用统计分析方式。尽管案例的数量较少，但是经过适当设计的变量让笔者对于受访者答复的同质性可以进行解析。个案研究的结论采用三维变量（M_x）进行对比。该变量为三种独立变量（M_1；M_2；M_3）的结论。若三个独立变量都为 1，则三项变量对于任意项值为 1。变量（M_1）考虑针对每个案例研究的每项变量（M_i）的平均值。若以下任意极限条件被满足，变量（M_1）值为 1：每项 i）或值特别高，即等于或高于 2.5（李克特量表范围 1~5 的平均值）或 ii）值特别低，等于或低于 1.0。变量（M_2）考虑针对每个案例研究的每一项或所有项的平均分值。若 4 家公司中有 3 家的某项评分高于其他家，则变量（M_2）取值为 1。变量（M_3）评定公司每项回复的分歧。因此，变量（M_3）是评定回复同质性的测试标准。针对每一项，仅当回复的最高值和最低值差别小于 2.5 时，变量（M_3）取值为 1。仅当三项变量取值为 1 时，每一项才视为有影响。因此，尽管是定量测试，三项变量显示了回复者对于特定极限值的定性肯定程度，但并未显示出该项是否有高或低的趋势，这一趋势需要从每项的数值中解析。

8.2 拍卖技术定量研究

该项定量研究针对第 2 章所述的第二个特定研究问题展开。本研究的目的在于揭示如何归类被拍卖的技术以及它们是否存在特定属性以获取针对技术拥有者的推荐。因此，本研究有利于加深对技术属性的理解，这些属性有利于公司在 MfTI 上选择首选的治理结构以促进拍卖活动顺利进行。

如果事实如此，可推论出该技术适宜通过拍卖方式进行交易。对比两个第一预研究，其具备探究及叙述性本质，而该定量研究基于第一及第二预研究，具有验证性本质。如图 8.1 所示，归纳性预研究的信息因针对拍卖和技术交易的文献资料完善并形成第 9.3 节所述的本研究评估的理论假设，其具备演绎性。

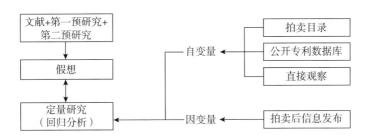

图 8.1　定量研究的概念体系

下面笔者将陈述针对数据收集（尤为强调数据准备的内容）和数据分析的相关方法论内容。图 8.1 呈现的方法论框架揭示了该定量研究的数据源。回归分析的结果将在第 10 章中陈述。

8.2.1　数据收集

该定量研究基于 2006 年春季至 2007 年秋季举行的 6 场技术拍卖的专利数据（见表 8.1）。[22]其中 5 场拍卖会（4 场在美国举办，1 场在英国举办）是由 OT 组织。另外一场拍卖会由 IPA 组织。[23]

如图 8.1 和表 8.2 所述，数据的汇集采用 4 个不同的来源。其中，三个数据源是由拍卖公司提供（拍卖目录、直接观察和拍卖后信息公开），且其由官方公开的、与拍卖技术相关的专利数据库的信息予以补充。

表 8.1　数据集涵盖的拍卖活动总览

拍卖序号	拍卖日期	拍卖公司	地点	公开日期	拍卖日期与公开日期之差
A1	2006 – 04 – 06	OT	旧金山，美国	2006 – 05 – 11	35 日
A2	2006 – 10 – 26	OT	纽约，美国	2006 – 11 – 02	6 日
A3	2007 – 04 – 19	OT	芝加哥，美国	2007 – 04 – 23	4 日
A4	2007 – 05 – 15	IPA	慕尼黑，德国	2007 – 05 – 23	8 日
A5	2007 – 06 – 01	OT	伦敦，英国	2007 – 04 – 06	3 日
A6	2007 – 10 – 25	OT	芝加哥，美国	2007 – 10 – 30	5 日

注释：OT（海洋托莫公司）；IPA（德国知识产权拍卖公司）。

拍卖目录列出每项技术的卖方信息，包括应用领域（如电子商务、微电子/信息技术或环保技术）、卖方期望在拍卖活动中达到的售价、每项交易特定属性信息。[24]这些信息涉及交易类型（大多数情况涉及技术本身出售，仅涉及少数技术使用权出售）和拍卖类型（大多数技术采用英格兰式拍卖；一些技术以荷兰式拍卖）。[25]

表8.2 不同来源数据汇总

目 录	信息发布	观察	专利数据库
应用领域（如电子商务）[a]	售价	公开竞价	申请日
拍卖类型（如英格兰式、荷兰式）[b]	出售状态	—	授权日
指定国家[a]	—	—	发明者姓名
期望售价[b]	—	—	IPC 分类
法律状态（如授权、实施）[c]	—	—	原专利权人姓名
权利要求项数[d]	—	—	专利标题
专利申请号[a]	—	—	专利摘要
选择性前向引用[a]	—	—	—
卖方名称[a]	—	—	—
交易类型（如出售、许可）[e]	—	—	—

注释：

a. 适用于所有技术。

b. 适用 IPA，OT 拍卖类型仅为英格兰式。

c. 适用于多数 OT 拍卖的技术，不适用于 IPA 拍卖的技术。

d. 部分适用于 OT 和 IPA 拍卖的技术。

e. OT 仅出售技术，适用于 IPA 拍卖的技术。

此外，拍卖目录提供每项技术涉及的专利信息。特定专利数据信息包括申请号、权利要求项数、选定性前向引用以及指定国家。笔者通过对参加的两次技术拍卖活动的直接观察（表 8.1 所述的 A4 和 A5），收集了更多关于公开竞价的信息。笔者从拍卖目录以及每次拍卖活动结束后拍卖公司的公告中获得更多信息以完善数据。公告对于每项技术都明确其出售状态以及售价。

笔者依据拍卖目录中所列的专利申请号通过公开专利数据库收集拍卖技术中所涵括的专利信息（公开专利数据库包括德国专利商标局 Depatisnet、欧洲专利局 esp@cenet、世界知识产权组织 Patentscope、美国专利商标局 PATFT 和 AppFT，以及其他国家知识产权局数据库）。笔者收集的信息包括申请日期、授权日期、发明人姓名、四位 IPC 分类号、原专利权人姓名、专利名称以及专利摘要。[26]

8.2.2 数据预处理

更多涉及数据预处理方面的内容需要关注。第一，笔者整合了不同数据源的数据。第二，检查并弥补缺失数据。第三，笔者需要合并来自专利数据库的个案专利数据以便可以应用于技术分析。[27] 更多关于回归分析方法的内容将在本章予以详细描述。

下面笔者将阐述三个问题，但并非针对全数据库数据作穷尽分析，而是重点关注被应用于回归分析的方法。数据收集完成之后还有一些枝节问题有待解决。不同拍卖公司发布的拍卖目录所使用的术语表述不尽相同。例如，OT 使用术语"签发日"，而 IPA 使用"授权日"。此外，OT 每个拍卖的目录内容都有细微差别。这些差异都在与 OT 和 IPA 的讨论过程中被一一澄清。

➢ 数据整合

数据整合的必要性在于有两个方面的内容需要核实，包括源于拍卖目录的应用领域的信息和从专利数据库中获取的专利权人姓名（常用于确定技术来源类型）。尽管通常情况下，[28] 如表 8.2 注释所述，来自 OT 和 IPA 的拍卖目录相似，但是，应用领域的划分在不同的拍卖目录中都有所区别。另外，众所周知的一个问题是，不同专利数据库中专利权人信息拼写方式各有差别。[29]

➢ 应用领域

拍卖目录展示每项技术的应用领域信息。这些信息被视为有用信息。因通常情况下，专利文献本身并未明确说明涵括这项技术的专利属于哪个特定经济领域（OECD，2009：90）。而拍卖公司与卖方一起决定赋予每项技术的专属应用领域。该分析考虑到应用领域信息并非在各个拍卖活动中作为一项标准化信息。[30] 由 OT 出具的一份拍卖目录，其领域划分与该公司出具的其他拍卖目录信息，或是 IPA 出具的拍卖目录信息有所差别。[31] 总体来说，技术被划分至 71 个分类领域。该数量不利于可靠的统计分析，因为样本数据被划分成极小的组以能够涵括从数据库中获得的仅有的 6 个案例。

因此，笔者采用人工方式对数据进行整合。幸运的是，上述分类呈现合理的交叉信息，使得数据整合得以实现。[32] 此外，为解决该问题，笔者采用不同的方式从专利数据中解析标准化的应用领域信息（如 NACE）。举例来说，OECD（2009）曾提及专利之于行业有三种贡献方式，包括直接贡献，即专家对于特定专利技术的调查、申请人（公司）行业信息分配、在专家的协助下预先建立 IPC 分类号与行业关联，然后将这一信息添入 IPC，转化为行业应用领域的相关表格。[33] 例如，Oriani 和 Sobrero（2001）或 Zeebroeck 等（2005）利用与 NACE 行业分类匹配的四位数 IPC 分类号分析海量专利数据以形成对应表格。因四位 IPC 分类号在本研究中为可用信息，笔者决意使用 Schmoch 等（2003）推荐使用的分类策略。然而，因数据库的两层级架构，考虑针对单个专利数据技术水平整理的分析要求，这种方法效果不佳。笔者需要针对每一个专利将它的 IPC 分类号转化为行业分类以体现其技术水平。由于设计某项技术的不同专利的 IPC 分类号各有差异，笔者需要获取不同行业分类以解决如何使得这些分类是以一种有意义的方式进行关联。

意图确定并联合相关分类以承担产生偏颇性结论的风险。为减弱主观偏见的影响，笔者雇用了两名实验员并采用一个独立的代码以及治理结构。最终，笔者得以将应用领域信息与表 8.3 陈述的 16 个分类信息相结合。尽管笔者相信实验方法之于确保所有技术都恰当地得以与相关应用领域结合，本研究的分类并非与任意行业分类（如，NACE）恰当匹配，因此，本研究结论与其他研究结论的对比性客观存在局限性。为减轻这一影响，本研究采用一种对照表用以拓展练习（见附录 II）。

表 8.3　应用领域分类

应用领域	ID#
汽车系统和设备/工业机械	1
航空航天	2
商业模式/金融服务	3
化学工程/应用科学/先进材料/纳米技术	4
消费品/电子设备	5
数字和家庭多媒体/娱乐	6
显示器/多媒体/用户界面技术	7
电气/机械工程/过程自动化	8
能源/工具/电源技术/石油天然气	9
绿色能源/技术/产业系统	10
互联网/网络服务/电子商务/网络电视	11
基于位置的系统/应用/物流	12
医疗与生命科学/设备/远程医疗/生物芯片/生物技术	13
（微）电子/计算机系统与技术	14
电信（无线、蜂窝、光纤及其他）	15
其他	16

> 专利权人

从专利数据库中提取的数据，笔者需要将专利权人姓名多样化的拼写形式统一规范用于解析技术源类型。[34]OECD（2009）曾推荐两种方式解决拼写差异化问题。第一种为规则方式，即通过定义规则对比相似姓名。第二种为字典查阅方式，通过对某特定姓名收集的大量样本查阅。美国专利商标局、欧洲专利局以及德温特专利权人代码都曾采用过这两种方式。依据 Magerman 等（2006）所述，通过归一化手段有可能建立专有的人名字典。

因此，针对本研究的目的有必要确认相似公司的名称以正确划分所述组织类别。笔者最终决定采用一个产生较少歧义的方式，即应用人工两步骤方式。首先，笔者将表明公司法定组织形式的简称明晰化（如，Ltd. 、GmbH、AG）并且将公司分支与集团合并（如，ABB 研发公司与 ABB 集团合并为 ABB 公司）。类似的合并样例如表 8.4 所示。

表 8.4　统一的权利人名称样例

原专利权人名称	合并/整合后原专利权人名称	OATY [*]
Li Ming Chiang, US	Ming – Chiang Li	1
Li；Ming – Chiang	Min – Chiang Li	1
Ming – Chiang Li	Min – Chiang Li	1
Arco Chem Tech, US	联合利华	4
CPC International Inc, US		
Arco Chem Tech, US	联合利华	4
CPC International Inc.	联合利华	4
CPC International Inc, US	联合利华	4
Arco Chem Tech, US		
CPC International Inc.	联合利华	4
Arco Chemical Technology, Inc.		
Bestfoods	联合利华	4

注释：[*] 1（独立发明人）；4（大公司）。

从原专利权人名称中，笔者收集了多种信息以确定技术源于哪种类型的组织，并将原权利人信息汇总整合形成一份定性数据表，反映了 5 种不同组织形式（大型企业、中小型企业、研究机构/高校、独立发明人及其他）。在汇编独立发明人及研究机构/高校两个群体过程中几乎没有遇到任何困难。若一个自然人作为专利权人出现于专利文献中时，其姓名被分类为独立发明人。指定于高校的专利，其技术转让办公室以及其他研究机构将很明显且容易被确认。[35] 汇编公司信息基本上是一项简单的工作。但笔者依据欧盟对公司的官方定义（微型、小型以及中型企业）进一步将公司划分为中小企业和大型企业（欧盟委员会，2003：39）：确认微型和中小企业的标准为公司雇员人数是否小于 250 人、年营业额是否低于 5000 万欧元或年终余额是否低于 4300 万欧元。

笔者从公司数据库中收集相关商业数据以应用该定义，然而数据库中并非存有所有公司的商业数据信息。通过合并流程，笔者已整合了不同公司名称。此外，一些知名企业比较容易确认和合并信息（如西门子公司和福特公司）。经过第一轮的汇总之后，笔者已确定 62 家公司需要进一步收集商业数据以准确分类。商业数据收集的来源包括公司年报、资产负债表、官网公布的其他商业报告以及可提供公司财务数据的网络资源（包括谷歌财经、问答网、曼达网）。收集的数据尽可能反应拍卖年份之前的财政年情况（最好为 2006 年或 2005 年）。遗憾的是，笔者未能获得 62 家公司的所有信息。假设一家公司的信息未通过谷歌检索到（甚至是公司官网信息缺失）即视为该公司的规模太小，而最终被划分为中小企业。

此外，笔者需要为那些无法归入这两种类型的公司创建一种公司类型"其他"。当解析数据时发现，这些公司不是制造型企业而是 PLF 或 TMI 类型公司，譬如，竞争技术有限公司是一家美国本土 TMI。然而，作为市场中介它极少开展自己的研发活动开发专利。通常情况它作为其他公司的代理获取或开发技术。这类中介以自己的名义申请专利。

对可用的卖方信息进一步解析使笔者可以明确类似于专利权人类型的卖方类型变量。卖方并不必须为原专利权利人，因专利在申请授权或拍卖前可被交易，或是卖方介入，例如，一家专利法律事务所以专利所有人名义拍卖一项技术。不同的随机交叉验证用于发现解析变量的意义，这与专利权人的验证有着本质的区别。然而，交叉验证的结果表明，大多数案例中，专利权人与卖方被指认为同一个类型。[36]

➢ 缺失数据

由于缺失数据导致分析困难，一般情况下，典型的分析模式简单地放弃这部分案例分析（SPSS，2007），其实扩大具有完整数据的案例数量存在一定的必要性。因此，首先笔者判定缺失数据的案例（如有可能）并对数据进行完善。作为第一步的结果，缺失的数据分析（见表 8.5）透露一些与缺失案例相关的几个变量（例如，前向引用（FORWC）和发明人数量（ANNI））。然而，这两个变量占了数据缺失的相当大的份额。排除这些变量并不是一种选择，因为通过一个较小的数据集的分析表明其对研究结果的解释能力会产生负面影响。因此，为了解决数据的缺失问题，笔者倾向使用 Horton 和 kleinman（2007）以及 Hair（2006）提出的技术。

表 8.5 缺失数据概览

单变量统计			
N		缺 失	
		数量	百分比（%）
BIOP	125	269	68.27
VAEX	299	95	24.11
FORWC	391	3	0.76
NPLO	394	0	0.00
IndTeam	390	4	1.02
ANNI	392	2	0.51
剩余保护时间（RPT）			
– ARPT	391	3	0.76
– MaxRPT	391	3	0.76
– MinRPT	391	3	0.76

首先，大量的公开竞标数据（BIOP）的缺失（约 2/3）是由于事实上这个数据是通过直接观察收集的（见表 8.2），因此缺失案例数据现象普遍存在于两个拍卖中（A4，A5）。由于缺失数据的份额太大，无法允许使用一个可靠的插补技术来弥补，因此，放弃了对公开竞标数据的分析。然而，使用模型中的公开招标数据和预期的销售价格数据将会造成困难，因为二元分析显示它们是高度关联的。

其次，尽管相对而言预计销售价格数据（VAEX）缺失比较少，低于 25%，但信息也并非是完整的。IPA 拍卖目录中第 4 场拍卖的预计销售价格信息缺失；OT 技术拍卖目录中仅列出一部分技术信息。因此，很大程度上公开竞标的预计销售价格信息是缺失的。因其两者为关联关系，使用多元虚拟估算技术方式修正缺失的预计销售价格信息可视为有效的。遵循 Horton 和 Kleinman（2007）论述，笔者通过期望最大化算法输入缺失的数据信息，可通过统计软件（SPSS）获取一种估值方法。

最后，笔者通过自动化手段从 4 个不同的官方可信数据源处收集数据以准备开展定量研究。[37]数据收集完成之后，笔者对数据集加以完善（合并归一化数据并处理缺失数据）并进行一致性测试。笔者随机选择数据记录，并将其与不同来源的原始数据进行比较，以验证其准确性。此外，笔者还处理了一些重新提供出售的技术问题，一些被提供的技术在拍卖会上未被拍卖，然而在随后的拍卖中被再次提供（这种情况针对 12 项技术曾出现过，其中 3 项随后有被售出）。为了避免对本研究的结果产生偏差，这些技术未被考虑在分析中。最后，笔者汇总了一个包含 99 个数据项的数据集。最终的数据集包括 393 项技术（1461 项专利），其中 39.6%（156 项技术）被成功拍卖。

8.2.3 回归分析

用于定量研究汇编的数据集的分析遵循两步法。在回归分析的第一部分中，作为定量研究中的常见现象，笔者提供了描述性结果（第 10.2 节）。在第二部分中，笔者提供了多元回归分析的结果（第 10.3 节）。具体的回归技术选择（逻辑和对数线性回归）已在第 2 章中明确提到。在后续工作中，笔者解释了如何进行描述性的回归分析，并特别强调了一个假设，即需要进行测试使回归分析产生可靠的结果。[38]

数据分析的第一部分中，通过一般分析程序进行描述性分析。由于大多数这些方法通常在这一领域的早期研究中已被应用，笔者就不再次提供其详细描述。在准备这部分中，笔者主要参考 Rasch（2008）、Luderer 等（2007）、Köhler 等（2007），以及 Bortz 和 Döring（2006）的文献。居中趋势（最小值、最大值、平均值、中位值）的衡量作为研究论文中描述性统计的主要类型（西英格兰大学，2007）。

笔者采用列联表（也称为交叉表或交叉制表）反映描述性统计中单个变量的情况。每个变量都使用类似的方式。根据 Powers 和 Xie（2008）所述，列联表在一个矩阵格式中陈述了（多元）变量的联合频率分布。它们是目前最广泛使用的表述两个或更多分类变量关系的方式（Agresti，2010）。它们采用便捷的方式呈现数据，被视为常用的灵活性工具并被应用于广泛情况之中。列联表通常被用来作为高级分析的基础，有时它们只用于复杂的分析（Punch（2005），Rosenberg（1968））。

本研究采用的列联表被称为"双向表"方式，其中每个变量都以两个分类变量呈现。依据 Goodman（1981）提出的双向列联表的 3 种类型，本研究采用了第二种类型，即给出一个结果变量依赖于解释变量的因果关系。每个变量，两列联表被绘制成跨越二分（两个分类）结果变量，例如，销售状况（出售或未被售出）。[39] 在第一个 2×6 列联表中，解释变量是指 6 类"拍卖数量"（A1～A6），在第二个 2×4 列联表中，它是指 4 类"发明的来源"（独立发明者、大学/研究所、中小企业，或大公司）。"销售状况"指在逻辑回归模型中使用的因变量，这两个解释变量在回归模型中作为可控变量。在每个列联表中，笔者陈述了居中趋势的测量措施。此外，该表还为每个类别添加一个底部行和右列以呈现总数。除了列联表，频率表或直方图也可用于分析选定的变量。

在第二部分的数据分析中，笔者采用了回归分析以评测"估计特定现象中多少变量可以考虑视为自变量……和……确定不同的自变量对于因变量的影响"（Punch，2005：79）。遵循 Hair（2006）建立多元模型的方式以创建新的模型。为了证实该回归假设，笔者主要采用 Hair（2006）、Gujarati（2003）和 Garson（2010）的理论依据。[40]

➤ 普通最小二乘法回归（OLS 回归）

测试自变量对于公测销售价格的影响，笔者采用了多元最小二乘法回归的方法，如式 1 所示。依据 Hair（2006）和 Gujarati（2003）所述，最小二乘法回归需要符合一定的假设以确保返回结果的可靠性。为了测试该回归假设，笔者在运用该模型之前检测了单个变量（自变量以及因变量）。针对反映变量间关系的变量，笔者在模型运用后又进行了调查。

$$Y_i = b_0 + b_1 X_1 + \cdots + b_n X_n$$

式 1：最小二乘法回归模型的一般形式

对于单个变量，笔者使用偏度和峰度以及图形分析测试其正态性，尤其是正常的概率和盒形图。据 Garson（2010）所述，当数据正常分布时，偏差和峰度应在 ±2 范围。测试结果呈现出对于几乎所有的公测变量产生的是一个正（左）偏度（尾部右倾）。因此，这些结果不足为奇。由于统计数据的性质，专利的性质（例如，前向和后向引文、权利要求项，和发明人数量）众所周知会被曲解（Winkelmann，2008）。此外，专利价值也会被曲解（Hall 等（2005）、Harhoff 和 Scherer（2000）、Trajtenberg（1990）和 Hausman 等（1984））。

对于非正态性的修正，Hair（2006）建议采用 Log、自然对数（ln）或平方根转换纠正正（左）偏态分布。这种方法是众所周知的，在专利研究中也是常见的。[41]例如，Gambardella 等（2008）采用对数转换获得最小二乘法回归的正态分布。这种转换揭示了许多正态分布措施的改进。如表 8.6 所示，该表提供了期望价值的图形化示例。在这三种转化方式中，几乎所有的变量都是通过对数转换达到了最好的结果，因而被广泛应用。[42]

此外，笔者测试了两个或两个以上的自变量之间存在相关性（多元共线性）。自变量的简单相关矩阵表明两个变量之间的相关性。[43]多元共线性可能是由于变量的组合效应产生的。为测试该效果，笔者采用 Hair（2006）和 Gujarati（2003）提出的公差测量方法。根据 Brosius（1998），数值低于 0.1 表明存在共线性，若数值低于 0.01 则是存在共线性的明显标志。本研究模型的共线性统计显示所有变量的数值都接近 1。因此，可以得出结论，多元共线性是不存在的。[44]

表8.6 原始/变换变量的常态

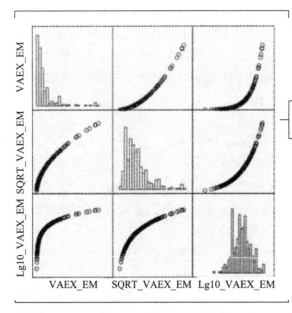

	Skewness Statistic	Kurtosis Statistic
BICL	5.343	35.447
Lg10_BICL	0.135	-0.663
SQRT_BICL	2.320	7.737
VAEX	2.963	9.992
Lg10_VAEX_EM	0.086	-0.071
SQRT_VAEX_EM	1.624	3.153
NPLO	4.587	33.017
Lg10_NPLO	0.957	0.055
SQRT_NPLO	2.101	5.858
FORWC	3.105	13.870
SQRT_FORWC	0.908	0.662
Lg10_1_FORWC	0.341	-1.041
ANNI	2.595	12.729
Lg10_ANNI	0.546	-0.468
SQRT_ANNI	1.239	2.508
ARPT	-0.851	0.463
Lg10_ARPT	-2.418	8.122
SQRT_ARPT	-1.415	2.202

此外，Hair（2006）和 Gujarati（2003）要求模型的参数应该是线性的。线性表明了因变量的变化程度与自变量相关。经检查变量的散点图，没有发现任何模式显示非线性。

针对变量，笔者进行了同方差性检验。根据 Hair（2006：83），"因变量在预测变量的范围应具有同等水平的方差"。因此，对于每个给定值的任意自变量，所有调研的剩余方差应是常量。

为了检验这一假设，Backhaus 等（2006）建议使用散点图，绘制相对于标准化残差值的标准化预测值。这些图中的值应是随机分布的，绘制的数据不应该显示任何规律。若未转化模型的散点图表明越来越多的残差分布，即表示存在异方差。然而，对数转换模型呈现的随机分布的散点图未显示存在异方差。

笔者还评测了残差的独立性（Hair，2006）以及残差是否没有显示相关性（Gujarati，2003）。这个假设的不成立表明因变量中存在难以解释的系统关系。因此，影响结果的一些因素已从分析中删除。笔者采用 Durbin－Watson 提出的统计方法以检测这种相关性。Durbin－Watson 统计值的范围为 0～4，其中理想值为 2，表明错误是没有关联的。若值明显低于 2，即表明正相关；若值明显大于 2，即表明负相关。值的范围为 1.5～2.5，则认为显示无相关性（Brosius，1998）。在这项研究中所使用的模型显示，Durbin－Watson 统计量值接近 2.0。

进一步评测是否残差的平均值为零（Gujarati（2003），Hair（2006））。这项研究采用模型的残差统计显示，平均值为 0。因此，笔者没有发现任何违反此假设的情况。回归模型也要求残差和 X_i 之间的协方差为零（Gujarati，2003）。然而，据 Backhaus 等（2006）所述，不论分布情况是否因个案的数量或观察资料呈现高数值（大于40），该显著性检验是有效的。在这项研究模型中，案例数量满足这个标准。因此，笔者认为，这个假设是正确的。对于对数线性最小二乘法回归，笔者采用的决定系数 R^2 为拟合优度标准。

> 逻辑回归

逻辑回归模型区别于线性回归模型，其因变量并非是数值类型而是二分变量（双变量）。因此，逻辑回归分析采用因变量逻辑变换模式（多元逻辑关联函数）如式 2 所示。它采用逻辑曲线的一种特殊形式，即因变量在 0 和 1 范围内的"S"型曲线。要预估模型，预测值的曲线需拟合实际数据。对于每个观察值，回归预测概率值应在 0～1。如果预测的概率大于 0.5，则结果估计为 1，否则，预测的结果为 0（Hair，2006）。而最小二乘法回归采用的方法为普通最小二乘法，逻辑变换的非线性特性要求最大似然估值法，这应该被使用于迭代方式中找到系数最可能的估计值。而逻辑回归会最大化事件发生的可能性，而不是最小化平方偏差（最小二乘法）（Hair，2006）。

$$logit_i = \frac{prob_{event}}{1 - prob_{event}} = b_0 + b_1 X_1 + \cdots + b_n X_n$$

式 2：逻辑回归模型的一般形式

在其他方面，逻辑回归采用了最小二乘法回归相同的原则和规则。然而，据 Statistics Solutions（2010）所述，逻辑回归并不确立很多关于线性回归和基于最小乘法算法的广义线性模型的关键假设，特别是关于线性（尽管应说明自变量的线性和对数概率）、正态性、同方差性以及测量水平（Garson，2010）。然而，据 Garson 所述，逻辑回归仍然需要两个假设：残差需要是独立的并且该模型应该很少或没有多重共线性。如何对这些假设进行检验，其讨论如上所述。

对于逻辑回归，确定因素的个别系数（即拟合优度）是不适用的。反之，笔者从 3 个类别中拟定使用 4 种常见的方法（统计、伪决定系数 R^2 以及分类精度）（Garson（2010），Hair（2006））。[45]笔者采用了统计方法中的两种方法。−2 对数似然值（−2LL）是一种常见的模型拟合统计方法。高似然值揭示了良好的观察结果，其转化为小的 −2LL 数值。如果一个模型完全吻合，似然值为 1。因此，−2LL 等于 0。然而，由于 −2LL 没有上边界，很难作出关于值意义的声明。常用于相对地观察若添加额外的变量，模型如何拟合形成。如果额外的变量导致降低了 - 2LL 值，其拟合度增加。第二种方法，笔者应用了 Hosmer 和 Lemeshow 卡方检验，评估因变量实际与预测值之间的对应关系。在观察和预测的分类中的细小差异说明了模型的较好拟合度。因此，拟合模型显示无显著性差异（Hair, 2006）。

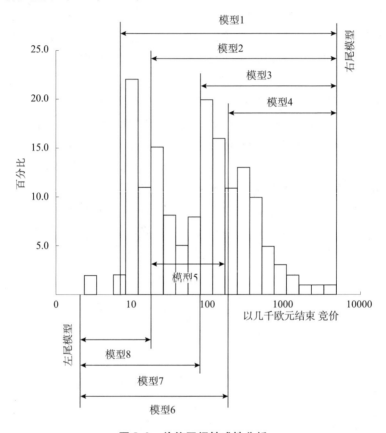

图 8.2　价值区间敏感性分析

各种伪决定系数 R^2 方法中，笔者采用了 Nagelkerke 的 R^2，这是 Cox - Snell 系数的一个修正值。而 Cox - Snell 系数很难存在值为 1 的情况，Nagelkerke 的 R^2 则用来调整弥补这个问题。这些伪决定系数 R^2 方法被解释为："反映逻辑模型中变量所占比重，若值为 1，则表示存在一个理想的拟合模型 Hair（2006：362）"。依据 Hosmer 和 Lemeshow（2000：167）所述，"低的 R^2 值在逻辑回归中被视为一个基准，当向习惯于理解（经典）线性回归模型的受众描述这一基准时，会产生受众能否接受的问题。若一种模型存在值为 0. 2 ~ 0. 4，则被认为具有很好的解释力"（Ludwig - Mayerhofer 等，2010）。采用第三种分类方法评估整体模型拟合度依赖于分类精度。分类精度反映了逻辑模型达到的预测精度的水平。对分类精度的指标，笔者采用的是"命中率"，即正确分类案例的占比 Hair（2006：362）。

总之，依据针对个体变量和随机变量的测试假设，笔者能够判断回归模型可用于分析数据集。根据 Gujarati（2003）提出的普通最小二乘回归模型，笔者需要决定是否应用使用转换变量的线性或对数线性回归模型（回归值的对数是回归变量的函数）。非正态分布的变量和方差问题没有出现在使用转换变量的模型中。因此，笔者决定使用对数线性回归模型。由于逻辑回归并没有打破任何假设，它似乎是适用的。

为验证多元回归分析结果的稳定性，笔者进行了多次灵敏度分析（Forrester，2001）。[46]特别是，由 Alcácer（2009）等提出的模型用以计算 8 种不同的销售价格，统计基于出售技术四分位的 25%、40% 以及 75%。这些左（右）尾模型采取低（高）值技术，如图 8.2 所示。此外，笔者测试了不同的拍卖组模型。特别是，区分了美国和欧盟拍卖之间以及各个国家的第一次拍卖和随后的拍卖情况（美国、德国和英国）。[47]

注　释

1. 持续发表的文献针对个案研究的质量问题展开了广泛讨论。除了许多评论家，Eisenhardt 和 Graebner（2007：25）声称，从个案中推论理论的论文往往视为"最有趣"的研究，也是国际管理学顶级期刊（AMJ）引用频率最高的，其影响与数量是不成比例的。对案例研究的方法可以依据 Larsson（1993）所述。

2. 针对预先研究，笔者受启发于 Antoneta Hristova 和 SaschaHavestadt 的理论观点。

3. 尽管有些学者阐明他们偏好单个案例研究，笔者已在本书第 2 章中陈述选择多个案例研究的原因。此外，尽管 Yin（2003）建议进行预先案例研究，但因案例可用性限制，笔者没有开展预先案例研究。

4. 其他选择标准包括选定一种衡量指标（如，拍卖的总回报率）。因拍卖的结果（尤其是美国和德国的拍卖）并非均匀分布呈现，笔者未采用这一标准。因此，某些拍卖的纪录被完全过滤删除。

5. 除另有表述外，使用的数据信息来源于 OT 拍卖目录（2006 年 4 月、10 月；2007 年 4 月、6 月和 10 月）以及 IPA 2007 年 5 月的拍卖目录。

6. IPA 拍卖于 2007 年 5 月在慕尼黑举办；OT 拍卖于 2007 年 6 月在伦敦举办。

7. IPA 拍卖会的参与者实际上曾收到一份笔者与 IPA 共同设计的问卷表，并希望他们反馈问卷作为研究依据。但是，收回的问卷表数量极少，难以作为研究依据。

8. 本研究曾多次使用个人采访及电话访谈的模式。如，Andrew Ramer 和 Justin Basara（OT，2007 年 5 月 14 日）；Boris Peters（德国知识产权博文特公司，2006～2008 年）；Ron

Epstein（爱博滕思尔公司；2007 年 5 月 14 日）；Richard Ehrlickman 和 Radu Christian（泰乌斯公司，2007 年 5 月 14 日）；Dr. Sven Wehser（西门子公司；2007 年 5 月 14 日）；Mikko Väänänen（苏尼诺公司；2007 年 6 月 1 日）。其他补充的采访在预先案例研究过程中进行并于 Tietze（2008 年）报告中披露。

9. 跨案例分析可以像个案研究的 Meta 分析一样被解析。然而，这些方法通常使用更多案例（Larsson（1993）报告中涉及 25～313 件案例回顾）以便进行统计分析，而这些案例可以取自以往不同的研究。据 Larsson（1993）所述，仅有过几次试图进行 Meta 分析的案例研究，这些案例被标记为"个案调查"（Lucas（1974），Yin 和 Heald（1975））；案例 Meta 分析（Bullock 和 Tubbs，1987）以及案例结构化的内容分析（Jauch 等，1980）；同时也存在各种各样的不知名的方法（例如，Miller 和 Peter（1977））。

10. 最终，交易的卖方，如高等院校、研究机构（例如，技术交易办公室）、独立发明人或其他（如法律事务所）都被排除在外。

11. 笔者意识到因筛选的标准问题，卖方预期可能成功的交易有可能存在结果偏差。实际情况是，在拍卖中最终以高价成交是最符合拍卖模式的交易。

12. 针对第一种方式，笔者选择的是其售价高于所有拍卖活动中平均价格的交易。但是，因这种方式与德国拍卖的巨大差异性而最终被摒弃。IPA 达成的交易价格从未超过平均交易价格。

13. 关于本研究采访大纲的问题排序以及措辞，笔者主要遵循 Schaeffer 和 Presser（2003）、Fielding（2001）以及 Wilson（1996）的建议。

14. 关于问卷的起草，HenningKrenz 给予笔者很多的帮助。

15. 对于 Thomas Ewing（知识产权价值附加公司）以及 Boris Peters（德国知识产权博文特公司）给予笔者的有价值的评论以及建议表示感谢。

16. 感谢 Diehl Stiftung 和 Co. KG（纽伦堡）、Fraunhofer - Gesellschaft（慕尼黑）、HILF! GmbH（奥贝拉欣格）以及 TuTech Innovations GmbH（汉堡）的帮助。

17. 李克特量表问题对于案例研究不具有争议性，仅仅用以收集数据。依据 Yin（2003：14f）所述"案例研究可仅仅包括或限定于定量实证，……但也可以基于定性和定量实证开展"。

18. 应两家公司的请求，除 PDF 文件的调查问卷通过电邮发送之外，其纸质复制件通过普通邮寄再次发送。

19. 遵循 Punch（2005）的意见，所有受访者接受同样的问题，问题的顺序保持一致并以统一方式发送。采访者在访问中保持中立态度，客观陈述，不掺杂情绪反应。

20. 笔者能够确认 8 家公司的具体联系人信息。剩余 4 家公司收到书面采访请求，这些采访的请求书直接递送至专利或许可授权部门的负责人。拍卖公司拒绝透露卖方具体联系人的联系方式信息。

21. 为展现交易具体情况，有必要考虑技术买方的意见。然而，由于上面描述的原因，买方的联系方式信息很难获取。

22. 尽管专利文献存在固有的缺陷，但是却包含了丰富的信息以及大量可适用于技术发展详细统计分析的对比元素（Tijssen，2002）。并非所有的发明都可申请专利（如 Arundel 和 Kabla（1998）），也并非所有专利都等同于发明。基本上来说，发明和专利都代表着创新；发明将创新引入市场。然而，各种授权发明并非总能够得以开发并满足市场需求。存在于广泛意义上的基因专利中的显性受保护的知识可能用于多种发明，反之，复杂技术系统有可能涵括一系列相互关联的、渐进型的专利。

23. 在第 2 章中，笔者阐述了选择合并已有数据而非收集拥有的原始数据信息的原因。例如，通过调查获得的信息。区别于二手数据，调查数据存在的主要缺点在于其具有天生的狭隘性。这些数据来源于受访者陈述的情感表达而非客观评论。其次，二手数据具有如下特征，更短的收集数据的时间以及更大量的样本数据；然而，针对研究的客体折现数据未经过精确地提炼和定制。

24. 当接近拍卖活动举办时间时，有些公司将会提供增补版拍卖目录，包括一些更新的信息。该增补信息同样收录于这次研究的数据库中。

25. 第 5 章讲述了不同拍卖类型信息。

26. 因笔者只能在公开的专利信息平台检索信息，一些特定的数据信息未能够被收集。譬如，本研究缺失异议信息，尽管这部分信息对于专利价值存在影响。若第三方认为已授权专利无效，某些专利局授予第三方机会对已授权专利提出异议。考虑到对现有专利启动异议流程需要承担一定费用，异议流程的启动只针对在市场竞争中确实存在重大影响且涉及经济价值的专利。因此，若一项专利涉及启动异议流程，即可视为其存在价值（OECD，2009：146）。

27. 笔者考虑开展一项异常分析。然而，根据 Osborne 和 overbay（2004）所述，异常的产生似乎存在很小的可能性。由于数据是从官方的专利数据检索平台自动获取，可以视这部分数据质量优异，不存在因人工编译产生错误数据以致出现数据异常情况。相反，从其他来源获取的编码数据可能会存在人工编码错误。为了验证是否存在此类情况，笔者进行了数据交叉检查，随机抽取样本，然后与原始数据进行比较。此外，该数据集不应存在"故意或有意提交错误报告"的现象。在一般的调查或实验中这种情况比较常见，但在二手数据研究中并不常见。

28. 拍卖目录基本内容类似。因此，可以预计 IPA 的拍卖目录内容与 OT 的拍卖目录内容有异曲同工之处，尤其是 OT 的 3 场拍卖活动都先于 IPA 的第一次拍卖活动举办。

29. 这个问题的原因是多方面的。根据 OECD（2009）报告，知名公司存在几个不同的名字（例如，IBM，国际商用机器公司），一些定性类信息被添加到公司名称中（例如，西门子、西门子股份公司），专利可由公司的分支机构获取，其中一些是容易被识别的（例如，索尼美国是索尼公司的一家附属公司），而另外一些则难以区分（如，雪铁龙是标志雪铁龙集团的一部分）。因公司的法律地位以及公司名称的改变、附属关系以及并购和购买的原因，往往使专利权人信息在专利数据信息中难以确认。

30. 该方法与 OECD（2009）报告中提及的方法类似，指定专家在各自应用领域中研究专利。拍卖公司协同卖方一起在拍卖目录中指明技术的应用领域。卖方被视为对于待售技术以及其应用领域拥有更详细的信息。尽管笔者难以评价这种安排的优劣性，但是笔者相信这种分类行为以一种可靠的方式展开。笔者认为拍卖活动能够取得成功的关键因素在于各项技术可以划入适合的应用领域，以使潜在买方可以确认其中意的技术。

31. 这些区别是因应用领域的相关信息是由卖方提供所引起的。拍卖目录表述"本目录的所有拍卖物品描述由卖方提供给 OT"；所有涉及知识产权权利拍卖的信息来源于授权委托人（IPA）。

32. 举例说明，航空和航天被整合为航空航天类别。此外，笔者整合了类别"条形码/射频识别技术/智能卡，联通、通信和无线/蜂窝/光学和其他电信归属于电信类别（无线、蜂窝、光等）。"

33. 由 Evenson（1991）等发起的"耶鲁对照表"是早期建立的专利行业对照表。另一个尝试是"技术评估与预测办公室对照表"，由美国专利商标局提出处于美国专利分类系统（USPC）和美国标准产业分类（SIC）系统之间的行业对照表创建于 1974 年。这一领域的其他工作还包括 Johnson（2002）根据加拿大知识产权局的数据创建了行业对照表。最新的一个行业对照表是由来自弗劳恩霍夫系统与创新研究所、科学与技术研究会、萨塞克斯大学科学和政策研究所 Schmoch 等（2003）设计。

34. Delphion（2004）规定专利权受让人为个人或企业团体，其具有所有或有限专利合法转让的权利。

35. 高校中的技术研发工作可能指派给某个教职员工而非学院，因此数据中可能存在细微偏差。然而，事实上存在一个合理的假设，即因美国专利数据占本研究数据库份额最大，所以这个案例适用。"教师豁免权"一般情况在欧洲大学比较普遍采用，而美国大学则不采用（Lang，1998）。

36. 基于卖方名称的变量汇总以及将此变量与原权利所有人信息的比较可以在拍卖之前了解出售专利的市场份额。然而，若交易在两种不同类型的组织间进行，通过编码的定义变量的途径仅能检测交易状况（比如，当一件专利由一所大学研发并卖给一家大型企业）。但是，这不是本研究的关注点。

37. 拍卖目录是唯一的非官方资源，因其被认为是市场宣传资料，可能存在偏颇性。然而，笔者坚信拍卖目录中获取的信息并未带有实质的偏颇性。拍卖公司处于新兴市场，尽管它们有意为吸引新的客户群体刻意粉饰信息，但重要的是它们需要在客户中建立信任（信誉），推动客户持续参与后期拍卖活动。在建立坚实的客户基础之前，市场没有足够的坚定力量破坏诚信。对拍卖公司而言，它们不希望公众对其持有的预测仅在于出版拍卖目录而非筹办拍卖活动，例如，拍卖目录列举一些难以被拍卖的引人注目的技术。

38. 所有分析都通过 SPSS 统计软件包（版本 17.0）进行计算。

39. 继 Pearson 之后，卡方检验用于检验各类别数值的显著性差异。因针对多元回归分析测试变量的采用有所区别，笔者未陈述双变量分析的结果（Punch，2005）。

40. 仅因教学原因，两个回归技术的陈述顺序被改变。

41. 如果变量包含零值则对数转换出现问题，因为 log（o）是未被定义的。在使用前向引用数据的情况下，笔者因此增加了一个相对于原值的恒定值常量，从而避免未定义值的问题（De Smith 等（2007），BBN 公司（1997））。

42. 多元正态性未被单独检测。根据 Hair（2006：80）所述，评估并实现所有变量的单变量正态性是可以满足的。

43. 如上所述，相关矩阵显示公开竞标和卖方的预期销售价格之间存在高度相关性。除了缺失的数据（如上所述），模型中还省略了公开投标信息。

44. 过多的标准错误也表示可能存在多重共线性，然而，在这项研究模型中没有观察到。

45. 关于不同拟合度测量方法的研究，请参见 Hosmer 等（1997，1991）的论述。

46. 针对灵敏度分析的进一步研究的结果得以报道，如 Severini（1996）、Chatterjee 和 Hadi（1988），以及 Hampel（1971）。

47. 因单次拍卖涉及的案例数量较少（平均为 65 项技术），所以难以为单次拍卖创建多元模型。研究结果显示过度拟合现象（出现未预料的高度拟合度指标或标准误差）。

第 *9* 章
拍卖治理结构

9.1 技术拍卖流程结构的比较分析

因现有文献中没有就专利技术拍卖的交易治理结构（TGS）提供充分内容，为填补拍卖及治理内容的缺失，笔者首次进行了一项定性研究以补充这方面的研究。本书第二部分对本研究进行了充分说明。在这项研究中，实验数据的采集方式为采访、两次拍卖活动现场观察，以及从拍卖目录中获取信息。

本章通过两个阶段的分析展示研究成果。首先，根据 Lichtenthaler 模型（2006b）的三个核心阶段理论，作为个案研究分析的结果，笔者会介绍两次拍卖设计的个案描述。将 Lichtenthaler 提出的交易流程模型（2006b）（见第 3 章）与由 Kumar 和 Feldman 提出的拍卖流程模型（1998，见第 5 章）结合起来准备案例描述。其次，笔者会介绍跨案例分析的结果，目的在于找出各流程架构之间的异同点。

9.1.1 海洋托莫公司的拍卖流程

计划阶段开始于拍卖的初始准备。本阶段中的所有活动均与拍卖规则定义、拍卖日期公告以及卖方和已登记的有兴趣的竞买者邀请函这三方面有关。首要的准备步骤就是对拍卖的条款和条件进行定义，它们管理着交易的开展。规则定义了拍卖所展示技术的挑选要求、参与者（卖方和竞买人）登记要求、如何解决争议、出售条件、竞买人的身份保护、尽职调查条款以及现场拍卖活动中允许采用的竞拍程序（例如英格兰式拍卖、荷兰式拍卖）。

内部准备活动完成后，就要通过各种媒体资源向公众宣布即将进行拍卖，包括拍卖公司网页、网络报纸、拍卖品手册（第一次拍卖除外）以及全国性的研讨会和其他社区活动。[1] 由海洋托莫公司（OT）主持的首次现场拍卖提前 10 个月宣布举行。[2] 后续拍卖应在拍卖预告目录中（以技术开放式竞价的方式进行）或拍卖后新闻发布中提前近 6 个月宣布举行。

发出拍卖公告后，拍卖公司开始就卖方打算在即将举行的拍卖会上拍卖的技术收集意见和建议。发出拍卖公告后，OT 首先会收集来自预定领域的技术。此外，OT 宣布对竞拍来说最有利的、最合适的拍卖品是涉及现有的各种技术的专利，也是拍卖品主人用不到的技术。[3] 因此，拍卖公司要求潜在的卖方签署《卖方委托协议》，以进行活动登记。

卖方必须为他们提交的每项技术支付挂牌费，并且需要参与拍卖公司的内部评估。费用根据资产种类各有不同，以及是否有最低保留价格（MRP），表 9.1 中有相关说明。

表 9.1　OT 拍卖会不同种类资产的挂牌费

知识产权类型	条件	费用
专利权	最低保留金额	＄1000
	委托人规定的保留金额	＄3000
专利池	最低保留金额	＄1000
	委托人规定的保留金额	＄6000
商标	最低保留金额	＄1000
	委托人规定的保留金额	＄2000
域名	最低保留金额	＄250
	委托人规定的保留金额	＄500

卖方可以接受 OT 预先确定的最低保留价格，也可以规定自己的最低保留价格。如果卖方规定自己的最低保留价格，需要支付至少两倍于使用预先确定的最低保留价格的上架费。OT 接受不同的技术或 IP 资产类型，包括专利、商标和域名。[4] 但是 OT 会进一步对专利进行细分，将其划分为单项专利技术和多项专利技术。

卖方需要提供每项已登记资产的信息，使拍卖公司能够进行首次内部评估。卖方需要提供的信息包括：具体的知识产权登记号；产权链；资产简要描述；出售知识产权的权利列表；某一特定资产被授予的各种或任何性质的许可或产权负担列表；标准机构、大学、政府机构、援助小组或其他非营利机构的参与说明；第三方债权人或许可证持有者对任何现有或潜在的担保或未担保债权的所有权；任何第三方持有的并可能会影响所有权、许可、侵权、有效性和执行或其他问题的请求权；资产的任何用途或潜在用途信息或资产侵权信息；

与资产有关的诉讼信息（已判决的、正在进行的或面临的潜在诉讼）；尽职调查资料，如技术原型、三手资料、技术或专有技术；以及可以协助技术商业化的人员信息。

如果技术不符合内部评估标准，OT 有权拒绝该技术。为在 2005 年上半年开展内部评估，OT 已经在 Patentrating.com 网站上开通了网上公司，从而可以获得开展内部评估需要的必要知识和专业知识内部资源；该网站是一家来自美国加利福尼亚州的专利等级评定机构（IP Law Bulleting，2005）。根据 Patent Ratings（2007），通过以保密方式研究美国 700 万件专利中约 50 件与单一专利有关的离散属性的内部关系来进行内部评估。

内部评估完后，发布拍卖目录，向潜在买方公开入选技术，邀请他们登记并说明他们感兴趣的拍卖品。潜在买方参与到流程中时，议价阶段就开始了。拍卖目录是潜在买方了解拍卖品的依据，因此拍卖公司要将其广为散发。目录会以电子形式刊登在 OT 的网站上，也会以印刷形式通过所选公司的网络进行宣传。除目录以外，拍卖会举行之前几周通常还会发布补充目录，其中包括拍卖会增拍技术的相似信息。

目录会根据不同的技术应用领域（如电子产品和手持设备以及显示设备和数字成像）分为不同部分。[5] 每个部分都会分组展现技术。一组至少展示一项专利（也可包括多项专利）。每组都会有简要介绍，以及技术所含每项专利的详细信息。简要介绍包括卖方姓名、技术名称、所有有关专利的官方注册号以及引用或使用该技术的其他公司的前向引用列表。另外，建议在简要介绍中列出该技术的许可持有人，也是该技术的利益相关人，并给出开拍指示或预期售价（通常为较低价格至较高价格之间）。简要介绍之后，目录会提供竞拍技术中每项专利的具体额外信息。OT 主要提供从合法专利文件中获得的文献目录信息。这一信息包括合法注册号、投资者姓名、专利名称、专利公开日期、索赔次数以及专利概要。在一些情况下这一信息可以配以从专利文件中获得的插图进行补充说明。

目录发布后，潜在买方会被立即邀请在 OT 的网站上进行注册。与卖方注册相似，潜在买方必须花费 1500 美元购买竞买人注册包，作为注册费用。潜在买方必须签署竞买人协议并出具银行担保书，以确保其账户金额能够支付拍卖费用。注册成功后，OT 会指导潜在买方进入数据库，让他们对其感兴趣的技术进行尽职调查，并与卖方进行谈判。

通过尽职调查，潜在买方可以在一个虚拟的尽职调查室里评估技术可行性，验证专利的合法状态以及技术的潜在经济价值。OT 会提供各种工具，以提高尽职调查度，支持潜在买方。除包含主要公共文献资料的拍卖目录以外，

OT 会提供一个安全的网上数据库，潜在买方可以在数据库里及卖方提供的机密信息对技术进行详细审查。为确保潜在买方的匿名查看，数据库由独立第三方进行维护管理。另外，OT 会在现场拍卖活动举行之前或当日提供与卖方进行面谈的机会。5 场 OT 拍卖会过程中，展开尽职调查的期限从 5～12 周不等（根据目录发布之日到拍卖会举行之日计算），平均期限大约为 7 周。

　　尽职调查完成后，现场拍卖活动开始。活动中，潜在买方可以亲自参加，也可以通过电话、委托 OT 代理人、网络或者提前提供书面说明缺席的形式参加。[6] 拍卖会由 OT 任命的第三方拍卖师管理。拍卖师公布出售技术时，每个注册竞买人可以根据其预定的财务能力范围进行出价。6 场拍卖会中，OT 仅使用了英格兰式竞拍流程（见第 5 章）。根据条款和条件的规定，最低保留价格适用于所有拍卖品。OT 将其定义为每组拍卖品可以出售的最低价格。最低保留价格分别在 2006 年 4 月和 2006 年 10 月举行的两场拍卖会中为保密信息。OT 在之后的拍卖会上公开了最低保留价格。[7]

　　OT 声明会在整个拍卖流程中保护竞买人的身份信息。在尽职调查阶段，网上的数据库由独立第三方维护管理。在拍卖活动中，只根据竞买号牌识别竞买人。对于需要身份双重保密的竞买人，OT 代理人可以根据该竞买人的书面指示代表其进行出价。如果最终出价高于最低保留价格，则该技术可以成功出售。如果未达到最低保留价格，该技术会退出拍卖会。如果成功出售，买方要签署委托合同。作为参加条件，每个卖方和竞买人必须同意不得利用任何注册卖方或竞买人的参加作为任何以实施专利、版权或商标为目的的活动的证据。

　　完成所有技术的尽职调查和价格谈判（出价）后，拍卖会的实现阶段即开始。但是这一阶段根据出售技术和未出售技术分为两个方面。对于成功出售的技术，其所有权（和必需的互补性隐性知识成分）要转让给新的所有人。作为交换，新所有人将最终定拍价款支付给卖方。另外，卖方和买方必须向拍卖公司支付佣金。佣金包括买方溢价的 10% 和卖方最终出价 15%。如需要，买方可要求卖方转让技术的附加知识。未出售及退出拍卖的技术会经过拍卖后谈判和再谈判阶段。例如，如果潜在买方对某一技术感兴趣并进行了出价，该出价未达到最低保留价格（发生在一些不知名的拍卖品上），但是卖方可能在拍卖后谈判中愿意降低最低保留价格。即使 OT 未从中进行调节，技术拍卖公司也有权从在拍卖会后任何时期内达成的任何交易中获利。但是公司不会提供技术拍卖公司如何控制和监管拍卖后流程的详细信息。

9.1.2　德国知识产权拍卖公司的拍卖流程

　　德国知识产权拍卖公司（IPA）在独立法律事务所的帮助下制订了一套拍

卖条款和条件，开始进入计划阶段。此外，该阶段涉及卖方注册、首次内部评估和拍卖技术甄选以及后续的拍卖目录发布。

现场拍卖活动开始前近 5 个月，IPA 通过公司网站和各种网络途径以及实体出版物（包括以团体专家为目标的即时通信）向公众宣布拍卖日期。[8] 邀请有意愿在拍卖会上出售技术的各方在 IPA 的公司网站上进行注册。不仅允许卖方提供专利技术以及技术许可证，而且可以提供其他 IP 资产，包括域名和版权。具体规定适用于出售许可。只接受可通过一次性付款或包含后续专利费的预付定金方式获得许可权的许可。而且出售许可权的卖方必须在数据库中向潜在买方提供许可合同。

拍卖公告后，有兴趣的卖方必须在网上填写一份调查问卷，提供参加竞拍技术的详细信息。技术由 IPA 的母公司，即知识产权评估（IPB）[9] 使用成本、市场和收入方法进行评估（IPB，2005）。内部评估结束后，IPA 通知卖方哪些技术入选拍卖会。然后技术入选拍卖会的卖方必须向 IPA 提供一份签署的拍卖授权条款和条件以及卖方打算向拍卖会提交的所有相关 IP 资产的清单。然后注册卖方可以进入网上数据库，提供所有必要资料，以向潜在的竞买人提供充分的首轮信息。卖方必须为每项入选拍卖会的技术支付拍卖授权费用。仅包含一项相关专利或许可协议的技术拍卖费用为 1000 欧元；包含两项及以上有关专利的技术拍卖费用为 2000 欧元。支付这些费用后，卖方接受 IPA 预定的 MRP 为 25000 欧元。但是也允许卖方规定自己的 MRP，需支付额外费用。保留价格额外费用为成交后最终成交价格的 3%。

内部甄选程序过后，编制 MRP 并在其公司网站上发布拍卖目录，即将目录分发给潜在买方。[10] 目录中引言部分之后为拍卖会的条款和条件以及一些组织信息（例如举行拍卖会的地址）。目录的主要部分提供了有关技术的信息。这部分根据不同应用领域（如机械工程和汽车领域）分为数个章节。不同章节均以分组形式展示技术，每组可包括一项或多项专利。每组均提供一个简要介绍，随后为相关专利的具体信息。简要介绍提供各项信息，包括技术名称、卖方姓名、交易种类（出售或许可）、拍卖会种类（英格兰式或荷兰式）、相关专利价格、技术领域以及引用该组中一项或多项专利的公司名单（前向引用）。为进行解释说明，可在各组的简要介绍中呈现图表（如从专利文件中摘取的流程图）。[11] 除每组简要介绍外，目录中会提供每项专利的具体信息，包括可专利的发明、优先权日、所有权人姓名、投资人姓名、官方专利号以及摘自合法文件的简要描述。

拍卖目录发布后，议价阶段开始。该阶段要求有兴趣获得技术的各方填写竞买人注册表格并提供银行财务担保书。潜在买方必须支付竞买人注册费用，金额根据其打算竞买的价格计算。IPA 为现场竞标收取 1500 欧元的费用，对于场外竞标，IPA 进一步分为电话竞标（750 欧元）和书面缺席竞标（500 欧元）。注册成功的竞买人获得一个竞标号（现场拍卖活动中）并有权进入网上数据库，对感兴趣的特定技术进行尽职调查。为保证潜在买方匿名查看，虚拟数据库由独立的第三方操作经营。第一场拍卖的网上数据库从 2007 年 3 月 1 日开放至现场拍卖活动开始，大约持续 10 周。除了拍卖会目录中关于技术和相关专利的信息以外，潜在买方有机会审阅与技术或相关专利历史有关的分类信息。另外，潜在买方有机会通过数据库联系卖方并要求提供额外信息。此外，IPA 可能会组织会面或电话会议。除了卖方提供的信息以外，潜在买方可以要求提供由第三方中间机构出具的《专利分析报告》。[12]数据库在现场拍卖活动开始的当日关闭。

为于 2007 年 5 月 15 日德国慕尼黑首场拍卖会举行的竞拍活动符合拍卖会的条款和条件。竞拍以匿名形式开展，并由独立的拍卖师组织进行。拍卖师为某组报价时，竞买人需举起竞买号牌进行出价。对于场外的竞买人，如果为电话竞买，IPA 代理人通过电话与潜在买方保持直接联系并代表其出价。如果为缺席竞买，潜在买方必须在现场拍卖会开始前提交其最高出价。竞拍过程中，除拍卖公司以外的其他竞买人均不知晓该最高出价。采用英格兰式或荷兰式竞拍程序。如果卖方没有规定自己的 MRP，则英格兰式拍卖的起拍价格为 25000 欧元。根据条款和条件的规定，每次报价通常会在上次竞买人出价的基础上提高 10%。如果出价高于 MPR 即被视为有效。荷兰式拍卖的起拍价格为根据授权原则设定的价格。拍卖师有计划地降低该价格，并且由第一个应价的竞买人获得技术。

现场拍卖活动举行后，实现阶段开始。成功的竞拍会在活动后保留一个月。在这期间，买方有义务向卖方支付竞买价款，并向 IPA 支付佣金以及法定增值税。因此，佣金只需在一次性支付成交价格或预付款时支付。IPA 会向竞拍成功的买方收取成交价格 10% 的佣金。不会因所获得技术的未来专利费收取任何费用。卖方的溢价为成交价格的 15%。IPA 会为未成功的竞买人和卖方提供继续进行单独谈判的机会。如果技术未在现场拍卖活动中成功出售，IPA 会提供机会进行后续出售，开始于各拍卖会后的第 2 天，持续 6 个月。在这期间，即使 IPA 未直接介入交易，也有权向卖方和买方收取佣金。

9.1.3 对比分析结果

完成了 OT 和 IPA 拍卖设计的个案描述，接下来笔者会介绍对比分析的结果，确定两种流程架构的异同。笔者按照拍卖流程三个阶段的顺序进行比较，重点集中在拍卖费用上。

通过分析以 Lichtenthaler（2006a）模式的三个核心阶段为中心的拍卖会，并参考 Kumar 和 Feldman（1998）提出的拍卖流程模式，图 9.1 综合性地阐述了通用型的拍卖流程架构。图 9.1 中呈现的概念性流程模式也指出了参与每个阶段中的不同活动者。

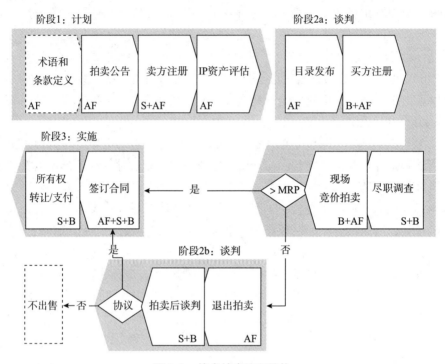

图9.1 技术拍卖流程结构

注：S（卖方）；B（潜在买方）；AF（拍卖公司）；MRP（最低保留价格）。

通过比较由 OT 和 IPA 制定的两种拍卖流程架构，笔者发现它们之间有很多相似之处。[13]此外，两种流程都遵循 Lichtenthaler（2006a）模式的三个核心阶段。两种流程都开始于拍卖公告，然后卖方注册并对提交的技术开展内部评估。第二阶段开始于拍卖目录的发布[14]，接着在现场拍卖活动结束后开始进入谈判阶段。现场拍卖活动结束后，在实现阶段，进行技术和 IP 资产所有权以及额外（隐性）知识的转让，换取竞拍价款（包括支付给拍卖公司的佣金）。但是，拍卖活动结束后，为出售的技术可参与拍卖后的谈判。

两家拍卖公司都通过各自公司网站和其他出版物（包括以专家群体为目标的知识产权专业期刊、时事新闻以及普通报纸）向公众发出现场拍卖活动公告开始进入计划阶段。[15]已经组织过多次拍卖会的 OT 会另外采用拍卖目录的形式宣传下次即将举行的拍卖会。两个拍卖公司都邀请卖方提交要出售的技术。在两种拍卖流程中，卖方都必须完成注册程序并提供内部评估所需的具体文件，但注册程序稍有不同。例如，卖方向 IPA 提交技术时，需要完成具体的调查问卷，提供与技术有关的具体信息。

　　两家拍卖公司均接受不同类型的拍卖资产。主要包括专利技术（本研究的重点），也包括商标、版权和域名。关于技术，两家拍卖公司均按顺序并以独立分组的形式拍卖各项技术。一组可以包括一项专利，也可包括捆绑在一起的多项专利。OT 和 IPA 的拍卖会上均有这 4 种 IP 资产，但只有 IPA 拍卖许可权。但是只接受可通过一次性付款或包含后续专利费的预付定金方式获得许可权的许可。如果出售许可权，卖方必须在数据库中向潜在买方提供许可合同。

　　如表 9.2 所示，两家拍卖公司均在各自的拍卖设计中采用 MRP 概念。卖方可以接受拍卖公司预定的 MRP，也可以决定自己的 MRP，但要支付额外费用。各场拍卖会的预定 MRP 有所不同。在第一场和第二场拍卖会中 OT 对 MRP 进行保密，因此竞买人并不知晓该 MRP。第二场拍卖会后 MRP 就改变了这一策略。接下来的美国拍卖会（A3 和 A6）上，公布的 MRP 为 1 万美元，但英国拍卖会（A5）上公布的 MRP 为 5000 英镑。IPA 为第一场拍卖会设定的 MRP 为 25000 英镑。由此看来该保留价格比 OT 在之前拍卖会中规定的 MRP 高出很多。

表 9.2　竞买流程与 OT 和 IPA 拍卖品的 MRP

	OT	IPA
IP 资产类型	专利、商标、版权、域名	专利、商标、版权、域名、许可
竞拍流程	英格兰式拍卖	英格兰式拍卖、荷兰式拍卖
MRP	A1：保密（未发布） A2：未发布（假定为保密） A3：10000 美元 A5：5000 英镑 A6：10000 美元	A4：25000 欧元

　　为参加拍卖会，卖方及潜在买方必须支付注册费用（见表 9.3）。两家拍卖公司的注册费用标准也根据拍卖品不同而各不相同。OT 对卖方注册费用规定了 3 种收取标准，即资产类型、捆绑 IP 资产的数量以及 MRP。卖方可以对任何资产定义自己的 MRP。本案例中，该资产的注册费用相比较来说非常高

（见表9.3）。IPA 对卖方注册费用规定了两种收取标准，即资产数量和 MRP。如果卖方规定自己的 MRP，IPA 会收取成交价格的 3% 作为变更费用。因此这一额外费用只有在成交后才会收取。

表 9.3　OT 和 IPA 拍卖的收费结构

拍卖公司 OT		IPA
注册费		
卖方	取决于 IP 资产类型、IP 资产数量和 MRP	取决于 IP 资产数量和 MRP
	单项专利 * ： OT 的 MRP 为 1000 美元 卖方自己规定的 MRP 为 3000 美元	单一 IP 资产：1000 欧元 两项或两项以上的 IP 资产：2000 欧元
	专利池，即捆绑专利： OT 的 MRP 为 1000 美元 卖方自己规定的 MRP 为 6000 美元	卖方自己规定的 MRP：加上成交价格 3% 的费用
买方	固定费用 1500 美元	取决于竞买类型 现场竞买：1500 欧元 场外竞买：750 欧元（电话竞买）；500 欧元（委托竞买）
佣金		
卖方	成交价格的 15%	成交价格的 15%
买方	成交价格的 10%	成交价格的 10%

注：其他 IP 资产类型的情况类似。

提交技术后，OT 通过专业的专利评级公司对技术开展唯一一次的内部评估。IPA 在其母公司 IPB 的协助下开展内部评估。完成技术评估后，符合内部评估标准的技术入选拍卖会，不符合的会被淘汰。然后将入选的技术编入拍卖目录，随后发布。

拍卖目录发布后，拍卖公司开始进入谈判阶段。两家拍卖公司在目录中提供的信息相似。目录主要包括与技术所含专利有关的书目数据，可为潜在买方的第一次筛选提供一手信息。邀请潜在买方在拍卖公司的网站上注册。

潜在买方必须提供经签字的竞买人注册表和竞买人协议，协议草稿在各自的拍卖目录中发布。如果潜在买方不能亲自参加拍卖会，他们可以提供一份经签署的替代投标书。此外，潜在买方必须提供一份银行担保书；如果买方指派拍卖代理机构，必须提供一份书面授权证明。潜在买方还必须支付竞买人注册费，但两家拍卖公司又稍微不同（见以下内容）。为参加拍卖会，OT 会收取潜在买方 1 美元的固定费用。IPA 会向潜在买方收取注册费。根据拍卖类型，IPA 对现场竞买（即潜在买方亲自出席拍卖会）收取的最高费用为 1500 欧元。场外竞买中电话竞买的费用是该费用的一半，缺席竞买的费用是该费用的三分之一（见表 9.3）。

完成注册后，潜在买方可进入网上数据库获取资料，进行深入的尽职调查。数据库为潜在买方提供了审查卖方提供的特定技术详细信息的机会，也可以直接联系卖方获取额外资料。两家拍卖公司均使用了由第三方提供的网上数据库服务。[16]除了数据库以外，两家公司都还雇用了专业的知识产权评估公司，经买方要求向其出具某些技术的详细报告，但买方要支付额外费用。因此，在整个拍卖流程中，潜在买方有 4 种信息来源对技术进行评估：目录、数据库、与卖方亲自会面或电话交谈；另外，一经潜在买方要求，即可由第三方专家提供量身定作的报告。

表 9.4 显示的是目录发布日期和拍卖会开始日期。在这段时期内，潜在买方可以通过网上虚拟数据库开展尽职调查，时间从 5 周（A5）到 12 周（A2 和 A3）不等。很难判断可进行尽职调查的时间是否充足。可用文献中没有关于充足时间的指示，也未提供任何建议。但是，根据 Niioka（2006），平均 7 周的时间就相对不充足，特别是因为有些潜在买方没意识到目录发布时拍卖会就要即将举行。[17]

表 9.4 尽职调查的持续时间

拍卖会#	目录发布日期	拍卖日期	尽职调查期限（周）
A1	2006 – 02 – 14	2006 – 04 – 06	7
A2	2006 – 08	2006 – 10 – 26	8 ~ 12
A3	2007 – 01 – 25	2007 – 04 – 19	12
A4	—	2007 – 05 – 15	~ 10 *
A5	2007 – 04 – 25	2007 – 06 – 01	5
A6	2007 – 08 – 21	2007 – 10 – 25	9

注：* 接着与 IPA 代理人进行面谈。

尽职调查阶段后，现场拍卖活动就是谈判阶段的最后一步。进行竞拍时，两家拍卖公司均雇用了第三方拍卖师。OT 和 IPA 均采用公开"喊价"形式及英格兰式（增价）竞拍程序，但 IPA 还采取荷兰式（减价）竞拍程序（见第 5 章），其中拍卖标的的竞价不是按照固定规律增加，而是由拍卖师逐渐降低。虽然文献中也越来越多地讨论到第二价格密封拍卖（维克瑞拍卖），但几乎不使用。通常设计为单一单元（尽管由多组组成）的拍卖会中，每项技术都根据各类资产的拍卖设计文献要求按顺序进行独立拍卖（即各种资产按顺序在一场拍卖会中拍卖）。竞拍开始于由拍卖师决定的开拍。如果出价达到了卖方拍卖公司预定的 MRP，技术即可出售。如果出价未达到 MRP，则该技术退出拍卖并保留未出售状态。

现场拍卖活动举行后，实现阶段开始。在这一阶段，卖方将技术、技术的知识产权所有权以及附加知识转让给新的所有人，换取竞拍价款。交易根据标准拍卖合同的规定进行，买卖双方必须接受。但是拍卖公司采用的合同仅允许根据交易进行微小调整。例如不可能在合同中加入回授条款。另外，OT 和 IPA 只允许一次性支付竞拍款。因此买卖双方受到限制，并不能就技术交易中相当普遍的专利费用方案进行协商。除了支付最终竞拍价款外，卖方及卖方还必须支付两种费用（见表 9.3）。成交后必须支付佣金。成交即在现场拍卖活动或拍卖后谈判阶段中，最终出价超过 MRP。OT 和 IPA 拍卖会的费用相似。卖方必须支付成交价格（逆贴水）15% 的费用，买方必须支付成交价格 10% 的费用（贴水）。[18]

现场拍卖会后，两家拍卖公司都在整个拍卖后阶段为未成功的竞买人和卖方提供继续进行谈判的机会。该阶段过程中，OT 和 IPA 拍卖后交易的管理规则不同。IPA 拍卖未成功的技术有机会在拍卖后阶段出售，时间长达 6 个月，但是 OT 要求如果技术在现场"拍卖后的任何时间"成功出售，需向其支付佣金。

总之，图 9.2 概述了技术拍卖架构的三个阶段及各阶段的区分事件。

图 9.2　拍卖流程的各个阶段和事件区分

拍卖前（计划阶段）阶段：开始于拍卖公告。包括卖方注册、提交技术提案以及拍卖公司对技术进行的内部评估。

竞拍（谈判）阶段：开始于拍卖目录的发布。包括潜在买方注册、尽职调查以及现场拍卖活动中的竞拍。

拍卖后（实现）阶段：现场拍卖活动结束后开始。包括潜在买方正式支付竞拍款，卖方转让所有权（即知识产权），最后转让补充（隐性）知识，买卖双方向拍卖公司支付佣金，以及退出拍卖会的未出售资产进入最终拍卖后的谈判。

9.2　成功交易案例研究

拍卖流程比较分析包含从有限卖方获得的经验主义观点（通过访谈、现场观察和文献资料获得），而第二项研究（见第 8.1 节方法备注）就是对这一定性观点的补充。第 10 章提供了所有交易和已出售技术性能的描述性统计。第二项研究的研究成果分两步进行介绍。首先，笔者将介绍个案研究描述，阐述如何拍卖专利技术。尽管采用关键调查对象的方法，为了主要的探究性和描述性目的，案例研究也必须清晰易懂。所有案例研究都采用相似的结构。在引言部分，笔者描述了技术性能，包括技术年龄、相关专利数量以及国际专利保护的地域范围。该部分也包括技术的来源信息（例如技术是内部单独研发，还是与其他公司合作研发）以及拍卖前技术对所有者的战略和运营重要性。第二部分中笔者介绍了对外出售的动机以及卖方如何在内部开展交易。[19] 笔者着重研究谁是出售计划的领导者、各类计划阶段过程中的必要资源、公司的专利策略以及谁倡导了这项出售计划。每项案例研究的第三部分讨论了公司对成功交易的看法以及公司对技术拍卖会相较于议价谈判的优缺点的看法，即公司不使用 TMI（如拍卖公司）而使用内部资源（如两个公司的专利部门之间进行直接谈判）。为对拍卖的成功性进行评估，询问卖方如何看待交易与完成交易必需的资源、总售价之间的比较以及与资源和公司在技术研发过程中产生的成本之间的比较。笔者进一步介绍了公司如何看待拍卖公司在不同任务中发挥的作用（如出售技术）。每项案例研究的结尾都有一个小结。

其次，笔者介绍了跨案例分析的结果，其中着重研究了两个方面。这些方面指内部交易管理和交易成功，或公司如何看待拍卖会相较于议价谈判的优缺点以及公司如何看待拍卖公司交易过程中发挥的作用。

本研究使用第 8 章中介绍的三重衡量方法展开跨案例分析，应将其解释为衡量 4 家公司所提供答案的一致度的方法。但是，在介绍个案研究前会呈现一份案例研究公司的简要概述。

9.2.1　案例研究公司简介

如表 9.5 的阐述，挑选的案例研究代表两组样本，包括两个中小企业（公司 1 和公司 2）和两个大型企业（公司 3 和公司 4），其中 3 个为德国企业，一个为芬兰企业。这 4 家公司在 3 场拍卖会上出售过专利技术（其中两场由 OT

于 2006 年 4 月 6 日和 2007 年 6 月 1 日举办；一场由 IPA 于 2007 年 5 月 15 日举办）。2007 年 5 月 15 日，交易额最低为 2.5 万欧元，最高为 65 万欧元，平均值为 20.2 万欧元。平均来说，两家中小企业的技术售价比两家大型企业的售价高，其平均值分别为 35 万欧元和 5.5 万欧元。

表 9.5　案例研究公司和技术概述

公司缩写	公司 1[a]	公司 2	公司 3	公司 4
卖方类型	中小企业[b]		大型企业	
国籍	德国	芬兰	德国	德国
主营行业	生物技术和纳米技术	专利管理	化工及制药	能源、电子及工业技术
雇员人数	≤ 50	1	约 32000	约 400000
营业收入（2007）	≤1000 万欧元	≤1000 万欧元	约 70 亿欧元	约 755 亿欧元
研发支出（2007）	不可用	不可用	约 10 亿欧元	约 35 亿欧元
交易日期	2007－5－15	2007－6－1	2007－5－15	2006－4－6
拍卖公司	IPA	OT	IPA	OT
交易额（欧元）	50000	649044	25000	83178
应用领域	表面处理/材料科学	信号传输、通信	测量仪器	办公仪器和电脑
相关专利数量	7	3	12	1
拍卖日期前的技术年龄（年）	6.10	5.50	7.00	8.10
专利管理经验	低	中下等	中上等	高
ETE 关联性（2004/2007/2010）	中/低/低	高/高/高	高/中/中	低/中高/中高

注：

a. 正处于拍卖前的清算阶段；

b. 按照欧洲关于中小企业的定义，两家公司的营业收入和研发经费未提供。这两家公司规模太小，不要求其公布这些数据。

技术应用领域包括表面处理/材料科学、信号传输/通信、测量仪器以及办公机械和计算机。技术年龄从 5.5～8.0 年不等，平均年龄为 6.6 年。中小企业出售技术的平均年龄为 5.8 年，比大型企业出售技术的平均年龄（7.6 年）少 1.8 年。但是没有一项技术可以认为是特别新兴的技术或特别接近相关专利的截止日期。技术中捆绑专利发明的数量也是种类繁多，涉及广泛。公司 4 售出的技术仅包括 1 项美国专利，但公司 3 售出的技术包括 12 项专利。平均来说，技术由 5.8 项专利构成。

公司 1 是一家中小企业，于 2001 年在德国成立。主要经营分子生物技术、纳米技术和实验设备。2005 年 8 月，公司 1 将所有的生物技术资产出售给了 Qiagen 公司，该公司位于荷兰芬洛，主要经营生物实验分析的产品制造。Ventizz 资本投资咨询公司是一家股权公司，现在主要经营 4 项投资基金，并通过 Ventizz Capital Font I 持有公司 1 多数股权。2005 年开始清算之前，公司 1 的员工人数少于 50 人。公司 1 拥有两项主要制备多肽技术以及液相色谱分析和质谱分析的蛋白质试验技术。采用此类制备技术，测试结构可以模拟得更加精确，将资源用量降到最少。交易前，公司 1 雇用了一位核心专利经理，但是没有与外部技术开发有关的任何特别经验。一般而言，由于公司清算，外部技术开发与 2004 年的公司 1 有关，但从 2007～2010 年就与其无关了。

公司 2 是一家芬兰的中小企业，年营业收入为 1000 万欧元。主要为芬兰公司和投资者实施专利战略。公司成立时的主要目的是利用创始人和首席执行官的发明。现在公司 2 经营工业范围内的技术交易，主要涉及通信、计算机应用的发明、工业自动化以及化学和生物技术领域。公司 2 由唯一首席执行官经营，负责管理所有专利申请活动和对外技术交易。公司与各种分包商进行合作以获得必要支持。因此对外技术交易的专业知识尤其与 2004 年和 2007 年公司的经营模式有关，并且 2010 年有可能仍保持较高水平。

公司 3 是一家位于德国的大型企业，主要经营制药和化学工业。2007 年，公司 3 的业务遍及全球约 80 个国家，员工人数达 3 万多。该公司总营业收入近 70 亿欧元，在制药领域的业务占 70%，化学领域的业务占 30%。2007 年，公司 3 的研发活动经费达到近 10 亿欧元。公司 3 拥有内部专利部门，配有核心专利经理，并且负责无形资产的委员会定期召开会议。公司 3 会使用专门的专利数据库和投资组合管理软件系统地评估自身的技术和知识产权投资组合。2004 年和 2007 年，对外技术开发与公司 3 高度相关，但 2010 年相关性可能会略有降低。

公司 4 是一家位于德国的大型公司，2007 年的员工人数达到近 40 万。2007 年，其营业收入总计近 750 亿欧元，研发活动经费达 35 亿元，几乎 50% 的研发活动涉及工业技术。公司 4 拥有近 6 万项专利，其中 50% 涉及能源和环境领域。为管理自身的专利组合，公司 4 成立了知识产权部门，雇用了数名专利经理，分别负责不同地区的许可部门。专利管理需要明确的专利策略来管理公司 4 外部的技术开发。专门委员会定期召开会议审查公司的技术和知识产权投资组合。公司充分利用了各种专利数据库和投资组合管理软件工具。2004 年，自身领域之外的对外技术开发与公司 4 无关。但是 2007 年的相关性很高，并且2010年有可能仍保持较高水平。

特殊表面处理技术

公司1开发的技术包括表面处理技术的2项发明。第一项发明是一个具有特殊散光功能和超声表面的基片。第二项发明涉及长效抗水油型表面。两项有关专利族不仅涉及表面结构，还涉及应用领域的制造工艺和广泛应用。这项技术可用于外墙和太阳能电池板的涂层、光学设备内部以及装饰行业。

拍卖前，此项技术已被公司1内部开发了9年。尽管该项技术从来未达到正收益，但是在2002年该技术与公司1有特别的战略关联性。在2007年，该技术对公司1既没有战略关联性，也没有运营关联性。在自身经营领域以外，公司1认为这两项技术均可广泛地应用于各商业领域，并且有适合的收益潜力。

  ➢ 内部交易管理

对外开发技术的项目由公司的首席执行官发起和领导。公司1进行对外开发技术的主要动机在于公司的战略决策决定不再进一步开发该项技术。另外，公司正处于清算阶段。因此，拍卖适合于那些寻求非资源密集型方法将其剩余资产转化为货币的公司。该项技术没有通过特殊机制进行内部挑选。相反，所有IP资产都被打包出售。

公司1花费了14个工作日来完成这笔交易：10个工作日用于计划交易，1个工作日用于与潜在买方进行谈判，剩下的3个工作日用于实现该交易。公司1估计交易金额在1万~5万欧元。交易背后主要的成本动因是拍卖公司的佣金和参与费用。拍卖会开始前，公司1企图仅利用内部资源与另一家TMI联系出售该技术。但是，因为这些企图没有奏效，公司才决定拍卖这项技术。达成交易后，公司1声明其不了解技术买方。拍卖会后公司1没有进行任何的知识转让，买方也未要求。因此，新旧技术所有者并不打算就这项技术在未来展开合作。

  ➢ 交易成功

公司1必须与潜在买方进行价格谈判、承担整个交易的成本以及披露公司敏感信息，这是公开拍卖的一个特殊缺点。另外，其缺点还包括交易过程复杂以及拍卖会可能会排除其认为有问题的某些买方。公司1仅经历了与拍卖公司沟通、识别潜在买方和普通组织问题相关的一些问题。公司并不了解尽职调查准备和有疑问买方的有限信息。

公司1认同交易流程的透明度，能够以有限价值出售技术，以及公司不需要具备专业性较强的交易知识也可以完成交易；这是拍卖会的一项特殊优点。另外，公司无须在内部资源上花费太多时间，并且拥有标准的交易流程、高质量的技术评估流程和标准的合同；公司对此很满意。此外，公司1重视的是低交易总成本，出售价格高，并可以降低买方的低价期望值。但是公司 1 并没有考虑到降低成本、标准化及固定费用或拍卖后或许没有知识转让和特别收益这一情况。公司 1 并不认为未注意拍卖流程使交易期限显著缩短了。

关于拍卖公司发挥的作用，公司 1 将交易的达成和标准化的法律框架条款视为决定性的方面。另外，拍卖公司会帮助甄选技术，为卖方和潜在买方的沟通提供支持，并且交易流程由拍卖公司组织。此外，公司 1 认为尽管通过拍卖公司获得技术估价，但却从拍卖公司在其他国家的市场开发活动中受益；总体市场开发活动以及整个交易流程中总交易成本的降低对公司也有一定益处。公司 1 并未体会到拍卖公司在其他行业的市场开发活动或为识别潜在买方提供支持方面发挥的有利作用。

公司 1 对交易的成功很满意。而且，与技术开发费用相比较后，公司对出售价格很满意，而且交易简便直接。但是，公司 1 对绝对出售价格并不满意，因为公司期待的绝对价格更高。总的来说，公司 1 对这一结果和交易比较满意。公司 1 没有认识到提高拍卖设计的任何特殊潜力。

> ➢ 　小　　结

2007 年 5 月 15 日，公司 1 通过 IPA 拍卖了一项已有 9 年龄的表面处理/纳米技术，成交价格 5 万欧元。拍卖前，公司未在内部使用过该技术，并且未给公司带来任何收益。公司 1 认为该技术在公司自身领域之外拥有巨大的应用潜力，但是收益潜力适中。该技术被出售主要是因为公司正处于清算阶段，即由于公司的战略决策决定不再进一步开发该项技术。

公司 1 花费了 14 个工作日完成了此笔交易，折合成货币为 1 万 ~ 5 万欧元。公司 1 认为主要的成本动因为拍卖费用，尤其是佣金和注册费。公司在交易管理方面无特殊经验，考虑了与潜在买方的价格谈判、交易成本和公司信息的披露这些不利因素。

公司 1 考虑到拍卖流程的透明度、以中低价格出售技术的可能性，并且基本不需要关于竞标的内部专业知识这一情况也是一项必需的有利因素。拍卖公司在签订合同和标准化的法律框架方面显得尤为重要。公司 1 对整个交易基本满意。公司处于清算阶段，打算以最低成本出售公司的剩余资产。交易完成后，与技术开发产生的成本比较，公司在一个较满意的程度上实现了这一目标。但是，公司期待的绝对价格比成交价格高。

无线通信技术

这项由公司 2 出售的技术涉及无线应用和文件形式的多媒体数据传输。该项技术可以将手机间的多媒体信息转化为数据文件。2007 年，该项技术在世界范围内被用于约 1 亿台高端手机上，例如芬兰的手机制造商诺基亚。2007

年中期，公司起诉诺基亚侵犯了该技术的专利权，最终庭外和解。公司2预计2020年专利保护截止前，几十亿的手机还会应用这项技术。

该技术由公司的首席执行官于2001年单独开发，属于产品和工艺发明的结合。从2002年至2007年，尽管从未主动在公司的经营业务中使用该技术，但该技术与公司2有较高的战略关联性。因此该技术没有经营关联性。公司预计该技术会在各商业和工业的应用领域中有很高的潜力，而且也会带来巨大的收益。

➢ 内部交易管理

交易计划不是由公司2本身发起的，而是由独立顾问发起。外部开发活动的主要动机是将技术转化为货币。尽管该交易由公司2的首席执行官管理，但该技术是由外部顾问从投资组合中挑选出的。

公司2花费了7个工作日完成这项交易：5天时间用于准备；1天时间用于与预期买方谈判，尤其是尽职调查；剩余1天用于实施该交易。关于货币资源需求，公司2估计总成本为10多万欧元，其中包括拍卖费用和侵权诉讼成本。因此，这些成本动因主要是佣金和侵权诉讼费，以及为支付拍卖注册费和偿还侵权诉讼费所贷款项的利息费。

拍卖前，公司2试图在专利律师事务所的帮助下出售该技术，还有建立附属新公司，使其继续开发该项技术的想法。拍卖前，公司2还试图利用其他TMI，但是从未认真考虑过与其他公司联合建立合资公司。

公司2依然不了解该技术的买方。虽然公司2愿意转让附加知识，作为所有权转让的补充，甚至已经将附加知识提供给了买方，但是买方并没有要求转让任何的附加知识。因此，新旧技术所有者并不打算就这项技术在未来展开合作。

➢ 交易成功

公司2在2007年6月1日由OT在英国伦敦组织的拍卖会上售出一项无线多媒体文件传输专利技术，售价64.9万欧元。整个交易过程中，公司2对拍卖流程基本满意。整个交易过程中尽职调查、潜在买方识别、敏感信息披露、买方信息有限以及交易的复杂度这些方面都没有产生任何困难。公司2认为高额的佣金是这次拍卖的主要不利因素。

与议价谈判相比，公司注重的是交易流程快捷、流程透明度高、法律框架标准化以及收费结构简单。另外，公司2体会到了标准化的交易流程带来的部分优势，但是并未体会到与低廉的交易总成本、低廉的外部成本（例如雇佣专利律师事务所的成本）、高质量的技术评估、与议价谈判相比较高的出售价格、买方的低价预期以及对买方的知识转让有关的任何特殊优势。公司没有看到可能会以中低价格出售技术的任何优势，或者并不需要内部资源和专业知识的优势。

公司 2 认为拍卖公司在技术甄选、技术总体市场开发和在其他国家和行业的市场开发、潜在买方识别、潜在买方和卖方之间的信息交流支持、交易达成、标准化法律框架的规定以及整个管理进程方面发挥了特别有利的作用。公司 2 认为拍卖公司在降低交易总成本或提高公司技术投资组合的价值方面发挥了有利作用。

与该技术的开发和专利申请成本相比，公司 2 显然对出售价格完全满意；另外对交易的轻松简便和持续时间也很满意。公司 2 对交易结果完全满意。但是公司 2 建议在以后的拍卖中，应在尽职调查阶段向潜在买方详细说明所有有关的无形资产，特别是可能会抵触或侵犯某项技术的所有专利。

> 小　结

公司 2 在 2007 年 6 月 1 日由 OT 在英国伦敦组织的拍卖会上成功出售了这项无线多媒体文件传输技术，售价 64.9 万欧元。拍卖前，公司 2 试图在专利律师事务所的帮助下，或利用其他 TMI 在行业内部出售该技术，还打算建立一家独资附属新公司专门开发该项技术。尽管该技术的战略关联性一直很高，但公司 2 从未在其自身的经营业务中使用过该技术。

交易的动机仅仅是为了营业收入。公司 2 花费了 7 个工作日完成这笔交易。但是，公司 2 指出包括拍卖费用在内的总成本达 10 多万欧元。其他成本动因是拍卖前的侵权诉讼。

快捷的拍卖交易、高透明度的流程以及标准化的法律框架（尤其是合同）和收费结构是公司 2 看重的主要优点。但是，对公司来说其主要缺点是拍卖公司高昂的佣金。尽管佣金较高，但是公司对这笔交易仍然很满意。

分裂分子解析技术

公司 3 出售了一项专门为接触离子液体开发的技术，用于分子分裂的小型解析系统和为分离电化学反应中离子的场生成膜电极。该技术是一项产品和工艺结合的发明，可应用于工艺技术，特别是材料科学和纳米技术。

2002 ~ 2007 年，该技术与公司 3 的战略关联性适中。拍卖前，该技术在公司 3 几乎没有战略关联性。公司 3 从未在自身的产品中使用过该技术，该技术也从未促进过公司的销售。公司 3 预计该项技术在各行业的应用中拥有中等的市场潜力，收益潜力也适中。

公司 3 在拍卖开始 9 年前和另一家公司联合开发该解析系统。1999 年 6 月 16 日提出了第一项专利申请。场生成膜电极是在拍卖前开发的，2001 年 11 月 26 日申请了专利。该技术受两大同族专利的保护，其中包括 4 项欧洲专利、4

项日本专利和 3 项德国专利。膜电极单独受一项欧洲专利的保护。

> 内部交易管理

公司 3 不打算进一步开发该项技术，因此决定对外出售该技术。此外，公司想将其出售给公司经营领域之外的潜在买方。另外，公司打算积极参与 MfTI，在市场中获得一席之地，并利用公司自身经营领域之外的技术市场潜力。所需内部资源的缺乏和进一步开发该技术的组织障碍都不会影响公司拍卖该项技术的决定。

交易由公司 3 专利部门主管发起。该技术是在公司进行定期筛选及编制专利组合现状报告时选出的。专利部门主管负责出售计划。完成这笔交易总共需要 12 个工作日。10 个工作日用于计划和准备交易，剩余 2 个工作日用于实现该项计划。谈判阶段不需要任何重要工作。交易总成本预计在 1 万～5 万欧元。主要成本动因是内部资源（如工资）和拍卖公司费用。

拍卖前，公司 3 试图利用内部资源对外出售该技术，但未尝试寻求外部合作伙伴、专利律师事务所及另一家 TMI 的帮助。公司 3 怀疑技术买方是"专利流氓"，即获得 IP 资产后除从其他公司收取专利许可费外并不打算利用该技术的非实施实体。拍卖会后，公司 3 不愿意将附加知识转让给新的所有者，买方也未要求。因此新旧技术所有者不可能在未来展开合作。

> 交易成功

该技术于 2007 年 5 月 15 日在 IPA 组织的拍卖会上出售，售价 2.5 万欧元。整个交易过程中，公司 3 注意到了与拍卖公司之间的协调和组织问题。另外，公司 3 体会到准备拍卖会的艰辛而且公司认为拍卖成本太高。

另外，公司 3 认为在尽职调查中披露公司的敏感资料以及从拍卖会中排除潜在买方可能会错失出售机会，这些都是拍卖会的不利因素。公司 3 认为潜在买方的识别、交易的复杂度以及买方信息有限这些方面存在少数问题。与潜在买方的价格谈判不存在任何问题。

与议价谈判相比，拍卖会最突出的优势是交易快捷，并且可能会以较低或适中市场价格出售技术。交易总成本较低，略有优势。另外，公司 3 并未从提供知识转让这一情况中收益。标准化的交易流程、较低的外部成本、不需要内部资源、高质量的技术评估、买方较低的价格预期、标准化的合同和收费，以及高价出售的可能性等这些因素与公司 3 无关。

公司 3 选择通过拍卖会出售技术的突出原因是拍卖会的技术甄选和在其他行业的市场开发、潜在买方的识别、合同签订时提供的支持，以及拍卖公司提供的标准化法律框架。在其他国家的技术市场开发、为卖方和潜在买方的信息交流提供的支持，以及拍卖公司提供的交易管理这些因素与该公司的关联性不大。拍卖公司开展的技术评估和较低的交易总成本也与该公司无关。

公司 3 似乎对整体出售价格和交易的持续时间非常满意。但是，与技术的开发成本和专利申请费用相比，公司 3 对出售价格并不满意，并认为与议价谈判相比，拍卖的复杂度并不低。总的来说，公司 3 对交易并不是特别满意。公司 3 不具备拍卖公司处理交易的某些专业知识和经验。因此，公司 3 建议在以后的拍卖中利用专利律师事务所在技术和知识产权出售方面的专业知识。

> 小　　结

公司 3 成功出售一项从未在内部使用过的技术。该技术由两组同族专利构成，平均专利年龄为 8 年，售价 2.5 万元。该技术从未与公司有任何运营及战略关联性。拍卖前，公司 3 试图利用内部资源出售该项技术。公司 3 预计该技术在公司自身经营领域外的各行业中拥有中等的市场潜力，收益潜力也适中。

选择对外出售该项技术的原因是公司内部决定不再使用此项技术，而将其出售给公司自身经营领域之外的潜在买方。完成这笔交易需要 12 个工作日，交易总成本在 1 万 ~5 万欧元，主要的成本动因为拍卖费用和内部成本（如工资）。

拍卖的主要缺点是组织困难和高额的总成本。公司 3 提到拍卖会的主要优点有交易流程快捷，并有可能以较低或中等价值对外出售该技术。公司 3 认为拍卖公司在选择技术市场开发活动和识别潜在买方方面会发挥其特殊作用。但总体来说，公司对此次交易并不满意。公司 3 认为拍卖公司在此类交易方面经验不足，因此建议在以后的拍卖会中，向经验丰富的专利律师事务所寻求帮助。另外，公司对成本占出售价格的比例也不满意。

基于网络方法的芯片卡交易

公司 4 成功出售一种利用网络进行芯片卡交易的方法。芯片卡、中间件及为确保安全传输不同进程间通信所用的软件受到相关专利的保护。该技术可用于开放数据网络中的支付，同时该芯片还可根据特殊芯片类型的调整应用于特定交易中。可以使用各种方法对终端和网络之间的数据交流进行编码。软件可进行调整，因此该芯片有多种用途。

2002 ~2007 年，该技术与公司 4 的战略和运营关联性适中。与开发该项技术所需的研发费用相比（包括专利申请成本），拍卖前该技术还未达到正收益。预计在各行业的不同应用中拥有中等的市场和收益潜力。该技术由公司 4 单独开发，并于 2001 年 2 月 6 日申请了第一项专利。该技术分别受美国、澳大利亚和加拿大各 1 项专利以及 2 项专利世界范围的保护。但公司 4 仅在拍卖会上出售 1 项美国专利。

> 内部交易管理

决定对外出售该技术的原因主要是公司不再进一步开发该项技术。而且由于在未来更主动出售公司资产的战略决定，公司4计划在MFTI发挥更积极的作用。因此公司4想在市场中占有一席之地。另外，尽管该技术未在公司内部使用，但公司4相信它在公司经营领域之外的行业中有很大的应用潜力。

该技术由公司4通过对专利组合进行详细系统的评估后选出。公司4的许可委员会负责这一过程。公司花费了约11天的时间完成此交易：5天的时间用于准备交易，3天的时间用于谈判，剩余3天用于实现此交易。交易的内部成本在1万~5万欧元。主要的成本动因是内部工资。

拍卖前，公司4曾试图在内部使用该技术。但是在拍卖前公司4未试图对外出售该技术，但是已经将其他技术拍卖出售。公司4不了解该技术的买方。拍卖会后，新旧所有人并不打算有任何深入合作。公司4不愿意将与该技术有关的附加知识交付给买方，买方也未要求。

➤ 交易成功

该技术在2006年4月6日OT组织的拍卖会上出售，售价8.5万欧元。该交易由公司内部许可委员会发起。该交易最突出的问题是卖方不能将某些潜在买方从拍卖会中排除。另外，公司认为交易过程太复杂、总成本太高。公司认为在敏感资料披露、潜在买方信息有限以及尽职调查费用方面存在问题。但公司4认为在与拍卖公司的协调、潜在买方识别、价格谈判或内部组织方面不存在问题。

公司4体会到了在标准化的交易流程、高质量的技术评估以及标准化的合同方面的特殊优势。另外与议价谈判相比，拍卖会的其他优势还包括交易快捷、售价高、有可能以中低价格出售技术以及买方更现实的价格预期。

公司4体会到的次要优势包括交易总成本、需要的内部资源和专业知识较少以及流程的透明度高。标准化的收费结构对公司4来说似乎不算优势。另外，买方未要求转让附加知识也不算是优势。

公司4认为拍卖公司在总体技术市场开发和公司自身经营领域以外的市场开发方面，潜在买方识别、卖方和潜在买方之间信息交流、合同签订和交易管理方面发挥了特别有益的作用。此外拍卖公司还通过标准化的法律框架降低了交易总成本。公司4认为技术的甄选和评估以及在其他国家的市场开发都是次要的。

总体来说，公司4对交易完全满意。出售价格令人满意。与技术的开发和专利申请成本相比，与交易必需的资源和交易的快捷性相比，该出售价格较为合理。公司4在以后会考虑通过技术拍卖出售更多的技术。公司4认为拍卖会是外部开发技术的一种合适方法。

➤ 小　　结

公司4在2006年4月6日由OT组织的拍卖会上出售了这项网络文件传输

技术，售价 8.5 万欧元。该技术从未在公司内部使用。公司 4 出售该技术的主要动机是公司的战略决策决定不再进一步开发该技术，并要更加积极地参与 MfTI。

公司 4 认为技术拍卖最突出的问题是卖方无法将一些潜在买方从拍卖会中排除。公司 4 认为高质量的技术评估、标准化的合同以及标准化的交易结构是拍卖会特别有利的因素。拍卖公司特别在技术市场开发、潜在买方识别以及卖方和潜在买方之间的信息交流方面为公司 4 提供帮助。

总之，公司 4 体会到了交易积极方面。出售价格尤其令人满意。公司 4 以后要使用拍卖会出售技术的说法为这一结论提供了支持。

9.2.2　对比分析结果

对在 2005 年春季至 2007 年秋季举行的拍卖会上成交的 6 笔成功交易进行了调查。其中 4 笔技术交易的出售价格位居 6 场拍卖会中任意一场的首位或第二位。接下来笔者会采用跨案例分析法对这 4 笔交易进行比较。结构与前面的描述性分析相似。作为理解不同交易管理之间异同点的基础，首先笔者会对各位卖方（尤其是他们的管理能力）和各项技术进行比较。其次，从交易的内部管理方面比较这 4 个案例。最后，将公司对拍卖流程优缺点的评价与议价谈判的优缺点进行比较，并讨论拍卖公司在交易过程中发挥的作用，即公司如何看待通过技术拍卖进行成功交易的这个问题。

如表 9.5 所示，2004 年，技术的对外开发（ETE）与两家公司（公司 2 和公司 3）有高度关联性。ETE 与公司 1 在日常业务中的关联性适中，与公司 4 的关联性较低。2007～2010 年，ETE 与公司 2 业务的关联性仍处于较高水平。ETE 与公司 1 的关联性较低，直至 2010 年这一关联性仍然处于较低水平。ETE 与公司 1 的关联性较低，并一直处于中等水平。只有 ETE 与公司 4 的关联性增加，2004～2007 年升至中/高水平，并保持至 2010 年。因此预计未来 ETE 与 4 家公司中 3 家的关联性会继续保持中等或较高水平。

两家中小企业专门用于 ETE 的资源比两家大型企业少，并且未使用制度化的工具（如使用商业数据库）来管理专利，也没雇用专门的专利经理。但是公司 2 的业务活动集中在专利战略的实施上，因此假设公司有能力雇用一些专利管理人员就很合理了。两家大型公司（公司 3 和公司 4）都设立了专利管理部门，并利用专利管理软件和专门的数据库。

公司 4 甚至还设立了知识产权委员会，定期评审公司的专利组合，并拥有特别专注于 ETE 的明确且具有特定要素的专利战略。由此得出，这 4 家公司中公司 4 具有最高的专利管理能力。但是除了较低的 ETE 能力外，两家中小企业的交易额却相当突出。

如表 9.6 所示，4 项技术的卖方代表两组样本，分别为两家中小企业（公司 1 和公司 2）和两家大型企业（公司 3 和公司 4）。所有公司都积极参与不同的业务。公司 1 主营生物技术和纳米技术。位于芬兰的公司 2 专注于专利计划的实施；公司 3 主营化学制品和药物；公司 4 主要涉及能源、电力和工业业务。公司 2 是最小的公司，只有一名员工，公司 4 是最大的公司，拥有 40 万名员工。

表 9.6 技术属性的比较

公司缩写	公司 1	公司 2	公司 3	公司 4
卖方类型	中小企业[a]		大型企业	
交易额（欧元）	50000	649044	25000	85178
开发技术	制造特殊表面的工艺	基于文件的无线多媒体数据传输技术	小型解析系统	网络环境中使用芯片卡确保交易安全的方法
应用领域	加工技术、纳米技术、化学	无线电通信技术（无线、移动电话、光学）	加工技术、纳米技术、化学	无线电通信技术（无线、移动电话、光学）
专利平均年龄（年）	6.1	5.5	7.0	8.1
专利保护事项（产品/工艺）	工艺	组合	组合	工艺
开发	内部单独开发	内部单独开发	联合开发	内部单独开发
卖方的战略关联性（2002/2007）	高/低	高/高	中/高	中/中
卖方的运营关联性（2002/2007）	高/低	低/低	低/低	中/中
拍卖前达到的正投资回报率[b]	无	无	无	无

注：

a. 中小企业的定义遵循欧洲标准。

b. 已出售技术的投资回报率。

其中 3 家公司（除了公司 3）出售的技术均由公司内部单独开发。公司 3 出售的技术由公司与其他公司联合开发。两家公司出售的是工艺技术，其他公司出售的是产品 - 工艺组合技术。没有公司出售专门的产品技术。根据申请日期（多项捆绑专利的平均日期）来衡量技术年龄，其中没有一项已出售技术可称为传统或新兴技术。但是大型企业出售的技术年龄比中小企业出售的技术平均少 1.8 年。技术的平均年龄为 6.67 年。

公司 3 出售的技术所含专利数量最多，但售价最低。第二大型公司（公司 4）出售的技术售价排第二，但只包含 1 项专利。售价最高的技术由一家中小企业（四家企业中最小的企业）出售，含有 3 项专利。

2002 年由两家大型企业（公司 3 和公司 4）出售的技术的战略关联性适中。公司 3 的关联性最近有所降低，但是公司 4 的关联性仍处于中等水平。中小企业中，2002 年两项技术的关联性都较高。2007 年以前公司 2 的关联性一直很高，公司 1 的关联性已降至较低水平。公司出售的技术在 2002 年与公司具有较高的运营关联性，2007 年降至较低水平。公司 2 和公司 3 的技术运营关联性较低并且一直保持较低水平，但是公司 4 的技术运营关联性一直处于中等水平。出售前各项技术均未达到正投资回报。

技术交易额与卖方认为的经济潜力（表9.7）之间的比较体现了两者之间的差异。公司 2 明确指出其技术在众多不同领域的不同应用范围中具有较高的经济潜力，潜在销售总额也较高。因此，需要注意的是公司 2 关于这项技术与一家大型公司卷入一场侵权诉讼，这一点可以认为是该技术拥有高经济潜力的良好表现。公司 4 技术的出售价格位居第二，但是技术的经济潜力却显示处于平均，甚至中等水平。

表 9.7　技术预期价值

出售技术在公司业务范围以外领域的经济价值	公司 1	公司 2	公司 3	公司 4	平均值（m_c）
交易额（欧元）	50000	694044	25000	85178	20231
a）不同应用范围	3	4	2	2	2.75
b）在不同行业的应用潜力	4	4	2	2	3.00
c）潜在销售总额	2	4	2	2	2.50
平均值（m_i）	3.0	4.0	2.0	2.0	2.75

注：从 0（小／低）～4（大／高）的五点李克特量表。

比较两组公司对于技术经济潜力的认知，得出两家中小企业均认为其技术拥有的经济潜力（ϕmi（SME）=3.5）高于大型企业所出售技术的经济潜力（ϕmi（LF）=2.0）。与大型企业所出售技术的交易额（ϕTV（LF）=5.5 万欧元）相比，中小企业所出售技术的平均交易额（ϕTV（SME）=35 万欧元）较高。上述观察结果与该现象一致。

➤ 内部交易管理

如表 9.8 所示，大型企业的两笔交易由负责 ETE 活动的部门或专利部门主管（公司 3）或许可部门（公司 4）发起。公司 1 的交易由公司首席执行官发起，而公司 2 的交易却由外部机构发起。两家中小企业中，最高管理层（如首席执行官）负责该交易，而在大型企业中，交易由专门的部门（如专利部门或许可委员会）负责。

表 9.8 技术交易的内部管理

公司缩写	公司 1	公司 2	公司 3	公司 4
卖方类型	中小企业 *		大型企业	
项目发起者	首席执行官	外部团体	专利部门负责人	许可委员会
项目领导者	公司主管	首席执行官	专利部门	许可委员会
项目主要动机	不对技术进行深层开发的战略决策	产生收益流	不对技术进行深层开发的战略决策	不对技术进行深层开发的战略决策
拍卖前的开发	内部利用另一 TMI 的支持	内部利用专利律师事务所作为资产分割人	利用内部资源	利用内部资源
交易成本	10000～50000 欧元	大于 100000 欧元	10000～50000 欧元	10000～50000 欧元
主要成本动因	给拍卖公司的佣金、注册费	佣金、诉讼费、利息费用	薪金、佣金	必要时间
必要资源（工作日）	14	7	12	11
计划阶段	10（71%）	5（71%）	10（83%）	5（45%）
谈判阶段	1（7%）	1（14%）	0（0%）	3（27%）
实现阶段	3（21%）	1（14%）	2（17%）	3（27%）
买方	未知	未知	未知（有可能为专利流氓）	未知
拍卖后需转交的附加知识	无	无（即使公司有此意愿）	无	无

注：* 中小企业的定义遵循欧洲标准。

这几项交易中，出售技术的主要动机大同小异。其中 3 家发起这项出售计划的动机是公司做出战略决策，不再进一步开发这项技术。但是公司 2 的经营模式为专利策略的实施，因此它发起这项交易的主要动机是从中获得营业收入。而且各公司也指出了其他重要动机。公司希望进入技术贸易业务、表明参加 MfTI、识别自身经营业务范围外的潜在买方以及技术未在公司内部使用的事实，都是很重要的动机。因此财务动机和战略动机驱使公司选择技术拍卖作为技术外部开发的渠道。

拍卖前，所有的公司都曾试图通过其他方式出售技术。公司 2 曾试图在专利律师事务所的帮助下在自身资源中广泛利用该技术，甚至考虑过建立一家附属新公司。尽管两家跨国公司都尝试过利用自身的内部资源出售技术，第二家中小企业（公司 1）曾试图在 TMI 的帮助下对外出售技术。

3 家公司为完成交易花费的费用在 1 万 ~5 万欧元。只有公司 2 的交易成本非常高，超过了 10 万欧元。公司 2 解释说这些高额费用与佣金占出售价格的比例以及拍卖前侵权诉讼的诉讼费有关。3 家公司均认为交易的主要成本动因是拍卖公司收取的比例佣金。另外，两家大型公司还提到内部工资和"必需的时间"也是交易计划的重要成本动因。

完成交易所需的时间从 7 个工作日（公司 2）到 14 个工作日（公司 1）不等。其中 3 家公司需要额外的 10 个工作日完成交易。两家大型公司完成交易需要的资源很相似，大约需要两周。公司完成交易所需的平均时间为 11 个工作日。

详细分析三个流程阶段中的工作量分配后（采用 Lichtenthaler 模型（2006b）区别 ETE 流程模型，见第 3 章），发现所有公司在计划阶段都耗费了主要资源。在该阶段平均耗费三分之二的资源。最终阶段和实现阶段平均花费 20% 的资源，而谈判阶段耗费了大约 10% 的资源。只有公司 4 的资源分配稍微不同。该公司在计划阶段耗费了几乎 50% 的资源。剩下的 50% 在其他两个阶段中平均分配。这些结果表明与议价谈判相比，公司尤其在谈判和实现阶段节省了资源。这可能是因为拍卖公司进行谈判（在现场拍卖活动中多项技术一起进行）并为交易的实现提供标准的法律合同。实现交易所需的资源可以解释卖方在拍卖后期阶段都不进行附加知识转让的原因。事实上，买方们也都没有要求进行附加知识转让。除公司 2 以外，其他 3 家公司甚至不愿意转让附加知识和在它们已出售的技术上耗费更多资源。尽管公司 3 怀疑其买方是专利流氓，但 4 项技术的所有买方在交易后仍使用匿名身份，因此卖方们并不知道买方的身份。

➤ 交易成功

在第二个预研究中，笔者对了解卖方如何看待与议价谈判相比技术拍卖的优缺点特别感兴趣。另外，拍卖公司作为试图推动交易的 TMI，笔者想了解公司如何看待拍卖公司发挥的作用。

如表9.9所示，通常来看，所有公司均同意拍卖仅存在少数问题（整体 m_i 为1.43）。一般来说，中小企业之一——公司1对专利拍卖的质疑程度最高（ $m_i = 2.1$ ）。该公司这3项的值得分最高（与潜在买方的谈判价格、交易总成本和公司敏感信息的披露）。目前公司2的售价最高，它认为拍卖存在的问题最少（ $m_i = 0.3$ ）。

表9.9 交易中预期的潜在问题

拍卖会可能存在的问题	公司1	公司2	公司3	公司4	平均值（ m_c ）	M_1	M_2	M_3	M_x
a) 准备尽职调查作出的努力	0	0	3	2	1.25	0	0	1	0
b) 与拍卖公司的协调问题	1	0	3	0	1.00	1	1	0	0
c) 识别潜在买方的难度	1	0	1	0	0.50	1	1	1	1
d) 与潜在买方的谈判价格	4	0	0	0	1.00	1	1	0	0
e) 交易的复杂度	3	0	3	2	1.50	0	0	1	0
f) 交易总成本	4	3	3	2	3.00	1	1	1	1
g) 公司敏感信息的披露	4	0	2	2	2.00	0	0	1	0
h) 无法选择/排除某些竞买人（如竞争对手、专利流氓）	3	0	2	3	2.00	0	0	1	0
i) 内部组织困难	1	0	4	0	1.25	0	1	0	0
j) 潜在买方的有限信息	0	0	1	2	0.75	1	1	1	1
平均值（ m_i ）	2.10	0.30	2.00	1.30	1.43				

注：等级范围为0（没有问题）至4（问题很严重）。

公司同意全部3项时，就用三重衡量标准 M_x 表示。如表9.9所示，所有卖方都同意交易总成本存在问题（主要与佣金的相对特性有关）。相反，公司都同意潜在买方识别不存在问题。令人惊讶的是，这一问题在先前的文献中是技术交易的主要问题（见第3章）。这一问题似乎通过拍卖交易的治理结构有所改善。另外，所有公司均同意虽然潜在买方的信息有限但并不影响达成交易。

除了采用 M_x 指标时出现的几项外，上述3项的评分均高于整体平均值（ $m_i = 1.43$ ），表示至少有些公司认为这几项存在问题。其中3家公司对公司敏感信息披露和无法选择/排除某些竞买人（如避免将技术出售给竞争对手或专利流氓）的评分很高。另外交易复杂度的值 m_c 略高于整体平均值。

如表9.10所示，笔者从文献中发现了与议价谈判相比拍卖会可能具有的

13 项优势。与平均值 m_i 相比，两家中小企业认为拍卖会存在的优势比大型企业认为的优势多。但是中小企业的整体平均值（$m_c = 1.67$）并不是很高。采用 M_x 计算，3 项的值似乎存在相关性。公司均同意其中 2 项（外部成本较低和不要求转让附加知识）的优势较突出，2 项的值均低于整体平均值。所有公司均同意标准化的法律合同是一项特殊优势。

表 9.10　认同的技术拍卖交易的优点

拍卖会可能存在的优点	公司1	公司2	公司3	公司4	平均值（m_c）	M_1	M_2	M_3	M_x
a）交易流程加速	0	4	2	2	2.00	0	1	1	0
b）交易流程的总成本较低	2	2	1	1	1.50	0	1	1	0
c）外部成本较低（如支付给专业的专利律师事务所的费用）	1	2	0	1	1.00	1	1	1	1
d）需要的内部资源和专业知识较少	3	0	0	1	1.00	1	1	0	0
e）标准化的交易流程	3	3	0	3	2.25	0	1	1	0
f）高质量的技术评估	3	2	0	3	2.00	0	0	1	0
g）出售流程透明度高	4	4	0	1	2.25	0	1	1	0
h）出售价格较高	2	2	0	2	1.50	0	1	1	0
i）可能会以中低价格出售技术	4	0	2	2	2.00	0	1	1	0
j）可降低买方们不合理的低价预期	2	2	0	2	1.50	0	1	1	0
k）标准化的合同	3	4	0	3	2.50	1	1	1	1
l）标准化的一次性付款	1	4	0	1	1.25	0	1	0	0
m）买方不要求转让额外的专业知识	1	2	1	0	1.00	1	1	1	1
平均值（m_i）	2.10	2.00	1.30	1.30	1.67				

注：等级范围为 0（没有优势）至 4（很有优势）。

但是将每项的 m_c 值与整体平均值（$m_i = 1.67$）相比会发现很多项都存在优势。3 家公司认为标准化的交易流程是一项优势，其评分位居第二。另外两家中小企业均同意出售流程的高透明度是一项优势。而且这 3 项的评分均高于整体平均值。这 3 项包括交易流程加快、高质量的技术评估以及可能会以中低价格出售技术。

为了更好地理解公司注重拍卖公司提供的哪项帮助，笔者特意询问了卖方关于拍卖公司在交易中发挥的作用（结果在表 9.11 中给出）。从测试的 11 项来看，该表与之前的表很相似。关于拍卖公司在交易中发挥的作用，其中 8 项的 M_x 值均为 1，再看 m_c 值，各公司均认为拍卖公司在 4 项任务中发挥了很有益的作用（评分超过 3）。这 4 项包括（按评分值降序排列）交易达成、提供标准化的法律框架（包括合同），以及在谈判阶段为卖方和潜在买方之间的交流提供的支持和一般流程管理（两者并列）。两家中小企业均认为拍卖公司发挥的作用适中；公司 4 认为拍卖公司的作用最大，相反，公司 3 认为拍卖公司发挥的作用最小。另外，剩余 7 项中的 3 项（其中 M_x 为 1 的 3 项）的值略高于平均值（m_c）。这 3 项包括特定技术的甄选、公司自身业务范围外的技术市场开发，以及潜在买方的识别（交易匹配）。各公司均同意拍卖公司在技术/专利组合评估方面发挥的作用很重要。但是各公司对拍卖公司在总体技术市场开发和其他国家的技术市场开发，以及交易总成本的降低方面发挥的作用看法不同。

表 9.11　拍卖公司在交易中的作用

拍卖公司的重要性	公司1	公司2	公司3	公司4	平均值（m_c）	M_1	M_2	M_3	M_x
a）特定技术的甄选	3	4	2	1	2.50	1	1	1	1
b）技术/专利组合评估	1	1	0	1	0.75	1	1	1	1
c）技术市场开发：									
1. 总的来看	1	4	1	4	2.50	1	0	1	0
2. 其他国家	2	4	1	0	1.75	0	1	0	0
3. 公司自身业务范围以外	0	4	2	4	2.50	1	1	1	1
d）潜在买方识别	0	4	2	4	2.50	1	1	1	1
e）为买卖双方之间的信息交流（谈判）提供的支持	3	4	1	4	3.00	1	1	1	1
f）交易达成	4	4	2	4	3.50	1	1	1	1
提供标准化的法律框架（包括标准合同）	4	4	2	3	3.25	1	1	1	1
h）一般流程管理	3	4	1	4	3.00	1	1	1	1
i）交易总成本的降低	1	0	0	3	1.00	1	1	0	0
平均值（m_i）	2.00	3.36	1.27	2.91	2.39				

注：等级范围为 0（不重要）至 4（很重要）。

最后，笔者对公司认为的交易成功度进行了评估。总体来说，公司认为拍卖很成功。如表 9.12 所示，所有成功项目中的整体平均分（ϕm_i）为 2.5。最后 5 项的 M_x 值均为 1，进一步证明了这一结果，为此笔者还询问了公司对拍卖成功的整体看法。从两组企业的平均 m_i 值可以看出，中小企业（ϕm_i = 3.2）认为的拍卖会成功度高于大型公司（ϕm_i = 1.8）认为的成功度。另外，比整体平均值高的 m_c 值表示各公司认为拍卖会在交易的便利性方面（如拍卖公司的支持和绝对出售价格）取得了特别成功。

表 9.12　成功交易汇总

交易满意度	公司 1	公司 2	公司 3	公司 4	平均值（m_c）	M_1	M_2	M_3	M_x
交易量（欧元）	50000	649044	25000	85178					
a）绝对实现价格	1	4	2	3	2.50	1	0	1	0
b）销售价格与自身技术成本支出对比（包括开发、管理、专利申请费）	3	4	0	2	2.25	0	1	1	0
c）资源支出/交易总成本	2	4	0	2	2.00	0	1	1	0
d）交易便利性（如，拍卖公司支持）	4	4	2	2	3.00	1	0	1	0
e）正常值	2	4	1	4	2.75	1	1	1	1
平均值（m_i）	2.40	4.00	1.00	2.60	2.50				

另外，笔者发现所有项目的成功度平均值（m_i）与出售价格的排序完全相关。4 家公司中，公司 2（出售价格最高）认为拍卖会所有 5 个成功项的成功度较高（m_i = 4.0），而公司 4（出售价格位居第二）认为拍卖会的成功度略低（m_i = 2.6）。公司 1（出售价格位居第三）认为拍卖会成功度（m_i = 2.4）位居第三；公司 3（出售价格最低）认为拍卖会成功度最低（m_i = 1.0）。

另外还向每个公司询问了完善拍卖设计的建议。只有公司 3 和公司 2 提供了建议。公司 3 建议如果拍卖公司能够完善专利评估方面的专业知识，并在拍卖流程方面（如合同设计）给卖方更多的操作自由（灵活性），这会对拍卖设计很有益。另外公司 3 还建议采用其他专业的专利律师事务所。公司 2 建议在营销材料（如拍卖目录）中加入专利涉及的诉讼状况信息。

> 小　　结

总之，本研究对代表两组样本的 4 项成功的技术交易展开了调查，其中两项交易的卖方为中小企业，另两项交易的卖方为大型企业。所有公司在试图通过其他方式出售技术未成功后，均通过技术拍卖成功出售了各自的技术。交易额在 2.5 万 ~ 65 万欧元，平均值为 20.2 万欧元。出售技术的主要原因是公司的战略决策决定不再进一步开发这些技术。

就交易管理而言，两家中小企业的最高管理层负责主导交易，而两家大型公司中则有专门部门（如专利部门或许可委员会）负责。不管公司规模大小，各公司开展交易耗费的资源相似，即平均 11 个工作日，或低于 5000 欧元。与议价谈判相比，公司节省了资源，尤其是在交易流程的谈判和实现阶段。支付给拍卖公司的佣金是交易的主要成本动因。交易达成后，卖方仍然不知道技术买方的身份，因为卖方和潜在买方之间的所有合同和信息交流（如尽职调查阶段）都是通过拍卖公司的渠道进行的。除转让所有权外，买卖双方之间没有达成要求或约定进行附加知识的转让。

与议价谈判相比，本研究结果表明公司认为拍卖设计只存在少数问题。但是，各公司均认为交易总价格（主要是佣金）过高。通常寻找潜在买方是技术交易的一个障碍，现在各公司同意这一问题似乎已经被技术拍卖设计解决了。可能是因为这一任务被外包（分配）给了拍卖公司，拍卖公司可以通过联合营销和标准化（如标准化的合同）获得规模效益。卖方认为潜在买方信息的缺乏并不会造成任何问题。这可能是因为公司出售的技术与它们的业务不再有任何战略关联性。但是公司表示其敏感信息的披露和无法选择/排除某些潜在买方是技术拍卖设计的两项不利因素。

各公司均认为标准化的合同是拍卖会的一个主要优点。另外，与议价谈判相比，标准化的交易流程、高透明度、快捷的交易流程和高质量的技术评估都是拍卖的优势。总之，各公司认为拍卖会是一个可以以中低价格出售技术的合适渠道。

卖方高度评价了拍卖公司在整个交易过程中提供的支持。各公司指出了拍卖公司在各种任务中发挥的重要作用。在交易谈判阶段，拍卖公司在达成交易、提供标准化的法律框架（包括合同）、为卖方和潜在买方之间的信息交流提供支持方面发挥了显著的作用。另外，卖方还认可了拍卖公司在一般流程管理中扮演的流程负责人的角色。各公司认为交易便利性也是特别成功的一个方面，也反映了卖方对技术拍卖的认可。

9.3 结果综述

这部分对解决第一个具体研究问题的预研究进行了总结。另外，为了解决本研究的第二个具体研究问题，笔者作出了研究假设，这一假设在定量研究中得到验证。该部分综合了两项关于拍卖流程架构研究的结果和成功交易，还补充了一些先前文献中关于技术出售交易治理（第 3 章）、拍卖文献（第 5 章）和交易治理结构（TGS）（第 7 章）的见解。Lichtenthaler（2006a）的 ETE 流程模型以及 Kumar 和 Feldman（1998）的拍卖流程模型均用来合理理解所研究拍卖会的 TGS。然后笔者作出了用于解决第二个研究问题的假设。根据交易成本理论，以 Williamson（1979）的选择治理结构的理论框架为概念基础。

9.3.1　技术拍卖的 TGS

第一预研究的结果显示，根据 Lichtenthaler（2006a）的 ETE 流程模型，技术拍卖的 TGS 可以分类为三个阶段，每个阶段都以一个重要事件为特点。第一个阶段是拍卖前阶段（计划阶段），开始于拍卖公告。这个阶段中，拍卖公司邀请卖方进行注册并提交打算在下一次拍卖会中拍卖的技术。然后拍卖公司将提案收集起来，对它们进行内部评估。

第二阶段开始于拍卖目录的发布，目录中包含入选的技术。初次价格谈判发生在尽职调查阶段（谈判阶段），价格谈成即构成潜在买方的支付意愿（即无差异价格）。但是实际价格谈判（竞拍开始和结束）发生在现场拍卖活动中。在拍卖后期阶段（实现阶段），正式进行转账，转让所有权（即知识产权）和最终补充（隐性）知识，并进行拍卖后谈判。

第二预研究的结果显示，技术拍卖的 TGS 基本符合标准。在很大程度上，卖方和潜在买方调整交易组织规则的机会受到限制，而如果公司自主管理交易，在议价谈判中公司通常会调整规则。图 9.3 阐述了所研究技术拍卖中的 6 个确定因素，使 TGS 更加标准化。以下各部分将根据拍卖流程的年代顺序对其展开讨论。

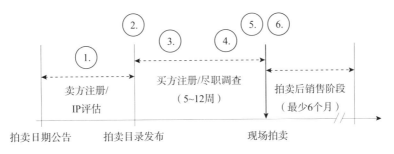

图 9.3　技术拍卖的 6 个标准化因素

第一，在计划阶段，拍卖公司向卖方收取标准化的参与费。表明标准化的参与费可以降低交易的复杂度。拍卖公司不需要单独与每项交易的每个参与者谈判费用。拍卖公司使用这些费用对提交的资产进行内部评估。如果技术已经过明确评估并入选拍卖会，拍卖公司就开始进行搜索，寻求潜在买方。

第二，这些搜索活动使 TGS 更加标准化。完成拍卖会的技术甄选后，拍卖公司开始对所有技术进行营销活动，主要方式为拍卖目录。卖方只需要提供技术信息，卖方收集后编成拍卖目录。目录中，所有的技术都以一种类似的标准方式呈现，主要涉及专利文件中包含的信息。不会单独突出某项技术的细节或显著特点。拍卖公司通过在各行业的众多潜在买方中散发拍卖目录（即技术汇编）进行营销，否则每个卖方就不得不单独为每项技术开发市场。因此拍卖公司可以实现规模效益，从而降低交易成本。卖方自身不需要参与到市场开发活动中，而是将这项任务外包给拍卖公司。因此如 TMI 的定义概述（第 4章），拍卖公司也承担着经济风险。如果技术未出售，拍卖公司必须承担为达成交易付出的相关已支付成本——尽管这些成本一定程度上都来源于参与费。但是拍卖公司并不具有技术资产所有权，因此拍卖公司属于经纪人，而不是通常具有资产所有权的交易商。

第三，当潜在买方在谈判阶段表达出购买技术的意愿时，他们必须支付标准的买方参与费，以获得更详细的信息（例如技术的开发状态及相关专利的权利证书），便于对与技术有关的法律、技术和经济问题进行深入评估（尽职调查）。然后，所有潜在买方缴纳的费用标准相同，避免了单独谈判，从而降低了 TGS 的复杂度。拍卖公司使用这些费用支付验证买方身份、信用评级、提供必要文件、在以后的拍卖流程中协助买方，以及为尽职调查提供必要的基础设施（即尽职调查虚拟数据库）所需的各种费用，再次形成规模效应，从而降低交易成本。

第四，为方便买方评估技术，拍卖公司提供了虚拟数据库，该数据库通常由第三方服务供应商管理。如第 3 章强调的一样，信息不对称表示潜在买方需要克服技术交易的内部障碍。法律、技术和经济问题都需要仔细地检查，因此评估技术和有关 IP 资产时经常遇到困难，而且评估很消耗资源。这经常需要卖方和潜在买方进行频繁的交流。因此要认真看待每一笔交易中的尽职调查，它意味着要对不对称信息进行调整。尽管拍卖公司在尽职调查阶段选择了专业的服务供应商，性能广泛又灵活，但是虚拟数据库的灵活性还是低于现场亲自进行尽职调查的灵活性。卖方和潜在买方交流信息或要求提供并验证可用数据信息（明文或编码形式）的行为受到限制。例如，仍然很难在虚拟数据库中对技术原型和大幅图纸进行评估。潜在买方为了保持匿名身份，通过拍卖公司与卖方交流，因此面谈（例如与主要投资者的面谈）又受到了阻碍。另外，所有技术的尽职调查持续时间也是统一的。但是，评估一项复杂的技术（即含有一系列同族专利的技术）通常比评估一项简单而独立的技术（如只含有一项发明和/或一项专利的技术）需要更多的时间和资源。因此所有的相似技术均采用同一家服务供应商提供的标准化虚拟尽职调查流程并规定相同的持续时间，这也使 TGS 的要素更加标准化。[22]

第五，拍卖公司在实现阶段提供标准化的法律框架，包括标准化的合同，合同规定了 IPR 转让、支付方案和费用等。总之，预研究表明卖方认为这些标准化的框架为有利因素，而他们并不认为买方以匿名身份购买技术有任何问题。但是标准化的法律框架使买卖双方无法根据技术的实际情况对合同进行个别调整。例如，无法通过指定包含单独协商专利费税率和其他条款（如回授条款）的费用方案来解释技术不确定性，只允许一次性付款。但是，卖方认为其不利因素是标准化的法律框架使他们无法排除某些潜在买方，例如卖方的直接竞争对手，卖方通常不会将技术出售给他们，也不会向他们提供特定技术的许可。因此，尽管标准化的法律框架可以降低交易成本，但卖方的反应却表明他们认为合同过于标准化了。

与技术拍卖中使用的合同相比，议价谈判中通过传统方式形成的合同（包括合同签订前的意向书和谅解备忘录）具有更高的灵活性。该类合同通常是根据具体情况形成的，并且有时会寻求专业专利律师事务所的帮助，而大型公司有时会寻求具备相关能力的内部专利许可部门的帮助。因此，这些单独设计的特殊合同虽然具有很高的灵活性，但是通常会很昂贵并且很耗费资源。根据 Bessy 和 Brousseau 的研究（1998：456），技术和知识转让合同的性质导致交易成本相对较高。与此相反，拍卖公司制定和标准化法律框架以及各种技术使用的标准化合同使 TGS 更加标准化。这使买卖双方无法根据自身需求和特定的技术特性调整 TGS，从而进一步降低交易成本。

第六，拍卖公司通过固定佣金（相当于卖方溢价的 15% 及买方溢价的 10%）使 TGS 更加标准化。另外，这一标准化避免了对第三方费用（如议价谈判中向专利律师事务所支付的费用）进行单独具体的谈判。尽管这些费用提升了交易流程的透明度，但是拍卖公司未对这些费用进行细分，一些卖方对此有所不满。卖方认为对高价值的技术来说，费用过高。由于这些费用的相对特性，高价值技术的费用较高，使交易成本超过了拍卖公司付出的管理成本。因此，预研究显示拍卖会对高价值技术卖方（及潜在买方）的吸引力较小，因为其佣金太高，议价谈判就变得更有优势（即潜在利益更高）。可以通过设定最高佣金或根据交易价值增加逐渐降低佣金比例来完善佣金方案。

总而言之，预研究表明拍卖公司通过上述 6 个因素使 TGS 更加标准化。从而也降低了 TGS 的复杂度（见图 7.2）。接着，交易成本会因规模效益、大量专业知识以及拍卖公司利用各行业内的客户网络而显著降低。[23]预研究表明拍卖公司收取的佣金占据了买卖双方交易成本的主要部分，而参与成本仅占一小部分。此外尤其是在计划阶段，公司为准备尽职调查文件还会产生一些内部成本（主要是工资）。

在 TGS 的连续线上（见图 7.1），技术拍卖会似乎更加接近右极端。虽然人们需要考虑其交易的复杂度，但技术拍卖几乎是"现货市场交易"的代表。根据第 7 章中 Williamson（1979）提出的 TGS 的框架逻辑，希望技术拍卖会高度标准化的 TGS 能够为可拍卖的技术制定一些限制条件。这样技术拍卖的 TGS 就更加适合于某些技术了。根据第 6 章的介绍，技术拥有不同特性，如技术复杂度、不确定性以及对未来技术开发的影响。为了更好地认识 TGS 更适合哪类技术，以后的定量研究会更深入地研究这个问题。

与技术拍卖的 TGS 相反，传统的议价谈判通常在私下进行，双方设定相关事项，而且通常主要是由大型公司的双方内部专利许可部门之间进行直接谈判。每项技术交易、特殊合同、专利费用方案和知识转让协议都是根据个例单独制定的，通常需要专利律师事务所的帮助。因此与技术拍卖相比，传统技术交易的 TGS 的灵活性更高。因此，在图 7.1 呈现的连续线上，这种 TGS 更加接近左极端。可以进一步证明，由于交易频率低，技术的高度特殊性以及 Mf-TI 的障碍，这种特殊的 TGS 应运而生，成为技术交易的最佳方法。显然对可以通过内部专利及许可部门建立并处理非常特殊的 TGS（如拥有各种资源设计特殊合同）的大型公司来说，这些传统交易更加可行。这与 Ruzzier（2009：1）的观点一致，即交易成本经济学反复强调的一点就是资产越特殊，垂直整合就越优化。特殊交易更加青睐于那些根据特定需要和有关人员要求（如制定专门的专利费用方案）单独设计的合同。

拍卖公司试图建立一种新型交易模式降低技术交易（即异质的、高特定性的资产的交易）的交易成本。以后章节中会对可降低的程度进行探讨。在本研究的剩余部分，笔者更深入研究了之前提到的观点，并对其预期结果进行了探讨。如果资产特殊性和交易频率决定了 TGS 的选择，那么就没有人能预料到 TGS 的调整会对通过此种 TGS 进行交易的技术类型产生影响吗（即技术特性的表现方式）？根据这一推理，下面笔者会对带有自身特性的技术以及代表恰当交易模式的拍卖提出假设，并进行验证。

9.3.2　拍卖技术的假设

为解决这次研究的第二个具体研究问题，笔者根据预研究的结果和先前文献（见第 3 章）提出假设。[24]在之前的章节中，笔者得出的结论是所研究技术拍卖的 TGS 为高度标准化的。因此技术拍卖的交易组合机制在 TGS 连续线

（图 7.1）上更加接近右极端，代表现货市场交易。相反，更倾向于传统技术交易的议价谈判（灵活性高，但资源耗费量大）更加接近左极端。这种转变使 TGS 更加标准化，低交易成本的技术交易频率提高，但是同时也产生了对这种 TGS 是否同样适合所有技术类型的质疑。根据第 7 章中 Williamson（1979）的观点，笔者怀疑情况是否是这样。笔者认为技术是不平等的，可以根据某些特性（第 6 章）对它们进行区分，并且根据这些特性可以确定技术拍卖是否是首选的交易模式。关于技术特性的探讨和检验，可获得的资料有限，数据组编制也因此受到限制。在以下章节中，笔者对可以根据可利用资料实施的特性提出假设。

> 技术的复杂度

第 6 章中，技术的复杂度是用日益复杂的技术趋势定义的。技术可以包含单独一种组件（即技术发明受一项专利的保护），也可以包含一组补充组件（即多种发明和数项专利）。第一种情况指的是独立技术，而第二种情况指的是复杂技术。因此技术中的组件数量越多，技术的复杂度就越高。另外，第 6 章对与众不同的技术特性进行了探讨，认为其阻碍了技术价值评估（例如，专利的无形性、技术和经济方面以及它们的独特性）。准备谈判或交易时，潜在买方通常会进行深度的尽职调查，以验证技术是否包含所有有关的 IP 资产，尤其是所有技术组件的专利，以确保技术应用的自由。接着讨论了技术拍卖的 TGS 是否适合复杂技术的交易。

显然，对于含有多种组件的复杂技术（及相关专利）来说，为降低投资风险而进行尽职调查要比独立技术消耗更多资源。如上所示，拍卖公司采取措施为潜在买方的尽职调查提供支持。本研究中涉及的两家拍卖公司都采用了虚拟网上数据库。如今网上数据库已得到普遍应用，甚至拓展到了更复杂的大型企业收购中（Spedding，2008），必须把它们看作技术交易的一种恰当措施（Lord 和 de Mergelina，2004）。

但是技术拍卖的 TGS 有两个主要缺点。首先，潜在买方的尽职调查持续 5～12 周不等，平均为 7 周，时间相对有限。该时间是否充足尚不清楚。[25]但是如果潜在买方对复杂技术进行评估，就可以很自然地预测出该评估要比简单技术的评估耗费更多资源。每项有关专利都需要评估，技术每增加一项专利，尽职调查的成本就会更加昂贵。Aggarwal 和 Walden 的研究（2009：27）指出，这项活动所需的努力和成本与搜索的数量是成比例的。也就是说，虽然专利需要的实际搜索数量相对较少，但有潜力获得专利的发明需要更多搜索量。搜索比较昂贵，因此搜索成本会随着捆绑专利数量的增加而增加。对调查技术的各个方面，评估复杂技术及其各种组件（如相关同族专利的法律、技术和经济方面）来说，7 周的时间似乎较短。此外这段期限内，潜在买方的董事会还要在内部决策上花费一些时间。任何交易的决策者需要在参加现场拍卖活动前确定并统一"最高限价"（见第 3 章）或无差异价格（见第 5 章）。

另外与复杂度低的技术相比，对复杂度高的技术展开尽职调查时，卖方和潜在买方之间需要交换更多的资料和信息。对于复杂度高的技术来说，这些资料会涉及更多的隐性知识，卖方更愿意通过个人沟通渠道（如与主要投资者进行面谈）交换这些知识。但是除了网上数据库以外，这一案例分析表明拍卖公司并未采取措施促进这些资料和信息的交流。相反，为了确保潜在买方的匿名购买，重点似乎被集中在了切断卖方和潜在买方的联系上。另外，不仅是复杂技术的评估比简单技术的评估更加困难，而且拍卖后阶段中复杂技术的转让也要比简单的知识产权所有权转让消耗更多资源。例如，复杂技术还需要卖方的主要投资者以培训买方工程师的方式转让隐性知识。在这样一个高度标准化又缺乏灵活性的技术拍卖法律框架内，很难在合同中明确必要的转让条件。总之，技术拍卖的 TGS 不适用于复杂度高的技术。复杂度高的技术更适合采用灵活度较高的特殊 TGS。因此，通过本论证，笔者得出以下假设：

H_{1a}：专利技术的技术复杂性与拍卖概率成负相关。

但是如果复杂技术的买方在规定期限内完成了尽职调查，那么一定是这项复杂技术值得买方作出这些努力。根据成本评估方法，可以认为开发复杂技术通常要比开发简单的独立技术要消耗更多资源。开发复杂技术通常需要开发许多组件和功能，并且需要定义组件之间的相互作用。另外，技术的复杂度越高，功能性试验和验证就会消耗更多资源。除了复杂技术的研发投资，相关专利的申请成本也会增加复杂技术的交易成本。为技术中的每项发明申请专利时，不仅需要草拟申请书，还需要向专利局支付费用。因此，专利维护成本（更新费用）也会随着技术复杂度的增加而增加。

但是采用市场方法评估技术时，这些论证就不成立了。技术的市场价值反映的不是技术开发的投资额，而是在产品、公司和市场中的应用潜力。这在某种程度上代表了潜在买方的支付意愿。但是，如果有买方购买这项技术，即使买方只是因为一些被动原因（如将竞争技术撤离市场）而想得到这项技术，也显然能够表明这项技术有一些市场价值。这种情况下，卖方会利用他的谈判能力，至少试着用售价弥补技术的研发成本。因此，相对于复杂度较低的技术而言，卖方会对复杂技术要价更高。通过这些论证，笔者可以得出以下假设：

H_{1b}：如果要拍卖的是专利技术，其技术复杂度与出售价格呈正相关。

➤ 技术的不确定性

在第 6 章中，笔者提出技术因其自身的不确定性程度而不同。不确定性是

Williamson（1979）提出的主要决定因素，并经常在交易成本理论文献中出现，因此技术的不确定性预计会影响技术对拍卖的高标准化 TGS 的适用性。

在交易谈判阶段的尽职调查中，潜在买方为确定与卖方进行谈判的最高限价需要对技术进行评估，技术的不确定性与此具有特定的关联性。这种情况下，可以将不确定性看作技术失败的风险，但是失败也有不同的含义。例如，一项技术可以为技术问题提供预期的解决方案，但是无法节约成本，因此最终产品无法以低于用户最大支付意愿的价格在市场上销售，或者这项技术根本无法解决该技术问题。当潜在买方确定最高限价时，显然他们是根据技术的预期风险或技术的不确定性作出的调整。潜在买方通过在净现值计算中调整折现率来确定最高限价，并根据预计的不确定性决定他们的支付意愿，这一做法相当普遍。因此技术的不确定性越高，买方的支付意愿就越低。

不确定性通常与技术年龄紧密相关。例如，随着技术年龄的增长，技术日益成熟，从而不确定性也就越低。如果技术已经在很多行业内普及并应用了很多年，技术的相关知识也会在专家团体（商品化）内传播普及。成熟技术的交易含有专家们都了解的常识，因此其需要转让的隐性知识较少。

因此，在交易的谈判阶段，成熟的技术比不确定性高的技术更容易评估，即最近发展的年轻技术。与成熟技术相比，年轻的技术仍需要证明是否可以被应用于任何应用中（例如，与前一代技术相比，它们是否会降低成本或提高质量）。在处理这些技术时，评估与尽职调查变得更加复杂，耗费更多资源。不确定性高的技术不仅需要评估相关知识产权所有权的法律效力，还需要仔细并全面地评估它们的技术与经济潜力，即它们将来在一系列行业应用的潜力。

可以进一步说，技术在适销产品中离其应用领域越远，尽职调查就会越困难。在早期生命周期阶段，年轻技术经常与替代方法进行竞争，从而解决某个技术问题。经常是几乎不可能预测哪一种竞争技术将被成功地制定为标准（主导设计）以及何时技术发展会带来在市场上可提供的具体产品。最近的一个例子是 HD DVD（东芝公司推出）与蓝光碟（索尼推出）之间作为 DVD 继任者的高清电影光碟之战。之前，当竞争公司开始它们的技术开发时，几乎不可能预测谁会赢得"竞赛"。然而，一项技术被确立为标准（主导设计）的潜力不仅受其技术不确定性的影响，也会受其他因素的影响，比如公司的特许策略，已被证明非常重要，例如 VHS vs. Betamax 案（Suarez，2004）。

因此，如果潜在买方考虑购买在早期开发阶段的高度不确定性技术，公司需要仔细评估该技术，因为这一不确定性可能成为该技术在一场军备竞赛中失败或是输给另一技术的风险（例如，通过风险以及情境分析）。各种复杂问题的产生使得这样的操作变得耗费资源并且昂贵。将来的技术会建立在该技术之上还是根据该技术进行改进？为了使用该技术，是否可以获得必要的补充技术（例如，如果没有制造出录像带，那么录像机就会毫无价值）？

可以从该推论中提出一个问题，即是否技术拍卖的 TGS 的出现同样适合具有高或低不确定性的技术交易。至于技术复杂性的讨论，相似的论据适用于该问题。评估具有高不确定性的技术，相比评估具有低不确定性的技术需要更严格与集中的尽职调查。评估一项具有高不确定性的技术，可能需要涉及第三方专家调查该技术的市场潜力，或其在未来成为标准的可能性（主导设计）。预测未来从来就不容易并且通常需要大量时间。如此庞大的一个流程，用平均7 周的时间进行尽职调查几乎是不能的。然而，除非如果一项技术已经在公司的收购清单中。此外，虚拟数据库（与卖方进行隐性知识交换受限的可能性，比如，通过与主要发明人的访谈）有限的灵活性限制了潜在买方去评估高度不确定的技术。除了尽职调查流程，买方与卖方也想在合同中对高度不确定性作出解释，该合同可以调整并包含具体条款以及专利费用方案。此外，标准化的法律框架与标准化的合同似乎不适合高不确定性的技术。

因此，对于具有高不确定性的技术，技术拍卖的 TGS 很难满足这些评估要求。高度不确定性技术宁愿要求以具有充分灵活性的特殊 TGS 为特点的议价谈判。由此，笔者得出结论技术拍卖的 TGS 似乎越来越受具有高不确定性的技术青睐。因此，假定：

H_{2a}：专利技术的技术不确定性与其拍卖概率成负相关。

然而，如果一项技术已被拍卖，其买方已经评估了该技术值得购买。因此，买方已经在可用的时间内彻底进行了尽职调查，同意使用标准化合同，并且得出结论，该技术在将来具有技术和经济潜力。那么推论中会产生一个问题，相比具有低不确定性的技术（成熟技术），是否买方会支付更多给具有高不确定性的技术（年轻技术）。

技术越是年轻，那么它与其应用领域就更远，通常相关经济风险就越高。与技术复杂性论证相似，更高的风险转化为净现值计算中的更高折现率，该计算决定买方的最高支付意愿（最高价格水平）。这样，即使对于各行业中各种应用具有高潜力的技术，高经济潜力将会在买方的计算中被逆向调整。因此，为了达到相似的最高价格水平，成熟技术（不确定性较低）需要比高度不确定技术低很多的经济潜力。

另一推论也预测成熟技术可比年轻技术达到更高的价值。例如，Haupt 等（2007）及 Nordhaus 指出所有者坚持的专利保护期间是一个价值指标（至少所有者这样认为）。否则，所有者没有理由支付给专利局维持费。根据 OECD（2009：140），只有保持专利存在的价值（明显基于已折现的预计利润流）高于维持专利的费用，专利才会被维持。该论证是建立在 PatVal 样本之上的假设。Harhoff 和 Scherer（2000）只选择了持有期满的专利，他们假设当所有者愿意对最高专利期限（通常是 20 年）投入维持费用时，该专利一定是具有某种价值，至少对他来说。于是，可以说所有者保持一项专利有效的时间越长，似乎价值就更高，因此维持费在大多数国家随时间增加（OECD，2009）。因此，在当前期间，所有者必须衡量在下一阶段（保护选择）维持专利许可相对于维护费用的利润（Lanjouw 和 Schankerman，1997）。

随着寿命增加，技术更可能遭到异议流程或侵权。技术在整个使用期都在传播扩散，并且技术越成熟，更多的市场参与者就会更了解它（商品化）。专利文献，例如，Harhoff 等（2003：1343）发现被支持异议和无效流程的专利是非常有价值的。该专利已经在法庭案件中被详细审核，因此，可假定其特别能抵制无效请求，而且可以成为强大的竞争"武器"。然而，即使没有提起诉讼，已经使用了一段时间的技术也可以被认为有价值的，因为该技术已经被合理设计的专利保护，很难避开发明。

因此，如果技术或是相关的专利已经不断维持——即使面临不断增长的费用——并且被成功保护或没有败诉，可以认为它们具有证实的价值。列入成熟技术净现值计算的风险也会降低购买意愿，但是降低的程度要小于年轻技术以及高不确定性的技术。因此，为了其净现值计算的结果，年轻技术需要更高的经济潜力，在成熟技术中以备受青睐。所以，如果具有可证实的业绩记录（比如，许多应用以及有效且强大的专利）以及低不确定性的成熟技术被拍卖，它们很可能是为了高价值拍卖。因此，笔者得出以下假设：

H_{2b}：如果一项专利技术被拍卖，其技术不确定性与售价成负相关。

➢ 技术影响力

在第 1 章中，笔者讨论了技术进步的累积性质，即今天开发的技术对随后（将来）的技术开发的影响。不同技术对其随后的技术开发具有不同影响。因此，普遍认为影响高的技术比影响低的技术更有可能找到买方并成交。

这一点被进一步论证，即如果从事一项技术的某公司意识到一项类似技术，那么可能会有兴趣得到该技术（在出售时），即使只是为了避免相关专利被竞争对手得到或使用。此外，拥有技术的该公司的竞争对手可能也有动机得到该技术或是相关专利来增强其对于其他公司的议价能力。因此，将来技术开发的使用范围越大，可以参加拍卖的潜在买方的数量就会增加。所以，随着竞买人数量的增加，会购买该技术的可能性就会增加。因此，笔者作出以下假设：

H_{3a}：一项专利技术对随后技术开发的技术影响与其拍卖可能性成正相关。

如以上论证，一项技术对随后技术开发的影响表明了被其他技术使用，即一项或多项未来技术是否会建立于该项技术之上。影响越高，一项技术就会有更多的用途。如果一项打算出售或是在拍卖中的技术对于将来的技术开发拥有许多（潜力）用途，那么就会有更多的竞买人很想得到该技术，从而参加拍卖。如第6章所述，在拍卖中，由于竞争增加，通常竞买人越多，售价就会越高。

各种调查专利价值的研究已经表明，专利的影响也与专利的价值成正相关（见第6章）。同样，笔者认为，如果不同的专利捆绑在一起作为一项技术的组件，它们的联合影响与该技术的价值成正相关。然而，尽管并非所有专利能相等地贡献该技术价值，一项技术的价值不可能与其组成的专利数量成严格比例。如之前研究（例如，Granstrand（2000a））所讨论的，不同的组件，但也是专利，在技术中拥有不同的功能。然而一些广泛专利可能会保护技术的通用核心，其他的可能会涉及非常具体的（独立）特性。因此，笔者得出这样的结论：一项技术对随后技术开发的影响与技术的价值成正相关，该结论引出以下假设：

H_{3b}：如果一项专利技术被拍卖，其对随后技术开发的影响与售价成正相关。

  ➢ 技术质量

第6章表明团队发明比个人发明通常具有更高的质量。学者们认为高的质量来源于团队中的内部验证效果，尤其是因为团队成员经常对其他成员的工作更加挑剔。该证据很有说服力，因此预料买方可能将开发团队作为一个质量指标。具有更高质量的技术明显有更高的可能性被出售并且基本上价格也较高。

然而，这就需要提出质疑：拍卖的 TGS 是否会对这一效果产生反作用。如上所述，尽职调查流程限制了潜在买方在确认技术时的可能性。然而潜在买方更愿意，比如对于复杂与不确定技术采访主要发明人，这在技术拍卖谈判阶段会更加困难。可以说如果不同的发明人促成一项技术的开发并且他们中任何人不能被采访，这种影响可能会更加严重。这种影响能够给团队开发的技术评估带来更多的困难，不利于它们被拍卖。但是，这肯定被认为是小的影响。然而团队对一项技术的质量具有积极影响，没有必要采访每个发明人，因为必要信息可以仅仅通过采访主要发明人而获取。因此，笔者可以根据先前的文献作出以下假设：

H_{4a}：一项专利技术的技术质量与其拍卖可能性成正相关。

由于高质量通常与价值成正相关，形成了以下假设：

H_{4b}：如果一项专利技术被拍卖，其技术质量与售价正相关。

➤ 价值判断

卖方通常将他们的开发决定以及 TGS 对一项技术的选择建立在许多评估方法（比如，成本原则法）中的一种方法近似值的基础上。该值代表了卖方对交易的收入预期。似乎作出两个假设比较合理。第一，卖方只是从事交易，如果预期利润可观，那么，预期收益（包含专利费用）需要高于交易成本。第二，可以进一步假设，不同的 TGS 中，利润最大化因素会更倾向具有最高预期收益者。[26]如果已经进行了价值评估并从不同的 TGS 选择（即拍卖和传统议价谈判）中决定一种，卖方需要考虑两个方面，从而最大化他们的收益（见图9.4）

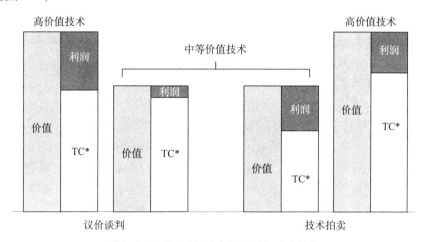

图9.4　议价谈判/拍卖的收益与成本比较

注：＊交易成本。

第一，由于卖方试图最大化他们的预期收益，他们更喜欢能够使形成他们最高估值的 TGS。以上笔者所总结的技术评估的 TGS 似乎高度标准化。例如，评估使用标准化的法律框架，包括合同与费用，并限制尽职调查为虚拟数据库。因此，可以认为较高的标准化限制了卖方调整交易到有利条件的可能性，从而限制他们得到较高收入的可能。因此，卖方需要对难以达到的收入预期考虑一定份额。相比之下，议价谈判可使卖方获得更高的收入，因为议价谈判可以根据任何技术的特殊性质调整 TGS（比如，利用信息不对称）。这种杠杆效应对于高价值技术来说明显高于中等价值技术或低价值技术。因此，标准化的高度限制了卖方使用技术最优、最高价值的可能性，但是他们能够从拥有独特设计的 TGS 议价谈判中获得。

第二，在第5章中，笔者讨论了如果竞买人数量多，那么拍卖通常会更受欢迎。这种情况下，竞争性出价将会提高价格并且"赢家的诅咒"效应也会进一步提高价格，至少影响技术的共同价值因素。然而，对于高价值技术，卖方需要区分两种情况。如果潜在买方很少，这种杠杆效应可以被认为是边缘的，并且卖方更倾向于在特殊 TGS 范围内进行议价谈判。相应地，如果有许多买方，那么卖方更喜欢拍卖形式。然而，由于高价值技术拍卖的高交易成本，（见下文）卖方也会更喜欢特殊的 TGS 并在更受控制的私人背景下设计一个特有的竞争性竞拍环境，即封闭的拍卖，其有更多到灵活性，例如排除某些竞买人（比如，直接竞争者）。排除某些竞买人也已经被认为是技术拍卖目前 TGS 的一个缺点，应该更认真地被高价值技术所考虑。所以，拥有高价值技术的卖方最有可能不喜欢公开技术拍卖。

为了最大化预期收益（即收入与成本之差），卖方会青睐有最低交易成本的 TGS（图9.4）。在议价谈判中，交易成本大同小异，不论公司交易低价值、中等价值或是高价值技术。例如，每项技术需要交易，特定时间合同需要谈判，并且附加知识的转让需要规定。如果专利律师事务所参与了，那么他们的费用通常取决于工作量（按工时收费）。因此，取决于认知的技术价值，议价谈判的 TC 灵活性一定被认为是低的。

相比之下，在第5章，笔者认为技术拍卖比议价谈判的交易成本低。这一结果由更高的标准化（例如，标准化的法律框架，包括一次性全额付款合同以及拍卖公司所有技术的合作销售实现的规模效益，以及虚拟数据库）程度造成。由于交易成本的降低，可以说卖方甚至可以期望通过拍卖以一种有利可图的方式开发中等价值技术，该方式并不能通过议价谈判进行有利可图的交易（图9.4）。技术拍卖因此降低了可以进行有利可图交易的技术的临界值。因此，在极端情况下，期望拥有中等价值的技术所有者甚至被限制使用技术拍卖，因为议价谈判不会有利可图或由于更低的交易成本导致更高的收益预期。

然而，尽管拍卖的 TGS 对降低交易成本有积极影响，从而产生进行中等价值技术交易的动机，该优点对于更高价值的技术有所减少。由于佣金机制（售价的固定份额），高价值技术的交易成本明显高于低价值技术。因此，卖方可以期望高价值技术的高交易成本，类似于议价谈判的交易成本。在相似交易成本的情况下，议价谈判更受欢迎，因为相比标准化的拍卖，议价谈判不会限制卖方与买方，会有更多的灵活性，比如在合同设计、尽职调查以及谈判方面。因此，卖方青睐拍卖的特殊 TGS，因为他们可以维持对交易的充分控制并且是灵活的。特殊 TGS 的灵活性可以进一步转化为利用信息不对称的可能性，谈判更高价格并因此提高收入和利润。

所以，笔者认为议价谈判比拍卖有更高的灵活性，并且因此允许卖方进一步利用收入预期。同时，议价谈判比拍卖的交易成本更高，尽管对于高价值、中等价值或是低价值技术缺乏价格弹性。相反，在拍卖中，交易成本通常比在议价谈判中要低，由于佣金结构，对于高价值技术来说实质上是增加了。尽管，拍卖不允许调整 TGS 以适应个人技术特性。因此，收入杠杆效应一定被认为比较小。因此，拥有低或中等价值预期的技术卖方，相比议价谈判，更有可能倾向于拍卖形式（如本研究中的调查）。极端的说，由于交易成本降低，技术拍卖使得低价值以及中等价值技术交易成为可能，由于负收益预期，这些技术使用议价谈判不可能有利可图。然而，高价值技术的卖方最不可能青睐技术拍卖，因为他们会有更高的收益预期，如果他们选择用特殊 TGS 设计交易（即议价谈判）。笔者的结论可以总结为以下假设：

　　H_{5a}：卖方拍卖技术的价值预期与其交易可能性成负相关。

　　然而，如果一项技术成功拍卖，可以说买方成功地进行了尽职调查。在这种情况下，卖方对该技术的预期价值可以被认为是售价的一个积极指标。尽管卖方的价格预期总的来说是偏颇的（见第 6 章），卖方也会对技术市场潜力进行合理真实的描绘。因此，卖方的价值预期与其价值是正相关的，因此我假设：

　　H_{5b}：如果一项专利技术被拍卖，卖方对专利技术的价值认知与售价成正相关。

注　释

　　1. 例如 James Malackowski，OT 首席执行官，根据 OT（2007a）在 2006 年 2 月 10 日的陈述，主题为"拍卖环境能够拥有的 IP 流动性"。

　　2. 见 Ocean Tomo（2007b）。

　　3. 见 2007 年 11 月 13 日的 Ocean Tomo（2007c）。

　　4. 在下面的部分，笔者主要提到专利，本研究的重点。

　　5. 一个包含为 OT 以及 IPA 的 6 场技术拍卖会中每个提供的应用领域的列表在附件 2 中给出。

　　6. 分析 5 场 OT 拍卖会的条款与条件，可能确定贯穿这 5 场 OT 拍卖会的拍卖流程的调整。流程中的一个特殊的改变是现场拍卖出价进入通道的先进选择，即竞买人可以选择亲自参加，通过电话联系要求双盲竞拍或是选择缺席竞拍。双盲竞拍是指 OT 授权一个代表执行竞买人以书面形式要求的出价，也就是说他们遵循竞买人的书面指示。

　　7. 根据 Niioka（2006），策略改变的一个原因可能直接与潜在买方不愿意为有未公开 MRP 的技术出价。

　　8. 笔者发现一个迹象，该拍卖于 2007 年 1 月 06 日在 NZZ Online 中首次宣布。

9. IPB 是 Knowledge One Beteiligungs AG（K1B）的一个全资子公司，一个投资于知识型企业的控股公司（IP Bewertungs AG（2007））。

10. 目录的第三次修改于 2007 年 3 月 23 日公布，大约拍卖的两个月以前。补充目录在拍卖不久前公布。

11. 除了专利，大量描述对于 IP 资产略有出入。然而，由于专利技术明显是提供资产中的多数，笔者没有说明专利技术与其他资产如何在目录中呈现方面的微小差异（例如，对于商标，它们没有技术图纸，而是就其本身来呈现）。

12. 第一场拍卖的报告是由 TAEUS 完成的，TAEUS 是一家位于美国科泉市的独立工程公司。TAEUS 提供了 3 种类型的报告，潜在买方要求的每一项 IP 资产，即 TIP Score，免费的两页报告总结，稍微详细的 TAM 报告为 500 美元，TLC 报告，使用内部开发的流程编制的全面报告，称为 TAEUS 工程，价值 2500 美元。

13. 值得注意的是，在 IPA 开发其拍卖流程之前，公司很少进行过技术拍卖，因此，貌似 IPA 开发他们的流程时吸取了 OT 的经验。

14. 条款和条件的定义被认为只有在第一次拍卖发生，不同拍卖会之间有细微的调整。

15. 当然，在首次拍卖之前，他们需要为拍卖设计制定一般概念。

16. IPA 通过 Data Room Services GmbH & Co. KG 提供了一个数据库。OT 通过 IntraLinks，Inc. 提供了在线数据库。

17. 现场拍卖会之后，来自 IPA 的总代理人 Manfred Petri 说"仅仅 6 周的时间是不充足的⋯⋯而且⋯⋯买方需要至少 3 个月的时间进行复杂的法律检查从而进行通知出价，如 McClure（2008）所报告的。然而尽职调查流程可能阻碍了慕尼黑拍卖会的成功，如果能够得到充分通知并且潜在买方在中心图书馆中很容易地获得完整信息，6 周应该是足够的。

18. 费用似乎与艺术品拍卖的费用相似，艺术拍卖通常要收取参与费以及佣金。比如，索斯比拍卖公司通常收取买方最终竞拍价格 15% 的额外费用以及收取卖方竞拍价格 20% 的标准（尽管是可以协商的）佣金（Lucking‑Reiley，2000）。

19. 从 0（无意义）到 4（决定性意义）的范围，公司的主要动机是那些得 4 分的项目。

20. 这与文献形成对比。例如，根据 Sheehan 等（2004），许多公司已经经历了并将经历对于交易来说不断增长的重要性。

21. 这些公司被要求评估问题、优势以及对于来自文献不同项目的拍卖公司角色，以及之前的采访。在第 8 章给出了如何计算以及如何解释三方面的衡量（作为 4 个案例研究公司之间的衡量协议）。

22. 根据 Kummer 和 Sliskovic（2007）的研究，尽管虚拟数据库是标准化的，在这种意义上，个人数据交换是受限制的，但对于个人数据库来说，虚拟数据库也有一些优势。这包括（a）允许多个买方平行使用数据库，消除了建立多种实时数据库的费用；（b）不论潜在买方在哪，都可以为他们提供连续以及无处不在的服务，减少了旅行相关费用。

23. 此外，不会为任何研究的交易进行额外的知识转让。单纯所有权的转让进一步降低了复杂性以及交易费用。相反，技术外部开发的传统模式通常假设技术转让需要转让补充的隐性知识，除了容易转让的明确的编纂知识（比如，专利文件以及蓝图）。补充知识可以是技术原型（范围从小工具到大型生产设施）以及容易依附的隐性知识，比如主要发明人（只能通过培训转移）。

24. 对于假设的定义，笔者遵循 Punch（2005：38），他认为"假设是一个研究问题的预测答案"，该假设预测之前的研究。根据 Albers（2007：10）以及 Bortz 和 Döring（2006）制定的科学与统计假设标准来定义假设。此外，笔者认识到，根据 Popper（1969），他的假设可被检验，也就是说不可检验的假设是不科学的。本研究主要使用说明因果关系（如果……则）的假设而非单向假设（Bortz 和 Döring（2006）以及 Burns（2000））。

25. 这一问题由 McClure（2008）进行了简单讨论。

26. 卖方也会考虑交易失败的风险以及成功的可能性，但是这一方面超出了本研究的范围。

第 *10* 章
拍卖技术分析

10.1　变量操作化

　　遵循 Aggarwal 和 Walden（2009），上文中笔者把技术定义为包含技术组件的体系，即发明被专利保护（见第 6 章）。因此，对于操作化，笔者主要使用专利文献[1]以及专利价值的具体计量经济学研究中制定的方法，尽管该领域的工作大部分仍在研究阶段。[2]根据 OECD（2009：137），相比其他经济指标可以广泛使用的领域（比如，进出口或研发投入），评估与衡量还处于非常原始的阶段。在下面的章节中，笔者集中提到最近以及全面的 OECD（2009）报告，其总结了可利用的相关指标。[3]

　　第一步，使用数据组的所有变量来制定本研究的衡量指标，进行相关性分析（见附件 3）来确定高度相关的变量（Backhaus，2006）。第二步，按照文献中的建议，笔者为一些变量推出了许多替代指标。为了选择用于多变量模型中最合适的版本，使用了二元回归（Hair，2006）。然而在灵敏度分析内，也使用了一些可替代的测定变量。

　　表 10.1 总结了 11 个变量，表明每个变量（8 个数值型，8 个定义型）的测量水平、数值范围（最小以及最大值），以及原始数据来源（拍卖目录、专利数据库或拍卖后信息发布）。对于 3 个技术特性，笔者也稍微使用了替代指标；因此，表 10.1 说明了 16 个变量。分析模型中的 11 个变量中的 2 个被用作因变量（出售状态、出售价格），5 个变量用作自变量，3 个为控制变量（协变量）。所有变量都代表了显变量。它们可直接被衡量，因此不用通过潜在变量进行操作（Bortz 和 Döring，2006）。例如 Backhaus 等（2006）所建议的，由于它们是直接从数据组的属性计算的，没有进行其他的因素分析来验证它们。

表 10.1 变量综述

指标	注释	缩写	来源	数据类型	数值范围（最小、最大）/分类
因变量					
出售可能性	技术出售状态	SSLO	PR	定性	0 = 未出售；1 = 出售
出售价格	最后出价（万欧元）	BICL	PR	定性	0.179 ~ 365.087（万欧元）
自变量					
技术复杂性	组成技术的专利数量	NPLO	C	定性	1 ~ 59
技术不确定性	一项技术专利的平均剩余保护时间	ARPT	DB	定性	0 ~ 18.45 年
	一项技术最年轻专利的剩余保护时间	Max_ RPT	DB	定性	0 ~ 18.90 年
	一项技术最早专利的剩余保护时间	Min_ RPT	DB	定性	0 ~ 18.45 年
技术影响	样本前向引用数量	FORWC	C	数值	0 ~ 87
	样本前向引用的可用性	SFCA	C	定性	0 = 不可用；1 = 可用
技术质量	一项技术中专利的平均发明人数量	ANNI	DB	数值	1 ~ 12
	个人或团队发明	Ind/Team	DB	定性	0 = 个人发明人；1 = 团队发明
认知技术价值	卖方的出售价格预测	VAEX	C	数值	0.795 ~ 407.55（万欧元）
控制变量					
技术来源	原受让人类型	OATY	DB	定性	1 = 个人发明人；2 = 高校/研究机构；3 = 中小企业；4 = 大型企业
拍卖	数据组中的拍卖数量	AUNO	C	定性	1 ~ 6
专利管辖范围	一项技术的专利指定国	PatCo	DB	定性	0 = 至少一个非美国专利在技术中；1 = 只是美国专利
应用领域	技术领域	TARA#	C	定性	1 ~ 16

注：C（拍卖目录）；DB（专利数据库）；PR（拍卖后信息发布）。

在以下部分中，笔者会说明用于计算变量的测量方法。首先，笔者介绍用于分析中因变量的测量方法，接下来是自变量与协变量。在继续之前，应注意笔者需要仔细评估使用之前文献中获取的专利数据的指标是否可以用于本研究中，特别是因为笔者没有计算个人专利中的变量，而是从技术水平上计算的（也就是说个人专利数据被合并为专利组合）。

10.1.1 因 变 量

从现场拍卖后通常几天内公布的拍卖后信息发布中（见表 8.1），笔者获得了两类数据，其被编码在回归模型中被用作因变量的两个变量中。

第一个因变量被编码为定性（二分）变量，衡量一项技术的出售状态。然而成功交易的技术通过提及售价变得很明确，拍卖目录中哪项技术还没有出售变得绝对明显。成功拍卖的技术编码为 1，未出售的技术编码为 0。

在计量经济学专利价值研究中，通常很难去评估价值（见第 6 章）。例如，大多数秘密进行的交易，价格是不公开的。然而，在本研究中，技术价格可以直接被测量。此外，技术的售价可以来自拍卖后的信息发布并且编码为第二因变量。笔者是根据价值大于 0 的数值类型编码变量，范围从最小值 1790 欧元（相当于 6 个拍卖中最低的 MRP）到最大值 365 万欧元。拍卖后的信息发布中公布的售价包括买方支付的佣金。

关于拍卖后的信息发布，为了适当理解技术拍卖中出售的技术哪个真正包括在拍卖后的信息发布中，并因此考虑在数据组中，有一个特殊问题需要提及。如图 10.1 所示，产生了 3 种与技术拍卖有关的交易。交易在现场拍卖时是不公开的，即"当期拍卖活动"（t_1）或在拍卖后期间内（t_2）。[4] 在拍卖后期的交易能够在现场拍卖后不久但是在拍卖后的信息发布（t_{2a}）之前发生或是在拍卖后信息发布之后发生。

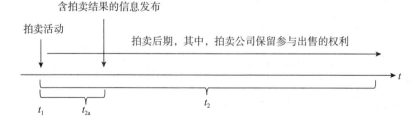

图 10.1 拍卖过程中不同场合结束的交易

显然，在现场拍卖活动（t_1）中所有结束的交易都包含在拍卖后的信息发布中。从拍卖后期间结束的交易中，在拍卖后信息发布（t_{2a}）公开日之前结束的交易包含在数据组中。[5] 因此，在公开日之后结束的交易在数据组中没有被考虑。[6]

10.1.2　自　变　量

从拍卖目录以及公开的可用专利数据库中，笔者获得了数据计算在回归模型中被用作自变量的变量。

技术复杂性

尽管技术复杂性的概念已经被大量使用在策略以及技术研究中（Perrow（1984）、Roberts（1990）、Roberts 和 Gargano（1990）、Demchak（1992）、Tushman 和 Rosenkopf（1992）以及 Perrow（1994）），但令人吃惊的是，很少实证研究使用技术复杂性的严格指标或是衡量其对组织表现的影响（Singh，1997）。近来，von Graevenitz 等（2008：12）指出"尽管技术复杂性概念广为人知，但既没有直接的衡量标准，也没有关于复杂性的间接概念"。由于这些困难，大多数复杂性研究包含相对指标，用以比较一项产品或技术复杂性与密切相关的产品或技术复杂性（Singh，1997）。然而，在试图衡量技术复杂性的少量研究中，大多数是在不适合本研究的水平上衡量的。例如，在行业或宏观技术水平上对技术复杂性的衡量对使用专利数据衡量在微观技术水平上的技术复杂性是没有用的。

据笔者所知，关于专利数据的使用，仅在有限程度上对技术复杂性进行了操作。[7] Ahuja（2003）建议使用专利数据在企业水平上衡量技术复杂性，看上去好像也适合个人专利。衡量公司开发的技术复杂性，Ahuja（2003）使用被引专利的技术类别信息。对于该使用，他认为如果专利引用不同的技术类别，它们可以被看作已经结合了很多相对不同的技术。根据此推论，Ahuja（2003）使用了过去 6 年的企业引用专利中的专利类别的布劳指数（1Herfindahl），笔者把它用作复杂性衡量标准（Hall 等，2001）。一贯在自身专利中结合不同技术类别要素的企业因此被认为具有更多的复杂技术。例如，一项引用 5 个技术类别的专利可能被认为不如结合了 5 个不同专利类别知识的专利复杂（见 Zander 和 Kogut（1995））。

另外建议进一步衡量也使用专利数据。例如，Várdy（2010）建议用生产商品或服务需要的步骤或工作数量的方法来衡量技术复杂性。Lanjouw 和 Schankerman（1999）也使用专利权利要求书的平均数量衡量企业的技术复杂性。Keep 等（1994）依据平均专利被分配到的子类总数量衡量复杂性。但是，由于笔者无法获得引用以及权利要求书的数据，所以无法使用以上建议的指标。

在关于技术复杂性的综合研究中，Rycroft 和 Kash（1999）确定了技术复杂性的 3 个不同衡量标准。最简单的标准与技术包含的组件数量有关。第二个衡量也考虑了来自通过反馈环路整合组件与子系统的结构的"控制论的贡献"。第三个复杂性衡量依赖这样的假设，即尽管工艺与产品创新之间动态作用的评估是必要的，也一定会考虑工艺与产品技术之间的关系以及改变它们的组织体系。

因此，鉴于从拍卖目录中提取技术相关的子系统数量的机会，笔者能够就其子系统衡量技术复杂性。从 Rycroft 和 Kash（1999）记录的 3 种方法中，笔者使用了第一种衡量方法。然而，笔者不能考虑技术结构相关的子系统的任何关系（反馈）（Singh，1997）。该方法直接与 Aggarwal 和 Walden（2009）提出的技术定义相关（见第 6 章）。他们认为"技术并非平等创造"。有些是为了解决比其他更复杂的问题而创造的。解决有效的问题……涉及将问题分解为更小的子问题，这些子问题可以更容易理解并且可以独立解决。随后，个别的解决方案可以融合在一起作为解决复杂问题的方案。由于技术的每一项发明可以被行业内任何人当作一项独立的知识产权来保护……复杂性是技术大小的一个指标。更大的技术需要更多发明。

$$技术组件_i = \sum_{k=1}^{k} 专利\, k_i$$

式 3：技术复杂性的衡量

将相关组件考虑在内进行技术复杂性的衡量几乎是不可能的。但是对于拍卖的技术，这些数据是可以使用的。假设专利数量反映一项技术子系统的数量，该数据可从拍卖目录中进行汇编，卖方在其中公布补充的同族专利的数量，同族专利捆绑在一起并共同出售。比如，2007 年 6 月 1 日在英国举行的 OT 拍卖的 17 组，包含一项名为"发现车辆驾驶员疲劳驾驶的图像处理感官设备"的技术。该技术由 4 件补充的同族专利组成，包括"发现疲劳驾驶并阻止机动车驾驶员入睡的方法与设备""图像处理装置与方法""疲劳驾驶发觉方法与装置"以及"确认并停留在一个事件中相对运动区域的方法与装置"。

根据该论证，所有必需的相关发明都包含在一个使买方能够充分使用所提供技术的捆包内，笔者对技术复杂性的衡量为包含在出售技术中专利（作为构件）的数量（见式 3）。因此技术复杂性变量是数值型变量并且可以是任何大于或等于 1 的自然数（正整数）。值得注意的是，对于不同的技术，卖方只提供同族专利中被选择的专利（比如，德国与美国的专利被出售，没有韩国、日本等国家的其他专利）。笔者没有计算包含在技术中的同族专利中特定国家的每件专利，只是计算了每个专利族，因为每个专利族指一项发明，即组件。

技术不确定性

各种不同的指标已经在之前的文献中被提出并用于技术不确定性。例如，Walker 和 Weber（1984）认为技术的不确定性为规格的改变（组件规格预期改变的频率）以及技术改进（组件在未来技术改进的可能性）。Harrigan（1986）认为是技术被淘汰的年限。Robertson 和 Gatignon（1998）根据一个产品类别中技术改变相关的 6 个项目来衡量技术的不确定性（技术稳健（相反）、周期短、技术移动非常迅速、技术持续在稳定水平（相反）、技术压力强烈，以及技术更新换代迅速）。Díez – Vial（2007）依据技术改变的程度衡量技术的不确定性，交易商品规格的改变或是每个阶段所必需的技能与技术的改变。在调查问卷中，企业被问到关于进行一项有效行动需要不断改变的设备或更新知识和质量的重要性。一个变量由 3 项组成，与 Poppo 和 Zenger（1998）以及 Walker 和 Weber（1984）的研究相似。然而，未进一步详细说明该指标。Davila（2000）将技术年龄与不确定性联系在一起。基于不断复杂的产品的论证，他认为拥有更多组件的技术一定会被认为更新颖。因此，他利用新组件的百分比作为不确定性的代替者。根据 Simonin（1991）、Souder 和 Shrivastava（1985）以及 Steensma 和 Corley（2000），他根据在 7 点李克特量表上规定的 6 项来衡量技术的不确定性。该项目获得了与工程设计以及外包决策过程中技术的商业成功相关的不确定性。Schilling 和 Steensma（2002）将技术不确定性总结为一个拥有两个维度的结构。商业不确定性与产品设计以及市场对产品与工艺的容纳相关的不确定性有关。根据 Clark 和 Wheelwright（1993）的研究，技术活力与不断改变的技术环境下底层技术是否有持续价值的不确定性相关。在调查问卷中，Perry 等（2004）在一个问题中利用 7 点李克特量表来衡量技术的不确定性，问题是关于最终产品技术是否是不确定的、不可预知的或在调查人群中迅速改变。使用类似构想，如同 Robertson 和 Gatignon（1998），Arranz 和 Arroyabe（2008）使用一个运用 5 点李克特量表的调查问卷中的单一项目衡量技术的不确定性。总之，之前大多数衡量使用了拥有一个或多个指标项目的调查问卷。然而，问卷中使用的指标很难转移为使用专利数据来衡量技术的不确定性。

因此，至少参考 Davila（2000）使用的指标，反映文献中的通常的构想，笔者开发了一个可以从专利数据中计算的指标。从专利数据中，笔者计算出技术的年龄如第 6 章所述，"年轻"技术的不确定性通常很高，该不确定性随生命周期一起减小。成熟技术被专家团体（商品化）所熟知，因此不确定性也较低。也会有更详细的方法被采用来考虑专利在其相关生命周期内的位置。然而，这样的衡量需要从技术领域中获取综合数据。[8] 因此，该方法被排除了。

但是笔者在计算技术的不确定性指标时考虑了一项专利的最长保护时间（20年，有一些例外）。

然而，在计算技术的不确定性时遇到了一个问题。如第 8 章所提到的，来自专利数据库的数据在技术水平上是不可用的，更确切地说是个人专利。因此，笔者需要在技术水平上合并个人专利数据。

$$Techuncer_i = \left(\frac{\sum_{k=1}^{k} RPT_{ki} \left(PRTE - \frac{Auction\_date_i - Application\_Date_i}{365} \right)}{k} \right)$$

式 4：平均技术不确定性的判定

笔者开发了一个（第一个）衡量标准作为相关专利剩余保护时间（RPT）的平均值。专利剩余保护时间的计算为最长保护期限与技术年龄之差，技术年龄的计算为拍卖日期与专利优先权日之差（见式 4）。对于美国专利，优先权日为 1995 年 6 月 1 日之前发布的"发布日期"以及 1995 年 6 月 1 日存档的"存档日期"。类似于非美国专利，1995 年 6 月 1 日之前发布的专利的保护期限（RPTE）为 17 年以及 1995 年 6 月 1 日之后存档的所有美国专利为 20 年。[9]分子除以 365 天将单位从天转变为年。类似于上述提到的概念，计算显示高RPT 的专利一定会被认为是"年轻"的，因此会有高技术不确定性，反之亦然。

除了基于平均剩余保护时间的技术不确定性衡量以外，笔者进一步使用了两个替换指标。除了计算技术专利的平均剩余保护时间，可以进一步认为，技术的第一项专利到期（或者无效），技术知识就会扩散到公共领域。因此，模仿者会立即了解导致技术不确定性急剧减小的技术。该论证依赖于这样的假设：技术最早的专利即为技术核心，基于此核心，随着创新过程进行的渐进型改善，后来申请的专利对其进行保护。然而，人们认为公司追求持久的策略（见 Granstrand（2003b）），即试图通过提出后续的专利来尽可能长久地支持专利保护。竞争者只能在最后专利到期时，模仿该技术。

图 10.2 说明了该论证如何能够转化为另外两个指标。在一项技术中，即技术（PB_{xi}），相关专利的剩余保护时间在 RPT_{min}（指专利的保护将很快到期）与 RPT_{max}（指一个最近使用的专利，剩余保护时间接近 20 年的整个保护期限）之间连续变化。关于上述论证，第一个替换指标（最长剩余保护时间（Max_RPT））是基于一项技术最早专利的剩余保护时间（剩余保护时间（P_{x_1}））。只要一项技术的第一项专利到期（或失效），该技术就可以被模仿。第二个替代指标（最短剩余保护时间（Min_RPT））是基于拥有最短剩余专利保护时间的最"年轻"专利（RPT（P_{x_i}））。

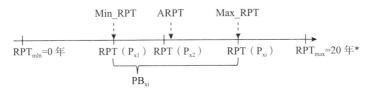

图 10.2　技术不确定性的替代指标

注：PB 指专利包；RPT 指剩余保护时间。

* 为了说明，RPT_{max} 固定为 20 年，尽管在不同的专利系统中，在特殊情况下可以延长。

技术不确定性的所有三个变量都是数值类型，它们的值总是大于 2，最大为 20。为了计算这三个变量，笔者获得了优先权的数据，或来自不同公共专利数据库（包括 USPTO，DEPATISnet，谷歌专利，epicene 和 WIPO 以及中国内地、中国香港与日本的专利局数据库）的数据组中所有专利的存档日期。

技术影响

使用统计指标衡量一项技术对后来技术开发的影响是非常困难的实践。通常建议的方法是请教专家，专家一个个地分析个人专利，从而获得一个稍微可靠的关于专利影响的声明。该方法明显变为本研究数据组中说明的大量专利的集中资源。然而，之前的研究（比如，Trajtenberg（1990）、Harhoff 等（2005）发现一项专利从后续应用专利、[10] 有标注的前向引用中收到的引用实际上与专利对随后技术进程的影响有关系。Hall 等（2005）认为被引用更频繁的专利会有更高的影响。根据 OECD（2009：106），一项专利受到引用的数量被发现通常反映了专利的技术与商业重要性。此外，一贯认为受到比平均更多引用的专利更可能会被更新（Lanjouw 等，1998），并且会被异议或在法庭上诉讼（Harhoff 和 Reitzig（2004）、Lanjouw 和 Schankerman（1997））。

但是，评论家仍使用前向引用作为技术影响的一个指标。除了专利价值，引用也与专利的几个方面有关，比如其法律稳定性。此外，引用被认为是信息流的噪声指标（Singh（2005）、Almeida 和 Kogut（1999）），尤其是因为很多引用是由专利审查员增加的而不是专利申请人，或只是避免侵权（比如 Alcácer 和 Gittelman（2004）以及 Harhoff 等（2006））。使用前向引用的另一个问题是：前向引用的数量不稳定，也就是说它们会随时间不断积累。由于传播需要时间，"年轻"专利或许还没有众所周知，因此它们被引用的可能性较低。根据 OCED（2009），这种现象被称为截断效应，更早的专利实质上被引用的可能性更低（Hall 等，2001）。但是，尽管有这些问题，根据 Hall 和 Ziedonis（2001），以及 Troy 和 Werle（2008），一项专利的前向引用可以被看作专利使用的相当好的指标，从而影响随后的发明。

如果专利的前向引用被认为显示发明的技术影响，那么一项技术相关的专利前向引用累积的数量也可以被认为技术影响的一个指标。为了衡量技术影响，笔者使用了每一项技术拍卖目录中的引用数据。[11]但是，目录中列出的前向引用并不是详尽的，因为它们在目录中被标记为"样本前向引用"。然而，假设这也是为什么拍卖公司在目录中列出选择的前向引用的原因，即它们组成一个出售的内容提要来吸引潜在买方的注意，这似乎看起来是合理的。因此，可以假设前向引用的选择是精心策划的。拍卖公司通常可以使用大的商业专利数据库，它们用来筛选所有专利从而获得前向引用。显然，它们挑选的主要是声誉较好的著名大型企业的前向引用（比如，西门子、戴姆勒、福特公司以及 L'Air Liquide）以提高潜在买方的意识，然而它们或许省略了来自小的、相对不出名的企业的引用。因此，使用这些选择的前向引用，笔者的衡量明显不代表通常来自专利数据库的前向引用的绝对数量。但是，尽管数据或许不代表详细的前向引用列表，也可以认为拍卖公司的预选给前向引用数据增加了一个质量因素——尽管或许有些偏见。

$$TechImpact_i = FORWC_i$$
式 5：技术影响的衡量

于是，笔者衡量技术对随后开发的技术影响为列出的样本前向引用的总数。为了衡量技术质量，笔者计算了拍卖目录中每一项技术的前向引用（$FORWC_i$）数量。

技术影响的结果变量采用数值类型，价值大于或等于 0。由于前向引用的性质，本研究的技术影响衡量可能被认为有计数数据性质，因此看起来好像是偏离的。此外，笔者编制了另一个二分指标来评估一项技术是否有任何引用。因此该指标是一个名义变量。目录中的技术有样本前向引用的用数值 1 表示，没有样本前向引用的用数值 0 表示。

技术质量

如第 6 章所述，特别是根据 Wuchty 等（2008：22），有力证明团队开发的发明比个人发明人的发明有更高的质量。主要观点认为团队在验证并选择团队成员个人贡献时更加苛刻。此外，发明人的数量代表发明背后的研究费用，这在统计学上与发明的技术质量相关。因此，可以认为当涉及更多资源时，开发项目变得愈来愈昂贵并且更加注重研究（Guellec 和 de la Potterie，2001）。[12]

为了衡量技术的质量，笔者构造了一个与 Gambardella 等（2008）使用的相似的方法，用来衡量专利合作发明团队的大小。参与发明开发的发明人数量可以从专利申请文件中提取。类似于专利，一项技术（Aggarwal 和 Walden（2009）所定义的受专利保护的各种发明的组合）可以由个人或团队开发。然后，例如 Schettino 等（2008），当至少有两名个人作为发明人在专利申请中被列出时，即将其确认为发明团队。

尽管笔者可以从专利数据库的数据中获得每一项专利发明人的数量，但需要为一项技术的所有专利合并该数据，类似于衡量技术不确定性的过程。

然而，这种合并方法肯定被认为对误差的两个来源敏感。第一，当合计一项技术每件专利的发明人人数时，笔者忽略了每个发明人的身份。这可能会产生错误结果，如果一项技术包含多件专利，每一项由不同的个人发明人发明。在这种情况下，笔者的算法会返回数值 1，因此表明该技术由一个发明人而非一个团队发明。对于只有一项专利组成的技术，该算法都会带来正确的结果。第二，技术可能包含多项专利，每一项有不止一个发明人，每一项专利的发明人不同。因此，以下问题产生了：整个专利包由一个团队共同开发还是每一项专利由不同的人单独开发？

为了验证针对可能的误差源的数据，笔者在样本中进行了随机反复核对。发现没有技术代表第一个误差类型，即有不止一项专利，每个由不同的发明人开发。对于第二种误差类型，一项更严格的数据检查表明这样的分类在数据组中不存在。在每一项调查的技术中，至少有一名发明人出现在该技术所有或大多数的专利中。一个可能的解释是，一名"核心发明人"与其他人一起开发了与技术有关的发明，并且至少了解这些所有发明。因此，将这样的技术作为一个团队发明似乎是正确的。说明该情况的例子见表 10.2，关于第一次拍卖的第 64 组，发明人 Erlen B. Alton 好像参加了所有 4 项发明的开发，这 4 项发明由卖方捆绑在一起作为一项技术出售。

表 10.2　发明人团队组成样例

专利号	发明人姓名
US 000005967276A	LEICHLITER、AYNE K；ALTON、ERLEN B
US 000006182808B1	ALTON、ERLEN B
US000006102178A	ALTON、ERLEN BNAMK、MICHAEL；EYBERGEN、WILLIAM N；SPRING、JAMES K
US000006237735B1	ALTON、ERLEN B；PRESTON、DAVID M

为了开发一种技术质量指标，第一步，计算一项技术每一项专利（$INNU_i$）发明人的人数。第二步，各专利包中所有专利的发明人累积数量除以一项技术中包含的专利数量（见方程式6）。如果技术质量（$TechQual_i$）为 1，笔者把该技术划分为个人发明人发明的技术。如果技术质量（$TechQual_i$）大于 1，可以把技术划分为团队发明。但是，本研究中使用的方法没有说明一个

团队合作者的组成，如 Gruber 等（2009）所说的那样。

$$TechQual_i = \frac{\sum_{k=1}^{k} INNU_{ki}}{k}$$

式6：技术质量的衡量

衡量采用数值类型，数值等于或大于1。由于可以认为大多数发明人团队成员数量少，该衡量的计数性质很可能出现（即其分布预计是倾斜的）。此外，笔者构建了一个替代衡量，只是区别于一项技术是由个人发明人还是一个团队开发，与技术影响度的替代衡量相似。该衡量是二分的并且采用定义类型，数值1代表团队发明，个人发明数值为0，团队发明的技术质量更高。

价值认知

尽管公司可以选择不同的方法（比如成本、净现值以及选项或市场方法）来评估技术的价值，但由于第6章提到的该实践的多因素复杂性，衡量卖方价值的近似值通常很困难。

到如今几十年，专利与专利统计已经受到经济学家的广泛审查来衡量专利价值（Harhoff 等，2003）。[13]根据 OECD（2009），遵循三条工作主线来估计专利的私人经济价值。这包含调查询问发明人或专利所有人对于自身专利经济价值的认知、专利申请过程分析（比如，申请同意或拒绝、恢复以及保护的地域范围），以及来自财务数据的价值估计（比如，公司的市场价值以及首次公开募股的价值（Hall 等，2005））。目前，PatVal 是最著名的估价方法，Harhoff 和 Scherer（2000）使用过，追溯向德国专利商标局提交申请的样本专利发明人的其他人也使用过[14]，其使用私人价值衡量保持了完整期限。[15]为了评估价值认知，发明人面临以下反事实问题（Harhoff 和 Scherer（2000：560））：如果在1980年你知道现在获取的发明利润历史，假设你真诚地要出售并且买方随后行使其全部专利权，你愿意将专利卖给一个独立第三方的最小金额是多少？[16]

对于本研究，拍卖目录为技术提供了一个卖方价值认知明确的货币量度。[17]对于每一项技术，拍卖目录规定了一个最低的预期出售价值。根据此价值，笔者能够直接衡量卖方认为的技术价值。预期的售价没有在 IPA 目录中被规定。[18]该方法看起来是有利的，尤其是如果价值预期数据在 IPA 拍卖中丢失，数据可以用来表示拍卖开始出价。拍卖会5中的价值认知以及开价数据均可用，因此笔者可以检验并证明填充技术所使用评判方法之间的相关性。因此，对于卖方认知的技术价值，笔者编制了一个数值类型的衡量，价值大于0。

10.1.3　控制变量

除了自变量的结果，在本研究的模型中控制了 3 个结果。第一，控制 6 场拍卖之间的不同。如第 9 章所述，包含在研究数据组中的 6 场拍卖是在相似和标准化的 TGS 内进行的，比如相当的法律条款和条件。这些拍卖由另两个不同的拍卖公司组织，并发生在 3 个不同国家。OT 组织了其中 5 场拍卖（A1、A2、A3、A5 和 A6），IPA 组织了 1 场拍卖（A4）。4 场拍卖（A1、A2、A3 和 A6）在美国举行，2 场在欧洲举行（A4 在德国，A5 在英国）。如第 5.3 节所述，IPA 的拍卖设计很大程度上参照了 OT 的设计，只是作了一些轻微的调整（比如，引入了拍卖许可的可能性）。在英国举行的拍卖与在美国举行的拍卖之间在 TGS 上的差异非常小。如上所述，OT 稍微调整了其随后每一场拍卖会的 TGS（即导致一种学习效应）。所有拍卖中，TGS 的各种关键要素是相似的，比如，所有拍卖使用了英格兰式竞拍流程。尽管有许多相似之处，笔者想控制来自 TGS 差异的影响并随后包含协变量"拍卖数量"。该变量编码为 6 个二分虚拟变量，然而第一场拍卖会的虚拟变量充当了一个参考变量，并在模型中被忽略。

第二，笔者控制技术专利不同国家之间的区别。如第 6 章所述，尽管在一定程度上相似，在不同国家专利管辖权不同。笔者的数据组中的大多数专利是美国专利，其中一小部分非美国专利也进行了拍卖。因此，笔者将只被美国专利保护的技术和至少包括一个非美国专利的技术区分开。因此，笔者将二分协变量编码为"专利国籍"，1 代表该技术只包含美国专利，0 代表该技术中至少有一项非美国专利。

第三，笔者控制技术的不同来源，如第 6 章所述。4 个二分虚拟变量为不同的技术来源类型进行了编码。这包含独立发明人、高校/研究机构、中小企业以及大型企业。变量根据专利权人的类型进行了编码。此外，一小部分技术不能够被分配到这些类型中的任何一个。这些很少的技术被分配到其他组。由于这一组非常小，这些技术没有被考虑到回归分析中。虚拟变量的参考变量是技术来源类型"独立发明人"。[19]

第四，协变量是模型。但是，它们必须被省略。如第 6 章所述，专利或技术的价值在不同的应用领域会不一样。但是，由于数据局限性，申请区域无法考虑在模型中。通过虚拟变量考虑 16 个应用领域会导致模型的过度拟合。

10.2 描述性结果

这一节给出了调查变量的描述性结果。如第 8 章所述，笔者介绍了主要在两个列联表（划分拍卖数量以及技术来源类型）中每个变量的描述性结果，使用了常规的描述性指标，比如，计数、平均值、中位值、最大值以及最小值）。第一步，汇总表给出数据组综述。为了防止结果偏差，笔者参考技术（不是个人专利）数据组，限于使用英格兰式竞拍流程出售的技术（见第 5章）。因此，笔者排除了那些作为许可出售或使用荷兰式竞拍流程出售的少量技术；荷兰式竞拍流程主要适用于 IPA 的 A4。实际上，一个都没有出售。

10.2.1 汇总统计

表 10.3 概述了包含在数据组中的 6 场拍卖中提供并售出的技术。总共 393项技术被出价，相当于平均每场拍卖有 66 项技术。在这些技术中，156 项被出售，237 项没有被出售。A1 和 A6 有最多数量的技术（77 项技术），占技术的最大份额（19.6%）；A5 只提供了 47 项技术（12.0%）；A3、A4 和 A5 提供的技术数量在平均值以下。

表 10.3　拍卖中提供并出售的技术

| | 拍卖场次 | | | | | | | | | | | | |
| | A1 | | A2 | | A3 | | A4 | | A5 | | A6 | | 总计 | |
	数量/项	%	数量/项	%	数量/项	%	数量/项	%	数量/项	%	数量/项	%	数量/项	%
未售出	51	21.5	50	21.1	31	13.1	32	13.5	34	14.3	39	16.5	237	100.0
售出	26	16.7	22	14.1	34	21.8	23	14.7	13	8.3	38	24.4	156	100.0
合计	77	19.6	72	18.3	65	16.5	55	14.0	47	12.0	77	19.6	393	100.0

A6 出售了最多的技术（38 项技术），A5 只出售了 13 项技术。平均每场拍卖售出 26 项技术。A2、A4 和 A5 售出的技术数量低于平均值。仔细看一下出售率，数据显示平均出售率为 39.7%。A3 和 A5 拥有最高与最低的出售率，分别为 52.3% 与 27.7%。A3、A4 和 A6 的出售率高于平均值。

在所有拍卖中，数据显示提供的技术数量不断降低。从 A1 提供的最高数量的技术，直到 A5 数量平稳下降，A6 又开始上升。出售率则呈现轻微的上升趋势，从 A1 的 33.8% 到 A6 的 49.4%。

如表 10.4 所示，提供的 393 项技术中 34.1% 是由大型企业开发的，

31.6%由个人发明人开发，27.0%由中小企业开发，6.9%由高校/研究机构开发，很小一部分（0.5%）由其他的开发（比如 TMI 开发了自己的技术）。

表 **10.4** 拍卖技术来源 *

		出售状况								
		未售出			售出			总计		
		数量/项	列%	行%	数量/项	列%	行%	数量/项	列%	行%
技术来源	其他	0	0.0	0.0	2	1.3	100.0	2	0.5	100.0
	独立发明人	68	28.7	54.8	56	35.9	45.2	124	31.6	100.0
	高校/研究机构	7	3.0	25.9	20	12.8	74.1	27	6.9	100.0
	中小企业	66	27.8	62.3	40	25.6	37.7	106	27.0	100.0
	大型企业	96	40.5	71.6	38	24.4	28.4	134	34.1	100.0
	总计	237	100.0	60.3	156	100.0	39.7	393	100.0	100.0

表 10.4 数据显示，由高校/研究机构开发的技术中的 74.1%售出。该比例明显高于独立发明人（45.2%）、中小企业（37.7%）以及大型企业（28.4%）开发的技术。所售出技术的总数中，独立发明人开发的占据最高比例（35.9%），然后是中小企业（25.6%）以及大型企业（24.4%），高校/研究机构开发的技术仅占 12.8%。在没有售出的技术中，大型企业开发的技术占最高比例 40.5%，随后是独立发明人开发的技术（28.7%）以及中小企业开发的技术（27.8%）。

表 10.5 说明在 16 个应用领域（见第 8 章以及附件 2 中的相关表）中提供的，未售出的以及售出的技术分布。根据提供的技术总数排名，表 10.5 显示在两个应用领域提供了大约所有技术的 1/3。总计，提供的 79 项技术（20.1%）是用于电信方面（无线、手机、光学以及其他），60 项技术用于（微）电子/计算机系统与技术。在最大的 2 个应用领域，以及 7 个应用领域中提供了 20~30 项技术，占据所提供的技术的 80%。为能源/公用事业/电力技术/石油与天然气以及航空航天领域中的应用所提供的技术数量最少。总计提供的 11 项技术无法划分到任何应用领域中。

看一下售出的技术，表 10.5 进一步显示，按绝对价值计算，在 2 个最大应用领域中提供的技术也是畅销技术。总共 32 项技术出售给电信（无线、手机、光学以及其他）应用，31 项是（微）电子/计算机系统与技术应用。此

---

*　编者注：数据源自原版。

外，只有2个领域出售了10项以上技术：19项技术出售给互联网/网络服务/电子商务/互联网电视领域的应用，14项技术出售给数字与家庭媒体/娱乐领域的应用。出售到这4个领域中的技术一共占所有出售技术的61.5%。剩余出售的38.5%的技术分散在其他12个应用领域中。

表10.5 拍卖技术在应用领域的分布

		出售状况				
		未售出		售出		总计
		数量/项	%	数量/项	%	数量/项
技术领域（n=16）	电信（无线、蜂窝、光学以及其他）	47	59.5	32	40.5	79
	（微）电子/计算机系统与技术	29	48.3	31	51.7	60
	互联网 /网络服务/电子商务/互联网电视	11	36.7	19	63.3	30
	化工/应用科学/新材料/纳米技术	22	73.3	8	26.7	30
	医学与生命科学/装置/远程医学/生物芯片/生物技术	20	71.4	8	28.6	28
	定位系统/应用/物流	15	65.2		24.8	23
	数字与家庭媒体/娱乐	9	39.1	14	60.9	23
	汽车系统与设备/工业机械	14	63.6	8	36.4	22
	电气/机械工程/过程自动化	17	85.0	3	15.0	20
	显示/多媒体/用户界面技术	13	68.4	6	31.6	19
	消费品/电子	13	81.3	3	18.8	16
	绿色能源/技术/工业系统	8	72.7	3	27.3	11
	商业方法/金融服务	6	60.0	4	40.0	10
	能源/公用事业/电力技术/石油与天然气	4	50.0	4	50.0	8
	航空航天	0	0.0	3	100.0	3
	其他	9	81.8	2	18.2	11
	总计	237	60.3	156	39.7	393

注：根据提供的技术数量排名。

在出售率方面，排名最高的应用领域（即电信（无线、手机、光学以及其他））仅排名中等，比例为40.5%。5个领先领域的出售率等于或大于50%。应注意到，为航空航天领域的应用提供的所有3项技术都被出售（即出售率是100%）。此外在出售率等于或大于50%的这些领域中，按绝对数量计算，有3个领域售出10项以上技术。这包括互联网/网络服务/电子商务/互联网电视（63.3%）、数字与家庭媒体/娱乐（60.9%）以及（微）电子/计算机系统与技术（51.7%）。

除了出售状态，本研究的数据集也包括对售价的研究。表 10.6 显示技术出售额在 16 个应用领域的分布，按照应用领域的平均售价排名。在 6 场拍卖中，技术总共拍卖了 3028 万欧元，每场拍卖的平均出售额为 505 万欧元。所有技术的平均售价为 194150 欧元，相应的中位值为 77230 欧元；因此 60.2%的技术价格较低。技术价格范围从最低的 1790 欧元到最高的 365 万欧元。价格最高的技术是为互联网/网络服务/电子商务/互联网电视领域应用提供的技术。

表 10.6　应用领域的售价

技术领域（n = 16）	售价/万欧元					
	平均值	中位值	最小值	最大值	数量	金额
数字与家庭媒体/娱乐	51.336	35.692	2.834	222.701	23	718.708
互联网/网络服务/电子商务/互联网电视	41.624	17.816	0.772	365.087	30	790.857
显示/多媒体/用户界面技术	39.290	25.101	0.875	125.525	19	235.739
定位系统/应用流程/物流	35.599	7.986	0.810	210.553	23	284.79
营业方式/金融服务	13.874	10.854	5.792	27.995	10	55.495
电信（无线、手机、光学以及其他）	13.838	8.828	0.875	64.904	79	442.806
消费品/电子	12.781	18.221	0.875	19.246	16	38.342
航空航天	12.348	6.999	1.700	28.344	3	37.043
（微）电子/计算机系统与技术	10.322	6.479	0.500	85.178	60	319.978
绿色能源/技术/工业系统	8.681	1.600	0.500	23.942	11	26.042
医学与生命科学/装置/远程医学/生物芯片/生物技术	5.805	1.850	1.600	29.744	28	46.443
化工/应用科学/新材料/纳米技术	16.09	9.49	1.79	50.00	30	128.70
其他	14.08	14.08	12.15	16.00	11	28.15
汽车系统与设备/工业机械	12.80	8.97	7.17	40.49	22	102.40
电气/机械工程/过程自动化	12.33	11.00	11.00	15.00	20	37.00
能源/公用事业/电力技术/石油与天然气	7.12	8.86	1.79	8.97	8	28.48
总计	19.415	7.723	0.179	365.087	393	3028.716

注：按平均售价排名。

在 4 个应用领域中，平均售价高于总体平均售价。表 10.6 显示了最高的平均售价为 513360 欧元，是在数字与家庭媒体/娱乐领域的应用提供的技术。该领域的总出售额为 719 万欧元，占总出售额的 23.7%。在平均售价方面，互联网/网络服务/电子商务/互联网电视领域的应用技术位列第二。该领域中每项技术的平均售价为 416240 欧元。然而该领域的总出售额排名第一，790 万欧元，占 26.1%。还有另外 2 个应用领域的平均售价高于总体的平均值 194150 欧元。在显示/多媒体/用户界面技术领域的技术平均售价为 392900 欧元，在定位系统/应用流程/物流领域的技术平均售价为 355990 欧元。但是这 2 个领域中每个领域的总出售额都低于总出售额的 10%。电信（无线、手机、光学以及其他）（14.6%）以及（微）电子/计算机系统与技术（10.6%）领域都超过了总出售额的 10%。

因此，从表 10.5 和表 10.6 中，笔者认为 2 个领域拥有高出售率与高平均售价，包括：互联网/网络服务/电子商务/互联网电视领域，其出售率为 63.3%（排名第一）并且平均售价为 416240 欧元（排名第二）；数字与家庭媒体/娱乐领域，出售率为 60.9%（排名第二）并且平均售价为 513360 欧元（排名第一）。在这 2 个领域中一共出售的技术占所有出售的技术的 21.2%。

此外，另外 2 个领域也起到重要作用。总共 32 项技术售出，出售率为 40.5%。电信（无线、手机、光学以及其他）领域的平均售价为 138380 欧元（低于总平均值），占 14.6%，仍然占总出售额的很大比例。最后是（微）电子/计算机系统与技术，出售 31 项技术，出售率为 51.7%，平均售价为 103220 欧元，占总出售额 320 万欧元的 10.6%。平均出售率为 54.1%，这 4 个领域占所有售出技术的 61.5%，占总出售额的 75.0%。

表 10.7 进一步显示售出的技术与售价在 6 场拍卖中的分布。但是，平均每场拍卖售出 26 项技术，技术在拍卖中并不是平等分布的。A5 售出最少（13 项技术），而 A6 售出了最多的技术（38 项技术）。每场拍卖出售额范围从 A4 中最低的 409000 欧元到最高的 A3，大约比 A4 高出 20 倍（841 万欧元）。

表 10.7　技术拍卖的售价概述

	拍卖场次						
	A1	A2	A3	A4	A5	A6	总计
平均值/万欧元	9.487	21.930	24.747	1.778	46.375	21.432	19.415
中位值/万欧元	0.897	14.873	9.921	1.600	14.198	11.585	7.723
最小值/万欧元	0.179	0.875	0.810	0.500	2.109	0.772	0.179

续表

	拍卖场次						
	A1	A2	A3	A4	A5	A6	总计
最大值/万欧元	125.525	78.735	222.701	5.000	365.087	135.154	365.087
数量/项	26	22	34	23	13	38	156
总额	246.661	482.469	841.404	40.900	602.881	814.401	3028.716

如表 10.7 所示，在 A4 中售出的 23 项技术达到了最低的平均售价 17780 欧元。相比，A5 售出的 13 项技术达到了最高的平均售价 463750 欧元。但是在 A2 中售出的技术有最高的中位值售价 148730 欧元，然而 A1 的中位值明显要低，仅为 8970 欧元。在 A5 中一项技术达到了最高的绝对售价 365 万欧元，然而 A1 中一项技术售出了最低的价格 1790 欧元。表 10.7 尽管没有显示任何一致的趋势，前 3 场美国拍卖中，总出售额与平均售价稳步上升。

表 10.8 显示了不同技术来源中售价的描述性统计。除了分类"其他"，中小企业开发的技术达到最高的平均售价 355480 欧元，以及中位值 115850 欧元。相反，高校/研究机构开发的技术平均售价最低，为 26650 欧元，中位值为 17500 欧元。6 场拍卖（365 万欧元）中的最高售价的技术由中小企业所开发。技术的最低售价为 1790 欧元。该技术由大型企业在实验室中开发。

表 10.8　技术来源与技术售价

		技术来源					
		其他	独立发明人	高校/研究机构	中小企业	大型企业	总计
出售价格	平均值/万欧元	40.491	17.159	26.65	355.48	134.64	194.15
	中位值/万欧元	40.491	6.899	17.50	115.85	77.23	77.23
	最小值/万欧元	40.491	0.500	0.897	0.875	0.179	0.179
	最大值/万欧元	40.491	135.154	7.723	365.087	85.178	365.087
	数量/项	2	56	20	40	38	156
	售价总额/万欧元	80.982	960.893	53.306	1421.9	511.635	3028.716

如第 6 章所述，卖方被认为在对他们自己的技术估价时肯定是有偏见的。表 10.9 显示这种影响好像存在本研究的数据组中。该表格比较了 5 场拍卖会（对于 A4，无法获得期望的数值[22]）中技术的卖方预计的期望值以及实际售价。4 场拍卖中（除了 A5），平均期望值与中位值期望值都高于售价。对于 A5，中位值期望值高于售价但是低于平均值。所有拍卖中，总平均期望值是总售价的 2.71 倍。总中位值期望值是总中位值售价的 3.63 倍。

表 10.9 预期值与售价的比较

		拍卖场次						
		A1	A2	A3	A4	A5	A6	总计
出售价格/万欧元	平均值	71.454	37.627	52.646	—	40.693	51.996	52.556
	中位值	40.755	23.859	20.246	—	22.000	31.595	28.084
	最大值	407.550	159.060	368.100	—	275.600	347.540	407.550
	最小值	8.151	0.795	2.209	—	5.000	3.511	0.795
出售价格/万欧元	平均值	9.487	21.930	24.747	1.778	46.3755	21.432	19.415
	中位值	0.897	14.873	9.921	1.600	14.198	11.585	7.723
	最大值	125.525	78.735	222.701	5.000	365.087	135.154	365.087
	最小值	0.179	0.875	0.810	0.500	2.109	0.772	0.179

10.2.2 技术属性

除了上述提供的简单统计外，下面针对这 5 个技术特性进行了更详细的描述性统计，这些技术特性为所研究回归模型的自变量（见第 8.3 节中的"操作化"）。表 10.10 描述了售出技术和未售出技术中这 5 个变量测量结果的单变量统计。

表 10.10 说明了在所有 393 项技术中，技术复杂性最低为 1，最高为 59，平均值为 3.72，中位值为 2。技术不确定性范围为 0.73 ~ 18.45，平均值为 11.61，中位值为 12.32。技术影响性范围为 0 ~ 87，平均值为 6.76，中位值为 3.00。技术质量范围为 1.00 ~ 12.00，平均值为 1.99，中位值为 1.95。[23]

预期价值为 7950 ~ 4080000 欧元，平均值为 527050 欧元，中位值为 280840 欧元。

表 10.10　技术属性的描述性统计

			技术复杂性	技术不确定性	技术影响力	技术质量	预期价格/万欧元
售出状态	未售出	平均值	4.52	11.63	6.46	1.96	53.762
		中位值	2.00	12.33	2.00	1.71	29.448
		最大值	59.00	18.45	87.00	12.00	407.55
		最小值	1.00	0.83	0.00	1.00	0.795
	售出	平均值	2.50	11.58	7.21	2.05	50.926
		中位值	1.00	12.17	3.00	2.00	28.084
		最大值	18.00	17.34	60.00	6.00	407.55
		最小值	1.00	0.73	0.00	1.00	2.209
	总计	平均值	3.72	11.61	6.76	1.99	52.705
		中位值	2.00	12.32	3.00	1.95	28.084
		最大值	59.00	18.45	87.00	12.00	407.55
		最小值	1.00	0.73	0.00	1.00	0.795

在 237 项未售出技术中，技术复杂性为 1.00 ~ 59.00，平均值为 4.52，中位值为 2.00。技术不确定性为 0.83 ~ 18.45，平均值为 11.63，中位值为 12.33。技术影响力为 0 ~ 87.00，平均值为 6.46，中位值为 2.00。技术质量为 1.00 ~ 12.00，平均值为 1.96，中位值为 1.71。预期价格为 7950 ~ 4080000 欧元，平均值为 537620 欧元，中位值为 294480 欧元。

在 156 项售出技术中，技术复杂性为 1.00 ~ 18.00，平均值为 2.50，中位值为 1.00。技术不确定性为 0.73 ~ 17.34，平均值为 11.58，中位值为 12.17。技术影响力为 0 ~ 60.00，平均值为 7.21，中位值为 3.00；技术质量为 1.00 ~ 6.00，平均值为 2.05，中位值为 2.00。预期价值为 22090 ~ 4080000 欧元，平均值为 509260 欧元，中位值为 280840 欧元。

通过比较未售出和售出技术的平均值和中位值，可以看出，未售出技术的技术复杂性的平均值和中位值分别比售出技术高 66.7% 和 100.00%。未售出技术和售出技术的不确定性的平均值和中位值几乎相似，但是未售出技术的平均值和中位值略大。未售出技术的技术影响力的平均数和中位值分别比售出技术低 10.0% 和 33.3%。技术质量的平均值和中位值分别比售出技术低 4.4% 和 14.5%。未售出技术的预期价格的平均值和中位值分别比售出技术高出 5.6% 和 4.9%。这些描述性结果与第 5.3 节中推导的假设一致。

技术复杂性

表 10.11 和表 10.12 详细地描述并统计了 6 场拍卖会拍卖技术的技术复杂性（通过相关同族专利的数量来判断，见第 6.1 节）。所有技术的总平均技术复杂性为 3.72。总中位值为 2.00，比总平均值低 46.2%。售出技术的平均值为 2.49，中位值为 1.00，因此，分别比总平均值低 33.1% 和 50.0%。未售出技术的平均值为 4.52，比总平均值高出 21.5%，中位值保持为 2.00。在售出技术组中，相应的平均值和最多的中位值比未售出技术组高。

表 10.11 所有拍卖技术的技术复杂性

			拍卖场次						
			A1	A2	A3	A4	A5	A6	总计
技术复杂性	未售出	平均值	6.43	4.40	2.84	5.31	5.47	2.05	4.52
		中位值	3.00	2.00	1.00	3.00	4.00	1.00	2.00
		数量/项	51	50	31	32	34	39	237
		最小值	1.00	1.00	1.00	1.00	1.00	1.00	1.00
		最大值	59.00	29.00	17.00	21.00	25.00	14.00	59.00
	售出	平均值	3.77	1.77	2.68	2.43	3.00	1.74	2.49
		中位值	1.50	1.00	1.00	2.00	3.00	1.00	1.00
		数量/项	26	22	34	23	13	38	156
		最小值	1.00	1.00	1.00	1.00	1.00	1.00	1.00
		最大值	18.00	4.00	17.00	12.00	9.00	10.00	18.00
	总计	平均值	5.53	3.60	2.75	4.11	4.79	1.90	3.72
		中位值	2.00	2.00	1.00	2.00	3.00	1.00	2.00
		数量/项	77	72	65	55	47	77	393
		最小值	1.00	1.00	1.00	1.00	1.00	1.00	1.00
		最大值	59.00	29.00	17.00	21.00	25.00	14.00	59.00

具有最高技术复杂性的技术，复杂性为 59，由 A1 提供，但是仍未售出。在售出技术中，复杂性最高的技术其复杂性为 18，也是由 A1 拍卖的。在 A1 上，售出技术和未售出技术具有 6 场拍卖中最高的平均值，为 5.53。然而，A5 的中位值最高。A6 中售出和未售出技术的技术复杂性的平均值最低。

着眼于不同技术来源的技术复杂性的分布情况，表 10.12 表明了大型企业研发的技术的复杂性总平均值最高，为 6.28。除了其他类别以外（该类别包含少数的技术），中小企业研发的技术复杂性平均值为 2.92，排名第二，低于大型企业研发技术的复杂性的平均值（低 53.5%）。高校和研究机构研发技术的复杂性平均值为 2.26，排名第三，高于独立发明人开发的技术，其技术复杂性平均值为 1.94。

表 10.12　不同来源技术的复杂性

			技术来源				
			其他	独立发明人	高校/研究机构	中小企业	大型企业	总计
技术复杂性	未售出	平均值	—	2.22	3.00	3.20	7.18	4.52
		中位值	—	2.00	2.00	2.00	4.00	2.00
		数量/项	0	68	7	66	96	237
		最小值	—	1.00	1.00	1.00	1.00	1.00
		最大值	—	15.00	12.00	17.00	59.00	59.00
	售出	平均值	4.50	1.59	2.00	2.48	4.00	2.49
		中位值	4.50	1.00	2.00	1.00	2.00	1.00
		数量/项	2	56	20	40	38	156
		最小值	4.00	1.00	1.00	1.00	1.00	1.00
		最大值	5.00	10.00	4.00	17.00	18.00	18.00
	总计	平均值	4.50	1.94	2.26	2.92	6.28	3.72
		中位值	4.50	1.00	2.00	1.50	3.00	2.00
		数量/项	2	124	27	106	134	393
		最小值	4.00	1.00	1.00	1.00	1.00	1.00
		最大值	5.00	15.00	12.00	17.00	59.00	59.00

所有售出技术和未售出技术的排名似乎相似。所有类别的中位值比相应的平均值低。具有最高复杂性的技术，其复杂性为 59.00，该技术由一家大型企业研发，但是仍然未售出。售出技术中，最高技术复杂性为 18.00。该技术也是由一家大型企业研发的。

技术不确定性

表 10.13 和表 10.14 更详细地描述了技术的不确定性（根据相应专利的剩余寿命平均值判断，见第 6.1 节）。

表 10.13 表明了所有技术的不确定性的总平均值为 11.61。技术不确定性的最大值为 18.45，该技术为 A4 上展览的一项技术，但是仍未售出。技术不确定性的最低值为 0.73，该技术为 A2 上售出的一项技术（出人意料）。除了 A6，在其他拍卖会上售出技术的不确定性平均值比未售出技术的低。然而，

这种模式不适用于中位值。在 A1 和 A4 上，技术不确定性的中位值比未售出技术的低。总之，表 10.13 显示出在所有拍卖会上，技术不确定性的绝对值变化不大。然而，在售出（未售出）技术中，A1 的技术不确定性最低平均值和 A4 的最高平均值之间差 18.3%（16.2%）。

表 10.13 拍卖的技术不确定性

			拍卖场次						
			A1	A2	A3	A4	A5	A6	总计
技术的不确定性	未售出	平均值	10.73	11.87	12.28	12.80	11.87	10.82	11.63
		中位值	11.14	13.12	13.78	13.10	12.32	11.86	12.33
		数量/项	51	50	31	32	34	39	237
		最小值	2.14	2.53	3.49	5.70	3.97	0.83	0.83
		最大值	18.02	17.42	18.33	18.45	15.53	17.29	18.45
	售出	平均值	10.19	11.51	12.13	12.48	11.04	11.66	11.58
		中位值	11.93	12.45	12.54	13.13	11.67	11.73	12.17
		数量/项	25	22	34	23	13	38	155
		最小值	2.45	0.73	4.95	4.52	2.36	7.03	0.73
		最大值	16.58	17.34	16.38	16.81	14.93	16.07	17.34
	售出	平均值	10.55	11.76	12.20	12.66	11.64	11.24	11.61
		中位值	11.19	12.88	12.79	13.13	12.21	11.75	12.32
		数量/项	76	72	65	55	47	77	392
		最小值	2.14	0.73	3.49	4.52	2.36	0.83	0.73
		最大值	18.02	17.42	18.33	18.45	15.53	17.29	18.45

考虑到技术不确定性为 0~20，技术不确定性的平均值结果显示，售出技术和未售出技术在适当的技术不确定性范围内变化不大。然而，某些技术的平均值非常极端。

另外，表 10.14 说明了不同技术来源的技术不确定性的分布问题。除了中小企业研发的技术，技术不确定性的平均值比未售出技术高。在售出技术中，高校和研究机构研发的技术的不确定性的平均值最高，为 12.75；其次为中小企业研发的技术（12.65）；再次为独立发明人发明的技术（11.45）；大型企业研发的技术的不确定性的平均值最低，为 10.03。在未售出技术中，高校和研究机构研发的技术的不确定性的平均值最高，为 14.72；其次为独立发明人发明的技术（12.02）；再次为中小企业研发的技术（11.63）；大型企业研发的技术的不确定性的平均值最低，为 11.13。中位值的表现模式相似。售出

（未售出）技术中，技术不确定性的最低平均值和最高平均值之间差 21.3%（24.4%）。

表 10.14 不同来源的技术不确定性

			其他	独立发明人	高校/研究机构	中小企业	大型企业	总计
技术的不确定性	未售出	平均值	—	12.02	14.72	11.63	11.13	11.63
		中位值	—	12.62	15.90	12.56	11.81	12.33
		数量/项	0	68	7	66	96	237
		最小值	—	1.94	10.06	0.83	2.14	0.83
		最大值	—	18.45	17.15	18.33	16.16	18.45
	售出	平均值	10.50	11.45	12.75	12.65	10.03	11.58
		中位值	10.50	12.34	13.39	13.19	10.69	12.17
		数量/项	2	56	20	40	37	155
		最小值	10.12	0.73	7.08	2.36	2.45	0.73
		最大值	10.88	16.38	16.81	17.34	15.89	17.34
	总计	平均值	10.50	11.76	13.26	12.02	10.82	11.61
		中位值	10.50	12.55	13.48	12.72	11.47	12.32
		数量/项	2	124	27	106	133	392
		最小值	10.12	0.73	7.08	0.83	2.14	0.73
		最大值	10.88	18.45	17.15	18.33	16.16	18.45

（表头“技术来源”横跨 其他/独立发明人/高校研究机构/中小企业/大型企业/总计 各列）

具有最低和最高不确定性的技术，其不确定性分别为 0.73 和 18.45，是由独立发明人发明的。技术不确定性绝对值最高的技术仍未售出，但是技术不确定性最低的技术已经售出。然而，另一项技术不确定性类似低的技术仍未售出，其不确定性为 0.83，由中小企业研发。

技术影响

如第 6.1 节中讨论的，一项技术对后来技术发展的影响力由其前向引用数判断。表 10.15 和表 10.16 描述了包括在研究数据组内的技术的影响力有关的描述性结果。表 10.15 表明了技术影响力的总平均值为 6.77。

表 10.15 拍卖会上技术的影响力

			拍卖场次						
			A1	A2	A3	A4	A5	A6	总计
技术影响	未售出	平均值	5.60	5.14	5.74	1.22	10.09	10.92	6.46
		中位值	4.50	1.00	1.00	0.00	5.00	4.00	2.00
		数量/项	51	50	31	32	34	39	237
		最小值	0.00	0.00	0.00	0.00	0.00	0.00	0.00
		最大值	17.00	28.00	31.00	10.00	66.00	87.00	87.00
	售出	平均值	5.62	5.32	6.41	1.26	12.15	12.08	7.22
		中位值	6.00	2.00	3.00	0.00	8.00	7.00	3.00
		数量/项	26	22	34	23	13	38	156
		最小值	0.00	0.00	0.00	0.00	0.00	0.00	0.00
		最大值	13.00	27.00	36.00	7.00	41.00	60.00	60.00
	总计	平均值	5.61	5.19	6.09	1.24	10.66	11.49	6.77
		中位值	5.00	1.00	2.00	0.00	5.00	7.00	3.00
		数量/项	77	72	65	55	47	77	393
		最小值	0.00	0.00	0.00	0.00	0.00	0.00	0.00
		最大值	17.00	28.00	36.00	10.00	66.00	87.00	87.00

售出技术的影响力的总平均值比未售出技术高出 11.2%。在所有拍卖会中，售出技术的平均影响力比未售出技术的平均值高。在 A5（A6）售出（未售出）的技术的影响力平均值最高，为 12.15（10.92）；相比之下，在 A4 上售出（未售出）技术的影响力平均值最低，为 1.26（1.22）。具有最高技术影响力的技术是在 A6 上展出的，其技术影响力为 87，但是未售出。这 2 组中所有技术的技术影响力为 0。

到目前为止，在 A4 上，由 IPA 展出和出售的技术的影响力最低，也就是低于所有 OT 拍卖平均值。此外，在 A5 和 A6 上展出和出售的技术的影响力尤其高，平均值几乎是 A1 ~ A3 的 2 倍。而且，虽然平均值中等，但是 A1 上展出和出售的技术影响力的平均值和中位值之间的差异相对较小。表 10.16 描述了不同技术来源的技术影响力的分布情况。在所有类型的技术来源中，所有售出技术的影响力平均值比未售出技术高。

表 10.16 不同来源的技术影响

			技术来源					
			其他	独立发明人	高校/研究机构	中小企业	大型企业	总计
技术影响	未售出	平均值	—	6.51	1.71	5.85	7.22	6.46
		中位值	—	1.00	0.00	2.00	4.00	2.00
		数量/项	0	68	7	66	96	237
		最小值	—	0.00	0.00	0.00	0.00	0.00
		最大值	—	87.00	10.00	31.00	66.00	87.00
	售出	平均值	11.00	8.1	2.30	8.00	7.50	7.22
		中位值	11.00	1.00	1.00	3.00	5.00	3.00
		数量/项	2	56	20	40	38	156
		最小值	10.00	0.00	0.00	0.00	0.00	0.00
		最大值	12.00	60.00	8.00	41.00	37.00	60.00
	总计	平均值	11.00	7.23	2.15	6.66	7.30	6.77
		中位值	11.00	1.00	.00	2.00	4.00	3.00
		数量/项	2	124	27	106	134	393
		最小值	10.00	0.00	0.00	0.00	0.00	0.00
		最大值	12.00	87.00	10.00	41.00	66.00	87.00

在所有售出技术中，独立发明人研发的技术影响力最高，为 8.11；其次是中小企业和大型企业研发的技术，分别为 8.00 和 7.50。尽管这 3 种来源的技术影响力似乎相似，但是高校和研究机构研发技术的影响力均值较低，为 2.30。可能的原因是通常高校的发明（见第 6 章）比公司发明距离市场较远。因此，在收到引文之前高校的发明会有较大的时间滞后（见 Hall 等人（2001））。在未售出技术中，大型企业研发的技术影响力平均值最高，为 7.22；其次是由独立发明人和中小企业研发的技术，分别为 6.51 和 5.85。此外，高校和研究机构研发的技术影响力平均值相当低，为 1.71。与平均值排名相比，尽管排名不同，但是这 2 组中，中位值排名相似。在这 2 组中，由大型企业研发的技术影响力中位值最高，其次是由中小企业、独立发明人、高校和研究机构研发的技术。

技术影响力最高的平均值为 87，是由独立发明人研发的，但是未售出。在售出技术组中，技术影响力最高的平均值为 60，也是由独立发明人研发的。所有技术来源中均有技术影响力为 0 的技术。

技术质量

表 10.17 表明售出技术的技术质量均值（对于发明人数量的操作化，见第 6.1 节）比未售出技术高。回顾个人拍卖，该表显示对于 A1 和 A2，技术质量平均值比未售出技术组高，但是对于 A3 ~ A6，未售出技术组的技术质量平均值比售出技术组高。除了 A6，该模式与中位值模式相似。对于这场拍卖会，2 组的中位值相同。在售出（未售出）技术中，A4（A2）的技术质量平均值最高，A2（A3）的技术质量平均值最低。在 A2 展出的一项技术的质量最高，为 12.00，但是仍未售出。在售出技术中，最高的技术质量为 6.00（A6）。在所有的拍卖技术中，最低的技术质量为 1。

表 10.17 拍卖的技术质量

			拍卖数量					
			1	2	3	4	5	6	总计
技术质量	未售出	平均值	2.15	2.45	1.54	1.96	1.70	1.63	1.96
		中位值	2.00	2.00	1.20	1.87	1.59	1.00	1.71
		数量/项	51	50	31	32	34	39	237
		最小值	1.00	1.00	1.00	1.00	1.00	1.00	1.00
		最大值	4.34	12.00	3.00	8.36	3.00	6.00	12.00
	售出	平均值	1.97	1.68	1.81	2.87	2.10	2.00	2.04
		中位值	2.00	1.75	1.35	3.00	1.67	1.00	2.00
		数量/项	26	22	34	23	13	38	156
		最小值	1.00	1.00	1.00	1.00	1.00	1.00	1.00
		最大值	4.00	4.00	5.00	5.58	4.40	6.00	6.00
	总计	平均值	2.09	2.21	1.68	2.34	1.81	1.81	1.99
		中位值	2.00	2.00	1.20	2.00	1.67	1.00	2.00
		数量/项	77	72	65	55	47	77	393
		最小值	1.00	1.00	1.00	1.00	1.00	1.00	1.00
		最大值	4.34	12.00	5.00	8.36	4.40	6.00	12.00

表 10.18 描述了不同来源技术的质量分布情况。在售出技术组中，高校和研究机构研发的技术质量最高，为 2.87；其次是大型企业、中小企业和独立发明人研发的技术，分别为 2.49、2.07 和 1.41。在未售出技术中，大型企业研发的技术质量最高，为 2.50；其次是中小企业、高校和研究机构以及独立发明人，分别为 1.93、1.73 和 1.23。

表 10.18　不同来源技术的技术质量

			技术来源					
			其他	独立发明人	高校研究机构	中小企业	大型企业	总计
技术质量	未售出	平均值	—	1.23	1.73	1.93	2.50	1.96
		中位值	—	1.00	2.00	1.92	2.21	1.71
		数量/项	0	68	7	66	96	237
		最小值	—	1.00	1.00	1.00	1.00	1.00
		最大值	—	3.00	3.00	5.00	12.00	12.00
	售出	平均值	2.60	1.41	2.87	2.07	2.49	2.04
		中位值	2.60	1.00	3.00	2.00	2.00	2.00
		数量/项	2	56	20	40	38	156
		最小值	2.20	1.00	1.00	1.00	1.00	1.00
		最大值	3.00	4.00	5.00	5.00	6.00	6.00
	总计	平均值	2.60	1.31	2.57	1.98	2.50	1.99
		中位值	2.60	1.33	2.33	2.00	2.16	2.00
		数量/项	2	124	27	106	134	393
		最小值	2.20	1.00	1.00	1.00	1.00	1.00
		最大值	3.00	4.00	5.00	5.00	12.00	12.00

　　在 A2 展出但未售出的最高质量的技术（数值为 12.00）是由一家大型企业研发的。然而，售出的最高质量的技术（数值为 6.00）也是由一家大型企业研发的。需要注意的是，高校和研究机构研发的技术质量中位值比这两组中相应的平均值要高。

技术价值认知

　　在交易之前，卖方通常会进行技术价值评估。表 10.19 描述了卖方对包括在研究数据组内的技术价值的预期。表 10.19 描述了卖方对个人拍卖价值的预期，虽然 IPA 拍卖（A4）有关价值的数据无法获取。

　　该表显示未售出技术的价值总平均值超过售出技术的平均值，分别为 537620 欧元和 505440 欧元。关于个人拍卖会，除了 A3 中，其他所有拍卖相同。在 A3 中，售出技术的预期价值平均值比未售出技术高出 93.3%。同样地，未售出技术的总预期价值中位值比售出技术高。然而，在个人拍卖会中，情况复杂。在这 2 组中，预期中位值比平均值低近 50%。

　　在 A1 上，卖方预期的最高价值为 4080000 欧元，这是针对所有的技术，其中某些技术未售出。在 A2，未售出技术的最低预期价值为 7950 欧元。在售出（未售出）技术组，预期价值均值从 A3 最高均值 707710 欧元到 A5 最低均值 29445 欧元，从 A1 最高均值 797520 欧元到 A3 最低均值 366120 欧元，分别变化了 240.3% 和 217.8%。

表 10.19   拍卖中卖方的价值认知

			拍卖场次						
			A1	A2	A3	A4	A5	A6	总计
预期价值/万欧元	未售出	平均值	79.752	39.774	36.612	—	44.559	55.104	53.762
		中位值	40.755	21.871	27.608	—	20.250	35.105	29.448
		数量/项	51	50	31	32	34	39	237
		最小值	8.151	0.795	5.153	—	5.000	3.511	0.795
		最大值	407.550	159.060	110.430	—	275.600	347.540	407.550
	售出	平均值	55.176	31.589	70.771	—	29.445	49.147	50.544
		中位值	40.755	30.818	14.724	—	23.800	26.329	26.892
		数量/项	26	22	34	23	13	38	156
		最小值	8.151	3.977	2.209	—	6.200	5.266	2.209
		最大值	407.550	99.413	368.100	—	67.500	280.840	407.550
	总计	平均值	71.454	37.627	52.646	—	40.693	51.996	52.556
		中位值	40.755	23.859	20.246	—	22.000	31.595	28.084
		数量/项	77	72	65	55	47	77	393
		最小值	8.151	0.795	2.209	—	5.000	3.511	0.795
		最大值	407.550	159.060	368.100	—	275.600	347.540	407.550

此外，表 10.20 进一步描述了不同来源技术的预期价值。总之，从大型企业最高的预期价值平均值（535740 欧元）到独立发明人最低的预期价值平均值（503990 欧元），来源不同的技术其总预期价值平均值仅差 6.3%。然而，在这 2 组之间，变化相对较大。除了其他类别以外，在售出（未售出）技术中，预期价值平均值最高为 597410 欧元（736200 欧元），最低为 404510 欧元（484690 欧元），相差 47.7%（52.9%）。

大型企业研发的技术预期价值平均值最高为 4.08 万欧元，其中一些已经售出，但是其他均未售出。在所有售出技术中，中小企业研发的技术最高的预期价值均值为 597410 欧元，然而在未售出技术组中，对于高校和研究机构研发的技术最高的价值为 736200 欧元。

表 10.20　卖方对不同来源的价值认知

			技术来源					
			其他	独立发明人	高校/研究机构	中小企业	大型企业	总计
预期价值/千欧元	未售出	平均值	—	505.06	736.20	484.69	590.15	537.62
		中位值	—	318.12	736.20	280.84	247.80	294.48
		数量/项	0	68	7	66	96	237
		最小值	—	15.91	736.20	7.95	27.84	7.95
		最大值	—	3475.40	736.20	1870.00	4075.50	4075.50
	售出	平均值	736.20	502.54	496.74	597.41	404.51	505.44
		中位值	736.20	228.19	175.53	306.07	247.50	268.92
		数量/项	2	56	20	40	38	156
		最小值	736.20	22.09	73.62	36.81	73.62	22.09
		最大值	736.20	2808.40	1630.20	3681.00	4075.50	4075.50
	总计	平均值	736.20	503.99	530.94	527.75	535.74	525.56
		中位值	736.20	318.12	175.53	280.84	247.80	280.84
		数量/项	2	124	27	106	134	393
		最小值	736.20	15.91	73.62	7.95	27.84	7.95
		最大值	736.20	3475.40	1630.20	3681.00	4075.50	4075.50

10.2.3　主要描述性结果小结

在 6 场拍卖会中，共有 393 项技术参加展出，其中 156 项技术（占 39.7%）成功拍卖，237 项技术（占 60.3%）未售出。参加展出的技术几乎 1/3 是由大型企业研发的，其余的是由独立发明人、中小企业研发的，一小部分是由高校和研究机构研发的。然而，对于高校和研究机构研发的技术出售比例最高，其次是由独立发明人和中小企业研发的技术，再次是大型企业研发的技术。在 6 场拍卖会中，共有 156 项技术被成功拍卖，价值 3029 万欧元，每次拍卖平均出售额为 505 万欧元。平均出售价格为 194150 欧元，出售价格中位值为 77230 欧元，比平均售价低 60.2%。

通常，真实的出售价格与卖方的预期出售价格相比，真实的出售价格会比卖方的预期价格低很多。笔者发现平均出售价格为 194150 欧元，但是卖方预期的平均出售价格为 525560 欧元。这些结果表明卖方高估了他们的技术预期出售价格。然而，本研究呈现的数据或多或少可以纠正这种状况。

在该项研究的数据组中，技术的支付价格从最低 1790 欧元到最高 365 万欧元不等。售出价格最高的技术应用于网络/Web 服务/电子商务/网络电视服务。主要由 4 个不同的应用领域进行技术展出和出售。平均出售比例为 54.1%，这 4 个应用领域共同占所有售出技术的 61.5%，其出售额占总出售额的 75.0%。这 4 个领域包括售出的用于网络/Web 服务/电子商务/网络电视服务的技术，其出售比例为 63.3%，平均出售价格为 416240 欧元。售出的用于数字和家庭媒体/娱乐服务的技术，其出售比例为 60.9%，平均出售价格为 513360 欧元。售出的用于电信（无线、手机、光学和其他）服务的技术，其出售比例为 40.5%，平均出售价格为 138380 欧元。售出的用于（微）电子/计算机系统和计算机技术服务的技术，其出售比例为 40.5%，平均出售价格为 103220 欧元。

表 10.21　技术特性和售价分布

	描述性统计							
	N 值	最小值	最大值	平均值	偏度		峰态	
	统计	统计	统计	统计	统计标准	误差	统计标准	误差
技术复杂性	392	1.00	59.00	3.7245	4.582	0.123	32.949	0.246
技术不确定性	392	0.73	18.45	11.6081	−0.815	0.123	0.353	0.246
技术影响	389	0.00	87.00	6.7584	3.104	0.124	13.845	0.247
技术质量	392	1.00	12.00	1.9910	2.592	0.123	12.689	0.246
预期价值/万欧元	29.8	0.795	407.550	52.70541	0.2959	0.0141	0.9957	0.0281
售价/万欧元	15.5	0.179	365.087	19.53316	0.5328	0.0195	3.5241	0.0387
有效 N 值（列表）	111							

关于这 5 个技术特性，描述性结果表明技术复杂性平均值为 3.72（售出技术：2.49；未售出技术：4.52），技术不确定性平均值为 11.61（售出技术：11.58；未售出技术：11.63），总技术影响力平均值为 6.76（售出技术：7.21；未售出技术：6.46），总技术质量为 1.99（售出技术：2.05；未售出技术：1.96），平均预期价值为 527050 欧元（售出技术：509260 欧元；未售出技术：537620 欧元）。因此，售出技术具有较低的技术复杂性平均值、技术不确定性平均值和预期出售价格，而它们具有较高的技术影响力均值和中位值以及较高的技术质量平均值和中位值。总体比较一下这两组，关于出售概率，这种模式反映出了第 9.3 节中进行的假设。

　　然而，很难仅根据描述性统计得出这种结论，因为平均值和中位值之间的差异表明这 5 个技术特性的价值和出售价格非正态分布，而是左偏的。表 10.21 进一步揭示了偏态和峰态相对较高。并且，Kolmogorov - Smirnov 检验证实了技术特性和出售价格非正态分布。然而，本研究的偏态并非出人意料，因为以前的研究（例如，Winkelmann（2008））已经表明该项研究的操作化在很大程度上基于多项专利指标的计数性质。在本项研究的变量中，技术不确定性呈右偏态分布。相反，其他技术特性和出售价格呈左偏态分布。

　　有必要进行多变量分析，在下面小节中将进行多变量分析以检验假设的正确性。回归分析已经对非正态分布作出了解释，并通过变量转换进行了纠正。笔者在下面小节中描述了推断性统计分析的结果，进一步检验技术特性对出售概率或技术出售价格的影响。与本章中提供的描述性统计相比，在下一节中提到的推断性统计采取多变量统计过程，更具体地说，应该为多变量逻辑性对数线性最小二乘法回归分析。

10.3　回归分析结果

　　在描述性分析结果之后，本节描述了回归分析的结果，这些结果提出了该项研究的另一个研究问题（第 2 章），即哪种专利技术更适合拍卖？

　　笔者描述了表述一组自变量（即 5 个技术特性）和 2 个因变量（即出售决策和出售价格）之间因果关系的推断性统计结果，目的是检验第 9.3 节中的理论和两项预研究得出的假设。上述假设被转成了概念模型，5 个技术特性见图 10.3，这一概念模型是由 Punch（2005）提出的概念框架启发而来。

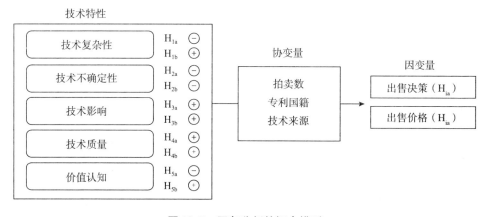

图 10.3　回归分析的概念模型

概念模型表明了个人定向型假设在圆圈中的方向："+"表示正相关，"–"表示负相关。上述假设的指标表明假设与两个因变量相关。指标"a"表明假设与因变量"出售概率"相关，其为一种二分变量。对应的分析模型为多变量逻辑性回归模型。指标"b"表明假设与因变量"出售价格"相关，其为一种数值变量指标。对应的分析模型为多变量对数线性最小二乘法回归模型。这两种回归模型的选择在第 2 章中有所描述。如第 8 章所述，根据 Hair（2006）和 Gujarati（2003）的检验，笔者得出的数据是否符合这两个模型所进行的假设。如图 10.3 所示，根据 Giuri 等（2005）、Lamoreaux 和 Sokoloff（1998），除了 5 个技术特性以外，还采用了 3 个控制变量（协变量）。

根据第 6.1 节所描述的方法，将上述变量用于操作多变量分析模型。对于某些变量，采用相似的替代指标进行计算。例如，可依据相关专利计算的平均、最短或最长剩余受保护时间来操作技术不确定性。采用双变量回归分析选择优选的操作方法。如果变量可进行不同的尺度操作（例如，数值型连续性变量或选择的二分虚拟变量），笔者采用了具有最高解释力的测量方法，即最精确的测量尺度。附录Ⅲ中描述了关于自变量和因变量的双变量单向皮尔逊相关系数。

为了检验这些假设，笔者说明了用系数前缀（正相关和负相关）表示的每对自变量和因变量的关系方向以及其显著性水平。此外，考虑到模型中的几个自变量，回归分析结果指示了累积效应，从而确定由模型得出解释效应的总分配方法（拟合优度）。根据 Gujarati（2003），该方法表明样本回归线与数据非常吻合。如果所有的方法均依赖于回归线，那么拟合优度会极高，但这种情况很少出现。因此，应尽量减小回归线残差。对于逻辑回归模型，采用第 8 章中描述的 4 种拟合优度测量方法。[24]

首先，描述逻辑回归分析的结果，其中因变量为"出售决策"。该变量使售出技术和未售出技术两种情况区分开来。因此，笔者采用逻辑回归分析调查研究自变量是否会影响技术售出的概率。除了"其他"类别以外，所有展出的技术都被纳入这些模型中。对于逻辑回归结果的表述，笔者采取了经 Hoetker（2007）和 Peng 等（2002）验证的最佳实例。其次，笔者描述了对数线性最小二乘法回归分析结果，其中因变量为出售价格。对于这些模型，除了"其他"类别外，只考虑了 6 场拍卖会上售出的技术。对于这两个模型，也描述了不同的灵敏度分析结果，将结果进行计算用于选定的子样本（例如，只考虑 4 场美国拍卖会），这些子样本采用备选的测量变量。最后，笔者总结了主要的回归分析结果。对结果造成偏差的情况不包含在数据组中。例如，只考虑要出售的技术（例如，许可不作考虑）和采用英格兰式拍卖类型的技术（即荷兰式拍卖不包括在内）。[25]

10.3.1　出售概率的决定因素

对于逻辑回归模型，按照二元逻辑回归分析惯例将二分因变量"出售决策"进行编码。因此，出于最大利益，笔者将因变量编码为 1（发生事件），自变量编码为 0（未发生事件），并且将预期相关性编码为 +1，以确认正相关（Garson，2010）。如果编码无任何意义，那么很难解释逻辑回归系数。在对完全未转换和完全转换模型的结果进行描述后，笔者又对不同灵敏度分析的结果进行了描述。

表 10.22 描述了两个多变量逻辑模型的回归分析结果。未转换模型（左）说明了这些变量的回归分析结果，其被全部纳入原始模型。"Lg10 转换模型"（右）说明了某一模型的回归分析结果，该模型将 5 个独立的数值型变量作为 Lg10 转换变量，以纠正非正态分布。2 个模型的 Nagelkerke R^2 值合理。转换模型的 Nagelkerke R^2 为 0.173 或 0.198，[26] 当 Nagelkerke R^2 值的范围小于 0.2 ~ 0.4 时，通常其结果说明该模型很好（见第 8.2 节）。由于 −2 对数似然值没有最大绝对值，所以如果按绝对值计算，通常很难判断。然而，如果转换模型的 −2 对数似然值较低，说明该模型质量较好。未转换模型和转换模型的分类正确率分别为 66.2% 和 69.6%，表明模型质量中等。此外，Hosmer 和 Lemeshow 值不显著，从而表明模型拟合优度很好。因此，4 种变量测量有合理的数值，笔者可以推断出两个模型的拟合优度较好。

表 10.22　多元逻辑回归模型

模型[a]	所有拍卖会的完全多元逻辑回归模型					
	未转换模型			Lg10 – 转换模型[b]		
	系数	显著性	SE	系数	显著性	SE
（常量）	− 1.897	0.054[f]	0.985	0.090	0.090[f]	1.315
控制变量						
拍卖会_ 2[c]	− 0.408	0.283	0.380	− 0.118	0.769	0.400
拍卖会_ 3	0.459	0.225	0.378	0.793	0.050[g]	0.405
拍卖会_ 4	1.197	0.199	0.932	1.506	0.121	0.971
拍卖会_ 5	− 0.046	0.919	0.454	0.253	0.593	0.473
拍卖会_ 6	0.081	0.831	0.379	0.312	0.423	0.390
高校和研究机构[d]	1.471	0.010[h]	0.574	1.276	0.029[g]	0.584
中小企业	− 0.424	0.156	0.298	− 0.435	0.162	0.312
大型企业	− 0.633	0.055[f]	0.331	− 0.902	0.009[h]	0.344

续表

| 模型[a] | 所有拍卖会的完全多元逻辑回归模型 | | | | | |
| | 未转换模型 | | | Lg10 - 转换模型[b] | | |
	系数	显著性	SE	系数	显著性	SE
专利国籍	1.829	0.035[g]	0.867	1.733	0.053[f]	0.897
假设变量	−0.108	0.008[h]	0.041	−1.278	0.002[h]	0.419
技术复杂性	−0.015	0.621	0.030	0.100	0.845	0.514
技术不确定性[e]	0.014	0.282	0.013	0.526	0.073[f]	0.293
技术影响	0.165	0.089[f]	0.097	1.293	0.022[g]	0.565
技术质量	0.000	0.569	0.000	−0.032	0.910	0.280
价值认知		0.173			0.198	
Nagelkerke R^2		471.65			438.50	
−2 对数似然值		66.20			69.60	
分类正确率		0.166			0.829	
Hosmer 和 Lemeshow 值						

注：

a. 对于所有模型，n - 369，田变量为"出售决策"（参考类别为 0，即未售出）。

b. 5 个假设变量被纳入 Lg10 - 转换模型。

c. 基变量为首次拍卖。

d. 基变量为独立发明人。

e. 测量最短剩余受保护时间。

f. 显著性为 10%。

g. 显著性为 5%。

h. 显著性为 1%。

比较两种模型，转换模型的拟合优度比未转换模型略好。转换模型的 Nagelkerke R^2 值为 0.198，比未转换模型的 Nagelkerke R^2 值（0.173）高出 14.5%。转换模型的 −2 对数似然值为 438.50，比未转换模型的 −2 对数似然值低 7.0%，未转换模型的 −2 对数似然值为 471.65。未转换模型的分类正确率比转换模型高出 5.1%。转换模型的 Hosmer 和 Lemeshow 值比未转换模型高近 5 倍。表 10.22 中的两组模型，5 个假设变量中 4 个变量的系数有前缀，证实了假设预测的方向。两组模型均正确预测了技术复杂性和出售概率的负相关关系，显著性水平为 1%。两组模型也正确预测了技术质量和出售概率的正相关关系。转换模型预测了这种正相关关系具有 5% 的显著性水平，但是原始模型（未转换模型）预测这种关系的显著性水平为 10%。此外，两组模型均正

确预测到技术影响力和出售概率之间具有正相关关系。转换模型预测该种关系
的显著性水平为 10%。并且，转换模型正确预测了价值认知和出售概率之间
具有负相关关系，但是这种关系的显著性水平为 0。虽然未转换模型预测该种
关系的方向不同（"＋"前缀），但是转换模型的预测更重要，因为其总体拟
合优度相对较好。然而，转换模型不能预测到价值认知和出售概率之间关系的
假设方向，也不能指示任何显著性效应。

因此，笔者推断两组模型均可证实预测的 5 种假设关系中的 3 种（H_{1a}，
H_{3a} 和 H_{4a}）。此外，转换模型也能预测出 H_{5a}（价值认知）的正确方向，虽然
该效应不显著。转换模型的拟合优度比未转换模型好。

表 10.23 描述了 Nagelkerke R^2 值变化统计，如果个人变量系统被纳入未
转换或转换模型，那么通常使用拟合优度测量方法。表 10.23 表明每个纳入模
型的变量都能增加 Nagelkerke R^2 值，因此对模型的解释力有正面作用。转换
模型中的变量"价值认知"除外，对模型解释力的作用为 0。除了控制变量以
外，在两组模型中，技术复杂性的影响最大，其次是技术质量、技术影响力、
技术不确定性和价值认知。

表 10.23 逻辑回归的 Nagelkerke R^2 值变化统计

模型[a]	添加变量	变化统计			
		未转换模型		Lg10 – 转换模型[b]	
		Nagelkerke R^2	Nagelkerke R^2 值变化	Nagelkerke R^2	Nagelkerke R^2 值变化
1	拍卖会 2、拍卖会 3、拍卖会 4、拍卖会 5、拍卖会 6	0.046	0.046	0.053	0.053
2	技术来源（高校和研究机构、中小企业、大型企业）	0.112	0.066	0.123	0.070
3	专利国籍	0.133	0.021	0.145	0.022
4	技术复杂性	0.156	0.023	0.170	0.025
5	技术不确定性	0.159	0.003	0.171	0.001
6	技术影响	0.163	0.004	0.181	0.010
7	技术质量	0.172	0.009	0.198	0.017
8	价值认知	0.173	0.001	0.198	0.000

注：

a. 对于所有模型，n = 369，因变量为出售状态"出售决策"（参考类别为 0，即未售出）。

b. 5 个假设变量被纳入 Lg10 – 转换模型。

c. 测量最短剩余受保护时间。

　　而且，在两组模型中，3 个协变量显示出相同的显著性影响，前缀相同。并且，高校和研究机构研发的技术似乎对出售概率有正面的显著影响。在未转换模型和转换模型中，该影响均具有显著性，显著性水平分别为 1% 和 5%。然而，大型企业研发的技术在两组模型中有负面显著影响。在未转换模型和转换模型中，其影响均具有显著性，显著性水平分别为 10% 和 1%。相关专利的国籍也在两组模型中有正面显著影响。因此，仅有美国专利的技术出售概率相对较高。在未转换模型和转换模型中，其影响具有显著性，显著性水平分别为 5% 和 10%。而且，在转换模型中，第 3 次拍卖对出售概率有正面显著性影响，显著性水平为 5%。另外，两组模型均没有预测到其他拍卖会的显著性影响。

　　根据第 8.2 节中所描述的，转换模型会更进一步受灵敏度分析的影响。为了检验模型的显著性，笔者计算了不同子样本的回归分析结果。子样本分为（a）四分位出售价格区间（部分）的 25% 四分位、50% 四分位和 57% 四分位，并且（b）汇编不同拍卖背景（即美国和欧盟，在某国举办的首场和后续的拍卖会）。

　　a）价格区间四分位的显著性

　　表 10.24 和表 10.25 描述了逻辑模型的灵敏度分析的回归结果，采用了 log10 - 转换变量，跨越技术出售价格的 8 个不同的价格区间。表 10.24 描述了高价售出技术的子样本（模型 1 和模型 4）的结果，即低价售出技术排除在外，位于分界点以下（价格分布的右尾部分）。表 10.25 描述了 3 个子样本（模型 6、模型 8）的结果，其中高价售出技术排除在外，应为出售价格高于分界点（价格分布的左尾部分）。表 10.25 也描述了中间价值技术的回归分析结果，即售价位于中间 50% 四分位上（模型 5）。

　　一般，表 10.24 中的结果证实了表 10.22 中阐述的结果。在所有模型中，发现 3 个假设变量（技术复杂性、技术影响力和技术质量）具有显著性。而且，这 3 个变量的系数表明方向相似。与全模型相似，技术复杂性在模型 1、模型 2 和模型 3 中具有负面影响，显著性水平为 1%。系数仅在模型 4 中的，显著性水平为 5%。技术影响力在全模型中具有正面影响，显著性水平为 10%，但是在模型 2、模型 3 和模型 4 中显著性水平为 1%。然而，关于技术质量，情况复杂。技术质量在原始模型和模型 1 及模型 2 中具有正面影响，显著性水平分别为 5% 和 1%，在模型 3 和模型 4 仅有显著性影响，显著性水平为 10%。此外，与原始模型相比，价值认知对在模型 4 具有显著影响（1%），系数为正，表明这一变量对高价技术的出售概率具有高度正面影响。

表 10.24 价值区间右尾逻辑回归模型

模型[a]	Log-转换模型			模型 1 BICL >5			模型 2 25%四分位以上 (>15)			模型 3 50%四分位以上 (>77)			模型 4 75%四分位以上 (>190)		
	系数	显著性	SE	系数	显著性	SE	系数	显著性	SE	系数	显著性	SE	系数	显著性	SE
(常量)	-2.232	0.090[e]	1.315	-2.544	0.057[f]	1.336	4.758	0.002 9	4.758	-6.280	0.000 9	1.741	-11.118	0.000 9	2.412
控制变量															
拍卖会_2[b]	-0.118	0.769	0.400	0.013	0.974	0.408	1.400	0.023[f]	0.614	1.366	0.029[f]	0.625	2.038	0.020[f]	0.877
拍卖会_3	0.793	0.050[f]	0.405	0.905	0.028[f]	0.412	2.406	0.000[g]	0.617	2.215	0.000[g]	0.627	2.077	0.028[f]	0.944
拍卖会_4	1.506	0.121	0.971	1.499	0.130	0.989	2.570	0.031[f]	1.189	-17.190	0.998	6765.541	-16.639	0.998	6682.9
拍卖会_5	0.253	0.593	0.473	0.372	0.437	0.479	1.914	0.004[g]	0.661	1.742	0.011[f]	0.681	1.731	0.090[e]	1.022
拍卖会_6	0.312	0.423	0.390	0.435	0.274	0.397	1.938	0.001[g]	0.601	1.716	0.005[g]	0.614	1.834	0.041[f]	0.897
高校和研究机构[c]	1.276	0.029[f]	0.584	1.476	0.015[f]	0.606	1.490	0.029[f]	0.680	1.252	0.338	1.306	-17.132	0.999	12402.7
中小型企业	-0.435	0.162	0.312	-0.396	0.206	0.313	-0.516	0.135	0.345	-0.150	0.693	0.379	-0.476	0.368	0.529
大型企业	-0.902	0.009[g]	0.344	-0.906	0.009[g]	0.349	-0.772	0.046[f]	0.387	-0.366	0.399	0.435	-0.397	0.518	0.615
专利国籍	1.733	0.053[e]	0.897	1.821	0.045[f]	0.910	1.571	0.102	0.961	1.546	0.174	1.137	0.368	0.770	1.257
假设变量															
技术复杂性	-1.278	0.002[g]	0.419	-1.209	0.004[g]	0.422	-1.317	0.005[g]	0.464	-1.510	0.004[g]	0.518	-1.719	0.011[f]	0.679
技术不确定性[d]	0.100	0.845	0.514	0.149	0.777	0.524	0.436	0.443	0.568	0.602	0.338	0.628	0.084	0.904	0.698
技术影响力	0.526	0.073[e]	0.293	0.526	0.078[e]	0.299	0.879	0.007[g]	0.327	1.105	0.002[g]	0.365	1.299	0.009[g]	0.498
技术质量	1.293	0.022[f]	0.565	1.232	0.031[f]	0.571	1.657	0.008[g]	0.620	1.163	0.090[e]	0.685	1.768	0.067[g]	0.965
价值感知	-0.032	0.910	0.280	-0.016	0.955	0.282	0.111	0.724	0.314	0.555	0.108	0.345	2.576	0.000[g]	0.588

续表

模型[a]	Log-转换模型			模型1 BICL >5			模型2 25%四分位以上（>15）			模型3 50%四分位以上（>77）			模型4 75%四分位以上（>190）		
	系数	显著性	SE	系数	显著性	SE	系数	显著性	SE	系数	显著性	SE	系数	显著性	SE
观查结果（n）		369			365			336			302			260	
售出专利比例（m/n）		40.11%			39.45%			34.23%			26.82%			15.00%	
Nagelkerke R^2 值		0.198			0.206			0.271			0.303			0.403	
−2 对数似然值		438.502			429.462			358.352			280.649			151.957	
分类正确率		69.6			70.4			71.7			75.5			86.5	
Hosmer 和 Lemeshow 值		0.829			0.379			0.373			0.899			0.778	

注：

a. 因变量为"出售决策"（参考类别为0，即未售出）。

b. 基变量为首次拍卖会。

c. 基变量为"独立发明人"。

d. 测量量为最短剩余保护时间。

e. 显著性水平为10%。

f. 显著性水平为10%。

g. 显著性水平为1%。

表 10.25　价值区间左尾逻辑回归模型

模型[a]	模型 4 四分位 75% 以上 (>190)			模型 5 四分位中间 50% (>15 & <190)			模型 6 四分位 75% 以下 (<190)			模型 7 四分位 50% 以下 (<77)			模型 8 四分位 25% 以下 (<15)		
	系数	显著性	SE	系数	显著性	SE	系数	显著性	SE	系数	显著性	SE	系数	显著性	SE
(常量)	-11.118	0.000[g]	2.412	4.011	0.093	*2.384	-0.606	0.738	1.810	1.721	0.409	2.082	0.479	0.847	2.475
控制变量															
拍卖会_2[b]	2.038	0.020[f]	0.877	1.055	0.221	0.863	-0.946	0.047[f]	0.477	-1.756	0.003[g]	0.582	-2.320	0.001[g]	0.704
拍卖会_3	2.077	0.028[f]	0.944	2.832	0.001[g]	0.834	0.455	0.300	0.439	-0.620	0.264	0.556	-1.507	0.028[f]	0.687
拍卖会_4	-16.639	0.998	6682.9	4.682	0.007[g]	1.728	2.348	0.074[e]	1.313	1.654	0.265	1.484	1.533	0.361	1.678
拍卖会_5	1.731	0.090[e]	1.022	2.281	0.010[g]	0.886	-0.186	0.733	0.544	-1.729	0.046[f]	0.867	-19.842	0.997	6143.0
拍卖会_6	1.834	0.041[f]	0.897	2.473	0.003[g]	0.827	0.026	0.953	0.432	-1.052	0.054[e]	0.546	-2.801	0.001[g]	0.858
高校和研究机构[c]	-17.132	0.999	12402.7	1.403	0.045[f]	0.701	1.369	0.022[f]	0.596	1.115	0.081[e]	0.639	0.126	0.898	0.987
中小企业	-0.476	0.368	0.529	-0.542	0.204	0.426[e]	-0.450	0.213	0.361	-1.130	0.022[f]	0.493	-0.571	0.375	0.644
大型企业	-0.397	0.518	0.615	-0.925	0.056[e]	0.484	-1.057	0.009[g]	0.404	-1.690	0.001[g]	0.529	-1.722	0.015[f]	0.710
专利国籍	0.368	0.770	1.257	2.656	0.075[e]	1.493	2.567	0.045[f]	1.282	2.242	0.132	1.487	3.402	0.056[e]	1.781
假设变量															
技术复杂性	-1.719	0.011[f]	0.679	-0.857	0.161	0.611	-0.901	0.083[e]	0.520	-0.846	0.205	0.667	-1.550	0.089[e]	0.912
技术不确定度[d]	0.084	0.904	0.698	1.549	0.146	1.066	0.368	0.626	0.755	-0.855	0.299	0.823	-1.697	0.105	1.047
技术影响力	1.299	0.009[g]	0.498	0.831	0.049[f]	0.423	0.185	0.604	0.356	-0.615	0.171	0.449	-0.827	0.163	0.593
技术质量	1.768	0.067[e]	0.965	1.680	0.026[f]	0.753	1.150	0.080[e]	0.656	1.575	0.068[f]	0.863	0.993	0.421	1.233
价值感知	2.576	0.000[g]	0.588	-1.535	0.001[g]	9 0.451	-1.143	0.001[g]	0.355	-1.164	0.007[g]	0.429	-0.621	0.232	0.519

续表

模型ª	模型 4 四分位75%以上（>190）			模型 5 四分位中间50%（>15 & <190）			模型 6 四分位75%以下（<190）			模型 7 四分位50%以下（<77）			型 8 四分位25%以下（<15）		
	系数	显著性	SE	系数	显著性	SE	系数	显著性	SE	系数	显著性	SE	系数	显著性	SE
观查结果（n）		260			297			330			288			252	
售出专利比例（m/n）		15.00%			25.59%			33.03%			23.26%			12.30%	
Nagelkerke R^2 值	0.403		0.355	0.271	0.346	0.309									
−2 对数似然值	151.957		255.858	347.304	237.434	143.347									
分类正确率	86.5		79.1	75.5	83.0	88.5									
Hosmer 和 Lemeshow 值	0.778		0.44	0.487	0.086	0.909									

注：

a. 因变量为"出售决策"（参考类别为0，即未售出），对于所有的模型，BICL 大于 15000 欧元。

b. 基变量为首次拍卖会。

c. 基变量为"独立发明人"。

d. 测量最短剩余受保护时间。

e. 显著性水平为10%。

f. 显著性水平为10%。

g. 显著性水平为1%。

需要注意的是，这 3 个变量的系数在模型 4 中显著性影响最高，表明对高价值技术的出售概率影响最强。

关于协变量，所有模型均证实了 A3 的正面显著性影响。然而，高校和研究机构在模型 1 和模型 2 中正面影响是显著性的，但是对出售价格在 77000 欧元以上的高价值技术其影响就消失了。同样地，这种模式表示了大型企业的负面显著性影响。结果证明，对于售价在 5000 欧元以上的技术，专利国籍的正面影响是非显著性的。

此外，模型 2、模型 3 和模型 4 表明了进一步的显著性影响，这在全模型中并未发现。A2、A5 和 A6 在这 3 个模型中具有正面显著性影响。对于所有售价在 15000 欧元以上的技术，A4 在模型 2 中具有正面显著性影响。因此，所有的拍卖会在模型 2 中具有正面显著性影响，其中 A4 的影响最大，其次是 A3、A6、A5 和 A2。A4 在模型 3 和模型 4 中没有显著正面影响，并且系数前缀为负。

因此，从出售价格右尾灵敏度分析推断出这 3 个假设变量（技术复杂性、技术影响力和技术质量）在所有模型中的影响是显著性的。此外，对于高价值技术，价值认知也具有正面显著性影响。

然而，对于协变量，结果复杂。除了 A3 的正面显著影响，对于高价值技术，技术来源类型对模型没有影响，但是不同的拍卖会对某些模型有影响。

需要注意的是，模型 1 至模型 4 中，三个拟合优度指标持续提高。Hosmer 和 Lemeshow 值有所波动，但是为高度不显著性数值，这些数据应当如此。根据拟合优度测量结果，模型 4 预测出售概率最优。

表 10.25 描述了 4 个模型的结果，目的是检验全模型的显著性。某一模型（模型 5）预测中等售价技术的出售概率，排除最低价和最高价技术，即位于 15000 欧元和 19000 欧元售价之间四分位区间 50% 上。对于出售价格分布的左尾，计算了 3 个模型，分别为模型 6、模型 7 和模型 8，即子样本位于四分位区间的 75%、50% 和 25% 位置上，系统排除了高价值技术。

系统排除了高价值技术，表 10.25 显示所有模型中技术复杂性系数为负。与全模型相似，在模型 6 和模型 8 中有显著性影响，但是显著性水平仍为 10%。技术复杂性在模型 5 和模型 7 中无显著性影响。技术影响力在全模型中有正面影响，同样地，技术影响力在模型 5 中也有正面影响。与全模型相比，显著性水平由 5% 降至 10%。除了模型 8 以外，技术质量在其他模型中具有正面显著性影响。但是，这些显著性水平发生了改变。与全模型相似，在模型 5 和模型 7 中显著性水平为 5%。在模型 6 中，其显著性水平为 10%。模型 7 和模型 8 的前缀发生了改变，对技术质量产生了抗差效应。在所有模型中，前缀均为正，并且只在模型 8 中没有显著性影响。除了模型 8 以外，价值认知在其他模型中有负面显著性影响。前缀为负，与假设方向一致，但是与全模型的前缀方向相反。除了技术复杂性以外，假设变量均在模型 8 中无显著性影响。

表 10.25 中描述了协变量的有关情况，只有大型企业在所有模型中具有负面显著性影响。虽然所有模型中专利国籍的系数前缀为正，但是专利国籍在模型 7 中没有正面影响。A3 在模型 6 和模型 7 中没有正面影响。此外，A4 在模型 5 和模型 6 中有正面影响。A5 和 A6 分别在模型 3 和模型 7 中有正面和负面影响。因此，从表 10.25 中系统地排除高价值技术时，可以推断出只有技术质量的影响是稳定的，出售价格低于 15000 美元的技术除外。关于协变量，虽然专利国籍在 4 个模型中的 3 个模型中的正面影响是稳定的，但是只有大型企业对出售概率的负面影响是稳定的。

总之，表 10.24 和表 10.25 中的灵敏度分析结果表明逻辑模型更好地预测了高售价技术的出售概率。模型 4 的 Nagelkerke R^2 值最高，为 0.403，显著性水平为 8%。而且，该模型能公正地预测出 15000 欧元（模型 2）～190000 欧元（模型 5）中等售价技术的出售概率。2 组模型的显著性水平为 10%。低售价技术（低于 15000 欧元）不适用于该模型。假设变量在模型 8 中的显著性影响水平仅为 1%。

b）拍卖会的显著性

笔者调查研究了当计算 4 个拍卖会子样本时回归模型在灵敏度分析如何操作。对于个人拍卖，由于样本数量小和过度拟合问题，模型很难计算。表 10.26 揭示了两对子样本的灵敏度分析结果。模型 8 和模型 10 只表现出美国拍卖会及在德国和英国举行的欧洲拍卖会的分析结果。与之后的拍卖会相比，模型 11 和模型 12 揭示了各国（美国、德国和英国）举办的首场拍卖会的分析结果。在笔者的数据组中，这些结果只适用于美国。

对于全逻辑模型，影响与表 10.22 中描述的相似。在假设变量中，技术质量的正面影响是最显著的。在所有模型中，变量系数高度正向。与全模型相似，技术质量在除模型 11 外的所有模型中有显著性影响，显著性水平为 5%。在该模型中，显著性水平为 10%。另外，与全模型相似，技术复杂性在所有模型中有负面影响。与全模型相似，技术复杂性在模型 11 中有显著性影响，显著性水平为 1%，但是在模型 9 和模型 10 中的显著性水平为 5%。

但是，技术影响力的正面影响不显著。虽然技术影响力对所有模型有正面影响，与全模型相比，在模型 9 和模型 12 中显著性水平较高，为 1%，但是在模型 10 和模型 11 中影响不显著。

表 10.26　拍卖会子样本逻辑回归模型

模型[a]	Log-转换模型			模型9 美国拍卖会 (A1、A2、A3、A6)			模型10 欧洲拍卖会 (A4、A5)			模型11 首场拍卖会 (A1、A4、A5)			模型12 后续拍卖会 (A2、A3、A6)		
	系数	显著性	SE	系数	显著性	SE	系数	显著性	SE	系数	显著性	SE	系数	显著性	SE
(常量)	-2.232	0.090[e]	1.315	-3.305	0.015	1.353	-1.541	0.451	2.046	-3.806	0.052	1.962	-1.611	0.217	1.306
控制变量															
拍卖会_2[b]	-0.118	0.769	0.400	1.393	0.024	0.618							-0.483	0.240	0.411
拍卖会_3	0.793	0.050[f]	0.405	2.288	0.000	0.619							0.431	0.270	0.391
拍卖会_4	1.506	0.121	0.971				-1.062	0.215	0.857	1.267	0.167	0.917			
拍卖会_5	0.253	0.593	0.473							2.163	0.003	0.736			
拍卖会_6	0.312	0.423	0.390	1.820	0.003	0.604							0.979	0.427	1.231
高校和研究机构[c]	1.276	0.029[f]	0.584	1.000	0.416	1.230	2.000	0.032[f]	0.934	1.920	0.030[f]	0.884	-0.523	0.184	0.394
中小企业	-0.435	0.162	0.312	-0.456	0.234	0.384	-0.294	0.739	0.882	-0.357	0.647	0.779	-1.036	0.024[g]	0.458
大型企业	-0.902	0.009[g]	0.344	-0.951	0.028[f]	0.434	0.459	0.614	0.908	0.258	0.738	0.773			
专利国籍	1.733	0.053[e]	0.565												
假设变量															
技术复杂性	-1.278	0.002[g]	0.419	-1.258	0.025[f]	0.561	-1.899	0.040[f]	0.925	-2.381	0.005[g]	0.839	-0.914	0.114	0.808
技术不确定度[d]	0.100	0.845	0.514	0.792	0.288	0.745	-0.066	0.940	0.879	-0.382	0.626	0.782	1.079	0.182	0.394
技术影响力	0.526	0.073[e]	0.293	1.049	0.006[g]	0.381	0.236	0.752	0.745	0.461	0.486	0.661	1.038	0.008[g]	0.730
技术质量	1.293	0.022[f]	0.565	1.168	0.100[e]	0.711	3.148	0.020[f]	1.356	2.499	0.040[f]	1.216	1.322	0.070[f]	0.358

续表

模型ᵃ	Log-转换模型			模型9 美国拍卖会 (A1、A2、A3、A6)			模型10 欧洲拍卖会 (A4、A5)			模型11 首场拍卖会 (A1、A4、A5)			模型12 后续拍卖会 (A2、A3、A6)		
	系数	显著性	SE	系数	显著性	SE	系数	显著性	SE	系数	显著性	SE	系数	显著性	SE
价值感知	-0.032	0.910	0.280	0.049	0.885	0.340	0.237	0.787	0.875	0.518	0.431	0.658	-0.030	0.932	
观查结果 (n)		369			242			94			140			196	
售出专利比例 (m/n)		40.11%			55.13%			44.62%			30.84%			71.93%	
Nagelkerke R² 值		0.198			0.255			0.356			0.364			0.168	
-2 对数似然值		438.502			265.294			88.823			114.095			240.353	
分类正确率		69.6			70.2			79.8			83.6			66.3	
Hosmer 和 Lemeshow 值		0.829			0.64			0.623			0.035			0.675	

注：

a. 变量为 "出售决策"（参考类别为 0，即未售出），对于所有的模型，BICL 大于 15000 欧元。

b. 基变量为首次改拍卖会。

c. 基变量为 "独立发明人"。

d. 量最短剩余受保护时间。

e. 显著性水平为 10%。

f. 显著性水平为 10%。

g. 显著性水平为 1%。

表 10.26 对协变量的描述如下:[27]高校和研究机构在模型 10 和模型 11 中有相似的显著性影响,显著性水平为 5%。在模型 19 和模型 12 中,影响方向相同(正),但是不显著。大型企业在模型 10 和模型 11 中无强烈的负面影响,但是在模型 9 和模型 12 有极微的负面影响。虽然在模型 10 和模型 11 中,变量系数前缀发生改变,但是在模型 12 和模型 9 有负面显著性影响,显著性水平分别为 1% 和 5%。A3 在模型 9 和模型 12 中未发现正面影响,这两个模型应该可以检测到。

因此,笔者根据表 10.26 推断在所有拍卖会的子样本中,无论是在美国还是在欧洲举办的拍卖会,无论是第一场还是后续的拍卖会,技术质量对出售概率都有强烈的正面影响。技术复杂性在所有子样本中有相对强烈的负面影响,虽然技术复杂性对后续拍卖会没有意义。

技术影响力仅对美国拍卖会和后续拍卖会有效,但是对欧洲拍卖会和首场拍卖会没有意义,尽管对它们的影响是正面的。关于协变量,从表 10.26 推断出大型企业研发的技术仅对美国拍卖会的出售概率有负面影响,对在欧洲举行的拍卖会没有这种影响。对在欧洲举行的拍卖会有正面影响,但是不显著。相反,高校和研究机构研发的技术仅对欧洲拍卖会有正面影响,虽然对于美国举行的拍卖会,变量系数前缀相似,但是对其没有这种影响。A3 的正面影响似乎无效。在上述模型中可以检测到 A3 的正面影响,但是不显著。

10.3.2　出售价格的决定因素

在出售概率决定因素分析之后,笔者描述了多变量对数线性最小二乘法回归模型结果,该模型用于检验 5 个技术特性对出售价格的影响(见第 12 章假设检验)。出售价格为数值型变量,范围为 1790 欧元 ~ 3650000 欧元(示例见表 10.7)。由于大部分自变量和因变量呈偏态分布,将数值型自变量和因变量进行转换。并且检验所有的转换结果(例如,平方根、x^2、x^3 和倒数),但是 log10 - 转换模型最佳,为下面提供参考。在对比完全未转换模型和 log10 - 转换模型结果之后,笔者描述了不同的灵敏度分析结果。显然,多变量最小二乘法回归模型样本代表数据组的一个子样本,因为它仅指售出技术(n = 156)。

表 10.27 显示了多变量最小二乘法模型的回归分析结果。未转换模型(左)描述了纳入原始模型的所有变量的结果。Lg10 - 转换模型(右)描述了 5 个自变量,数值型变量和因变量作为 Lg10 - 转换变量进入 Lg10 - 转换模型的结果。

表 10.27　最小二乘法回归模型

模型[a]	所有拍卖会的完全最小二乘法模型					
	未转换模型[b]			Lg10 - 转换模型[c]		
	标准系数	显著性	SE	标准系数	显著性	SE
（常量）		0.000[i]	90.455		0.001[i]	0.300
控制变量						
拍卖会_ 2[d]	0.235	0.000[i]	44.362	0.553	0.000[i]	0.102
拍卖会_ 3	0.173	0.000[i]	46.256	0.473	0.000[i]	0.107
拍卖会_ 4	0.251	0.001[i]	86.163	0.232	0.027[h]	0.201
拍卖会_ 5	0.317	0.000[i]	53.476	0.499	0.000[i]	0.123
拍卖会_ 6	0.052	0.241	46.457	0.474	0.000[i]	0.106
高校和研究机构[e]	− 0.036	0.340	62.607	− 0.057	0.308	0.148
中小企业	0.155	0.000[i]	36.363	0.115	0.045[h]	0.086
大型企业	0.133	0.003[i]	38.877	0.091	0.164	0.092
专利国籍	0.167	0.011[h]	73.390	0.158	0.096[g]	0.172
假设变量						
技术复杂性	− 0.640	0.000[i]	3.270	− 0.279	0.000[i]	0.101
技术不确定度[f]	− 0.048	0.201	3.434	− 0.049	0.359	0.126
技术影响力	0.278	0.000[i]	1.472	0.289	0.000[i]	0.076
技术质量	0.048	0.172	11.545	0.016	0.758	0.153
价值感知	0.956	0.000[i]	0.023	0.535	0.000[i]	0.073
调整后的 R^2 值		0.848			0.701	

注：

a. 对于所有的模型，n = 156。

b. 因变量为转换为 Lg10 形式后的出售价格。

c. 5 个假设变量作为 Lg10 转换变量进入模型。

d. 基变量为首次拍卖会。

e. 基变量为"独立发明人"。

f. 测量最短剩余受保护时间。

g. 显著性水平为 10%。

h. 显著性水平为 5%。

I. 显著性水平为 1%。

对于未转换模型，其调整后的 R^2 值比转换模型高。然而，根据第 8 章我们得知，未转换模型具有异方差性，使最小二乘估计量特性产生偏差。虽然估计量的显著性影响不会受异方差性影响（Gujarati，2003），但是这些估计量不再有效，即 t 检验和 f 检验有误差。但是，将未转换模型和转换模型进行比较，表 10.27 显示结果一致，平均值为 0.775。两组模型调整后的 R^2 值视为具有高度解释力。

　　首先，表 10.27 显示的两组模型的结果表明假设变量和协变量具有显著性影响，显著性水平为 1%。假设变量中的 3 个变量对所有模型具有高度显著性影响，显著性水平为 1%。卖方的价值认知对出售价格具有最强烈的正面影响。[28]而且，技术复杂性和技术影响力对出售价格有高度显著性影响，显著性水平为 1%。在所有模型中，技术复杂性（技术影响力）对出售价格有负面（正面）影响。

　　关于协变量，A2、A3、A4、A5 和中小型企业以及专利国籍在两组模型中有限制性影响。协变量"大型企业"在未转换模型中有显著性影响，显著性水平为 1%，A6 在转换模型中有显著性影响。高校和研究机构研发的技术在两组模型中均有负面但不显著的影响。虽然高校和研究机构研发的技术在任意模型中没有显著性影响，但是两组模型的负系数表明与独立发明人研发的技术相比，他们的技术将以更低的价格售出。在拍卖号虚拟变量中，未转换模型和转换模型的效应大小不同。与 A1 相比，A5 在未转换模型中的影响最大，其次是 A4、A2 和 A3。与 A1 相比，A2 在转换模型中的影响最大，其次是 A5、A3、A6 和 A4。技术来源在两组模型中的排名是一致的。与个人发明人相比，中小型企业研发的技术在两组模型中的正面影响是最大的，其次是大型企业与高校和研究机构。然而，只有中小型企业对两组模型有显著性影响。

　　表 10.28 为个人变量系统进入未转换或转换模型后的变化统计。表 10.28 揭示了大部分变量促使 R^2 值增加。在假设变量中，对 R^2 值增长贡献最大的变量为卖方的价值认知。该变量对未转换模型的总的调整后的 R^2 值的贡献率为 67.0%，R^2 值为 0.848。在转换模型中，该变量的贡献率为 24.4%。排名第二位的变量是技术影响力，其对未转换模型和转换模型的贡献率分别为 12.2% 和 7.2%。在假设变量中，技术不确定性对两组模型做出了进一步的正面贡献，但是贡献量小。但是技术复杂性和技术质量对转换模型没有贡献，它们对未转换模型有负面影响，表明该模型不可靠。在协变量中，拍卖号虚拟变量对未转换（转换）模型的贡献最大，贡献率为 4.6%（35.5%），其次是技术来源类型虚拟变量，其对未转换（转换）模型的贡献率为 1.1%（0.9%）。在两组模型中，专利国籍对模型的拟合优度（几乎）没有做出任何贡献。

表10.28　最小二乘法回归模型变化统计

模型	添加变量	变化统计			
		未转换模型[a]		Log – 转换模型[b]	
		调整后的 R^2 值	调整后 R^2 值的变化	调整后的 R^2 值	调整后 R^2 值的变化
1	拍卖会_ 2、拍卖会_ 3、拍卖会_ 4、拍卖会_ 5、拍卖会_ 6	0.046	0.046	0.355	0.355
2	技术来源（高校和研究机构、中小型企业、大型企业）	0.057	0.011	0.364	0.009
3	专利国籍	0.057	0.000	0.366	0.002
4	技术复杂性	0.051	– 0.006	0.368	0.002
5	技术不确定度[c]	0.061	0.010	0.389	0.021
6	技术影响力	0.183	0.122	0.461	0.072
7	技术质量	0.178	– 0.005	0.457	– 0.004
8	价值认知	0.848	0.670	0.701	0.244

注：

a. 因变量为出售价格。

b. 5 个假设变量作为 Lg10 转换变量进入模型；因变量为出售价格转换成以 10 为底的对数形式。

c. 测量最短剩余受保护时间。

在表10.27 中描述的两组模型中，5 个假设变量中 4 个变量的系数的前缀方向与假设一致。两组模型均正确预测到了技术影响力和价值认知对出售价格有正面影响，其显著性水平为 1%。比较两个变量的效应大小，表 10.27 表明价值认知对两组模型的影响比技术影响力大。此外，在两组模型中，技术不确定性（负）和技术质量（正）的前缀方向与假设的方向相似。技术复杂性对两组模型有高度影响，显著性水平为 1%。但是，这种影响的方向与假设的方向相反。

因此，笔者认为两组模型清楚地证实了两种假设（H_{3b} 和 H_{5b}）的预测。而且，两组模型显示影响方向与 H_{2b} 和 H_{4b} 预测的一致。但是，这些影响不显著。技术复杂性对两组模型也有高度显著性影响，但是其前缀方向与 H_{1b} 预测的相反。总之，两组模型有较高的拟合优度测量值，调整后的 R^2 均值为 0.775。

如果进一步检验技术不确定性，H_{2b} 的效应更清晰。因此，将样本分成两组相等的子样本，子样本为新技术和旧技术，样本数各占 50%（即分界点，剩余受保护时间均值为 12.17 年）。[29]

表 10.29 揭示了 6 组模型的对数线性最小二乘法回归分析结果。对于每个子样本，建立 3 组模型进行计算，根据相关专利剩余受保护时间的均值，最小值和最大值分别对技术不确定性进行操作（见第 6.1 节）。对于两个子样本，表 10.29 显示技术不确定性对 4 组模型中的 1% 有强烈显著影响。但是，模型表明技术不确定性和出售价格之间的关系不是线性关系，而是 U 型关系。在新技术子样本中，技术不确定性对出售价格有负面显著性影响。但是在旧技术子样本中，技术不确定性对出售价格有正面显著性影响。[30]

与表 10.27 描述的全部模型相似，表 10.29 中所有模型证实了价值认知的显著正面影响。并且，所有模型显示技术复杂性具有负面影响，但是只在 4 组模型中有显著影响。同样地，样本显示技术影响力对新技术和旧技术有正面影响，但是只对旧技术的影响是显著的。另外，表 10.29 中的模型揭示了另一种影响。6 组模型有 5 组表明技术质量的影响是显著的。在旧技术模型中，H_{4b}预测该影响为正面影响，显著水平为 1%。在新技术子样本的 3 组模型中，技术质量的影响是负面、显著的，水平分别为 10%（模型 1）、5%（模型 2）和略高于 10%（模型 3）。因此，类似于技术不确定性，模型显示技术质量和出售价格的关系可能为 U 型关系而不是线性关系。

与表 10.27 中模型协变量相比，表 10.29 中拍卖会和专利国籍协变量的影响相似。然而，高校和研究机构研发的旧技术也具有负面显著性影响。3 组模型中有 2 组，中小型企业研发技术的影响水平略高于 10%，因此其影响不显著。对于新技术，在任意模型中，专利国籍的影响都不显著。

与逻辑回归模型相比，如第 4.2 节所描述的，转换的对数线性最小二乘法回归模型进一步进行灵敏度分析。为了检测模型的稳健性，笔者对子样本的回归分析结果进行了计算。与以前章节进行的灵敏度分析相似，次级样本分为（a）四分位出售价格区间（部分）的 25% 四分位、50% 四分位和 57% 四分位，并且（b）汇编不同的拍卖背景（即美国和欧盟，在某国举办的首场和后续的拍卖会）。

a）价值区间四分位显著性

对于技术出售价格 8 个不同的价格范围，表 10.30 和表 10.31 采用自变量和因变量转换为以 10 为底的对数形式对多变量最小二乘法回归结果进行描述。

表 10.30 描述了高价售出技术的 4 个子样本（模型 1 ～ 模型 4）的结果，即不包括位于分界点以下的低价技术（出售价格分布的右尾）。表 10.31 描述了 3 个子样本（模型 6、模型 7 和模型 8）的结果，不包括位于分界点以上的高价技术（出售价格分布的左尾）。另外，表 10.31 也描述了中等价值技术的回归分析结果，即售价位于中间 50% 四分位（模型 5）。

表 10.29　新旧技术子样本对数线性最小二乘法回归模型

模型[a]	Log-转换模型 所有拍卖会			模型1 剩余受保护时间多于50%(新技术)			模型2 剩余受保护时间多于50%(新技术)			模型3 剩余受保护时间多于50%(新技术)			模型4 剩余受保护时间少于50%(旧技术)			模型5 剩余受保护时间少于50%(旧技术)			模型6 剩余受保护时间少于50%(旧技术)		
	标准系数	显著性	SE	标准系数	显著性	SE	标准系数	显著性	SE	标准系数	显著性	SE	标准系数	显著性	SE	标准系数	显著性	SE	标准系数	显著性	SE
(恒定)		0.001[I]	0.300		0.109	1.213		0.001[f]	0.684		0.757	1.210		0.000[I]	0.306		0.000[I]	0.381		0.000[I]	0.356
控制变量																					
拍卖会_2[b]	0.553	0.000[I]	0.102	0.764	0.000[I]	0.126	0.778	0.000[I]	0.114	0.766	0.000[I]	0.129	0.370	0.000[I]	0.107	0.394	0.000[I]	0.140	0.392	0.000[I]	0.116
拍卖会_3	0.473	0.000[I]	0.107	0.815	0.000[I]	0.126	0.827	0.000[I]	0.114	0.821	0.000[I]	0.129	0.131	0.020[h]	0.115	0.189	0.009[h]	0.148	0.134	0.030[h]	0.127
拍卖会_4	0.232	0.027[h]	0.201	0.149	0.333	0.241	0.157	0.255	0.216	0.183	0.251	0.250	0.256	0.005[I]	0.209	0.289	0.013[h]	0.271	0.287	0.004[I]	0.227
拍卖会_5	0.499	0.000[I]	0.123	0.550	0.000[I]	0.149	0.553	0.000[I]	0.134	0.565	0.000[I]	0.153	0.387	0.000[I]	0.129	0.455	0.000[I]	0.165	0.421	0.000[I]	0.139
拍卖会_6	0.474	0.000[I]	0.106	0.653	0.000[I]	0.131	0.659	0.000[I]	0.118	0.670	0.000[I]	0.135	0.227	0.001[I]	0.111	0.301	0.000[I]	0.142	0.258	0.000[I]	0.120
高校和研究机构[c]	-0.057	0.308	0.148	0.014	0.845	0.155	0.025	0.715	0.140	0.003	0.974	0.160	-0.173	0.002[h]	0.181	-0.159	0.022[h]	0.235	-0.174	0.003[I]	0.197
中小企业	0.115	0.045[h]	0.086	0.161	0.041[h]	0.098	0.173	0.016[h]	0.089	0.170	0.037[h]	0.102	0.109	0.038[h]	0.092	0.093	0.171	0.120	0.087	0.126	0.100
大型企业	0.091	0.164	0.092	0.055	0.523	0.115	0.053	0.500	0.104	0.073	0.413	0.119	-0.036	0.568	0.095	-0.009	0.918	0.123	-0.022	0.751	0.103
专利国籍	0.158	0.096[g]	0.172	-0.096	0.468	0.199	-0.091	0.448	0.181	-0.085	0.533	0.206	0.361	0.000[I]	0.177	0.359	0.001[I]	0.230	0.370	0.000[I]	0.193
假设变量																					
技术复杂性	-0.279	0.000[I]	0.101	-0.014	0.874	0.139	-0.142	0.091[g]	0.129	-0.011	0.917	0.164	-0.378	0.000[I]	0.091	-0.371	0.000[I]	0.126	-0.485	0.000[I]	0.106
技术不确定性[d]	-0.140	0.050[h]				0.989							0.264	0.000[I]	0.159						
技术不确定性[e]	-0.049	0.359	0.126				-0.309	0.000[I]	0.532												

续表

模型[a]	Log-转换模型 模型 所有拍卖会			模型 1 剩余受保护时间多于 50%（新技术）			模型 2 剩余受保护时间多于 50%（新技术）			模型 3 剩余受保护时间多于 50%（新技术）			模型 4 剩余受保护时间少于 50%（旧技术）			模型 5 剩余受保护时间少于 50%（旧技术）			模型 6 剩余受保护时间少于 50%（旧技术）		
	标准系数	显著性	SE	标准系数	显著性	SE	标准系数	显著性	SE	标准系数	显著性	SE	标准系数	显著性	SE	标准系数	显著性	SE	标准系数	显著性	SE
技术不确定性[f]										−0.050	0.520	0.975							0.230	0.000[l]	0.200
技术影响力	0.289	0.000[j]	0.076	0.055	0.513	0.120	0.024	0.735	0.104	0.107	0.198	0.119	0.346	0.000[l]	0.077	0.280	0.000[l]	0.100	0.333	0.000[l]	0.084
技术质量	0.016	0.758	0.153	−0.120	0.085[g]	0.171	−0.134	0.036[h]	0.156	−0.115	0.107	0.176	0.192	0.000[l]	0.167	0.202	0.003[l]	0.218	0.188	0.001[l]	0.183
价值认知	0.535	0.000[l]	0.073	0.408	0.000[l]	0.087	0.410	0.000[l]	0.079	0.400	0.000[l]	0.089	0.651	0.000[l]	0.074	0.631	0.000[l]	0.096	0.656	0.000	0.081
否	156			76			76			76			76			76			76		
调整后的 R² 值	0.701			0.726			0.779			0.711			0.871			0.796			0.846		

注：

a. 因变量为出售价格转换为以 10 为底的对数形式。

b. 基变量为首次拍卖会。

c. 基变量为"独立发明人"。

d. 测量平均剩余受保护时间。

e. 测量最短剩余受保护时间。

f. 测量最长剩余受保护时间。

g. 显著性水平为 10%。

h. 著性水平为 5%。

l. 著性水平为 1%。

表 10.30　价格区间右尾对数线性最小二乘法回归模型

模型[a]	Log 转换模型 所有拍卖会			模型 1 (BICL >5)			模型 2 25%四分位以上 (BICL >15)			模型 3 超过50%四分位 (BICL <77)			模型 4 四分位75%以上 (BICL >190)		
	标准系数	显著性	SE	标准系数	显著性	SE	标准系数	显著性	SE	标准系数	显著性	SE	标准系数	显著性	SE
(常量)		0.001[g]	0.300		0.879	0.400		0.010[f]	0.299		0.000[g]	0.353		0.004[f]	0.543
控制变量															
拍卖会_2[b]	0.553	0.000[g]	0.102	0.464	0.000[g]	0.130	-0.004	0.969	0.144	0.035	0.797	0.135	-0.152	0.618	0.212
拍卖会_3	0.473	0.000[g]	0.107	0.529	0.000[g]	0.120	-0.121	0.315	0.143	-0.102	0.527	0.136	-0.147	0.674	0.263
拍卖会_4	0.232	0.027[f]	0.201	-0.056	0.709	0.281	-0.719	0.000[g]	0.247						
拍卖会_5	0.499	0.000[g]	0.123	0.411	0.000[g]	0.149	-0.063	0.488	0.150	-0.038	0.763	0.141	-0.223	0.383	0.231
拍卖会_6	0.474	0.000[g]	0.106	0.511	0.000[g]	0.119	-0.088	0.127	0.138	-0.217	0.191	0.131	-0.260	0.453	0.218
高校/研究机构[c]	-0.057	0.308	0.148	-0.017	0.832	0.149	0.000	0.995	0.107	-0.075	0.292	0.175			
中小企业	0.115	0.045[f]	0.086	0.129	0.049[f]	0.095	0.149	0.008[f]	0.064	0.033	0.701	0.068	0.218	0.186	0.105
大型企业	0.091	0.164	0.092	0.094	0.196	0.109	0.054	0.104	0.074	0.016	0.864	0.083	0.186	0.363	0.146
专利国籍	0.158	0.096[e]	0.172	-0.177	0.205	0.266	-0.111	0.379	0.190	-0.126	0.097[e]	0.260	-0.217	0.216	0.332
假设变量															
技术复杂性	-0.279	0.000[g]	0.101	-0.257	0.000[g]	0.132	-0.154	0.004[f]	0.094	-0.252	0.004[f]	0.099	-0.482	0.017[f]	0.176
技术不确定性[d]	-0.049	0.359	0.126	-0.075	0.253	0.172	-0.073	0.192	0.115	-0.075	0.378	0.116	-0.111	0.514	0.142
技术影响力	0.289	0.000[g]	0.076	0.222	0.003[f]	0.089	0.095	0.125	0.059	0.170	0.068[e]	0.065	0.209	0.268	0.106

续表

模型[a]	Log 转换模型 所有拍卖会			模型 1 （BICL >5）			模型 2 25% 四分位以上 （BICL >15）			模型 3 超过 50% 四分位 （BICL <77）			模型 4 四分位 75% 以上 （BICL >190）		
	标准系数	显著性	SE	标准系数	显著性	SE	标准系数	显著性	SE	标准系数	显著性	SE	标准系数	显著性	SE
技术质量	0.016	0.758	0.153	0.024	0.699	0.172	0.037	0.490	0.116	0.036	0.637	0.123	0.029	0.847	0.207
价值认知	0.535	0.000[g]	0.073	0.433	0.000[g]	0.091	0.620	0.000[g]	0.061	0.770	0.000[g]	0.064	0.589	0.001[g]	0.136
N	156			152			117			82			39		
调整后的 R^2 值	0.701			0.596			0.771			0.638			0.382		

注：

a. 因变量为出售价格转换为以 10 为底的对数形式。

b. 基变量为首次拍卖会。

c. 基变量为"独立发明人"。

d. 测量最短剩余受保护时间。

e. 显著性水平为 10%。

f. 显著性水平为 10%。

g. 显著性水平为 1%。

总之，表 10.30 显示的结果证实了表 10.27 中完全转换的对数线性模型的结果。在所有的模型中，技术复杂性和价值认知具有显著的影响。与全模型相似，技术复杂性对模型 1 有负面影响，显著性水平为 1%，但是对模型 2、模型 3 和模型 4 仅有显著性影响，水平为 5%。价值认知对所有 4 组模型具有显著性正面影响，水平为 1%。技术影响力也对 4 组模型有正面影响，对模型 1 和模型 3 有显著性影响，水平分别为 5% 和 10%。在模型 2 中，显著性水平略高于 10%。而且，4 组模型中的技术不确定性（负）和技术质量（正）的前缀与全模型相似，但是影响不显著。

关于协变量，拍卖会仅对模型 1 有显著性影响，与全模型相似。A3 对模型 1 的显著性正面影响最强，其次是 A6、A2 和 A5。相对于全模型，A4 无显著性影响。在其他模型中，A4 对模型 1 有负面显著性影响，因此前缀与全模型不同。中小型企业研发的技术对全模型有正面显著性影响，在模型 1 和模型 2 中也有正面显著性影响，但是在其他模型中未发现。专利国籍对模型 3 有显著性影响，但是前缀与全模型不同。4 组模型中调整后的平均 R^2 值为 0.597，比全模型低 14.9%。

因此，根据出售价格右尾的灵敏度分析，笔者推断出在全模型中发现的假设变量的效应在 4 组模型（基于出售价格分布右尾的子样本）有显著性。

技术复杂性和价值认知的效应视为非常显著，但是技术影响力的效应视为显著。但是与协变量有关的结果却很复杂。大部分协变量对全模型有影响，但是对出模型 1 以外的其他模型没有影响。因此，对于高价技术交易没有发现它们的影响。在所有模型中，模型 2 中调整后的 R^2 值最高，仅有 4 种显著性影响。

表 10.31 显示进一步的 4 组模型检验了出售价格分布左尾全模型的显著性。计算了某一模型（模型 5）以预测中等价值技术的出售价格，排除最低和最高价格的技术，即位于中间 50% 四分位，范围为 1.5 万 ~ 19 万欧元。对于出售价格分布左尾，进一步的 3 组模型（模型 6、模型 7 和模型 8）进行计算，即位于低于 75% 四分位、50% 四分位和 25% 四分位上的子样本，系统地排除高价值技术。

在全模型中发现的影响在这些模型中得到了证实，但是总体上这些影响不显著。在模型 7 中发现技术复杂性的影响是显著的，其前缀与全模型不同。在模型 7 中发现价值认知的影响是显著的，但是其前缀也与全模型不同。在模型 6 中（和模型 7），技术影响力有正面显著性影响，与在全模型中的影响相似。

表 10.31　价值区间左尾对数线性最小二乘法回归模型

模型[a]	Log 转换模型 所有拍卖会			模型 5 四分位中间 50%（15＜BICL＜190）			模型 6 低于 75% 四分位（BICL＜190）			模型 7 低于 50% 四分位（BICL＜77）			模型 8 低于 25% 四分位（BICL＜15）		
	标准系数	显著性	SE	标准系数	显著性	SE	标准系数	显著性	SE	标准系数	显著性	SE	标准系数	显著性	SE
（常量）		0.001[g]	0.300		0.004[f]	0.349		0.443	0.440		0.028[f]	0.416		0.695	0.491
控制变量															
拍卖会_2[b]	0.553	0.000[g]	0.102	0.052	0.723	0.162	0.408	0.000[g]	0.140	0.343	0.007[g]	0.136	-0.162	0.445	0.123
拍卖会_3	0.473	0.000[g]	0.107	0.055	0.789	0.150	0.682	0.000[g]	0.116	0.416	0.004[g]	0.133	-0.185	0.468	0.147
拍卖会_4	0.232	0.027[f]	0.201	-0.703	0.031[f]	0.263	0.203	0.369	0.273	0.547	0.087[e]	0.224	1.252	0.011[f]	0.237
拍卖会_5	0.499	0.000[g]	0.123	0.037	0.808	0.165	0.541	0.000[g]	0.155	0.306	0.010[g]	0.226			
拍卖会_6	0.474	0.000[g]	0.106	-0.070	0.732	0.152	0.684	0.000[g]	0.114	0.656	0.000[g]	0.123	0.465	0.039[f]	0.168
高校/研究机构[c]	-0.057	0.308	0.148	0.062	0.573	0.090	0.178	0.072[e]	0.127	0.290	0.064[e]	0.119	0.078	0.780	0.223
中小企业	0.115	0.045[f]	0.086	0.315	0.000[g]	0.066	0.263	0.002[f]	0.096	0.177	0.163	0.119	0.118	0.622	0.106
大型企业	0.091	0.164	0.092	0.214	0.018[f]	0.074	0.108	0.238	0.111	-0.107	0.450	0.124	-0.790	0.019[f]	0.138
专利国籍	0.158	0.096[e]	0.172	0.077	0.755	0.207	-0.020	0.924	0.267	0.169	0.571	0.217	1.329	0.010[g]	0.269
假设变量															
技术复杂性	-0.279	0.000[g]	0.101	-0.074	0.402	0.102	-0.007	0.935	0.159	0.250	0.061[e]	0.172	0.256	0.355	0.230
技术不确定性[d]	-0.049	0.359	0.126	-0.040	0.634	0.200	0.142	0.095[e]	0.246	0.178	0.154	0.217	-0.068	0.769	0.204
技术影响力	0.289	0.000[g]	0.076	0.036	0.683	0.062	0.250	0.005[g]	0.093	0.213	0.103	0.107	0.072	0.809[g]	0.132

续表

模型[a]	Log转换模型 所有拍卖会			模型 5 四分位中间 50% (15<BICL<190)			模型 6 低于 75% 四分位 (BICL<190)			模型 7 低于 50% 四分位 (BICL<77)			模型 8 低于 25% 四分位 (BICL<15)		
	标准系数	显著性	SE	标准系数	显著性	SE	标准系数	显著性	SE	标准系数	显著性	SE	标准系数	显著性	SE
技术质量	0.016	0.758	0.153	-0.006	0.946	0.116	-0.034	0.693	0.176	-0.042	0.763	0.200	-0.587	0.066	0.261
价值认知	0.535	0.000[g]	0.073	0.351	0.000[g]	0.086	-0.009	0.910	0.122	-0.282	0.038[f]	0.137	0.087	0.749	0.161
N	156			78			108			66			30		
调整后的 R^2 值	0.701			0.665			0.507			0.363			0.222		

注：

a. 因变量为出售价格转换为以 10 为底的对数形式。

b. 基变量为首次拍卖会。

c. 基变量为"独立发明人"。

d. 测量最短剩余受保护时间。

e. 显著性水平为 10%。

f. 显著性水平为 10%。

g. 显著性水平为 1%。

关于协变量，在模型 6 和模型 7 中，所有的拍卖会有正面的显著性影响（除了 A4 在模型 7 中的影响以外）。除了 A4 和 A6，未发现协变量在模型 8 中的影响。在模型 6 和模型 7 中，高校和研究机构研发的技术有显著的正面影响。在模型 5 和模型 6 中，中小企业也有正面影响。在模型 5（模型 8）中，大型企业有正面的（负面的）显著性影响。并且，在模型 8 中，专利国籍有正面显著性影响，与全模型相似。这 3 组模型表明调整后的 R^2 均值为 0.364，比全模型低 48.1%。

对于中等级价值技术（位于 50% 四分位上），模型 5 中假设变量（除技术质量以外）的前缀与全模型相似。但是，只有价值认知的影响是显著的，显著性水平为 1%。关于协变量，A4 具有负面的显著性影响，水平为 5%。在所有的技术来源中，中小企业的正面显著性影响最大，其次是大型企业。

因此，表 10.31 中系统地排除了高价值技术，笔者推断在大部分模型中，系数方向与全模型相同。总之，这些模型证实了全模型中发现的假设变量结果，但是在低价值技术中，影响不显著。在中等价值技术中，发现价值认知具有正面的和高度显著性影响。

总而言之，根据表 10.30 和表 10.31 中的结果，笔者可以推断出对数线性最小二乘法回归模型更好地预测了高价值技术的出售价格。模型 2 中总的调整 R^2 值最高，为 0.771，但是只有 4 种变量的显著影响。该模型也公正地预测了中等技术的出售价格，调整后的 R^2 值排名第二，为 0.665。虽然所有模型证实了在全模型中发现的假设变量产生的影响，但是所有效应只在两组模型中共存（模型 1 和模型 3）。

b）拍卖会的显著性

与回归模型相似，在进一步灵敏度分析中，笔者调查研究了当计算 4 场拍卖会子样本时对数线性最小二乘法回归模型是如何操作的。对于个人拍卖会，由于样本数量小，因此模型会有过度拟合问题，很难进行计算。因此，表 10.32 揭示了两对子样本的分析结果。相对于在德国和英国举办的欧洲拍卖会，模型 9 和模型 10 仅描述了美国拍卖会的分析结果。相对于后续拍卖会，模型 11 和模型 12 描述了在各国举办的首场拍卖会结果（美国、德国和英国）。如上所述，在笔者的数据组中，只有美国拍卖会的结果可用。

在很大程度上，表 10.32 陈述的结果证实了在全模型中发现的结果。在所有模型中，价值认知产生了显著性正面影响，水平为 1%。在所有模型中，技术影响力产生了正面影响，在模型 9、模型 10 和模型 11 这 3 个模型中，技术影响力具有高度显著性影响，显著性水平为 1%。与全模型中发现的影响相似，在所有模型中，技术复杂性具有负面影响，在模型 9、11、12 中具有显著

表 10.32　拍卖子集对数数线性最小二乘法回归模型

模型[a]	Log 转换模型 所有拍卖会			模型 9 首场拍卖会 (A1; A4; A5)			模型 10 后续拍卖会 (A2; A3; A6)			模型 11 美国拍卖会 (A1; A2; A3, A6)			模型 12 欧盟拍卖会 (A4; A5)		
	标准系数	显著性	SE	标准系数	显著性	SE	标准系数	显著性	SE	标准系数	显著性	SE	标准系数	显著性	SE
(常量)		0.001[g]	0.300		0.000[g]	0.291		0.559	0.319		0.293	0.347		0.009[g]	0.368
控制变量															
拍卖会_2[b]	0.553	0.000[g]	0.102							0.547	0.000[g]	0.125			
拍卖会_3	0.473	0.000[g]	0.107				-0.121	0.196	0.111	0.483	0.000[g]	0.132			
拍卖会_4	0.232	0.027[f]	0.201	0.450	0.000[g]	0.156									
拍卖会_5	0.499	0.000[g]	0.123	0.806	0.000[g]	0.092							0.917	0.000[g]	0.140
拍卖会_6	0.474	0.000[g]	0.106				-0.04	0.293	0.113	0.464	0.000[g]	0.132			
高校/研究机构[c]	-0.057	0.308	0.148	0.045	0.496	0.133	-0.035	0.657	0.287	-0.121	0.069[e]	0.292	0.288	0.0019	0.102
中小企业	0.115	0.045[f]	0.086	0.100	0.151	0.109	0.156	0.089[e]	0.108	0.024	0.759	0.119	0.217	0.018[f]	0.142
大型企业	0.091	0.164	0.092	0.251	0.003[g]	0.108	0.090	0.347	0.122	-0.023	0.796	0.126	0.163	0.072[e]	0.125
专利国籍	0.158	0.096[e]	0.172	0.266	0.007[g]	0.131							-0.080	0.448	0.132
假设变量															
技术复杂性	-0.279	0.000[g]	0.101	-0.667	0.0009	0.104	-0.052	0.508	0.149	-0.274	0.001[g]	0.141	-0.111	0.085[e]	0.121
技术不确定性[d]	-0.049	0.359	0.126	-0.205	0.001[g]	0.117	0.043	0.625	0.205	-0.064	0.407	0.192	0.037	0.549	0.184
技术影响力	0.289	0.000[g]	0.076	0.304	0.000[g]	0.090	0.314	0.003[g]	0.106	0.302	0.000[g]	0.103	0.051	0.522	0.096

续表

模型[a]	Log 转换模型 所有拍卖会			模型 9 首场拍卖会 （A1；A4；A5）			模型 10 后续拍卖会 （A2；A3；A6）			模型 11 美国拍卖会 （A1；A2；A3；A6）			模型 12 欧盟拍卖会 （A4；A5）		
	标准系数	显著性	SE	标准系数	显著性	SE	标准系数	显著性	SE	标准系数	显著性	SE	标准系数	显著性	SE
技术质量	0.016	0.758	0.153	−0.097	0.091[e]	0.176	0.137	0.118	0.199	0.152	0.040[f]	0.215	−0.036	0.597	0.180
价值认知	0.535	0.000[g]	0.073	0.636	0.000[g]	0.084	0.557	0.000[g]	0.097	0.488	0.000[g]	0.096	0.390	0.000[g]	0.160
N	156			62			94			120			36		
调整后的 R^2 值	0.701			0.868			0.469			0.560			0.909		

注：

a. 因变量为出售价格的对数形式（以 10 为底）。

b. 基变量为首次拍卖会。

c. 基变量为"独立发明人"。

d. 测量量为最短剩余受保护时间。

e. 显著性水平为 10%。

f. 显著性水平为 10%。

g. 显著性水平为 1%。

性影响，显著性水平分别为 1%（模型 9）、1%（模型 11）和 10%（模型 12）。另外，技术不确定性和技术质量在模型 9 中产生了负面的显著性影响，显著性水平分别为 1% 和 10%。技术质量在模型 11 中也产生了显著性影响，但是前缀方向为正。

表 10.32 描述了协变量在除模型 10 以外的其他模型中产生的不同的显著性影响。与全模型相比，模型 10 和模型 12 表明中小型企业研发的技术具有显著的正面影响。在模型 11 和模型 12 中，高校和研究机构研发的技术也具有显著性影响，但是在模型 11 中这种影响是负面的，在模型 12 中这种影响是正面的。在模型 9 和模型 12 中，大型企业研发的技术也对出售价格具有正面影响。模型 9 证实了专利国籍的正面影响。在所有模型中，调整后的 R^2 均值为 0.702，因此与全模型中调整后的 R^2 值非常接近。

除了少数例外，笔者根据表 10.32 推断出全模型中发现的假设变量的影响在所有拍卖会子样本中表现非常显著，不论是在美国还是在欧洲举办的拍卖会，也不论是首场拍卖会还是后续拍卖会。在后续拍卖会（模型 10）中，技术复杂性的前缀方向与全模型相似（负），但是不显著。在所有模型中，技术影响力的前缀方向为正，但是其在欧洲拍卖会（模型 12）中不显著。在首场拍卖会中（模型 9），技术不确定性和技术质量有负面的显著性影响。但是，在美国拍卖会中，如相应的假设预测，技术质量具有正面影响。对于首场拍卖会（模型 9），所有假设变量有显著性影响。但是，技术质量的影响方向与相应假设预测的方向相反。关于协变量，根据表 10.32 描述的结果，没有得到清晰的描述。

10.3.3　主要回归结果总结

为了解决笔者研究的第二个问题，笔者借鉴了适用的文献（见第三部分），随后笔者结合了直接从定性的预研究得的一手知识（见第 9 章）来理解拍卖会 TGS。根据文献和预研究，进行假设（见第 9.3 节）。为了检验这些假设，首先在第 8 章中采用或参考计量经济学专利研究用到的方法，形成一些计量方法，用来计算专利（价值）数据组的变量。运用这些可操作的方法将概念模型（见图 10.3）转换成分析多变量回归模型。在上述多个表格中陈述了操作不同多变量逻辑模型和对数线性最小二乘法回归模型得出关键结果。在下文中，笔者将综合上述结果，并且针对 5 个假设变量讨论是否或哪些假设需要证实或驳回（排除协变量）。关于假设，表 10.33 总结了假设预测的影响方向结果，综合了这些结果与观察到的系数和完全逻辑回归和对数线性最小二乘法回归分析的显著性水平以及多项灵敏度分析。

表 10.33　逻辑回归和对数线性回归结果总结

假设变量			全模型	次级样本*																	灵敏度分析															
				新技术（3 组模型）								旧技术（3 组模型）									价值范围（8 组模型）								拍卖会集（4 组模型）								
				系数		显著性						系数		显著性						系数		显著性						系数		显著性						
						正			负					正			负					正			负					正			负			
预测影响	ID	方向	系数显著性	正	负	1%	5%	10%	1%	5%	10%	正	负	1%	5%	10%	1%	5%	10%	正	负	1%	5%	10%	1%	5%	10%	正	负	1%	5%	10%	1%	5%	10%
预测影响	H1a	-	1%		3								3									8								4				2	1
	H1b	-	1%																		6						3		4			2		
技术复杂性	H2a	-			3			1		1	1		3			3			2		6	2			1				2	2					
	H2b	-																				5							2	2				1	
技术不确定性	H3a	-	10%																	6	2	3	1	1			2	4		2				
	H3b	-	10%	3								3			3																				
技术影响力	H4a	-	5%						1	1							1	3		8	4	1	1	1			1	4	2	3	1			
	H4b	-	5%		3								3			3																			
技术质量	H5a	-																		3	5	3	3			3	1	2	2	3	1			
	H5b	-		3								3			3						2					5		4					1

注：* 子样本模型为对数线性最小二乘法模型，因变量为出售价格的对数形式（以 10 为底）。计算分对数模型（底灰部分），但是未显示技术不确定性对任何显著性影响。

表10.33表明在全模型中，6个假设变量（H_{1a}、H_{1b}、H_{3a}、H_{3b}、H_{4a}和H_{4b}）有显著性影响。两种影响的显著性水平分别为1%、5%和10%。但是，在这些变量中，技术复杂性对出售价格的影响方向与相应假设的预测相反。其他变量中的3个变量对出售价格的影响方向与假设的相同，但是在全模型中的影响不显著。

为了调查所观察到的影响是否稳健，使用子样本进行的模型分析显示了其他结果。灵敏度分析结果也显示出在全模型中的影响不显著。

关于对出售价格的影响，灵敏度分析结果如下：技术复杂性的负面影响被视为完全稳健的影响。在12组模型中，系数总是为负，与假设的方向相同。技术复杂性在9组模型中的影响是显著的。4组模型的显著影响水平为1%，3组模型的显著影响水平为5%，3组模型的显著影响水平为10%。同样地，技术质量的正面影响应该是稳健的。在12组模型中，其系数为正。该影响在11组模型中是显著的。在1组模型中，其显著性水平为1%，在6组模型，显著性水平为5%，在4组模型中，显著性水平为10%。同样地，技术影响的正面影响是稳健的。在这12组模型中，10组模型的技术影响力系数为正，与假设的方向相同。在5组模型中，该影响的显著性水平为1%，在1组模型中，其显著性水平为5%，在其他模型中，显著性水平为10%。关于其他两组模型，技术影响力的系数为负，影响不显著。虽然价值认知在全模型中有负面影响，但是这种影响不显著。在12组模型中，价值认知的影响是负面的，但是显著的。在3组模型中，影响的显著性水平为1%。在1组模型中，影响是正面的，显著性水平为1%。灵敏度分析结果显示中等和低价值技术的影响是稳健的。最后，技术不确定性的影响较为混杂。其中在8组中具有正面影响，在4组模型中具有负面影响。由于所有的模型均没有显著性水平，所以笔者推断无法证明技术不确定性有任何影响。[31]

具有显著性影响的3个变量的效应大小在未转换模型和转换模型中的排名相同。在这两组模型中，技术质量对出售概率的影响最强。技术复杂性和技术影响力对出售概率的影响排名分别为第二和第三。按绝对值计算，这3个变量的效应大小足够大，能够对出售概率造成影响。

关于对出售价格的影响，灵敏度分析结果如下：技术复杂性的影响视为显著性的，但是影响方向与假设的方向相反。12组模型中10组模型的结果显示技术复杂性在7组模型中的负面影响是显著性的。其中在3组模型中，影响的显著性水平为1%，在3组模型中，显著性水平为5%，在一组模型中，显著性水平为10%。在其余两组模型中的一组中，该影响是正面、显著性的，显著性水平为10%。类似描述分别揭示了新技术或旧技术两组的其他分析。在6

组模型中，这种影响为负面的，在 4 组模型中，影响视为显著性影响。其中，在 3 组模型中显著性水平为 1%，在一组模型中，显著性水平为 10%。同样地，技术影响力的正面影响视为显著性的。在全模型中，这种影响是显著性的，显著性水平为 10%。在对 12 组模型进行的灵敏度分析中，这种影响的方向为正；在 6 组模型中，影响视为显著性影响。其中，在 4 组模型中显著性水平为 1%，在一组模型中，显著性水平为 5%，在其余模型中显著性水平为 10%。在新技术和旧技术两组中，影响方向也为正。价值认知的正面影响也是显著性的。根据假设，其在全模型中的影响是正面的，但不是显著性的。观察灵敏度分析，结果显示价值认知在 10 组模型中有正面影响，在其中 9 组模型中这种影响是高度显著性的，显著性水平为 1%。在一组模型中的影响是负面、显著性的，显著性水平为 5%。而且，在新技术和旧技术中，价值认知的影响方向为正（与假设相同），在全部 6 组模型中这种影响是高度显著性的，显著性水平为 1%。在较小程度上，技术质量的正面影响也是显著性的。与假设方向相同，在全模型中，这种影响是正面、显著性的，显著性水平为 5%。进一步，灵敏度分析的 6 组模型中影响为正面影响，在一组模型中影响是显著性的，显著性水平为 5%。相反，在两组模型技术质量的影响是负面的、显著性的，显著性水平为 10%。在旧技术中，这种影响在全部模型中极其正面的，显著性水平为 1%。但是在新技术中，这种影响在两组模型中是负面、显著性的：显著性水平分别为 5% 和 10%。最后，技术不确定性的影响方向假设为负。全模型证实了影响方向，但是这种影响不显著。观察灵敏度分析，结果显示在 7 组模型中这种影响是负面的，但是只在一组模型中是显著性的，显著性水平为 1%。相反，在 5 组模型中这种影响是正面的，只在其中一组模型是显著性的，显著性水平为 10%。新旧两组技术进行的独立分析结果明确。关于新技术的 3 组模型，2 组模型中技术不确定性的影响为负面、显著性的，显著性水平分别为 1% 和 5%。在旧技术 3 组模型中，技术不确定性的影响一直是正面的，而在两组模型中，影响是高度显著性的，显著性水平为 1%。因此，笔者推断技术不确定性的影响在新技术中是显著性的。

根据转换模型和未转换模型中具有显著性影响的 3 个变量，价值认知对出售价格的影响是最大的。在转换模型中，技术影响力对出售价格的影响是第二位的，但是其在未转换模型中影响排名第三。因此，在转换模型中技术复杂性对出售价格的影响排名第三，但是在未转换模型中的影响排名第二。按绝对值计算，所有 3 个变量的效应大小足够大，视为对出售价格有影响。

最后，多元回归分析结果如下。多元逻辑回归分析证明了 4 种变量对出售概率的影响。第一，技术复杂性对出售概率有负面影响，这种影响随技术复杂性增加而增加（H$_{1a}$）。第二，技术影响力对出售概率有正面影响，这种影响随技术影响的增加而增加（H$_{3a}$）。第三，技术质量对出售概率有正面影响，这种影响随技术质量的增加而增加（H$_{4a}$）。第四，价值认知对出售概率有负面影响，这种影响随价值认知增加而增加，但是只适用于中等和低价值技术（H$_{5a}$）。结果证明技术不确定性没有影响（H$_{2a}$）。

多元对数线性最小二乘法回归分析证明了 4 个变量对出售价格的影响。第一，技术影响力对出售价格有正面影响，这种影响随技术影响力增加而增加（H$_{3b}$）。第二，技术质量对出售价格有正面影响，这种影响随技术质量增加而增加（H$_{4b}$）。第三，卖方的价值感知对出售价格有正面影响，这种影响随价值感知增加而增加（H$_{5b}$）。第四，技术复杂性对出售价格有负面影响，这种影响随技术复杂性增加而增加（H$_{1b}$）。影响方向与假设方向相反。第五，技术不确定性也对出售价格有影响，这种影响随技术不确定性增加而增加，但是对新技术和旧技术的影响方向是不同的（H$_{2b}$）。关于新技术，技术不确定性对出售价格有负面影响，这种影响随技术不确定性增加而增加。相反，关于旧技术，技术不确定性对出售价格有正面影响，这种影响随技术不确定性增加而增加。在新旧两组技术中，可靠的但不一致的影响方向表明出售价格有 U 型关系而非假设的线性关系。

注　释

1. 对于创新的经济学分析，批准的专利包括丰富的数据来源。Hall 等（2001：4）指出，"的确，有许多优势可以去利用专利资料……每一项专利包括关于创新本身的极其详细的信息、所属的技术领域、发明人（例如，他们的地理位置）、代理机构等。"根据 OECD（2009：27），"每项专利文件包括详细的发明过程：发明完成的合理描述、有关的技术领域、发明人（姓名，地址）、申请人（所有者）、以前专利的引用和与发明物相关的科技文章等。"

2. 根据 Hall 等（2001），首先对专利资料进行考察，因为它们是由电脑处理的。一旦数字和电子数据库中大量资料可以使用，就会使用标准 PC 软件对资料进行分析，这种方法更加经济。关于经济学研究，这种大规模使用专利资料的想法至少要追溯到 Schmookler（1966），其次是 Scherer（1982）、Griliches（1984）以及 Narin 和 Olivastro（1988）。之后，在工业企业中出现了一种研究潮流，到目前为止，用于鉴定、分析和讨论各种价值指标。

3. 根据 OECD（2009）中的 Zeebroeck（2007），表 8.1 综合概述了不同类型的指标级别。Hall 等（2001）也进行了概述，对本节的编写很有帮助。经常引用 Griliches（1990）的开创性作品，因为其首次对指标进行了综合概述。

4. 拍卖公司对这一阶段进行了说明，要求参加和对交易进行补偿，这些交易在现场拍卖活动期间不能关闭，但是在拍卖活动结束后的某段时间可以关闭。以下讨论证明这条规则是正当的：卖方可以指定自己的 MRP，但是竞买人并不知道，因此，在拍卖期间可能达不到卖方的 MRP，即使最终出价接近 MRP。在这种情况下，在拍卖期间，技术不会售出。但是，卖方和有意竞买人可能在拍卖后谈判期间就双方可接受的价格达成一致，因此在很大程度上完成了拍卖公司准备的交易。

5. 关于交易，可能会质疑他们是否能真正举办拍卖会（即竞争性的出价环境），因为他们是卖方和买方直接谈判的结果。但是，将这些交易视为拍卖似乎也很合理，因为拍卖公司为交易提供了依据。很可能现场拍卖活动的最终叫价达不到卖方的 MRP，即最终最高竞价低于 MRP 一点。关于 S_{2a} 之后关闭的交易，有人会质疑拍卖是关闭还是进行议价谈判。但是，这些交易不包括在拍卖后新闻报道范围内，也不纳入数据组中。

6. 实际上，在信息发布之后，很难收集关于交易达成的可靠综合资料，因为没有发布关于拍卖后出售综合系统概述的信息。

7. 例如，关于源于专利资料指标的综合概述没有提供复杂性的测量方法（OECD（2009））。

8. 根据 Haupt 等（2007），当用专利资料评价技术生命周期内某些技术的作用时，出现了几个问题。专利申请的评估要求对全部专利申请和技术领域申请人的完整统计调查。关于大部分技术，尽管存在现代专利数据库，但是这项调查很难进行甚至不可能进行。理由是国际专利分类系统没有确切地提供某些产品相关技术相应的分类。并且，大部分技术不能简单通过一组清晰的技术搜索词来验证。为了计算相关的指标，Haupt 等（2007）提出了索引。虽然比全部搜索方法简单，但是这些索引不适合该项研究。

9. 1994 年 9 月，美国国会发布了乌拉圭回合协议法案，其中几条规定对美国专利法产生了影响。关于这项分析，乌拉圭回合协议法案将专利保护期限从自授予日起 17 年改为自申请于 1995 年 6 月 8 日或于该日之后首次提交成功起 20 年（美国法典 35 U. S. C，§ 154（a）（2））。这样，美国法律可与欧盟和其他国家的专利法案具有同等效力。在计算该项研究的测量方法时，笔者解释了美国专利立法改变的原因。

10. 为了不与引文混淆，专利文件包括反向引用（Lanjouw 和 Schankerman（2004）、Harhoff 和 Reitzig（2004））。另外，引用的文献类型不同，将文献与其他专利文件或非专利文件区别开，即科技文献（Harhoff 和 Reitzig（2004）、Harhoff 等（2003））。并且，文献区分了引用人。可以是他人或发明人（Lanjouw 和 Schankerman，2001）。对于该项研究，只有关于前向引用的资料可以使用，因此笔者没有进一步讨论其他的引用类型。

11. 例如，虽然前向引用资料 PATSTAT 数据库中可用，但是当编写数据组时不可用。

12. 根据 Tijssen（2002：512），专利上列出的发明人是有关技术发明研发过程中的关键信息源。

13. 关于估计专利价值所用的方法概述见 Sapsalis 等（2006）。

14. 选择德国专利办事处存档的专利，因为在欧洲，德国 DPMA 的维持费最高，专利接收后会越来越贵。因此，假设公司必须支付所有的维持费，那么对于拥有者来说专利拥有一定的价值。

15. 必须谨慎解释这些研究的结果。不可能每项专利的价值都推广，但是价值上限可以因为列入专利在整段时期都保留。一般说来，超过 10 年的专利不能更新，在整个法定期间内只有 10% 的专利可以幸存（Schankerman 和 Pakes，1986）

16. Gambardella 等（2006）进一步解释了价值测量的讨论。因此，专利的价值与专利发明的价值不同。如果发明人没有获得专利，那么后者扣除发明物的价值。即确定例如拥有专利的特定价值，而不是发明本身的价值。一些作者称这个为"专利贴水"。但是，Gambardella 等（2006：3）将专利价值理解为资产的价值，定义为"如果没有获得专利，则为专利发明每年的贴现利润总和扣除相同的贴现值。"

17. 根据 OT，估计或预期的售价或在目录中发现的技术价值是卖方和 OT 做的书面或口头评估，估价或其他声明，上述评估或预期的售价或价值仅为意见，竞买人不能完全相信为实际售价或价值的预测和保证。OT 不作关于技术或其价值或售价的任何类型的声明或担保。

18. 因为对于预期价值缺失数据的比例低于 25%，笔者用期望值 – 最大化算法估计缺失数据，根据 Horton 和 Kleinman（2007），一种可能的方法在 SPSS 中可用。见第 8.2 节缺失数据讨论。

19. 根据 Giuri 等（2007），企业部门，尤其是大型企业是发明最常见的来源。企业部门占所有 PatVal 专利的 93% 左右。高校占 3.2%，其他公共研究机构占 2%。

20. 在总共 1461 项专利中，美国专利占 77.1%，EPO 专利占 7.3%，德国专利占 5.7%，日本专利占 1.7%，其余专利散落在 20 多个国家。

21. 标题为"网上购物方式—— 一站式购物推车"的技术（L OT 19c）由阿瓦斯出售，领域为"网络服务/电子商务"。

22. 对于回归分析，其值用于 A4 的竞价缺失数据也可在 A5 中使用，以检验它们的相关性。

23. 需要注意的是，在笔者的研究中发现的价值接近于 Wuchty 等（2007）的大规模研究报道的价值。他们发现发明物研发平均团队的规模为 1.7 ~ 2.3 人，有可能发展成大型团队。

24. 笔者没有使用阶梯式流程去查找最适合的模型。系统回归模型只能在研究探索性阶段使用，或出于单纯预测的目的，不适用于理论检验。根据 Menard（1995：117），总体达成一致，使用计算机控制的阶梯式流程选择变量不适合理论检验，因为其利用数据中的随机变量，产生的结果更加特殊并且很难在除原始样本外的任何样本中复制。

25. 不同拍卖会类型详情请见第 5 章。

26. 使用平方根转换变量，Nagelkerke R^2 值增加至 0.206。

27. 必须从模型删掉协变量专利国籍，因为在某些拍卖会上，不提供非美国专利的技术。

28. 因此，虽然按货币绝对值计算卖方往往高估他们拥有的技术（见表 10.9），但是他们能正确预测技术价值的相对值，以确定哪种技术的价值较高。

29. 逻辑回归模型分析未能表明技术不确定性对出售概率有显著性影响，因此在本章中不表述。

30. 对于分布尾端或极值（对于专利接近于到期日的旧技术或最近研发的技术），笔者采用的技术不确定性的测量方法似乎有问题。

31. 事实上，这项发现与交易理论文献一致。Macher 和 Richman（2008）文献指出，技术不确定性作为 TGS 选择的决定性因素，其先前的实证性研究结果不一致。

第 *11* 章
结果讨论

本章将对本研究结果选定的部分进行论述，特别是有关交易成本（TC）的理论方面。本研究过程中主要集中于确定在什么情况下，特别是在何种技术性能下，对 MfTI 而言，拍卖代表首选的治理结构。此课题被分为两个具体的研究课题。第一项课题的研究为第二项课题研究奠定了基础。因此，以下讨论主要解决与第二项课题有关的问题，同时也扩大了此项课题的讨论范围，对开放式创新主题范围内的各个方面进行了说明。

哪种技术应该进行拍卖？

在很大程度上，由回归分析得出的结果可以证实第9.3节中的假设，该假设建立在定性研究的基础上并与 TC 理论得出的预测结果一致。因此，假如它们的技术复杂程度不高，但技术影响和技术质量却很高的话，对技术进行拍卖就有了更大的可能性。高影响和高质量的技术也可在拍卖中获得更高的出售价格。此外，卖方的价值认知也肯定与出售价格相关。然而，三项技术性能的结果并不是很明显，需要进一步讨论。

首先，与第9.3节中提出的论点进行对比，发现技术的复杂程度与出售价格是负相关的。对于这种结果，一种可能的解释是潜在买方在进行尽职调查时可能受到了限制。在尽职调查的范围内，需要进一步提及限制了潜在买方并阻止他们对复杂技术进行充分尽职调查的两个方面。一方面，使用虚拟数据库可能不太适合分析复杂的技术问题。对复杂的技术进行调查似乎也是一个更为复杂的任务。潜在买方需要验证所有专利及其同族专利的合法性、经济性和技术性能。此外，他们还需要验证复杂的技术是否完整或某些必要的 IP 资产会不会流失，会被其他公司持有。仅就一项专利验证技术不对别人的 IP 资产构成侵犯已经是一项非常耗费资源的任务，但是如果一项技术包含多项专利的话，任务会变得更加困难。此外，为了解一项复杂技术的运作，及其不同组件之间的相互作用，仅就与简单的单项技术进行对比而言需要更多（这是最有可能得出的比例）的时间。这也涉及进行尽职调查期间的第二个方面，限制了对复杂技术的分析。另一方面，有限的尽职调查期限对潜在买方造成了限制，尤其是在他们不是那种大公司，有足够的资源来投入这项任务的情况下。因此，在拍卖公司提出的时间期限内，潜在买方可能无法完成充分全面的尽职调查，会对潜在买方对高度复杂的技术的购买意向造成负面影响。另外，预期研究表明，拍卖设计代表可以使潜在买方保持匿名交易模式。因此，尽管笔者不能对买方进行研究（这项研究的结果不应被过度解读），这一机制会吸引不愿表明自己身份的买方。如果这些买方不仅在尽职调查阶段，而且在投标现场拍卖活动中有理由保持匿名，他们可能不会选择在购买任意技术后暴露他们的身份。因此，他们不太可能购买复杂的技术，这样有可能需要在拍卖后对后续补充性专有技术进行移交，以使技术可正常使用。所以，这种影响限制了购买复杂技术的竞买人数量，这会对拍卖价格造成反向影响（即拍卖实证研究表明，高竞买人数量会对拍卖价格产生积极影响，请参见第 5 章）。

其次，至于技术不确定性对出售价格造成的影响，定性研究的结果仅在一定程度上反映了此种假设。[1] 笔者只有在对技术进行新旧分组时才会观察到这种关联。[2] 相应地，在新技术群组中，结果显示不断增加的技术不确定性会对出售价格产生负面影响。然而，在旧技术群组中，不断增加的技术不确定性会对出售价格产生正面影响。在图 11.1 中，这些结果用黑色粗直线描述。

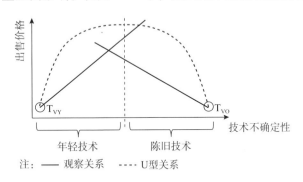

图 11.1　技术不确定性和出售价格的 U 形关系

对于这种观察，有两种可能的解释。第一，这种最新技术的技术不确定性（T_{VY}）（这些是最新的发明，显示它们的专利保护剩余期限为 20 年）很有可能会非常高。因此，从该项发明的产生日期到开始拍卖，关于对此项技术的（隐性）知识的了解，从发明人的头脑扩散到专家团体，留出的时间少之又少。从而，专家团体将会在评估一个比较新的技术时，面对困难局面，尤其是在技术拍卖所特有的短期尽职调查期限内。第二，上文讨论的尽职调查所具有的自身特性（例如，虚拟数据库）使得对这种比较新的技术的评估变得更加复杂。虚拟数据库可能不适合用来评估具有高不确定性的技术，尽职调查的时期也有可能太有限。因此，规避风险的竞买人不愿意冒风险购买具有高度不确定性的技术，尤其是非常新的技术，他们很难在拍卖公司提供的尽职调查过程中对其完成充分评估。

已被证实的旧技术群组关系可以作出如下解释。第 6 章表明，如果某一专利有效期即将期满（即其剩余保护期接近零），它通常具有非常小的价值（T_{vo}）。如果一项技术已被广泛使用，不管此项技术运用在所有者的产品中还是获得许可的其他人的产品中，经过近 20 年后，对利用此种技术知识的应用可被视为通过专家团体进行的广泛传播。因此，公司而不是技术所有者更易模仿此项技术。唯一可能会阻止它们这样做的因素将是专利保护。但是，一旦专利到期，其最终剩余价值（即专利溢价）将会减少。制药工业中有许多这种类似案例，通常情况下，仿制药会在专利到期日上市（如 Raasch，2006）。正如研究结果所示，技术拍卖会上，买方的兴趣不在于如何去利用一项技术（也就是说在拍卖完成后，4 个案例研究中没有任何买方要求获得任何其他的附加知识），和对 IP 资产的态度相反，他们更加不愿意购买专利即将到期的技术（T_{vo}）。

简而言之，结果显示的不是线性关系，而是技术不确定性和出售价格之间的一个 U 形（单向的）关系，其在两侧面的影响大大降低，如同图 11.1 中用虚线所描绘的一样，这种关系也可以被解释为一个平方函数，在对两个线性函数预期值相乘，根据已知不确定性等级（即技术运作的一个固定概率）和专利保护的剩余时间的线性函数及其值得出。这项研究中采取的测量方法，仅采用一项指标（即专利年龄），与其不同的是，将来的研究会采用多维测量方法。

再次，本研究的结果证明了卖方的价值认知对技术拍卖出售概率的影响。但是，影响的（负面）方向与假设的方向相反。此结果可就下述论据进行解释。表 10.9 提供的描述性统计数据表明：禀赋效应在拍卖中存在，在文献中已有充分证明。将实际出售价格与卖方预期出售价格进行对比显示，实际出售价格要远远低于卖方预期出售价格。因此，在拍卖中，卖方似乎明确偏向于他们的技术价值。这可能是起因于 MfTI 现实价格的不确定性。根据 Chesbrough（2006：146），之前没有对于外部技术及其相关联的 IP 资产的支付价格进行系统性的报道。这样就使卖方很难了解期望得到什么价格或什么价格才是合理的，考虑过去的类似交易。因此，卖方可能会对他们期望的价格要求过高。笔者已经提到过，卖方在对技术进行评估时，倾向于采用基于成本的方法，至少要确定他们的"底价"（第3章）并收回技术的开发成本。但是，买方却倾向于采用基于市场估价的方法。如该技术的市场潜力低于成本，买方非常不愿意支付技术的开发成本。如果卖方倾向于对技术估价过高，他们将有可能设定一个潜在买方愿意支付价格之上的 MRP 价格，技术将不会被购买。

如何改进拍卖设计？

在本章中，笔者对当前的技术拍卖设计和怎样对其进行改进作出了论述。按照 Klemperer（2004：122）所说的，"任何设立拍卖的个人，对以往成功设计进行盲目的遵循都是愚蠢的，因为拍卖设计不是'一成不变的'……在拍卖设计的实际过程中，重点在于要考虑当地实际情况，细节决定成败。"因此，笔者对技术拍卖设计的 6 个要素进行了论述，包括潜在买方的选择、最低保留价格、竞买程序、佣金、支付方案以及尽职调查。

潜在买方

在开放式拍卖设计观察范围内，卖方不能够阻止某些潜在买方获取技术。然而，案例研究表明，卖方认为这是一个不利因素。因此，企业在某些情况下可能不会选择把拍卖作为外部技术开发的渠道。例如，在他们想要阻止某个直接竞争对手获取某项技术的情况下。如果拍卖设计拥有一个机制，允许卖方指定其想要排除的潜在买方，拍卖可能会对更大范围的卖方更具吸引力。有三种可能性似乎是适用的。第一，拍卖公司可以给卖方提供一个竞买人登记名单，卖方对名单中禁止购买某种技术的竞买人作出标记。但是，这种做法可能会与拍卖公司的保护投标者的匿名身份政策产生冲突。第二，拍卖公司可以要求卖方指定行业类别，以便指定行业类别范围内的所有公司自动排除在某些技术竞买之外。但是，这种做法要承担风险，即很大范围内的公司将会被排除在竞买之外。这样拍卖将不必要地失去有助于竞争性出价的竞买人。这种方法也很难实行，因为大公司通常在一系列运营范围内拥有多个业务部门。第三，拍卖公司可以允许卖方在不知道某些公司是否已登记为竞买人的情况下，指定哪些公司应被排除对某些技术进行竞拍的资格。这种做法将依赖于假设——这似乎是合理的，卖方知道哪些企业不想获得某项特定的技术。为了避免排除的买方数量太多，拍卖公司可根据卖方指定的所有将要被排除的公司对卖方收取额外的费用。因此，拍卖公司创建一个激励机制，将名单列表限制在少数几家公司范围内。但是，拍卖公司还应确保潜在买方不能规避这种方法，聘请其他中介机构代其竞拍。

这些方法都没能解决这一问题，潜在买方雇用中介代表他们采取行动，以便绕过这一障碍（例如，专利律师事务所）。或者，遵照公开技术拍卖设计方案，卖方也可以组织自己的拍卖会，在不公开的地方，只允许符合特定标准的竞买人参加。

竞买人排除或数量的问题，直接关系到拍卖的成功（第 5 章）。Klemperer（2004：122）认为，"拍卖最重要的性能是它规避合谋的稳健性和其对潜在买方的吸引力"。同样，Bulow 和 Klemperer（1996 年）认为，任何成功的拍卖会，其主要关注方面在于吸引竞买人，因为对于拍卖来说，竞买人太少会让拍卖公司承担无利可图的风险。随着竞买人数量的不断增加，拍卖的竞争性出价比议价谈判更为有利。Kagel 和 Levin（1986 年）认为竞买人数目如超过 6 位为大数目，在 3 位和 4 位之间即为小数目。在同时参加两个拍卖的过程中（A4、A5），笔者注意到，大多数技术拍卖的竞价在两个或三个竞买人之间产生。因此，拍卖设计在竞买人数量非常少的拍卖中尤为重要。[3]

虽然对于拍卖模式的可行性——通过改进拍卖设计吸引更多的竞买人，这一点至关重要，但这似乎很难，尤其是在低迷的 MfTI 环境下。[4] 但是，人们可以期待随着时间的推移，技术拍卖会变得更受欢迎并可以证明人们的观念，会得到有意竞买人更多的关注。此外，有一种可以吸引更多竞买人的方式，是调整佣金结构（请参阅下面单独的讨论内容）。卖方认为佣金太高，然而买方也不得不支付如此高的佣金。为了更好地了解买方类型还需继续研究。最可能的情况是，独立的发明人和大学作为供应方在拍卖会上出售技术，但这样做很难获得技术。此外，令人怀疑的是中小企业是否会从 MfTI 购买技术。很可能的情况是，多数潜在买方会是大型跨国企业（实际可能作为买方和卖方）或 TMI（例如，专利流氓）。例如，Ewing（2010a）发现高智公司（IV）是技术拍卖的大买方之一。对非对称式实证基数的修正（即限制访问买方数据）有待于之后研究。

最低保留价格

考虑到竞买人太少的风险，拍卖公司采用了 MRP 资产管理。一般情况下，MRP 指定一个低于未售出资产价格的最低价格，从而最大程度地减少卖方的风险。此外，MRP 是拍卖中使用的一种公共属性，其中竞买人的数量是有限的，它充当一个额外竞买人的角色。（Berz，2007）。因此，拍卖公司参与竞价直到 MRP。直到这一步，资产才会由拍卖公司"买"。如果拍卖价格高于MRP，拍卖公司作为竞买人会中途退出，资产将会出售给出价最高的竞买人。

通过对技术拍卖观察发现，MRP 由拍卖公司预设固定到一个最低水平或由卖方设定，如果他们愿意支付额外的费用。但是，笔者的研究结果表明，卖方明确地偏向价格期望（第 6 章）。卖方预期的高出售价格表明，他们可能把MRP 设定得过高。卖方应该明白，竞价并不主要是反映了技术的开发成本，而是"在竞买人可以获取关于拍卖对象的完整信息的情况下，任何拍卖对象的真实价值是由竞买人赋予的"，即技术的当前市场价格是已知的（Berz，2007：104）。

让卖方预先将 MRP 设定为一个相对较低的价格（虽然 IPA 将其与出售价格联系在一起），由拍卖公司承担尚未售出技术的风险。因此，拍卖公司应找到一种方法，用来激励卖方合理设置 MRP，即确定实际的 MRP 级别。这项研究中显示的数据有助于人们对未来技术拍卖中的技术价值进行更为现实和深入的了解。因此，如同 Chesbrough（2006）提出的建议一样，增加技术价值的透明度有助于为某些技术类型建立"价值通道"，作为未来交易的价值指南（经验法则）。

竞拍流程

拍卖文献（第 5 章）显示，竞拍流程是拍卖设计的一个极为重要的部分。所有观察到的技术拍卖都采用英格兰式（即增价）竞拍程序。但是，增价拍卖有其特定弱点。根据 Klemperer（2002：111）所述，它们都易受"由于参与竞买的人数不足和竞买人违反规则（共谋），他们不可避免地会经过这样一个阶段，只有一个（或几个）竞买人，并且增价结构容许为评估其战略价值而消耗时间"的影响。IPA 还试图采用荷兰式（即减价）拍卖方式。然而，没有售出任何技术。虽然荷兰式拍卖为人所知的是它可以加快谈判进程（即第一个出价者胜）。但对于技术拍卖而言，加速谈判似乎并不重要。英格兰式拍卖可能也不是最佳的技术拍卖方式，因为它们有"赢家的诅咒"效应，特别是如果技术拍卖的标的有很大的共同价值要素（例如，标准技术，如 Commerce-One 案中的 XML 技术）。在这种情况下，密封投标拍卖可能是一种更好的解决方案，并能避免拍卖中的价格共谋。然而，"赢家的诅咒"效应是卖方最愿意看到的，因为这可以增加出售价格，对拍卖公司而言也是如此，它们根据出售价格的固定比率计算佣金。相反，买方可能会在很大程度上受到"赢家的诅咒"。他们可能会厌恶英格兰式拍卖，甚至不去参加这种拍卖，最终导致资源分配欠佳的结果。然而，正如上文所述，卖方和拍卖公司同样几乎没有任何兴趣调整拍卖设计的竞投设计，来减少"赢家的诅咒"效应。

因此，拍卖公司需要考虑采用其他方法，促进竞拍参与者人数的增加并避免英格兰式拍卖中具有的更深层次问题：违反规则。拍卖文献表明，英格兰式拍卖不一定非要显示真正的市场价格或买方最高愿意支付的价格（无差异价格）。这一问题已被证明是源于这样一个事实：由于成功竞买人没有必要支付其最高愿意支付价格，而是只需要多支付比第二最高出价高出的一小部分价格（Milgrom（2005）、Berz（2007））。拍卖文献表明，第二价格拍卖（例如，维克瑞拍卖）避免了此类影响，揭示真正的市场价格。虽然，在这种拍卖设计中，成功竞买人支付的价格不比英格兰式拍卖的支付价格高，或仅少付一些（即第二高出价），但成功竞买人将揭示他或她的最高愿意支付价格。但是，拍卖公司可能没有这样的动机去支持维克瑞拍卖，因为这样他们将不能提高拍卖价格。相反，当拍卖公司可从高出售价格中通过佣金获利，它们才不会在意"赢家的诅咒"。同样卖方也会从中获利，但不包括买方。要判定一个最优拍卖设计是一个复杂的问题，不能在此项研究详尽地论述。它仍然有待未来的研究，来确定哪种价格水平会导致在 MfTI 中资源有效的分配。

佣 金

佣金代表着卖方和买方的交易成本决定因素，它们是出售价格的固定比例构成部分。因为买方和卖方也要承担其他费用（例如，他们必须为尽职调查作好准备工作）。高价值含量的技术，其在总交易成本中所占的份额也很高。虽然技术拍卖的费用结构目前是简单的和标准化的，与那些艺术品拍卖具有相似性，但是如拍卖公司要参与竞争高价值技术拍卖议价谈判计划，就要对技术拍卖的佣金进行调整（同样参见图 11.3）。收费标准应尽量保持出售价格的固定比例，但要受最大级别限制，或若出售价格超过一定的临界位，应对下降比例作出说明。

支付方案

所有观察到的技术拍卖只允许依据一次性付款方案对被拍卖技术完成款项支付。这一决定似乎是合理的，如人们有意向对交易成本进行标准化，进而降低交易成本，尤其是对于具有高不确定性的复杂技术，就其未来的应用和市场潜力而言。但是，如此简单的支付方案可能会出现问题。如果采用一次性付款成为技术交易的首选支付方案，为什么文献（和协会、从业者等）为高级许可方案形成了大量的著作和概念呢？

如果拍卖公司的目的仅是为建立其低价值技术开发渠道模型，即这些技术是公司利用外部渠道开发的，因为他们不再需要它或不再相信其未来的潜力（这仅仅是由于货币化动机），那么拍卖公司可能仍需保持当前拍卖支付方案。为了进一步发展拍卖设计，使其更好地适合高价值技术交易的需要，拍卖公司需要采用这种支付方案，让其具有更多的灵活性。这是一个很难处理的问题，因为采用一次性付款方案，可能会对 TGS 拍卖交易的标准化造成极大的影响。在这一点上，对于一次性付款和高复杂性、有前途（不确定的）和高价值的技术交易需求之间矛盾关系的解决方案的开发和对降低交易成本的标准化程度，需要留待将来研究。

尽职调查

一般来说，卖方会在尽职调查过程中呈交一些不利因素。这项研究结果表明，拍卖会加快交易速度，至少要考虑到它们可使不同的交易并行。然而，结果显示对高复杂性和不确定性的技术，TGS 拍卖交易似乎是不太可行的。

原因之一在于尽职调查持续时间有限。尽职调查的时间似乎太短，无法对具有更高的不确定性和更复杂的技术进行合法性、经济性和技术性能方面的充分评估。因此，拍卖公司应重新考虑尽职调查的期限长度。此外，从潜在买方对技术进行评估方面看来，虚拟数据库似乎相当不错，尽管需要嵌入附加性能使买方和卖方能够进行更人性化的交流。

公司在面临技术交易时需要做出哪些决定？

继续之前，笔者考虑了公司在参与技术市场交易时，如果公司想要完成由封闭性到开放式创新方法的转换，将会面临的一组决定。在本研究的过程中，公司如果想要积极实践开放式创新，将会面临三个关键性决定。所以还要考虑如何设计交易规制。

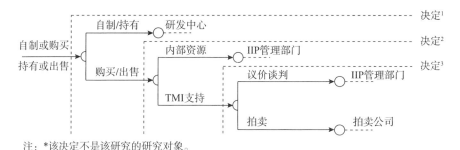

注：*该决定不是该研究的研究对象。

图 11.2　公司在技术市场交易中作出的决定次序

第一项决定是文献中最重要的部分，涉及公司的技术基础。如果公司在创新和 IP（IIP）管理方面面临一种技术需求，它需要决定是否应该在公司自己的研发中心进行内部技术开发或通过 MfTI 收购它（自制或购买决定）。如果一家公司拥有一项技术，IIP 管理部门将决定它是否希望自身持有此项技术或是使该技术可在 MfTI 上进行外部利用（持有或出售决定）。因为这一决定已经被其他人论述过（例如，Tschirky 和 Koruna（1998）），这项研究放弃了用相似的方式继续处理关于这一决定背后的动机问题。这项研究假设公司是在"买"或"出售"而不是"自制"或"持有"之间进行选择。这两个问题涉及封闭式创新模式，公司对技术的开发和利用仅在内部进行。

如果一家公司的 IIP 管理部门决定进行技术购买或出售，因为它想要进行公开创新并获得/利用 MfTI 的技术，那么它将面临做出第二个决定的局面。决定在自身领域之外进行创新，公司需要参与技术市场交易。在这种情况下，IIP 管理部门需要决定其是否想要利用内部资源管理交易或寻求支持。这项研究主要关注的是交易，就此 IIP 管理部门决定聘请 TMI。虽然，为简单起见，笔者假设这一决定具有两个性质。这一决定对 IIP 管理部门而言可能显得更为复杂。例如，Lichtenthaler（2006a）在 ETE 程序模型中阐述的外部开发项目中关于不同管理任务的内容。IIP 管理部门可以选择整体分解（即把整个交易管理外包给 TMI），也可以选择仅将某些特定任务外包给 TMI（例如，在规划阶段搜索一个潜在的买方）。考虑到拍卖模式，似乎这种模式必须以完全一体化为特征，并且到目前为止适合希望将其大多数交易管理外包给 TMI。拍卖公司在保持控制的过程中对交易进行管理。公司可以在很大程度上做出反应，并且仅提供拍卖公司要求进行尽职调查所必需的材料。本研究表明，一些公司通常决定利用 TMI 是因为它们缺乏内部资源和管理能力，这会阻止它们进行内部交易管理（例如，中小企业）。

无论是否 IIP 管理部门决定寻求 TMI 支持或进行内部交易管理，它都面临做出后续的第三项决定的局面。IIP 管理部门要在最经济实惠的收购/开发战略（见图 3.4）方面做出决定。[5] 这项研究中采用的是交易成本视角。笔者已经说过，不同的收购/开发战略具有不同的交易管理体制特点。这项研究中，再次为简单起见，笔者对这一决定做出了一分为二的假设选择。公司要么决定拍卖模式由 TMI 操作（即拍卖公司）或利用内部资源进行交易管理。

如果决定采纳后一个选项，笔者进一步假设，公司会倾向于采用议价谈判方式，并且为此它们按不同的情况设计了特殊的 TGS。这种假设只有在某公司对开放式创新并不了解的情况下才能实现。随着时间推移，一旦公司忙于诸多交易的设计，IIP 管理部门可能不会对每一项交易进行完全独特的设计，而是重复利用先前交易设计中的某些元素。例如，通过累积性学习过程，IIP 管理部门将会在一段时间内获取关于合同设计方面的知识。因此，IIP 管理部门将会在未来的交易中重复利用合同模块，甚至最终确立可在未来所有交易中使用的内部标准化合同。但是，如果公司选择不使用内部资源来管理交易，除了采用本研究中的拍卖模式，可使用 TMI 最近开发的各种不同的其他交易模式。[6]如果假定为决定设置的选项不是一分为二的，我们还必须考虑到公司必须选择其他各种各样的交易模式。然而，在这项研究中，笔者只专注于对拍卖模式的深入调查上，它的 TGS 及其有利于拍卖的技术性能。对其他模式的研究不在这项研究的范围之内。

在以下内容中，通过应用交易成本理论，笔者论述了在何时拍卖要优越于议价谈判（即图 11.2 中的第三项决定）。在图 11.2 中，针对第二项决定，通过再次应用交易成本理论的论据，笔者扩大了对拍卖与议价谈判决定的论述。从而，论述了公司何时倾向于使用 TMI 以及何时决定利用内部资源管理交易。

拍卖在何时是一种高级交易模式？

在两项定性研究中对技术拍卖 TGS 进行了调查之后，笔者在第 5.3 节中得出的结论是，技术拍卖 TGS 紧邻 TGS 的连续统一体右端（见图 7.1）。因此，几乎代表了现货市场交易。这两项研究结果进一步表明，笔者所观察到的技术拍卖主要成本动因是佣金，它与（但不限于）成功的技术拍卖出售价格成正比。所以，在佣金已被设定为相当大的固定份额，占出售价格的 25% 时，可以假定它们随着竞拍价格直线增长。[7] 因此，在使用无限最终出价拍卖一种技术时，卖方和买方必须支付无限竞价中的固定份额。所以，被拍卖技术的交易成本对公司（买方和卖方）而言，都被假设为遵循与交易量相关的直线（参见图 11.3）。

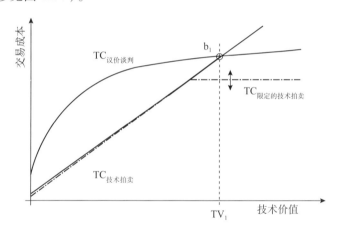

图 11.3　拍卖和议价谈判的交易成本

在具有独特设计的议价谈判中，交易成本的种类是不同的。第一，我们可以假定，即使是低价技术，公司仍将面临某些固定成本。第二，随着交易量的不断增加，交易成本有可能会减少。例如，利用市场营销努力在 MfTI 上进行技术宣传，若此项技术在 10 ~ 11 个国家的市场上有售，该技术价格不会与宣传成比例增加。因为各个公司可以重复使用它们的一些市场营销材料。此外，在潜在买方数量增加一倍的情况下，谈判回合（及其相关的资源）不可能随交易量成比例增加。因此，对于内部交易管理的交易成本（即使有 PLF 的支持），在涉及交易量（即技术的出售价格）时很有可能会呈现出稍微缩减的形状。图 11.3 描述的是技术拍卖交易成本（TC技术拍卖）与呈现稍微缩减状的议价谈判交易成本（TC议价谈判）之间的直线比较。此图可进一步与图 9.4 比较，描述了不同的管理模式下，交易成本的发展情况。[8]

如图 11.3 所示，直到出现截止技术点（TV_1），公司将在技术拍卖和议价谈判之间选择支持技术拍卖。对于特殊的高于截止技术点（TV_1）的高价值技术，公司宁可选择议价谈判，由于其稍微缩减了 $TC_{层级}$。

除了交易成本的论据，还要把额外的定性影响考虑在内。从这两项预研究（见第 9.3 节）来看，笔者认为拍卖设计强制提高了 TGS 的标准化程度，从而限制了买方和卖方对交易造成影响的可能性。因此，在拍卖中不仅高价值技术的交易成本比议价谈判高，而且它们还限制了卖方和买方对交易影响的灵活性（例如，协商一项使用方案）。标准化影响是多方面的。买方和卖方可能会期望更高程度的价格灵活性，使他们能更好地利用自己的优势。然而，议价能力低的潜在买方可从标准化拍卖设计中获益。尽管拍卖同样也易受处于强势地位的竞买人的影响。因此，对于卖方与买方而言，目前的技术拍卖设计带有风险，他们将会为高价值的技术（在 TV_1 之上）支付比议价谈判更高的 $TC_{市场}$。此外，技术拍卖标准化 TGS 限制了卖方和买方对交易产生影响的可能。

拍卖公司应因此对拍卖设计的这两种影响作出解释。为确保 $TC_{市场}$ 保持在交易 $TC_{层级}$ 之下，对于内部管理议价谈判而言，似乎比较简单。最显著的可能是采用最高佣金的方式（$TC_{限定的技术拍卖}$）。图 11.3 阐述了这种影响。从交易成本的角度来看，即便对于高价值技术，技术拍卖要比议价谈判更有成本效益。但是，确定最大等级不是一件小事，因为它取决于买方和卖方的支付意愿，并且在不同公司和行业之间会有浮动。

更为困难的是对缺乏灵活性进行解释。拍卖公司可以降低其标准化程度并调整拍卖设计，使其具有更多的灵活性，或者使 TGS 更易受卖方和买方的影响。但是，灵活性不应无偿给予。与 MRP 特点相似，卖方可以预先确定额外费用，卖方可能有机会通过支付一笔额外费用以"购买"额外的灵活性（例如，将技术反馈条款包含在合同内的选项）。因此，卖方对于最大限度使用最高标准化程度，应有明确的激励措施，并且在真正必要的情况下，仅考虑"购买"更多的灵活性。有一种可能也是进行套装设计，设计范围包括从拥有高标准化程度的低费用设计包（与目前观察到的 TGS 相似）到使高费用具有更高程度灵活性（例如，更复杂的合同，更长的尽职调查期限，排除某些竞买人的可能性等）的设计包。不需对拍卖设计进行调整，另一种可能是设定低于 TV_1 水平的最高费用水平。因此，公司有一种货币激励（成本节约）去使用拍卖设计而不管其高标准化的程度。

论述了技术拍卖 TC（TC$_{市场}$）是如何与 TC 内部管理议价谈判联系到一起（TC$_{层级}$），这决定了公司选择技术拍卖或交易内部管理，在以下部分中，笔者将论述范围扩大到框架的第二项决定，如图 11.2 所示。

公司应不应该使用 TMI 或对技术交易进行内部管理？

虽然在通常情况下开放式创新和外部技术开发/收购在文献中不是什么特别新的概念。事实上，这些概念最近才在企业和整个行业之间开始传播。因此，在很多公司，MfTI 上技术交易内部管理能力仍被视为薄弱。在这种市场环境下，为促进交易进行，TMI 最近开始开发新型的交易模式。公司现在面临的问题是：是否公司（在什么情况下）应该雇佣 TMI 来对交易（即分解）进行管理或者宁愿利用内部资源对交易进行管理（例如，建立许可部门）。利用交易成本理论、公司理论以及 Stigler（1951）提出的关于经验主义现象的论点，有人认为公司倾向于分解（即外包）技术交易管理服务给 TMI，前提是他们能提供比公司进行内部交易管理更低的交易成本服务。因此，如若公司期望从外部交易管理中获得更低的交易成本，即可将此服务进行分解（外包）（也参见图 9.4）。

公司想要开展开放式创新活动时，可以假设它们没有或者在大量增加交易成本的情况下没有进行内部交易管理的能力。在这种情况下，TMI 由有能力、有经验的 IIP 管理部门设立并进行管理（例如，某大型公司的前许可委员会）是合理的。由于自身的经验，它们能建立比公司进行内部交易管理所需交易成本更低的交易模式。在图 11.4 中，这种情况指的是 TC$_{层级}$高于 TC$_{市场}$。

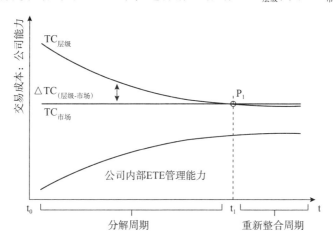

图 11.4　以阶段分解/重整为理由的动态交易成本

但是，正如第 7 章中所述，需要考虑交易成本的动态性。[10] 根据 Jacobides（2008）的论点，这与公司能力有关。在有创新发生的情况下（即若开放式创新模式具有可管理性），通常情况下，公司缺乏内部能力（即许多公司没有自己的专利许可部门）。因此，在这种情况下，公司如试图管理 MfTI 的技术交易，就会面临高 $TC_{层级}$ 的局面。然而，如它们不断参与交易，就会增进自己的内部交易管理能力。例如，尽管公司职员不像律师一样受过的良好教育，如果他或她不断参与技术交易，就会获得对设计合同的深刻理解。正如图 11.4 所示，管理技术交易的内部能力的增加会导致 $TC_{层级}$ 的降低，因此公司利用内部资源管理技术交易。

同样，在公司随时间对交易的理解加深的同时，TMI 也沿其学习曲线追赶，并对它们的交易模式进行改进。因此，合理的假设是：即使它们降低了内部成本，TMI 也不可能将降低的内部成本交给其客户，即公司。相反，TMI 会将获得的内部成本当成额外收益，至少在面临价格竞争前它们会这样做。因此，$TC_{市场}$ 对于使用 TMI 的公司而言，经过一段时间仍保持不变。所以，随着时间的流逝，市场交易的 TC 优势（即采用 TMI）对于分层级交易管理（即拥有自己的许可部门）而言会下降。由图 11.5 中不断下降的 $TC_{(层级-市场)}$ 所示。

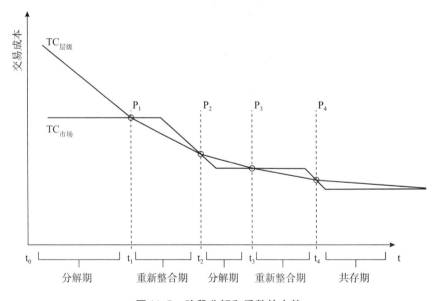

图 11.5　阶段分解和重整的交替

在特定的时间点（t_1），内部交易管理 $TC_{层级}$ 最终会跌落至比由 TMI 管理的 $TC_{市场}$ 还低的水平。因此，超出 P_1 的范围，对自己管理交易的公司而言，成本效益更合算。所以，在经历了公司利用 TMI 对 P_1 进行技术交易管理这样一段分解期后，我们可能还会在将来体验一段重新组合期：公司开始更愿意进行内部交易管理。在公司随时间自然而然地增强其技术交易管理能力的同时，它们甚至可以通过获得外部能力或最终获得 TMI 拥有的能力来加速这一有助于 t_1 的过程，此过程已被证实为可持续经营模式。[11] 例如，公司可在封闭的环境中组织自己的拍卖。如果能创造足够的市场深度（例如，通过与其他公司或大学联合的方式）它们可将观察到的技术拍卖的优点与对 TGS 设计具有控制权的灵活性结合在一起（例如，合同设计方法）。因此，我们可能观察到与 Granstrand（2004a）相反的一个模式，他报告了关于大型公司将其技术贸易部门从母公司分离出去在 MfTI 中单独运营的案例，但是它们中的大多数没能生存下来。

然而，TMI 可能会对此做出反应，一旦它们意识到公司利用内部资源管理交易的行为在不断增加，就有可能进入成本竞争（图 11.5）。虽然通过学习实现了内部成本削减，但 TMI 却并没将该部分收益呈交给客户。TMI 有可能会通过降低收费与公司内部部门进行竞争。通过参与和公司的成本竞争，TMI 可能会适时地将 P_1 移到更低的水平（至少在某种程度上）。用多快的速度及在多大程度上 TMI 可以完善它们的交易模式以及公司会用多快的速度增强其内部能力决定着竞争结果。

然而，其他的发展动态也影响着未来公司对内部交易管理或是 TMI 交易管理的优先选择。预研究表明，信息和通信技术（ICT）在技术拍卖 TGS 中充当着重要角色。例如，拍卖公司利用虚拟数据库，供潜在买家实施拍卖前的尽职调查。虚拟数据库比现实世界的数据库成本更低，因此其对 $TC_{市场}$ 具有积极的影响，有助于 TMI 交易管理。对支持普通技术尤其是信息通信技术的技术进行二次开发，预计会进一步降低交易成本。[12] 然而，这些开发具有双重性。可以通过降低 $TC_{市场}$ 促进市场交易，通过降低 $TC_{层级}$ 垂直整合（分层的）交易资源。例如，可能会开发管理支持系统（例如，通过专利分析，利用软件工具识别潜在买家），用来辅助公司进行内部交易管理，降低 $TC_{层级}$ 并有助于内部交易管理的进行。相反，例如 Yet2.com，一个网上 IP 交易市场，通过不断改进其社区软件，使其卖方－买方配对成功率增加并降低了 $TC_{市场}$ 价格，从而有助于 TMI 交易管理的进行。因此，特别是 ICT 的发展及其带来的内部管理成本缩减，以及 TMI 交易管理对于公司未来对内部管理和 TMI 交易管理的轮换优先选择而言尤其重要。因 ICT 的开发依旧具有不确定性并随着时间不断发展，"偏好钟摆"会不断在两个选项间来回摆动。

随着时间的变化，我们可以预见公司的优先选择偏好会有波动，从而导致图 11.5 中描述的分解与重新整合交替出现。在某些特定时期，技术开发可能会对 IIP 管理的 ICT 系统产生积极影响，从而使 $TC_{层级}$ 低于 $TC_{市场}$ 水平。在另一时期，技术开发可能导致 ICT 软件对交易成本市场产生积极影响，从而使公司可能支持业务分解（即外包业务给 TMI）。尽管 ICT 开发会保持继续发展并带来对双方系统的不断改进，学习行为具有累加性及单向性（例如，公司不断增强自己的技术交易管理内部能力）。因该结果有助于内部交易管理，TMI 为保持其长期竞争力，将被迫以比公司更快的速度降低其 $TC_{市场}$。如 TMI 和内部交易管理达到一个平衡阶段（即 $TC_{市场} = TC_{层级}$），这两种模式可共同存在。对有些技术而言，公司可能会利用 TMI 方式，但对于其他技术交易会采用内部管理方式。

上面已论述了在何种情况下公司该利用 TMI 进行技术交易管理或者是直接利用内部资源进行管理，随后笔者将论述拍卖模式对于技术交易而言是否可行。

拍卖模式可行吗？

一般来说，好的论据对于使用拍卖判定技术，尤其是专利的市场价值而言都能成立，其经常被视为 MfTI 有效结算的主要障碍。拍卖是一种传统价格谈判机制，其已被证实用于各种高度专业化的产品交易是有效的。关于技术拍卖，自笔者对这 6 种拍卖方式调查完毕后，后续各种拍卖方式也已出现。

然而，在详细讨论这个问题之前，笔者想到将拍卖判定为一种新颖的交易模式。这一成功衡量标准已应用在本研究中。本研究是在开放和分布式创新过程的背景下对拍卖进行调查，但几乎和公司内部创新活动没有任何关系（公司内部）。相反，本研究调查的是 MfTI 中公司间的技术交易。本研究的目的不是要对完整的创新过程的整体效果进行以经验为主的衡量。但是，应该对该效果展开论述。本研究表明，拍卖在 MfTI 的公司间技术交易中有 3 种影响。

首先，为获取技术，公司可采用拍卖而不是其他的交易模式（例如，议价谈判）。如拍卖提供一种获取技术的方式，其交易成本比通过议价谈判还要低，将大大有助于降低分布式创新过程的总成本。因此，该创新过程更具有成本效益。其次，公司可在 MfTI 购买技术而不是对该技术进行内部开发。如果收购成本的总和（由支付给卖方的款项构成）和 $TC_{市场}$ 低于内部研发成本和管理成本（即 $TC_{层级}$），那么该公司就节省了资源并且整个分布式创新过程会变得更具成本效益。当技术被专利化时，这种情况尤其可能出现。如果某个技术问题的最优解决方案已经由其他人发明并取得了专利（甚至是一个广泛的专利范围），那么公司内部研发成本可能会变高。公司必须付出额外的努力，围绕它发现第二个最佳解决方案。再次，通过 MfTI 进行技术收购，这样公司不仅节约了资源（即提高了创新效率），还加速了创新过程。这个论点与 Braunerhjelm 和 Svensson（2010）提出的许可论点相似。[13]如果公司获得某项技术的成本（即支付给卖方的和 $TC_{市场}$）和相关实施成本低于公司内部研发成本，则公司可以更快地开发创新。如果收购比自己开发的速度更快（尽管有各种障碍，例如，著名的非原创综合征），将会加快创新速度。然而，交易时间的决定因素，它与交易成本的关系以及它们之间的平衡应该在未来的研究中加以探讨。

除了从需求的角度对成功衡量标准进行论述外，从供应方面来看，拍卖也有助于分布式创新过程。拍卖为中小企业和独立发明人提供了为 MfTI 供应产品的可能性（与 TMI 为公司开发的某些其他交易模式相似，缺乏内部 ETE 能力）。如果技术所有者能找到拥有更好资源和技术开发能力的合作伙伴，拍卖将有助于促进高效创新的资源分配。同时，如果某项技术是通过外部开发的，研发投资回报率就会增加。例如，关于同族专利，独立的专利可以向某些指定的国家进行拍卖，在这些国家技术所有者本人却没有操作权。通过这种方式，专利出售可被解释为类似于特定地区所独有的、不可赎回的许可。然而，为特殊应用出售专利类似于许可，几乎不可能出现。

从供应角度来看，若买方通过拍卖会发现了他或她在其他渠道没有找到的某种技术，人们可能会进一步注意到拍卖可以加速分布式创新的进程。例如，拍卖公司通过网络把它们的拍卖目录发送给各公司（推送营销方法）。被视作对某种技术感兴趣的公司将会收到这份产品目录，通过对其快速浏览从而意识到该技术对解决公司别的问题的可用性。该公司也许会获得某种之前可能从没考虑过的技术，因为若该公司通过其他（传统的）获取途径搜寻这种技术，将会面临极大的交易成本。

通过它们的营销方法，拍卖公司也会打破产业壁垒。然而，由于排除某些买方具有的有限可能性，卖方很可能不出售他们不希望竞争对手能够获取的敏感技术，虽然他们会将其卖给来自其他行业的公司或他们自己没有经营权的国家。

在本研究中，笔者主要论述了针对交易成本论据的第一种和第二种影响。因此，对拍卖与议价谈判的比较论述主要是指分布式创新过程中的成功标准、效率以及效率提升。从这份研究中，笔者几乎难以对分布式创新过程的质量结果给出任何评价，在此过程中拍卖被用于技术交易。例如，尽管通过拍卖，分布式创新过程可能更具有成本效益，但是它所带来的创新产品未必会自然而然地更接近本质，并被用户或消费者广泛接受。此外，在这份研究中，笔者几乎很难对知识流通的改进和质量作出任何评价，从而加速创新过程。尽管很明显，拍卖公司充当了打破产业界限的网络枢纽角色。

而且，这项研究结果表明，与议价谈判相比，卖方在观察到的技术拍卖过程中遇到的问题相对较少（第9.2节）。案例研究公司认为标准化合约是拍卖的主要优势。另外，与议价谈判相比，标准化的交易流程、高透明度、加速的交易流程和高质量的技术评估都是拍卖的优势。公司也认为在寻找潜在买方时遇到的困难（通常被称为妨碍技术交易的障碍），似乎通过拍卖模式得到了解决。对购买他们技术的买方信息了解有限，卖方认为这不存在什么问题。尽管卖方没有指出该拍卖模式的缺点，但他们认为对公司敏感数据的披露以及无法挑选/排除某些买方，通常情况下是不利的。个别卖方认为交易的总体成本太高。

通常情况下，卖方也会感激拍卖公司在支持交易中所扮演的角色，并指出拍卖公司在各种任务中的重要作用。例如，卖方对拍卖公司对交易的支持及其交易管理水平给予高度评价。拍卖公司在关闭交易时进一步发挥重要作用。为交易提供标准化的法律框架（包括合同），在交易的谈判阶段，为潜在买方与卖方之间的信息交流提供支持。此外，卖方感谢拍卖公司在一般过程管理中充当的角色，即拍卖公司充当过程所有者的角色。各公司认为交易方便也是特别成功的一个方面，也反映了卖方对技术拍卖的认可。

然而，有的观察使笔者质疑是否 TMI 有能力在 MfTI 上维持该拍卖模式。在数据库中的 6 次拍卖中，观察得到的总体出售比例是 39.7%，尽管这个比例在拍卖中一次比一次略有增长。这个出售比例远低于艺术品拍卖出售比例（一般认为高于 70%）[14]，这与其拍卖过程结构（例如，主要是英格兰式拍卖程序）和交易资产有某种共同特性（例如，艺术作品一般是独一无二的，难以估价）。然而，被调查的技术拍卖出售比例似乎与其他类型的技术拍卖在相同范围内，例如，Genesove（1995）发现零售批发中的平均出售比例，二手汽车拍卖比例在 32% ~ 42% 波动。还要考虑到本研究数据库中的 6 次拍卖包括 3 次在美国、德国和英国的初次拍卖。在组织过多次拍卖后，拍卖公司将会遇到学习效应。这将有助于它们改进拍卖设计，使其对卖方和买方更具吸引力，并同时改进其内部成本结构。

这项研究还表明，当前的拍卖模式对于价格中等的简单技术以及那些主要兴趣是转移相关专利所有权的买方和卖方而言是适用的。拍卖公司可以生存，如若它们能在合理的 $TC_{市场}$ 上确保适度价值的技术是有利可图的内部成本结构和交易可行性（目前 $TC_{市场}$ 主要是由佣金驱动），而佣金的价格低于内部管理的 $TC_{层级}$。如果拍卖公司想通过出售少量的高价值技术而不是大量的适度价值技术来获取利润，它们将需要调整其当前的拍卖设计和 TGS（例如，通过缩减其佣金；见图 11.3）。

　　然而，如上所述（见图 11.4 和图 11.5），拍卖公司可能会面临与通过学习不断增强自己的交易管理能力的公司进行成本竞争的问题。拍卖公司在多大程度上能够与他们竞争，并能在未来减少市场交易成本，仍有待观察。这也取决于拍卖公司的内部成本结构，在本研究中没有对其进行调查。因此，就本研究而言，似乎很难说拍卖模式是否能与由公司的 IIP 部门内部管理的交易一起参与长期竞争。然而，即使拍卖公司不能靠给企业提供拍卖模式而生存，但拍卖模式就其本身而言似乎更可能依赖技术交易而生存。例如，一旦公司已经逐渐获得了足够的内部交易能力。从而降低了其 $TC_{层级}$，它们可能会试图在相当封闭的环境中设计自己的拍卖。这种拍卖允许更大的灵活性并对 TGS 有更多的控制权，与 CommerceOne 拍卖的做法相似。

　　总之，至少由于特别低的 $TC_{市场}$，技术拍卖似乎已通过开放以前未被开发的技术领域的方式打开了 MfTI。至少中等价值的技术可以被拍卖，这对因高 $TC_{层级}$ 而经由公司内部管理的议价谈判而言并不是有利可图的。根据 Tao 等（2005）所述，具有中等价值的技术在技术领域占有相当大的比例（见图 6.2）并在所有的专利中占有约 50% 的比例。拍卖公司是否能通过提供它们的拍卖模式而生存取决于未来的发展。然而，这种拍卖模式的可行性已被证实。因此，通过在 MfTI 进行越来越多的具有中等价值的技术交易，公司可以避免多余的研发努力并克服 IP 组合问题。增强的市场结算能力将有助于加速公司的创新过程。

　　然而，前面关于未来 MfTI 开发的论述在很大程度上基于其他一切因素仍然对等的假设。放宽假设，还应考虑到对 MfTI 开发具有影响的其他发展因素的出现。政府是否可以限制非专利实施实体（即专利流氓）主要针对大型跨国公司不断增加的侵权诉讼数目（和大小），这肯定会对今后专利的使用造成影响。政府一方面可以通过政策措施进一步促进市场发展，另一方面也可通过技术收购项目进行。近年来，各个国家的政府都对大学的 TTO 项目创新进行了大量投资。随着政府多年来对这种投资的大量投入，TTO 有可能会保留下来。然而，它们仍在 MfTI 的制度框架内寻找角色。政府资助的 TTO 项目与私人资助的 TMI 会有哪些不同？此外，外部突发事件，如金融危机可能触发未来 MfTI 的发展。例如，公司的 IIP 管理在经济危机中可能面临相当大的资源限制，并且随后被迫进行更加经济的创新。然而，问题仍然是对 TMI 而言，如公司创新力度不够，这会不会减少商机或推动公司利用 TMI 进行更多的技术交易外包服务，从而为新型交易模式创造更多的商业机会。

注　释

1. 发现这些变量在回归模型中的影响大小全都处在足够强的范畴之内，因此在此不对其进行深层讨论。

2. 每组会形成同样的两个子样本，代表案例总数的50%。截止点：平均剩余的保护年限为12.17年。

3. Klemperer（2004：113）同样认为"在有大量准竞买人，对他们而言参与拍卖并非难事的情况下，拍卖设计可能不是很重要"。

4. 相关的是一些少数交易问题，惨淡市场的另一个例子是拥有极为特殊资产的婚姻市场。

5. 此决定实际上可能不像TMI和交易模式之间的决定顺序那样进行严格排序，可能不是独立的。例如，一些TMI可能会提供独特的交易模式。所以，公司可能在运行该交易模式时会面临极大困难（及成本）。

6. 据笔者所知，Mortara（2010）对由TMI开发的交易模式提供了最新的描述。

7. 卖方支付占出售价格15%的溢价费，买方则被收取占出售价格10%的费用。然而，卖方和买方会有额外花费（例如，进行尽职调查的员工薪金），因此，一个严格的线性假设可能是不现实的，但却能满足本书的讨论目的。

8. 同样请参阅第7章关于"治理成本"和"交易成本"概念的论述。

9. 应该注意的是，在笔者的综合论述中，笔者将议题限制在交易成本之内。虽然也有其他的论点论据，但是这很可能导致不同的结论。

10. 为进行回归分析，笔者在分析模型中使用的变量是作为静态变量引入的。然而，至少它们中的一部分也具有动态性。例如，在第6章中笔者解释了技术的不确定性会随着时间而改变的原因。

11. 同样请参阅组织综合文献、源于组织理论文献中的论据，例如，Barki 和 Pinsonneault（2005）、Schweizer（2005）、EttlieReza（1992）、Hamel（1991）。

12. Granstrand（2000b：1064）认为"信息通信技术的进步，可以更有效的对交易信息进行收集和处理，预计各种交易成本（包括搜索成本）会得到降低。"

13. Edquist 等（2000），也研究了创新管理对获取技术的影响（即技术收购）。

14. 例如，Ashenfelter 和 Graddy（2003）进行了一项关于印象派和现代艺术品出售率和出售价格的研究，本研究基于的广泛数据集包括1995~1996年来自伦敦 Christie 拍卖馆的大量数据，包括150次拍卖会多达2万件的拍卖品数据。尽管他们发现出售利率随时间变化非常大，同样对不同资产设定不同的拍卖类型，出售率相当高。总共有96%的拍卖物品在武器及防具拍卖会上出售，89%的酒类售出，与71%的印象派和现代艺术品售出平均而言，他们计算出了印象派和现代艺术品71%的出售率，以及当代艺术77%的平均出售率。

第 *12* 章
结论、启示以及研究建议

12.1 结 论

因种种原因（例如，技术产品的日益复杂化和激烈的竞争），众多公司最近开始跨企业边界公开其创新的过程。当创新公开化，公司介入 MfTI 并开始就新颖的想法（出现于创新过程的早期阶段）、专利、许可以及技术展开交易。一些公司扮演需求方，从外部获取所需的技术；另一些公司扮演供应方，向外提供其技术；一些公司可能兼顾两者。然而，当公司介入 MfTI 时，其往往缺乏内部能力来管理有效交易。此外，制度架构仍然存在许多障碍影响有效的交易，从而导致交易成本过高的问题。本研究关注 MfTI 上出现的由 TMI 提出的新交易模式，以及是否可以通过降低交易成本提高技术交易效率。拍卖模式是本研究的关注重点。

两个定性研究结果表明技术拍卖架构过程符合 Lichtenthaler（2006b）为外部技术开发项目设计模型主张的三个核心阶段。因此，通过关键事件区分，拍卖流程可以分为三个阶段：

（1）预拍卖（规划）阶段：应拍卖公告发布而启动。包括卖方注册、技术创新提案提交，以及通过拍卖公司开展技术内部评估。

（2）竞拍（谈判）阶段：应拍卖目录公开而启动。包括潜在买方登记、潜在买方开展技术尽职调查以及竞拍现场拍卖活动。

（3）后拍卖（实现）阶段：应现场拍卖活动举办而启动。包括买方给卖方正式的转移支付，以换取所有权（即知识产权），最终补充（隐性）知识从卖方转移到买方，买方和卖方支付拍卖公司佣金，以及对于未售出的意向撤出拍卖的资产进行拍卖后谈判。

当拍卖与议价谈判进行比较（例如，使用经过精心设计的合同文本）时，本研究结论表明卖方简单明了的陈述，特别是在谈判和交易实施阶段，相对于议价谈判，拍卖的流程设计可提高交易效率。

此外，本研究的结果揭示了在技术拍卖 TGS 中 6 个引导标准化的元素。这些元素包括卖方参与费用的参考标准、所有技术联合营销活动、买方参与费用参考标准、虚拟数据空间、标准化的法律体系和固定的佣金率。因此，本研究发现受调查的技术交易活动的 TGS 很大程度类似于连续的 TGS，由此技术拍卖几乎完全揭示了现货市场交易现象。

本研究发现，标准化的 TGS 与经济规模相结合降低了技术交易的成本。拍卖公司通过打包营销专业知识，并且在跨行业拍卖公司的客户渠道上进行资本转化的方式实现规模经济。

然而，即使拍卖降低了技术交易的 TC，买卖双方仍需承担一定的 TC。这项研究的结果表明，在技术拍卖中，TC 的主要份额多少取决于卖方和买方必须支付给拍卖公司的佣金。由于佣金的多少与高价值技术销售价格固定的份额直接相关，至少从 TC 的角度来看，目前的拍卖设计出现低于议价谈判的情况。在所调研的拍卖设计中，买方和卖方都在调整管理交易规则的可能性上受到较大限制，很少根据他们的个人偏好进行灵活调整。这些限制也不利于高度复杂和不确定性的技术交易。

这项研究测试了哪些技术特别适合于拍卖。根据前期的研究结果和 Williamson （1979） 所提出的交易组织架构的选择框架，本研究针对 5 项技术特性提出假设，包括技术复杂性、技术参数的不确定性、技术的影响、技术质量，以及技术拥有人认知的技术价值。这些假设通过 393 项技术进行了测试（其中 156 项 （39.7%） 被拍卖，237 项 （60.3%） 仍未售出）。测试使用各种多元逻辑回归和对数最小二乘法线性回归模型，并且使用一系列的灵敏度分析进行验证。这些分析达到平均销售价格 194150 欧元 （中间值为 77230 欧元） 在很大程度上证实了假设。

结果表明，如果某些技术具有低复杂度、高品质以及强烈影响的特点，其更可能倾向于被拍卖。卖方对技术抱有中等/适度价值期望更容易被拍卖。研究结果还表明，如果某些技术具有更高的技术复杂性，更强烈的技术影响以及更好的质量，它们的拍卖价格将会更高。销售价格似乎也与卖方的价值认知正相关。这项研究的结果表明，由于较低的 $TC_{市场}$，技术拍卖似乎通过一个从未被开拓的技术环节打开了 MfTI，有适度价值的技术都可以被拍卖。而此前，由于企业内部管理的议价谈判产生过高交易成本而不能被交易。

12.2　创新与知识产权管理的启示

在企业超越自身边界公开创新的过程，它们可以通过降低研发成本改进创新成果、提高创新速度，通过在 MfTI 上收购或利用外部技术提高创新质量。究竟公司可以如何实现开放的好处以及拓展创新性活动，在很大程度上取决于企业的创新和知识产权管理能力如何掌控技术市场交易。本研究的结论在多方面可强化企业 IIP 管理能力。

这项研究的结果表明，企业或它们的 IIP 管理部门在技术交易中面临三项决定（见图 11.1 中的决策框架）。首先，公司必须决定它们是否要在企业内部开发一项技术或在 MfTI 上获得该技术。这一决定涉及行业文献中广泛讨论的制造或购买决策问题，其涉及了垂直整合问题。同样，拥有技术的企业需要决定他们自身的技术是否要仅仅限于内部利用或超越企业边界投放到 MfTI。这些公司面临做出保留或销售的决定。由于这项研究涉及开放式创新的方法，它涉及销售和购买的选择。遵循这个决定，企业 IIP 管理部门需要决断如何管控技术市场交易。

如决策框架（图 11.1）所示，IIP 管理部门随后需要决定是由公司内部部门或寻求一个 TMI 协助管控交易。这项研究的结果显示，当需要做出这个决定的时候，IIP 管理部门应该评估公司的内部管理交易成本（$TC_{层级}$）并与聘请 TMI 管理 $TC_{市场}$相比较。因此，若相关的 $TC_{层级}$低于 $TC_{市场}$，则公司更倾向于内部管控。当公司开始介入公开创新活动中，有可能缺乏有效的内部管理技术交易的能力。因此，内部管理交易并非是具有成本效率的。

然而，这项研究的结果也显示，交易成本不是静态的而是随时间变化的。通过参与技术市场交易，企业的 IIP 管理部门将学习并不断掌握内部交易管理能力（图 11.4）。因此，IIP 管理部门能够不断降低 $TC_{层级}$，并与 TMI 形成成本竞争。因此，TMI 将不得不应对公司不断增强的能力而降低它们的市场交易成本。

图 11.4 描述的决策框架还揭示了 IIP 管理部门面临需要做出的第三个决定。IIP 管理部门需要针对任何收购或开发项目选择最优的交易模型。虽然存在各种不同的交易模型，企业可以依据本研究的结论得到启示，尤其是当考虑技术拍卖作为可能使用的交易模式时。这项研究结果显示，被调研的技术拍卖 TGS 尤其适用于某些特定技术的拍卖。若拍卖公司未调整设计方案，IIP 管理部门应优先考虑具有低复杂性的、高质量的、强烈技术影响的、适度价值的技

术。特别是对于高价值的技术，拍卖模型的优点减少了占 TC$_{市场}$ 主要份额的固定佣金。针对高价值的技术，IIP 管理部门要敢于提出特殊的议价谈判方案，也许寻求 PLF 的支持。在谈判中，卖方可以利用对于交易组织机制的控制和使用交易模型的灵活性影响他们的议价能力，从而达到优化价格的目的。

在某些特殊情况下 IIP 管理部门缺乏内部能力，其也可以为高价值的技术选择考虑拍卖这一选择，特别是如果许多潜在买方有兴趣获得这样的技术。"赢家的诅咒"效应与英格兰式竞拍程序相联系，可以被卖方充分优化，特别是对具有较强的共同价值元素的技术。然而，如果 IIP 管理部门难以自己确定潜在的买方，应该慎用拍卖手段。虽然拍卖公司可以利用超越技术所有人所拥有的关系网，会很少有潜在的买方参与竞争，因此该公司是不可能实现高销售价格目的。此外，如果卖方将承担向潜在买方提供必要信息的高成本（这是由于技术的高不确定性和大量的隐性知识），卖方应该更倾向于议价谈判。

除了从 TC 角度来看，IIP 管理部门应该评估如果技术交易是通过拍卖而不是使用议价谈判，公司是否能够获得更高的销售价格（例如，通过竞争性出价和"赢者的诅咒"效应）。此外，在一般情况下，IIP 管理部门应该评估是否 TMI 开发的交易模型具有明显的优势，公司会发现很难复制。IIP 管理部门应该更偏向雇用 TM1 来管理交易，如果可以通过某个具体的交易模型获得较高的销售价格（高于通过自身谈判来实现更高价格）。IIP 管理部门应该可以接受一个更高的市场交易成本，至少基于此成本额外的利润是可以实现的。如果企业为了缩短交易时间，但不允许卖方排除竞拍中某些潜在买方（例如，直接的竞争对手），拍卖这一方式也存在一定优势。

一旦卖方掌握了内部能力（即通过不断参与技术交易市场），企业应该考虑开展自己的拍卖活动。这项研究的结果表明，在一般的情况下，拍卖模式相对于议价谈判存在各种优势。然而，拍卖公司也因标准化程度高丧失了一些优点，从而降低了 TC$_{市场}$。如果卖方开展他们自己的拍卖活动，他们仍然可以受益于竞争性的出价元素（和"赢家诅咒"效应），以优化其结果。此外，拍卖设计可以适用于符合拍卖公司的喜好（例如，因不同情况制定合同，包括许可费方案）。卖方也可以通过组织一个只针对通过筛选的潜在买方开放的私下限定范围的拍卖活动排除某些他们不愿意出售其技术的潜在买方。因此，掌握了技术市场交易内部管理能力的公司可以结合拍卖竞价中具有的优势以及半标准化的拍卖中独特设计的议价谈判环节。CommerceOne 案表明，半标准化模型可以相当成功。

如果个别企业无法创造足够的市场深度来开展自己的拍卖活动，它们可以与其他企业、高校赞助的 TTO 联合。通过进一步的 ICT 的发展（例如，在广义的互联网和特殊的专利管理软件），企业将越来越能够广泛地发布拍卖公告，随后频繁接触更多的潜在买方。此外，进一步开发的软件将能支持他们识别潜在买方，确定可以邀请谁参加拍卖活动（例如，语义的专利分析方法可提高匹配度）。

本研究的结论除了揭示出关于企业在技术市场交易情形下的决策，同时也反映出技术拥有者在评估自身拥有的技术价值时持有乐观的偏执。这项研究的结果表明，技术拥有者应用成本估值方法，从而导致比实际销售价格更高的预期销售价格。结果表明，技术平均销售价格为 194150 欧元。然而，卖方预期平均销售价格为 525560 欧元。企业确定拍卖中的最低保留价格取决于它们的内部估值。使用内部成本计价方法导致明显比市场估值方法更高的结果，最终致使技术仍未能被拍卖。因此，本研究的结果指出，技术拥有者因避免使用基于成本的技术价值评估方法，而接受代表市场的价格；即使价格未能使它们收回（沉没）研发成本以进一步发展技术。这项研究的结果就被拍卖技术的销售价格提供了一个指导意见，至少当它们的 TGS 设计相似时。

这些启示有利于那些可能拥有内部资源（虽然也许没有能力）的大型企业开展内部复杂的技术交易管理；同样这些启示也适用于中小企业、高校/研究机构资助的 TTO，以及需要拥有专业知识的管理交易的 TMI 和更多依靠外部支持的独立发明人。

12.3　技术拍卖设计的启示

这项研究的结果表明，技术拍卖的设计已经证明了通常情况下的可行性。平均而言，每个受调研的拍卖产生约 500 万欧元的销售。在一个合理的短期时间内，每一次拍卖平均售出 26 项技术。销售比率相对于其他技术设备拍卖中独特的（使用）资产拍卖具有竞争力。虽然组织技术拍卖的成本仍然未知，事实上针对 6 场拍卖活动的研究表明拍卖模式可以持续使用后，各种拍卖活动也随即开展。

然而，这项研究的结果表明，TMI 开发的拍卖模型与研发型企业内部管控的议价谈判处于竞争关系。随着时间的推移，特别是从事开放式创新活动的企业将通过学习掌握内部交易管理能力。因此，拍卖公司将面临更多的因公司管理交易成本形成上的竞争。因此，拍卖公司应调整拍卖模型的 TGS 来保持竞争力。从这项研究结论中笔者总结出一些措施以改善拍卖的设计。这些措施也可被技术型公司采纳用于筹划它们的技术拍卖活动。

这项研究的结果表明，通过规范 TGS，拍卖公司已经开发了一个交易模型使它们能够以一个较低于特殊的通过议价谈判的 $TC_{市场}$ 进行技术交易。然而，拍卖公司仅将 TGS 的标准化处理到一定的程度，它限制了某些技术交易的可能性。目前的拍卖设计与交易成本理论的预测相结合，主要针对低复杂度的、低技术不确定性，和适度价值的技术似乎是优选的。

为了有利于高度复杂和不确定的技术交易（特别是不断发展日新月异，需要通过研发型企业不断投入资金针对日益复杂的产品、流程和服务进行创新）拍卖公司在技术拍卖的 TGS 方面应该允许更多的灵活性。卖方（和买方）至少在有限的范围内，考虑到特殊性质的技术，应能够影响 TGS 的制定。特别是，拍卖公司应允许替代性支付计划（即使用费），而不是简单的一次性付款。此外，它们应该调整标准化的合同（例如，包括补助金条款）。此外，这项研究的结果表明，拍卖设计应调整，以使卖方排除某些潜在买方的可能性（例如，直接竞争对手）。这项研究的结果还指出，首选的方法是在不知道哪些公司中任意一家已注册成为一个潜在买方的前提下，询问卖方哪些指定企业应该被排除，禁止其投标某些技术。这种方法依赖于合理的假设，即卖方知道他们不想哪家公司获得该特定的技术。为了避免排除太多的买方，拍卖公司应该针对被排除在外的每一家公司收取一笔费用。因此，拍卖企业建立激励限制名单只包括少数公司。这种方法允许潜在买方保持匿名，因为拍卖公司不向卖方透露他们的名字，从而也避免广泛的方法缺点，即在卖方指定行业类，他们不希望哪些公司购买他们的某项技术。然而，拍卖公司应确保潜在买方不规避这种做法，即聘请中介机构以代表他们投标。

这项研究的结果表明，拍卖公司不应该轻易地放弃额外的灵活性。类似的最低保留价格，卖方可以预先确定额外的费用，卖方应给予以额外费用购买额外灵活性的可能性。这将创建一个激励机制尽可能保持相对低的 $TC_{市场}$。此外，它将提供给卖方一种激励去利用最高程度的标准化，如果有必要的话，考虑更多的灵活性。进一步的可能性在于，允许更多的整体方案的灵活设计，范围从含高度标准化的低价整体方案（类似于现有的经过调研的 TGS）到具有高度灵活性的高价整体方案（例如，更复杂的合同和较长的尽职调查期）。

这项研究的结果揭示了针对高价值技术的交易，另一项措施可以使拍卖模型更具吸引力。拍卖公司应尽可能降低佣金，或至少明确一个相对固定的销售价格采用较低的佣金率。此外，这项研究的结果表明，拍卖企业也应考虑排除英格兰式拍卖的其他类型的竞买程序，因英格兰式拍卖容易受到"赢家的诅咒"效应的影响。特别是，当观察到拍卖活动参与人数较少，拍卖公司应提高技术拍卖对于潜在买方的吸引力。尽管事实上，"赢者的诅咒"效应有利于卖方，卖方因销售价格高受益；拍卖公司因收取销售价格的来固定佣金而受益，拍卖公司应使技术拍卖更加具有吸引力，通过减少"赢者的诅咒"效应的风险来吸引更多的潜在买方。

12.4　研究建议

虽然在这项研究中对各方面因素进行了考量，许多因素不得不因研究范围的限制被排除在外。此外，在研究中也出现了新的因素。以下，笔者将描述一些经过挑选的应通过进一步的研究为企业创新和知识产权管理（IIP）、技术市场中介（TMI）、技术和创新市场（MfTI）、拍卖设计理论以及交易成本理论（TC）提供相关观点的因素。

传统专利律师事务所、高校（和政府）资助的 TTO、经纪人以及 IP 资产和技术的经销商已不再是新的现象并且受到了相当多的研究关注。然而，最近在 MfTI 上出现的由 TMI 提出的新型交易模式（例如，拍卖），在很大程度上依赖于新的 ICT（例如，虚拟数据库）。虽然以前的研究已经就中介机构形成一个基础的概念，在特定的技术市场交易背景下，他们只是在有限的程度上进行了研究。除了本研究所产生的结果，需要进一步的研究来证实 IIP 管理为何、在何时、以及如何使用哪一种模型完善广泛的创新过程（通过减少交易时间加速，通过降低交易成本提高成本效率，以及改善创新成果的质量）。

显然，当企业不得不选择每一个收购/开发项目的交易模式时，IIP 管理部门需要了解由 TMI 提出的不同的新型交易模式。虽然这项研究的结果支持TMI，但是本研究还是需要以两分法予以区别。这项研究假设公司在拍卖和议价谈判之间进行抉择。未来的研究应区分这两个极端之间的选择（即现货市场拍卖与特殊的议价谈判）并进一步概念化和进行实证检验更多选择中的多维度选择。到目前为止，由于处于这一现象的早期阶段，研究受到阻碍。因TMI 还在研究多种形式的交易模式，本研究领域仍然是处于多样化、混乱无序、非明朗化、以及动态的情况。新的 TMI 不断进入技术交易与创新市场，而其他主张不可持续的交易模式的 TMI 相继退出。在这样的情况下（调研的数量仍然是有限的），探索单案例研究视为合适的研究方法。例如，调研最近在专利交易中已出现的知识资产投资（IV）商业模式。一些大型企业购买大量的专利储备，这似乎是一个有趣的单案例研究。因此，知识资产投资似乎有可能，由于其购买力将在 MfTI 上发挥可持续的影响。在此案例研究中，进一步的研究应探讨知识资产投资将如何塑造 MfTI。此外，知识资产投资商业模式是以所有权概念为基础建立的（即以知识资产投资人经销商自居）。而拍卖模型以代理的概念建立。另一个有趣的概念，应该得到进一步的研究是专利池。专利池已经证明是一种解决知识产权组合问题的可能性方案，例如，DVD 或 MPEG2 案中（Andersson 和 Phillips，2005 年），尽管潜在的冲突与反托拉斯法相关。此外，采用拍卖或其他交易模式的个案研究结果也应该被调查，如 CommereOne 案。最佳的情况是，案例研究应结合卖方、买方以及 TMI 的信息数据以避免由于信息不对称而产生偏见的结果。

为支持企业最终选择最合适的交易模式，应将案例研究汇编成交易模式的一种类型学资料。这样的类型学应该至少尝试在相对范围内量化交易模型的 TC（及交易时间）。这个过程类似于根据 Granstrand 框架（见图 3.4）与治理结构之间的组织整合程度对收购/开发策略进行排序，从而调整 TMI 提出的交易模型，即现货市场和分层管理交易两种极端（如图 7.1 所示）。可以视 Tietze（2010）提出的类型学以及最近由 Mortara（2010）发布的研究作为一个起点。正如 IV 例子所示，这样的类型学也应该区分经纪人和经销商的概念（即经销商获取所有权而非经纪人）。为进一步推进类型学发展，应该结合营销领域的研究结果，特别是关于分销渠道的选择，虽然需要考虑有形产品和无形知识产权的不同性质。

之后，当这种现象趋于稳定和成熟（即 TMI 管理交易模型）时，公司（卖方和买方）获得足够的经验，定量调查研究可以遵循定性的个案研究。最终，研究需要解决如下三个问题：

哪种现有的新的交易模式将持续存在？还会有什么新类型 TMI 将会出现，什么新型交易模式将会由他们提出？对于技术交易来说，有可能存在永久性优越的模型吗？

此外，这项研究表明，拍卖结果可以用来研究技术和专利价值的决定因素。结论显示，利用拍卖数据进行研究具有优势，因为技术（专利）价值是以其在 MfTI 上实际交易价格进行评估，这区别于以前研究中的评估替代物。然而，需要进一步研究的是，如何更好地理解相对于其他专利价值评估措施，例如在 PatVal 研究中采用的措施，拍卖活动中，支付的价格代表哪种价值类型。此外，还应研究在何种程度，拍卖价格可以适用于技术大众化。这项研究的结果仅仅表明，被拍卖的技术（即使它们构成了 3.7 项专利）与 PatVal 专利相比，具有相对低的专利价值。为解释这种差异，回归分析可以计算出，这个数据集中了单项专利的哪些性质（即单一专利技术）可与 PatVal 专利的子样本进行比较。

此外，从方法论角度而言，本研究可以得出 5 个研究建议。第一，分析模型应该通过大数据集被证实（例如，从 PATSTAT 数据库获得大量数据），可以使研究人员通过众多指标推论出模型，这些指标同时也因考虑交互作用

（例如，调节和中介效应）。第二，回归应被推论得出，模型不仅是线性的。例如，对回归的结论讨论表明，技术的不确定性和销售价格之间的关系似乎是 U 型的而不是线性的。第三，应研究是否 Heckman 选择模型能确定本研究中分别使用的逻辑回归和 OLS 回归模型可以作为本研究的结果，并揭示进一步研究结果。第四，进一步的研究应该把更多的重点放在技术性能的系数和弹性上。第五，尽管大量实证研究利用了专利数据，对于各种不同程度（如，行业和公司）的不同概念（如，技术影响力）使用的不同评估措施，模型还可以通过进一步研究形成更先进的措施。

关于这些措施，可以形成三个研究建议。第一，利用专利数据，未来的研究应该制定一些措施确定是否交易的技术视为产品、流程或产品—工艺技术，尤其是因为公司常常认为后者有更高的价值。第二，需要制定一些措施以实施技术特性，这些特性包括结合多个规格（指标）以加强适用于专利数据的实证结果的可靠性。第三，需要进一步制定措施，以评估单项专利或专利集的属性。例如，IPC 分类号之间的差别可针对单项专利作为其专利宽度的指标。然而，这项措施需要被扩展以适用于一组专利。

此外，本研究结果显示，卖方往往高估自己的技术（即禀赋效应）。因此，他们可能会指定一个最低保留价格（MRP），而该价格其实是高于技术市场的价值，因此，这些技术尚未被售出。未来的研究应该进一步确定卖方如何确定适合的最低保留价格（MRP）－这一主题在以前的拍卖理论研究中已经得到相当的重视（例如，Ashenfelter 等（2003）），但尚未在技术拍卖方面进行研究。因此，应该再推出一些模型以量化卖方偏差（即期望出售价格与实际销售价格之间的关系）以及不同类型卖方之间的区别。例如，有人可能认为，大公司可能对于技术评估方面具有更多的优势，因此更有能力改善它们的研发投资回馈情况；而这种效应可能在中小企业中尤为突出。

在这项研究中，笔者注意到文献中仅仅提供了有限的技术说明如何从专利数据中识别技术元素。这项研究的数据集（或拍卖目录）可以作为一种有价值的数据源来研发自动化技术以使用专利数据信息识别技术或相关专利的单个技术元素。自动化算法的结果可以与本研究中使用的数据进行比较（即在拍卖目录所列的专利集）以验证这种技术的性能。

虽然这项研究揭示了技术拍卖的 TGS，技术拍卖设计还需要被进一步研究。进一步的研究需要确定技术拍卖的设计是可以被改变的，目的在于改善买方和卖方之间的资源分配（即市场匹配）。最终，它还需要进一步的研究来确定在 MfTI 上，何种价格水平代表有效的资源分配。例如，何种价格水平和拍卖的设计有助于买方和卖方的目标达成一致，从而消除委托代理问题。在研究技术拍卖的时候，未来的研究也应校正这项研究的非对称的实证基础，具体是指本研究仅仅关注买方的角度（例如，动机和支付意愿）。例如，研究潜在买方竞价数据将使类似模拟研究得以进行，以确定使用不同的竞拍程序（例如，荷兰式或维克瑞式拍卖）拍卖的结果。此外，艺术品（和古董）拍卖与技术拍卖相似，有共同的属性，也更喜欢使用英格兰式竞拍程序，常被认为容易产生投标人共谋现象（Beckmann，2004）。因此，未来研究应关注是否存在以及在何种程度上，技术拍卖活动中出现共谋和勾结现象，并且影响拍卖结果。未来的研究还应该调查是否技术拍卖存在受"赢家的诅咒"效应影响。潜在买方的报价应该用来确定这种影响是否存在，若存在，以确定这种影响的大小。

除了针对相当特殊的技术拍卖的研究，笔者也建议开发一种通用的类型学，即根据其性质来聚集拍卖设计。虽然随着网络的发展关于拍卖的文献最近出现了增长（例如，关于网上拍卖的大量数据已经可以查阅）。似乎全面的关于拍卖设计的类型学正在缺失，特别是可以通过非拍卖理论进行应用的类型学。通常，拍卖文献根据竞拍程序的性质（例如，上升/下降）区分拍卖类型。然而，笔者发现，不同拍卖的区别不仅要考虑竞拍程序的属性，也要考虑治理结构的属性。这项研究中至少发现了两个属性应被考虑在类型学中。第一，应考虑投标人是否有被允许参加或是否被受限参与竞标（开放式/闭合式）。第二，类型学应考虑投标以及尽职调查是否应采取线上或线下方式进行。

本研究主要是基于 TC 理论和基于能力方法中的元素来解释 MfTI 的现状并预测未来的发展，特别关注的是企业如何利用 TMI。前一章中，这些论述被用来讨论企业如何不断通过 TMI 细化交易活动并将其重新整合；以及 TMI 如何改变 MfTI 上各个角色之间的分工。此外，还应研究其他理论依据是否也支持这项研究的结果。例如，研究人员应该确定是否现有文献中的观点涉及有关体制变化的描述（North（1971）开创性的贡献之后形成的以及涉及垂直整合的文献（遵循 Stiger（1951 年）首创的劳动分工理念）可以被用来解释 TMI 出现的原因并预测其对 MfTI 的影响。此外，未来的研究应探讨由内生增长理论（例如，由 Paul Romer、Philippe Aghion、Chad Jones 和 Peter Howitt 提出的相关论点）和进化增长模型（例如，由 Richard Nelson、Sidney Winter、Giovanni Dosi 和 Sten Metcalfe 提出的观点）是否可以被应用于解释 TMI 出现的原因和未来发展（即交替整合和解体时期），以及最近关注的 MfTI 成长情况。

有必要针对 TC 对交易模型选择的影响作进一步的研究，以此可以更好地理解这种影响，但研究的另一方面也需要确定影响这一决定的其他因素。笔者一直认为，TMI 可降低调查成本，特别是，通过为各种技术提供一整套综合营销的方式以找到潜在买方。然而，未来的研究应该关注在何种程度上这些成本可降低。更重要的是，未来的研究应该确定拍卖企业的广告效应以及重要的卖方如何看待这些成本对交易模型决策的贡献度。虽然有一些研究启示表明，调查成本占据极大的份额。除 TC 之外，还存在其他影响公司决定的因素。例如，公司可能考虑交易时间是一个重要的决定因素，特别是如果他们与竞争对手相比，谁将产品首先推向市场的情况（加快创新速度降低市场交付时间）。此外，未来的研究应探讨在何种程度上技术在公司的投资组合中的功能（即战略性的与阻碍性的专利）确定交易模式。此外，未来的研究需要全方面地考虑交易模式的选择，不仅仅需要考虑单个决定因素针对交易模式选择的影响，还有它们的相互关系（例如，交易时间和 TC 以及它们之间的权衡关系）。企业投资决策受微观层面的因素（即企业的偏好）以及宏观层面的因素影响，其中包括，例如，第 11 章讨论的 ICT 的发展，以及其他情景因素（例如，政府政策）和外部突发事件（例如，最近的金融危机）。

　　笔者也建议编写的另一种类型学，其聚集了在 MfTI 中影响有效资源配置的障碍。到目前为止，多名专家已经在不同的研究报告中陈述了各种阻碍因素。基于本书第二部分所列的文献，通过进一步回顾文献，这些阻碍因素可以得到确定。此后的研究应将这些阻碍因素汇集于一个类型学，分析每一个阻碍因素对于市场的影响（虽然也许只是一个相对范围，即从高到低的影响）。该类型学不仅在企业决策过程中起到协助的作用，而且有助于政府制定适当的政策措施以克服阻碍因素，减轻其冲击性影响。

　　虽然这项研究就 TMI 有助于提高创新过程配置的效率方面提供了论据，但是这种论据需要通过进一步的研究扩展和充实。同时需要考虑其他的有效论据。比如，持相反意见的专家认为，MfTI 上出现一种新型机制后（另一因素），该机制的复杂性增加，可能对创新成果产生负面影响。不论是否以及在何种环境条件下，TMI 提高了交易的效率以及 MfTI 的整体功能已经超越了本研究的范围，但调查应是未来研究考虑的相关论题。未来的研究应根据实践结论从整体评估 TMI 的作用，不仅要评估其效率，也要确定创新过程配置的定性结果。虽然这两者的影响很难衡量和量化，但是若采用相对评估的方法并辅以理论指导性讨论将有助于本研究得出结论。对于同质资产而言，一种可以定量确定拍卖效率的方法可以与技术拍卖活动中实际研究拍卖的结果相比较。例如，这项针对技术拍卖的研究结果可以与艺术品拍卖的实证研究结果相比，艺术品与某些技术存在相同属性（例如，唯一性和评估难度）。从艺术品拍卖的经济角度来看，研究结果表明（例如，Ashenfelter 和 Graddy（2003 年）、Frey 和 Pommerehne（1990）、Auderson（1974 年）），例如，揭示艺术品定价的一些决定因素。调查这些决定因素是否有效并可以转移到技术拍卖中是未来进一步研究的方向。

因此，如何更好理解其他决定因素对于企业决策交易模式的影响，例如 MfTI 的效率以及创新过程的配置，未来的研究充满多元化的挑战。这项研究将有助于公司、IIP 管理部门、TMI 和政府了解它们可以对哪些因素并在多大程度上对其施加影响。其目的在于通过减少交易的障碍提高交易效率。反过来，这将有助于改善资源配置，提高创新效率并且获得更好的创新成果。

注　释

1. 可参考 Ewing（2010b）进一步的报道。

2. 例如，Aghion（2005）提出了一个观点，说明了不同类型的机构或政策如何在技术发展的不同阶段最大化其成长。

附　　　录

附录 1　TMI 的演变

这些数据由 TMI 组织的专家借助营销活动收集的。由于这些公司广泛分布在全球各地，多数为小公司而且当前市场经历了强烈的动态波动，笔者无法确认样本的完整性。但是，可以表明，该样本包括了最重要的公司，而且涵盖了 2006 年 12 月之前至少 80% ~ 90% 的公司。样本采集程序的进一步细节可参见 Tietze 和 Barreto（2007）。

成立年份	每年新成立的 TMI 数量	累计量	年增长率（%）	非美国公司	美国公司	美国公司占比
1948	1	1	na		1	100.00%
1968	1	2	100.00%		1	100.00%
1972	1	3	50.00%		1	100.00%
1975	1	4	33.33%	1	0	0
1982	1	5	25.00%		1	100.00%
1984	3	8	60.00%		3	100.00%
1985	1	9	12.50%		1	100.00%
1989	5	14	55.56%	2	3	60.00%
1990	4	18	28.57%	1	3	75.00%
1992	4	22	22.22%	1	3	75.00%
1994	1	23	4.55%		1	100.00%
1996	3	26	13.04%	1	2	66.67%
1997	2	28	7.69%		2	100.00%

续表

成立年份	每年新成立的 TMI 数量	累计量	年增长率（%）	非美国公司	美国公司	美国公司占比
1998	6	34	21.43%	1	5	83.33%
1999	1	35	2.94%		1	100.00%
2000	3	38	8.57%		3	100.00%
2001	8	46	21.05%	2	6	75.00%
2002	4	50	8.70%		4	100.00%
2003	4	54	8.00%		4	100.00%
2004	3	57	5.56%		3	100.00%
2005	1	58	1.75%	1	0	0
2006	2	60	3.45%	2	0	0
总计	60		23.52%	12	48	78.86%

附录 2　应用领域汇总表

编号	综合应用	原始应用领域	编号	综合应用	原始应用领域
1	汽车系统与设备/工业机械	汽车	5	消费品/电子产品	消费品/电子产品
		汽车/工业机械	6	数字家庭媒体/娱乐	数字家庭媒体
		汽车系统和设备			数字媒体/娱乐
2	航空航天	航天			数字媒体系统和管理
		航空航天	7	显示/多媒体/用户界面技术	显示/多媒体技术
3	商业方法/金融服务	商业方法/数据系统			显示/多媒体技术
		商业方法/金融服务			显示技术
		金融服务			显示技术/数字呈像
4	化工/应用科学新材料/纳米技术	新材料和化学			用户界面技术
		应用科学	8	电气/机械工程/过程自动化	电气工程
		化工			机械工程
		化学/材料			过程自动化
		材料科学/纳米科技	9	能源/公用事业电子技术/石油与天然气	能源/公用事业
					石油与天然气
					电力技术

编号	综合应用	原始应用领域	编号	综合应用	原始应用领域
10	绿色能源/技术/工业系统	绿色能源技术	14	（微）电子/计算机系统与技术	基于计算机的系统和技术
		绿色工业技术			计算机系统和数据存储
		绿色技术			计算机系统和电子数据存储
11	互联网/网络服务/电子商务/互联网电视	互联网			电子和手持设备
		互联网/网络服务			集成电路和存储
		互联网电视			存储技术
		在线广告和内容			微电子/互联网
		社交网络			半导体/MEMS/存储
		网络服务/电子商务			半导体/半导体制造
12	定位系统/应用/物流	定位应用			软件/消息/计算机系统
		定位系统/应用	15	电信/无线、蜂窝、光学以及其他	条形码/RFID 技术/智能卡
		定位系统和物流			通信
		物流			电信
		制造/物流			无线/蜂窝/光学和其他
13	医学与生命科学/装置/远程医学/生物芯片/生物技术	生物技术/生命科学	16	其他	娱乐和游戏
		医学			食品服务
		医学/生物芯片/生物技术			其他
		医学/生命科学/远程医学			
		医学科学			
		远程医学/医学设备			

来源：OT 和 IPA 目录。

附录 3　变量对比表

		销售状态	销售价格（千欧）	技术复杂性	技术复杂性（Lg10）	技术不确定性	技术不确定性（Lg10）	技术影响	技术影响（Lg10+1）	技术质量	技术质量（Lg10）	预期价值（千欧）	预期价值（千欧）（EM插值）
销售状态	皮尔逊相关	1											
	Sig. (1–tailed)												
	N	393											
销售价格（千欧）	皮尔逊相关	a	1										
	显著性（单尾）	0.000											
	N	156	156										
技术复杂性	皮尔逊相关	−0.185**	−0.038	1									
	显著性（单尾）	0.000	0.321										
	N	393	156	393									
技术复杂性（Lg10）	皮尔逊相关	−0.218**	−0.021	0.837**	1								
	显著性（单尾）	0.000	0.400	0.000									
	N	393	156	393	393								
技术不确定性	皮尔逊相关	−0.018	−0.133*	−0.137**	−0.165**	1							
	显著性（单尾）	0.362	0.049	0.003	0.001								
	N	393	156	393	393	393							

续表

		销售状态	销售价格(千欧)	技术复杂性	技术复杂性(Lg10)	技术不确定性	技术不确定性(Lg10)	技术影响	技术影响(Lg10+1)	技术质量	技术质量(Lg10)	预期价值(千欧)	预期价值(千欧)(EM插值)
技术不确定性(Lg10)	皮尔逊相关(单尾)	-0.004	-0.136*	-0.119**	-0.147**	0.944**	1						
	显著性(单尾)	0.468	0.045	0.009	0.002	0.000							
	N	392	155	392	392	392							
技术影响	皮尔逊相关(单尾)	0.035	0.388**	0.154**	0.248**	-0.414**	-0.363**	1					
	显著性(单尾)	0.243	0.000	0.001	0.000	0.000	0.000						
	N	390	156	390	390	390	389						
技术影响(Lg10+1)	皮尔逊相关(单尾)	0.018	0.350**	0.206**	0.347**	-0.534**	-0.463**	0.829**	1				
	显著性(单尾)	0.362	0.000	0.000	0.000	0.000	0.000	0.000					
	N	390	156	390	390	390	389	390					
技术质量	皮尔逊相关(单尾)	0.035	-0.009	0.168**	0.134**	0.028	0.036	-0.048	0.000	1			
	显著性(单尾)	0.247	0.457	0.000	0.004	0.287	0.240	0.171	0.497				
	N	390	156	390	390	390	389	390	390				
技术质量(Lg10)	皮尔逊相关(单尾)	0.045	-0.019	0.216**	0.202**	0.001	0.008	-0.016	0.045	0.933**	1		
	显著性(单尾)	0.186	0.407	0.000	0.000	0.493	0.436	0.376	0.187	0.000			
	N	393	156	393	393	393	392	390	390	393			
预期价值(千欧)	皮尔逊相关(单尾)	-0.021	0.568**	0.529**	0.411**	-0.088	-0.094	0.127*	0.151**	0.019	0.038	1	
	显著性(单尾)	0.357	0.000	0.000	0.000	0.065	0.053	0.014	0.005	0.371	0.259		
	N	299	112	299	299	299	298	296	296	299	299		
预期价值(千欧)(EM插值)	皮尔逊相关(单尾)	-0.047	0.664**	0.523**	0.406**	-0.092*	-0.096*	0.183**	0.191**	0.030	0.041	1.000**	1
	显著性(单尾)	0.176	0.000	0.000	0.000	0.034	0.029	0.000	0.000	0.276	0.210	0.000	
	N	393	156	393	393	393	392	390	390	393	393	299	393

原版参考文献

Abernathy, W. J. (1978). *The Productivity Dilemma: Roadblock to Innovation in the Automobile Industry.* Baltimore, Johns Hopkins University Press.

Abernathy, W. J. and K. B. Clark (1985). 'Innovation: Mapping the winds of creative destruction.' *Research Policy* 14 (1), 3 – 22.

Abernathy, W. J. and J. M. Utterback (1978). 'Patterns of industrial innovation.' *Technology Review* 80 (7), 40 – 47.

Aggarwal, N. and E. A. Walden (2009). 'Intellectual Property Bundle (IPB) theory: Managing transaction costs in technology development through network gover – nance.' *Decision Support Systems* 48 (1), 23 – 32.

Aghion, P. (2005). 'Growth and institutions.' *Empirica* 32 (1), 3 – 18.

Aghion, P., C. Harris, P. Howitt and J. Vickers (2001). 'Competition, imitation and growth with step – by – step innovation.' *The Review of Economic Studies* 68 (3), 467 – 492.

Agrawal, A. and R. Henderson (2002). 'Putting patents in context: Exploring know – ledge transfer from MIT.' *Management Science* 48 (1), 44 – 60.

Agresti, A. (2010). *Analysis of Ordinal Categorical Data*, 2nd edition. Hoboken, N. J., John Wiley & Sons.

Ahuja, G. (2003). 'When Atlas shrugged: Preemption, complexity and division of labor in a theory of appropriability.' *Ann Arbor* 1001, 48109 – 1234.

Akerlof, G. A. (1970). 'The market for "lemons": Quality uncertainty and the market machanism.' *The Quarterly Journal of Economics* 84 (3), 488 – 500.

Albers, S. (2007). *Methodik der empirischen Forschung.* Wiesbaden, Betriebswirt – schaftlicher Verlag Gabler.

Alcácer, J. and M. Gittelman (2004). How do I know what you know? Patent examiners and the generation of patent citations. *Working Paper.* New York University.

Alcácer, J., M. Gittelman and B. Sampat (2009). 'Applicant and examiner citations in US patents: An overview and analysis.' *Research Policy* 38 (2), 415 – 427.

Alchian, A. A. (1950). 'Uncertainty, evolution, and economic theory.' *The Journal of Political Economy* 58 (3), 211 – 221.

Allain, M. L., E. Henry and M. Kyle (2008). The timing of licensing: theory and empirics. *Working paper.* Sciences Po – Département d' économie,

Allen, D. W. (1999). 'Transaction Costs', in. B. Bouckaert and G. D. Geest (eds), *Encyclo-*

pedia of Law and Economics, Cheltenham, UK and Northampton, MA, USA, Edward Elgar Publishing, 893 – 926.

Allen, R. C. (1983). 'Collective invention.' *Journal of Economic Behavior & Organization* 4 (1), 1 – 24.

Almeida, P. and B. Kogut (1999). 'Localization of knowledge and the mobility of engineers in regional networks.' 45 (7), 905 – 917.

Anand, B. N. and T. Khanna (2000). 'The structure of licensing contracts.' *Journal of Industrial Economics* 48 (1), 103 – 135.

Anderson, B. A. (1979). 'Acquiring and selling technology – marketing techniques.' *Research Management* 22 (2), 26 – 28.

Anderson, E. (1985). 'The salesperson as outside agent or employee: a transaction cost analysis.' *Marketing Science* 4 (3), 234 – 254.

Anderson, E. and D. C. Schmittlein (1984). 'Integration of the sales force: an empirical examination.' *The Rand Journal of Economics* 15 (3), 385 – 395.

Anderson, R. C. (1974). 'Paintings as an investment.' *Economic Inquiry* 12 (1), 13 – 26.

Andersson, C. and M. Phillips (2005). Patent Pooling: A multiparty licensing mechanism as a response to a world of ever – increasing number of nestled patents. Göteborg, Chalmers University of Technology.

Arévalo, J. J. (2004). 'Gradual Nash bargaining with endogenous agenda: a path – dependent model.' *Colombian Economic Journal* 2 (1), 191 – 212.

Andy, D. and I. Simonson (2003). 'Buying, bidding, playing, or competing? Value assessment and decision dynamics in online auctions.' *Journal of Consumer Psychology* 13 (1), 113 – 123.

Arora, A. and R. Merges (2004). 'Specialized supply firms, property rights and firm boundaries.' *Industrial and Corporate Change* 13 (3), 451 – 475.

Arora, A., M. Ceccagnoli and W. M. Cohen (2004). 'R&D and the patent premium.' *International Journal of Industrial Organization* 26 (5), 1153 – 1179.

Arora, A., A. Fosfuri and A. Gambardella (2001). *Markets for Technology: The Economics of Innovation and Corporate Strategy.* Cambridge, Mass., MIT Press. Arranz, N. and J. C. F. Arroyabe (2008). 'A model to analyse governance structures in technological networks.' *Strategy and Governance of Networks*, 249 – 268.

Arrow, K. J. (1962). 'Economic welfare and the allocation of resources for innovation', in. R. Nelson (eds), *The Rate and Direction of Inventive Activity*, Princeton, NJ, Princeton University Press, 609 – 625.

Arrow, K. J. (1963). 'Uncertainty and the welfare economics of medical care.' *The American Economic Review* 53 (5), 941 – 973.

Arrow, K. J. (1996). 'The economics of information: an exposition.' *Empirica* 23 (2), 119 – 128.

Arrow, K. J. (1968). 'The economics of moral hazard: Further comment.' *American Economic Review* 58 (3), 537 – 539.

Arundel, A. and I. Kabla (1998). What percentage of innovations are patented? Empirical estimates for European firms.' *Research Policy* 27 (2), 127 – 141.

Ashby, W. R. (1960). *Design for a Brain: The Orgin of Adaptive Behaviour*. London, Chpman & Hall.

Ashenfelter, O. (1989). 'How auctions work for wine and art.' *Journal of Economic perspectives* 3 (3), 23 – 36.

Ashenfelter, O. and K. Graddy (2002). Art Auctions: A Survey of Empirical Studies. *Center for Economic Policy Research, Discussion Paper*. London.

Ashenfelter, O. and K. Graddy (2003). 'Auctions and the price of art.' *Journal of Economic Literature* 41 (3), 763 – 787.

Ashenfelter, O. and K. Graddy (2005). 'Anatomy of the rise and fall of a price – fixing conspiracy: auctions at Sotheby's and Christies's.' *Journal of Competition Law and Economics* 1 (1), 3 – 20.

Ashenfelter, O., K. Graddy and M. Stevens (2003). A Study of Sale Rates and Prices in Impressionist and Contemporary Art Auctions. *Centre for Economic Policy Research (CEPR), Discussion Paper*. London.

Aslesen, H. W. and A. Isaksen (2007). 'New perspectives on knowledge – intensive services and innovation.' *Geografiska Annaler: Series B, HumanGeography* 89 (s1), 45 – 58.

Athreye, S. and J. Cantwell (2007). 'Creating competition? Globalisation and the emergence of new technology producers.' *Research Policy* 36 (2), 209 – 226.

Atteslander, P. and J. Cromm (2006). *Methoden der empirischen Sozialforschung*. Berlin, Schmidt.

Ausubel, L. M. and P. Cramton (1995 (revised 22 Jul 2002)). Demand Reduction and Inefficiency in Multi – Unit Auctions. *Papers of Peter Cramton*. University of Maryland, Department of Economics.

Azasu, S. (2006). Auctions in the Real Estate Market – A Review. *Department of Real Estate and Construction Management, Royal Institute of Technology, Working Paper*. Stockholm.

Backhaus, K., B. Erichson, W. Plinke and R. Weiber (2006). *Multivariate Analysemethoden: eine anwendungsorientierte Einführung*. Berlin, Springer.

Bagehot, W. (1873). *Lombard Street: A Description of the Money Market* (1962 *edition*). Homewood, IL, Richard D. Irwin.

Bajari, P. and A. Hortacsu (2002). The Winner's Curse, Reserve Prices and Endogenous Entry: Empirical Insights from E – Bay Auctions. *SIEPR Discussion papers*. Stanford.

Bajari, P., S. Houghton and S. Tadelis (2007). Bidding for Incomplete Contracts: An Empirical Analysis. *NBER Working Paper*, Cambridge, Mass.

Bajari, P., R. McMillan and S. Tadelis (2008). 'Auctions versus negotiations in procurement: An empirical analysis.' *Journal of Law, Economics, and Organization* 25 (2), 372 – 399.

Balakrishnan, S. and B. Wernerfelt (1986). 'Technical change, competition and vertical integration.' *Strategic Management Journal* 7 (4), 347 – 359.

Barki, H. and A. Pinsonneault (2005). 'A model of organizational integration, implementation effort, and performance.' *Organization Science* 16 (2), 165 – 179.

Bates, T. (1990). 'Entrepreneur human capital inputs and small business longevity.' *The Review of Economics and Statistics* 72 (4), 551 – 559.

Bauman, Y. and G. Klein (2010). *The Cartoon Introduction to Economics – Volume* 1: *Microeconomics*. New York, NY, Macmillan.

BBN Corporation. (1997, March 18). "PROPHET StatGuide." from http://www.basic. northwestern.edu/statguidefiles/n – ist_ alts.html#Transformations.

Beckert, J. (1996). 'What is sociological about economic sociology? Uncertainty and the embeddedness of economic action.' *Theory and Society* 25 (6), 803 – 840.

Beckmann, M. (2004). 'Art auctions and bidding rings: Empirical evidence from German auction data.' *Journal of Cultural Economics* 28 (2), 125 – 141.

Behnken, E. (2005). The Innovation Process as a Collective Learning Process. 11*th International Conference on Concurrent Enterprising*. Munich, Germany: 219 – 226.

Bekkers, R., B. Verspagen and J. Smits (2002). 'Intellectual property rights and standardization: the case of GSM.' *Telecommunications Policy* 26 (3 – 4), 171 – 188.

Belz, C., M. Reinhold and H. Tschirky (2000). 'Technologiemarketing II – Formen, Strategien und Fallstricke der Vermarktung von Technologien.' *Management Zeit – schrift* (6), 40 – 48.

Benassi, M. and A. Di Minin (2009). 'Playing in between: patent brokers in markets for technology.' *R&D Management* 39 (1), 68 – 86.

Benassi, M., D. Corsaro and G. Geenen (2010). Are patent brokers a possible first best? *Department of Economics University of Milan, Italy, Departemental Working Papers.*

Bensaou, M. and E. Anderson (1999). 'Buyer – supplier relations in industrial markets: when do buyers risk making idiosyncratic investments?' *Organization Science* 10 (4), 460 – 481.

Berz, G. (2007). *Spieltheoretische Verhandlungs – und Auktionsstrategien: mit Praxisbeispielen von Internetauktionen bis Investment Banking*. Stuttgart, Schäffer – Poeschel.

Bessant, J. and H. Rush (1995). 'Building bridges for innovation: the role of consultants in technology transfer.' *Research Policy* 24 (1), 97 – 114.

Bessen, J. (2004). 'Holdup and licensing of cumulative innovations with private information.' *Economics Letters* 82 (3), 321 – 326.

Bessen, J. and E. Maskin (2009). 'Sequential innovation, patents, and imitation.' *The RAND Journal of Economics* 40 (4), 611 – 635.

Bessy, C. and E. Brousseau (1998). 'Technology licensing contracts features and diversity.' *International Review of Law and Economics* 18 (4), 451 – 490.

Bessy, C., E. Brousseau and S. Saussier (2008). Payment schemes in technology licensing agreements: A transaction cost approach. *SSRN,*

Bikhchandani, S. and J. G. Riley (1991). 'Equilibria in open common value auctions.' *Journal of Economic Theory* 53 (1), 101 – 130.

Birkenmeier, B. (2003). Externe Technologie – Verwertung: Eine komplexe Aufgabe des Integrierten Technologie – Managements. *No.* 15240. Zurich, ETH.

Black, J. (2002). *Oxford Dictionary of Economics*. Oxford, Oxford: Oxford University Press.

Bonaccorsi, A., T. P. Lyon, F. Pammolli and G. Turchetti (2003). Auctions vs. Bargaining: An Empirical Analysis of Medical Device Procurement. *Department of Economics, Working Paper*. University of Washington,

Bonoma, T. V. (1985). 'Case research in marketing: opportunities, problems, and a process.' *Journal of Marketing Research* 22 (2), 199 – 208.

Borch, K. H. and K. Henrik (1968). *The Economics of Uncertainty.* Princeton, NJ, Princeton University Press.

Bortz, J. and N. Däring (2006). *Forschungsmethoden und Evaluation für Humanund Sozialwissenschaftler: Für Human – und Sozialwissenschaftler*, Springer.

Bourgeois III, L. J. and K. M. Eisenhardt (1988). 'Strategic decision processes in high velocity environments: Four cases in the microcomputer industry.' *Management Science* 34 (7), 816 – 835.

Boyens, K. (1998). Externe Verwertung von Technologischem Wissen. Wiesbaden, Deutscher Universitätsverlag.

Bozeman, B. (2000). 'Technology transfer and public policy: a review of research and theory.' *Research Policy* 29 (4 – 5), 627 – 655.

Braun, V. and C. Herstatt (2007). 'Barriers to user innovation: moving towards a paradigm of licence to innovate?' *International Journal of Technology, Policy and Management* 7 (3), 292 – 303.

Braunerhjelm, P. and R. Svensson (2010). 'The inventor's role: was Schumpeter right?' *Journal of Evolutionary Economics* 20 (3), 413 – 444.

Brett, J. M. and T. Okumura (1998). 'Inter – and intracultural negotiation: US and Japanese negotiators.' *Academy of Management Journal* 41 (5), 495 – 510.

Brewer, J. and A. Hunter (1989). *Multimethod Research: A Synthesis of Styles.* Newbury Park, CA, Sage.

Brockhoff, K. (1992). 'R&D cooperation between firms – A perceived transaction cost perspective.' *Management Science* 38 (4), 514 – 524.

Brockhoff, K. , A. K. Gupta and C. Rotering (1991). 'Inter – firm R&D cooperations in Germany.' *Technovation* 11 (4), 219 – 230.

Brodbeck, H. (1999). *Strategische Entscheidungen im Technologie – Management: Relevanz und Ausgestaltung in der unternehmerischen Praxis.* Zürich, Verl. Industrielle Organisation.

Brosius, F. (1998). *SPSS* 8. 0: *Professionelle Statistik unter Windows.* Bonn, MITPVerlag.

Brousseau, E. , R. Coeurderoy and C. Chaserant (2007). 'The governance of contracts: Empirical evidence on technology licensing agreements.' *Journal of Institutional and Theoretical Economics JITE* 163 (2), 205 – 235.

Budd, C. , C. Harris and J. Vickers (1993). 'A model of the evolution of duopoly: Does the asymmetry between firms tend to increase or decrease?' *The Review of Economic Studies* 60 (3), 543 – 573.

Bullock, R. J. and M. E. Tubbs (1987). 'The case meta – analysis method for OD. ' *Research in Organizational Change and Development* 1, 171 – 228.

Bulow, J. and P. Klemperer (1996). 'Auctions vs. negotiations' *American Economic Review* 86 (1), 180 – 194.

Burgelman, R. A. and R. S. Rosenbloom (1989). 'Technology strategy: An evolutionary process perspective. Research on technological innovation. ' *Management and Policy* 4 (1), 1 – 23.

Burns, R. B. (2000). *Introduction to Research Methods.* London, Sage.

Campagnolo, D. and A. Camuffo (2010). 'The concept of modularity in management studies: A literature review.' *International Journal of Management Reviews* 12 (3), 259 – 283.

Campbell, R. S. (1983). 'Patent trends as a technological forecasting tool.' *World Patent Information* 5 (3), 137 – 143.

Canning, D. (1989). 'Bargaining theory', in. F. Hahn (eds), *The Economics of Missing Markets, Information and Games*, Oxford, Oxford University Press, 163 – 187.

Capen, E., R. Clapp and W. Campbell (1971). 'Competitive bidding in highrisk situations.' *Journal of Petroleum Technology* 23 (6), 641 – 653.

Cardullo, M. W. (1996). *Introduction to Managing Technology.* Taunton, Somerset, England and New York, Research Studies Press.

Carlton, D. W. and J. M. Perloff (2008). *Modern Industrial Organization.* Boston, Mass., Pearson/Addison Wesley.

Carter, A. P. (1989). 'Know – how trading as economic exchange.' *Research Policy* 18 (3), 155 – 163.

Cassady, R. (1980). *Auctions and Auctioneering.* Berkeley, University of California Press.

Cassing, J. and R. W. Douglas (1980). 'Implications of the auction mechanism in baseball's free agent draft.' *Southern Economic Journal* 47 (1), 110 – 121.

Caves, R. E., H. Crookell and J. P. Killing (1983). 'The imperfect market for technology licenses.' *Oxford Bulletin of Economics and Statistics* 45 (3), 249 – 267.

Ceccagnoli, M., S. J. H. Graham, M. J. Higgins and J. Lee (2009). Firm Reliance on External Technology in the Pharmaceutical Industry. <u>SSRN</u>

Cesaroni, F., A. Gambardella and W. Garcia – Fontes (2004). *R&D, Innovation and Competitiveness in the European Chemical Industry.* Boston, Mass., Kluwer Academic.

Chang, H. F. (1995). 'Patent scope, antitrust policy, and cumulative innovation.' *The RAND Journal of Economics* 26 (1), 34 – 57.

Chatterjee, S. and A. S. Hadi (1988). *Sensitivity Analysis in Linear Regression.* New York, John Wiley & Sons.

Chen, E. K. Y., P. Enderwick, S. J. Rubin, J. H. Dunning and D. Wallace (1994). *Technology Transfer to Developing Countries.* London, Routledge.

Chesbrough, H. (2003a). 'The era of open innovation.' *MIT Sloan Management Review* 44 (3), 35 – 41.

Chesbrough, H. (2003b). 'The logic of open innovation: managing intellectual property.' *California Management Review* 45 (3), 33 – 58.

Chesbrough, H. (2003c). *Open Innovation. The New Imperative for Creating and Profiting from Technology.* Boston, Harvard Business School Press.

Chesbrough, H. (2006). Emerging secondary markets for Intellectual Property, Research Report to National Center for Industrial Property Information and Traning (NCIPI).

Chiesa, V., R. Manzini and E. Pizzurno (2003). 'The market for technolgical intangibles: a conceptual framework for the commcerical transactions.' *Proceedings of the R&D Management*

Conference, 1 – 10.

Christensen, C. M. (1997). *The Innovator's Dilemma: When New Technologies Cause Great Firms to Fail.* Boston, Mass. , Harvard Business Press.

Clark, D. J. and K. A. Konrad (2008). 'Fragmented property rights and incentives for R&D. ' *Management Science* 54 (5), 969 – 981.

Clark, K. B. and S. C. Wheelwright (1993). *Managing New Product and Process Development: Text and Cases.* New York, Free Press.

Cline, D. (2010). "Limitations, Delimitations. " Retrieved 16. 07. 2011 from http: //education. astate. edu/dcline/Guide/Limitations. html.

Coase, R. H. (1937). 'The nature of the firm. ' *Economica* 4 (16), 386 – 405.

Cohen, W. M. , R. R. Nelson and J. P. Walsh (2000). Protecting their intellectual assets: Appropriability conditions and why US manufacturing firms patent (or not). *NBER working paper*

Coles, M. and R. Wright (1994). Dynamic bargaining theory. *Research Department Staff Report No.* 172. Minneapolis, Federal Reserve Bank of Minneapolis.

Collins, H. M. (1974). 'The TEA set: tacit knowledge and scientific networks. ' *Social Studies of Science* 4 (2), 165 – 185.

Colombo, M. G. (2003). 'Alliance form: A test of the contractual and competence perspectives. ' *Strategic Management Journal* 24 (12), 1209 – 1229.

Commons, J. R. (1931). 'Institutional economics. ' *American Economic Review* 21 (4), 648 – 657.

Contractor, F. J. (1981). *International Technology Licensing: Compensation, Costs, and Negotiation.* Lexington, Lexington Books.

Cooper, R. G. (2008). *Winning at New Products: Accelerating the Process from Idea to Launch.* New York, Basic Books.

Cowan, R. and D. Foray (1997). 'The economics of codification and the diffusion of knowledge. ' *Industrial and Corporate Change* 6 (3), 595 – 622.

Czarnitzki, D. , G. Licht, C. Rammer and A. Spielkamp (2001). 'Rolle und Bedeutung von Intermediären im Wissens – und Technologietransfer. ' *ifo Schnelldienst* 4, 40 – 49.

Dahlander, L. and M. G. Magnusson (2005). 'Relationships between open source software companies and communities: Observations from Nordic firms. ' *Research Policy* 34 (4), 481 – 493.

Dahlin, K. , M. Taylor and M. Fichman (2004). 'Today's Edisons or weekend hobbyists: Technical merit and success of inventions by independent inventors. ' *Research Policy* 33 (8), 1167 – 1183.

Dahlman, C. J. (1979). 'The problem of externality. ' *Journal of Law and Economics* 22 (1), 141 – 162.

Davila, T. (2000). Performance and the Design of Economic Incentives in New Product Development. *Stanford University, Graduate School of Business Research Paper No.* 1647

Davis, J. L. and S. S. Harrison (2001). *Edison in the Boardroom: How Leading Companies Realize Value from their Intellectual Assets.* New York, John Wiley & Sons.

De Smith, M. J. , M. F. Goodchild and P. Longley (2007). *Geospatial Analysis: A Comprehensive Guide to Principles, Techniques and Software Tools.* Leicester, Troubador Publishing.

de Vries, D. (2011). *Leveraging Patents Financially – A Company Perspective.* Wiesbaden, Betriebswirtschaftlicher Verlag Gabler.

DeGennaro, R. P. (2005). 'Market imperfections' *Journal of Financial Transformation* 14, 107 – 117.

Delmas, M. A. (1999). 'Exposing strategic assets to create new competencies: the case of technological acquisition in the waste management industry in Europe and North America.' *Industrial and Corporate Change* 8 (4), 635 – 671.

Delphion (2004). Glossary of Patent Terms

Demchak, C. C. (1992). 'Complexity, rogue outcomes and weapon systems.' *Public Administration Review* 52 (4), 347 – 355.

Demsetz, H. (1964). 'The exchange and enforcement of property rights.' *Journal of Law and Economics* 7 (Oct.), 11 – 26.

Demsetz, H. (1968). 'The cost of transacting.' *The Quarterly Journal of Economics* 82 (1), 33 – 53.

Demsetz, H. (1988). 'The theory of the firm revisited.' *Journal of Law, Economics, and Organization* 4 (1), 141.

Den Hertog, P. and R. Bilderbeek (2000). 'The new knowledge infrastructure: the role of technology – based knowledge – intensive business services in national innovation systems', in. M. Boden and I. Miles (eds), *Services and the Knowledgebased Economy*, London, Continuum, 222 – 246.

Denicolò, V. and P. Zanchettin (2004). Competition and Growth in NeoSchumpeterian Models. *Papers in Economics*, 04/28. Dept. of Economics, University of Leicester

Dessauer, J. P. (1977). *Book publishing: What it is, What it does.* New York, Bowker.

Dewally, M. and L. H. Ederington (2004). What Attracts Bidders to Online Auctions and What Is Their Incremental Price Impact? SSRN

Diamond Jr, A. M. (2006). 'Schumpeter's creative destruction: A review of the evidence.' *Journal of Private Enterprise* 22 (1), 120 – 146.

Díez – Vial, I. (2007). 'Explaining vertical integration strategies: market power, transactional attributes and capabilities.' *Journal of Management Studies* 44 (6), 1017 – 1040.

Dosi, G. (1982). 'Technological paradigms and technological trajectories: A suggested interpretation of the determinants and directions of technical change.' *Research Policy* 11 (3), 147 – 162.

Dosi, G. and M. Egidi (1991). 'Substantive and procedural uncertainty.' *Journal of Evolutionary Economics* 1 (2), 145 – 168.

Dosi, G. and R. Nelson (2010). 'Technical change and industrial dynamics as evolutionary processes'. (eds), *Handbook of the Economics of Innovation* Amsterdam, North Holland/Elsevier.

Drucker, P. F. (1954). The Practice of Management, New York: Harper and Row Publishers.

Dyer, J. H. (1997). 'Effective interim collaboration: how firms minimize transaction costs and maximise transaction value.' *Strategic Management Journal* 18 (7), 535 – 556.

Ebersberger, B., K. Laursen, J. Saarinen and A. Salter (2005). The origins of radicalness and complexity in product innovation – An analysis of the Finnish innovation database. *DRUID Tenth*

Anniversary Summer Conference. Copenhagen Business School, Denmark: 19 – 21.

Edosomwan, J. A. (1989). *Integrating Innovation and Technology Management*. New York, John Wiley & Sons.

Edquist, C. , L. Hommen and L. J. Tsipouri, Eds. (2000). *Public Technology Procurement and Innovation*. Dordrecht, Kluwer Academic Publishers.

Eichberger, J. and I. R. Harper (1997). *Financial Economics*. Oxford, Oxford University Press.

Eisenhardt, K. M. (1989). 'Building theories from case study research. ' *Academy of Management Review* 14 (4), 532 – 550.

Eisenhardt, K. M. and M. E. Graebner (2007). 'Theory building from cases: Opportunities and challenges. ' *Academy of Management Journal* 50 (1), 25 – 32.

Elton, J. , B. Shah and J. Voyzey (2002). 'Intellectual property: Partnering for profit. ' *Mc Kinsey Quarterly* (Special Edition – Technology), 59 – 67.

Engelbrecht – Wiggans, R. (1980). 'Auctions and bidding models: A Survey. ' *Management Science* 26 (2), 119 – 142.

Engelbrecht – Wiggans, R. and C. M. Kahn (1998). 'Multi – unit auctions with uniform prices. ' *Economic Theory* 12 (2), 227 – 258.

Engelbrecht – Wiggans, R. , M. Shubik and R. M. Stark (1983). *Auctions, Bidding, and Contracting: Uses and Theory*. New York, New York University Press.

Englmaier, F. and A. Schmäller (2008). Reserve Price Formation in Online Auctions. *Cesifo Working Paper No.* 2374.

EPO, OECD and UK Patent Office (2006). *Patents: realising and securing value Executive summary*. EPO – OECD – UKPO Conference, London.

Ernst, D. and Unctad (2005). 'Complexity and internationalisation of innovation: why is chip design moving to Asia?' *International Journal of Innovation Management* 9 (1, special issue in honour of Keith Pavitt), 47 – 73.

Ernst, H. , C. Leptien and J. Vitt (2000). 'Inventors are not alike: the distribution of patenting output among industrial R&D personnel. ' *IEEE Transactions in Engineering Management* 47 (2), 184 – 199.

Escher, J. – P. (2000). The process of external technology exploitation as part of technology marketing: a conceptual framework. *Technolovation*, Technologie – und Innovationsmanagement Inside Report des ETH – Zentrums für Unternehmenswissenschaften.

Escher, J. – P. (2001). 'Process of external technology exploitation as part of technology marketing: a conceptual framework. ' *Proceedings of the PICMET conference*.

Escher, J. – P. (2005). Technology Marketing in Technology – based Enterprises – The Process and Organization Structure of External Technology Deployment. Zurich, Swiss Federal Institute of Technology Zurich.

Ettlie, J. E. and E. M. Reza (1992). 'Organizational integration and process innovation. ' *Academy of Management Journal* 35 (4), 795 – 827.

European Commission (2002). 'Étymologie du terme "gouvernance". '

European Commission (2003). *Official Journal of the European Union* 46 (20 May 2003).

European Commission (2008). Intellectual Property Rights and Competitiveness: Challenges for ICT – Producing SMEs Study report Brussels, DG Enterprise and Industry. Report No. 08.

Evans, D. S. and B. Jovanovic (1989). 'An estimated model of entrepreneurial choice under liquidity constraints.' *The Journal of Political Economy* 97 (4), 808 – 827.

Evenson, R., J. Putnam and S. Kortum (1991). Estimating Patent Counts by Industry Using the Yale – Canada Concordance. *Final Report to the National Science Foun – dation, Yale University.* Fairbank, JK.

Ewald, A. (1989). *Organisation des strategischen Technologie – Managements: Stufenkonzept zur Implementierung einer integrierten Technologie – und Marktpla – nung.* Berlin, Schmidt.

Ewing, T. (2010a). 'Inside the world of public auctions.' *Intellectual Asset Management*, (July/August), 63 – 71.

Ewing, T. L. (2010b). The Intellectual Ventures Portfolio in the United States. Second Edition. Tulsa, Avancept LLC.

Fabozzi, F. J., F. Modigliani and M. G. Ferri (1994). *Foundations of Financial Markets and Institutions.* London, Prentice – Hall International.

Fagerberg, J. and B. Verspagen (2009). 'Innovation studies – The emerging structure of a new scientific field.' *Research Policy* 38 (2), 218 – 233.

Feller, J., P. Finnegan, J. Hayes and P. O' Reilly (2009). 'Institutionalising information asymmetry: governance structures for open innovation.' *Information Technology & People* 22 (4), 297 – 316.

Fielding, N. (2001). 'Qualitative Interviewing', in. G. N. Gilbert (eds), *Researching Social Life*, London, Sage Publications.

Fisher, R., W. Ury and B. Patton (1991). *Getting to Yes: Negotiating Agreement Without Giving In.* New York, NY, Penguin Books.

Fleming, L. (2001). 'Recombinant uncertainty in technological search.' *Management Science* 47 (1), 117 – 132.

Fleming, L. (2007). 'Breakthroughs and the "Long Tail" of innovation.' *MIT Sloan Management Review* 49 (1), 69 – 74.

Flikkema, M., P. Jansen and L. Van Der Sluis (2007). 'Identifying neoSchumpeterian innovation in service firms: A conceptual essay with a novel classification.' *Economics of Innovation and New Technology* 16 (7), 541 – 558.

Flygansvär, B. M., S. A. Haugland and A. I. Rokkan (2002). A discussion of governance under conditions of technological uncertainty – suggesting hypotheses and a research model. 18*th IMP – conference.* Dijon, France

Folta, T. B. (1998). 'Governance and uncertainty: The trade – off between administrative control and commitment.' *Strategic Management Journal* 19 (11), 1007 – 1028.

Fontana, A. and J. H. Frey (1994). 'Interviewing: The art of science', in. N. K. Denzin and Y. S. Lincoln (eds), *Handbook of Qualitative Research*, Thousand Oaks, Sage, 361 – 376.

Foray, D. (2004). *Economics of Knowledge.* Cambridge, Mass., MIT Press.

Ford, D. (1985). 'The management and marketing of technology.' *Advances in Strategic Man-*

agement 21 (5), 85 –95.

Ford, D. (1988). 'Develop your technology strategy.' *Long Range Planing* 21 (5), 85 –95.

Ford, D. and C. Ryan (1977). 'The marketing of technology.' *European Journal of Marketing* 11 (6), 369 –383.

Ford, D. and C. Ryan (1981). 'Taking technology to market.' *Harvard Business Review* 59 (2), 117 –126.

Forrester, J. W. (2001). An Introduction to Sensitivity Analysis. MIT System Dynamics in Education Project. Cambridge, Mass., Massachusetts Institute of Technology.

Frey, B. S. and W. W. Pommerehne (1990). *Muses and Markets: Explorations in the Economics of the Arts.* Oxford, Blackwell.

Friedman, D. (1993). 'The double auction market institution: A survey', in. D. Friedman and J. Rust (eds), *The Double Auction Market: Institutions, Theories, and Evidence,* Reading, MA, Addison –Wesley, 3 –26.

Friedman, L. (1956). 'A competitive bidding strategy.' *Operations Research* 4 (1), 104 –112.

Frähling, W. (2005). 'Practical Experiences Regarding the Evaluation of MediumSized Patent Portfolios.' *presentation at EPO – OECD – BMWA International Confe – rence on Intellectual Property as an Economic Asset: Key Issues in Valuation and Exploitation,* 30 *June –* 1 *July* 2005, Berlin.

Fu, S. and D. S. Perkins (1995). 'Technology licensors and licensees: who they are, what resources they employ, and how they feel.' *International Journal of Technology Management* 10 (7/8), 907 –920.

Furman, J. L. and S. Stern (2006). Climbing atop the shoulders of giants: The impact of institutions on cumulative research. *NBER Working Paper No.* 12523.

Gallini, N. T. (1984). 'Deterrence by market sharing: a strategic incentive for licensing.' *American Economic Review* 74 (5), 931 –941.

Gallini, N. T. (2002). 'The economics of patents: Lessons from recent US patent reform.' *Journal of Economic Perspectives* 16 (2), 131 –154.

Gambardella, A. (2002). 'Successes and failures in the markets for technology.' *Oxford Review of Economic Policy* 18 (1), 52 –62.

Gambardella, A., P. Giuri and A. Luzzi (2007). 'The market for patents in Europe.' *Research Policy* 36 (8), 1163 – 1183.

Gambardella, A., P. Giuri and M. Mariani (2006). Study on evaluating the knowledge economy: what are patents actually worth? The value of patents for today's economy and society. Brussels, European Commission, Directorate – General for Internal Market.

Gambardella, A., D. Harhoff and B. Verspagen (2008). 'The value of European patents.' *European Management Review* 5 (2), 69 –84.

Garson, G. D. (2010, 1/25/2010). 'Statnotes: Topics in Multivariate Analysis.' from http://faculty.chass.ncsu.edu/garson/pa765/statnote.htm.

Garud, R. and P. Karnäe (2003). 'Bricolage versus breakthrough: distributed and embedded agency in technology entrepreneurship.' *Research Policy* 32 (2), 277 –300.

Gassmann, O. (2006). 'Opening up the innovation process: towards an agenda.' *R&D Management* 36 (3), 223 – 228.

Gassmann, O. , J. – P. Escher and M. Luggen (2003). 'Technologieverwertung durch Spin – off – Ausgründung aus privatwirtschaftlichen Forschungsinstituten.' *Wissenschaftsmanagement* 9 (5), 24 – 30.

Genesove, D. (1995). 'Search at wholesale auto auctions.' *The Quarterly Journal of Economics* 110 (1), 23 – 49.

Geng, X. , M. Stinchcombe and A. B. Whinston (2001). 'Radically new product introduction using online auctions.' *International Journal of Electronic Commerce* 5 (3), 169 – 189.

Gerring, J. (2004). 'What is a case study and what is it good for?' *American Political Science Review* 98 (02), 341 – 354.

Gerring, J. (2007). 'The Case Study: What it Is and What it Does', in. C. Boix and S. C. Stokes (eds), *The Oxford Handbook of Comparative Politics*, New York, Ox – ford University Press.

Gerybadze, A. (2004). *Technologie – und Innovationsmanagement: Strategie, Organisation und Implementierung.* München, Vahlen.

Gibbert, M. , W. Ruigrok and B. Wicki (2008). 'What passes as a rigorous case study?' *Strategic Management Journal* 29 (13), 1465 – 1474.

Gilbert, R. J. and M. L. Katz (2007). 'Efficient division of profits from complementary innovations.' *International Journal of Industrial Organization* 29 (4), 443 – 454.

Giuri, P. , M. Mariani, S. Brusoni, G. Crespi, D. Francoz, A. Gambardella, W. Garcia – Fontes, A. Geuna, R. Gonzales, D. Harhoff, K. Hoisl, C. Lebas, A. Luzzi, L. Magazzini, L. Nesta, O. Nomaler, N. Palomeras, P. Patel, M. Romanelli and B. Verspagen (2005). Everything you always wanted to know about inventors (but never asked): Evidence from the PatVal – EU survey. *LEM Working Paper.* Sant' Anna School of Advanced Studies, Pisa.

Giuri, P. , M. Mariani, S. Brusoni, G. Crespi, D. Francoz, A. Gambardella, W. Garcia – Fontes, A. Geunac, R. Gonzales, D. Harhoff, K. Hoisl, C. L. Bas, A. Luzzi, L. Magazzini, L. Nesta, O. Nomaler, N. Palomeras, P. Patel, M. Romanelli and B. Verspagen (2007). 'Inventors and invention processes in Europe: Results from the PatVal – EU survey.' *Research Policy* 36 (8), 1107 – 1127.

Goetzmann, W. N. and M. Spiegel (1995). 'Private value components, and the winner's curse in an art index.' *European Economic Review* 39 (3 – 4), 549 – 555.

Goldberg, V. P. (1977). 'Competitive bidding and the production of precontract information.' *Bell Journal of Economics* 8 (1), 250 – 261.

Goldberg, V. P. (1980). 'Relational exchange: economics and complex contracts.' *American Behavioral Scientist* 23 (3), 337 – 352.

Goodman, L. A. (1981). 'Three elementary views of log linear models for the analysis of cross – classifications having ordered categories.' *Sociological Methodology* 12, 193 – 239.

Grabowski, H. and J. Vernon (1994). 'Innovation and structural change in pharmaceuticals and biotechnology.' *Industrial and Corporate Change* 3 (2), 435 – 449.

Granstrand, O. (1979). Technology Management and Markets – An invesitgation of R&D and Innovation in Industrial Organizations. Gäteborg, Sweden, Chalmers University of Technology.

Granstrand, O. (1982). *Technology, Management and Markets.* London, Frances Pinter.

Granstrand, O. (1998). 'Towards a theory of the technology – based firm.' *Research Policy* 27, 465 – 489.

Granstrand, O. (2000a). *The Economics and Management of Intellectual Property: Towards Intellectual Capitalism.* Cheltenham, UK and Northampton, MA, USA, Edward Elgar Publishing.

Granstrand, O. (2000b). 'The shift towards intellectual capitalism – the role of infocom technologies.' *Research Policy* 29 (9), 1061 – 1080.

Granstrand, O. (2003a). 'Are we on our way in the new economy with the optional inventive steps?' in. O. Granstrand (eds), *Economics, Law and Intellectual Property: Seeking Strategies for Research*, Dordrecht, Kluwer Academic Publishers, 223 – 259.

Granstrand, O., Ed. (2003b). *Economics, law and intellectual property.* Dordrecht, Kluwer Academic Publishers.

Granstrand, O. (2003c). Innovation and Intellectual Property. *DRUID Summer Conference* 2003 *on Creating, Sharing and Transferring Knowledge.* Copenhagen.

Granstrand, O. (2004a). 'The economics and management of technology trade: towards a pro – licensing era?' *International Journal of Technology Management* 27 (2/3), 209 – 240.

Granstrand, O. (2004b). 'From R&D/Technology Management to IP/IC Management', in. European Institute for Technology and Innovation Management (EITIM) (eds), *Bringing Technology and Innovation into the Boardroom*, Hampshire, Pal – grave Macmillan, 190 – 220.

Granstrand, O. (2006). Proper property properties of knowledge. *International IPR conference "Intellectual Property Rights for Business and Society".* London.

Granstrand, O. (2010). *Industrial Innovation Economics and Intellectual Property.* Gäteborg, Svenska Kultukompaniet.

Granstrand, O. (2011 (forthcoming)). *Patents and Innovation for Growth and Welfare.* Cheltenham, UK and Northampton, MA, USA, Edward Elgar Publishing.

Granstrand, O. and M. Holgersson (forthcoming). 'Managing multinational technology and intellectual property (IP) – Is there global convergence?' *International Journal of Technology Management.*

Granstrand, O. and S. Själander (1990). 'Managing innovation in multi – technology corporations.' *Research Policy* 19 (1), 35 – 60.

Granstrand, O., E. Bohlin, C. Oskarsson and N. Sjäberg (1992). 'External technology acquisition in large multi – technology corporations.' *R&D Management* 22 (2), 111 – 134.

Green, J. R. and S. Scotchmer (1995). 'On the division of profit in sequential innovation.' *The RAND Journal of Economics* 26 (1), 20 – 33.

Griliches, Z., Ed. (1984). *R&D, Patents, and Productivity.* Chicago, University of Chicago Press.

Griliches, Z. (1990). 'Patent statistics as economic indicators: A survey.' *Journal of Economic*

Literature 28（4）, 1661 – 1707.

Grindley, P. C. and D. J. Teece (1997). 'Managing intellectual capital – Licensing and cross – licensing in semiconductors and electronics.' *California Management Review* 39 (2), 8 – 41.

Grown, C. and T. Bates (1992). 'Commercial bank lending practices and the development of black owned construction companies.' *Journal of Urban Affairs* 14 (1), 25 – 41.

Gruber, M. , D. Harhoff and K. Hoisl (2009). Invention Processes and Knowledge Recombination across Technological Boundaries. *Summer Conference* 2010. London.

Gu, F. and B. Lev (2000). Markets in Intangibles: Patent Licensing. *SSRN.*

Guellec, D. and B. P. de la Potterie (2001). *R&D and productivity growth: panel data analysis of 16 OECD countries*, Directorate for Science, Technology and Industry, OECD.

Gujarati, D. N. (2003). *Basic Econometrics.* New York, NY, McGraw – Hill.

Hagedoorn, J. (2003). 'Sharing intellectual property rights – An exploratory study of joint patenting amongst companies.' *Industrial and Corporate Change* 12 (5), 1035 – 1050.

Hair, J. F. (2006). *Multivariate Data Analysis.* Upper Saddle River, NJ, Pear – son/Prentice Hall.

Hall, B. (2005). 'Exploring the patent explosion.' *Essays in Honor of Edwin Mansfield*, 195 – 208.

Hall, B. H. (2009). *The use and value of patent rights.* UK IP Ministerial Forum on the Economic Value of Intellectual Property.

Hall, B. H. and M. Trajtenberg (2006). 'Uncovering general purpose technologies with patent data', in. C. Antonelli, D. Foray, B. H. Hall and E. Steinmueller (eds), *New Frontiers in the Economics of Innovation and New Technology: Essays in Honor of Paul A. David*, Cheltenham, UK and Northampton, MA, USA, Edward Elgar Publishing, 389 – 427.

Hall, B. H. and R. H. Ziedonis (2001). 'The patent paradox revisited – An empirical study of patenting in the US semiconductor industry 1979 – 1995.' *RAND Journal of Economics* 32 (1), 101 – 128.

Hall, B. H. , A. B. Jaffe and M. Trajtenberg (2001). 'The NBER patent citations data file: lessons, insights and methodological tools.'

Hall, B. H. , A. Jaffe and M. Trajtenberg (2005). 'Market value and patent citations.' *RAND Journal of Economics* 36 (1), 16 – 38.

Hall, P. (1994). *Innovation, Economics and Evolution: Theoretical Perspectives on Changing Technology in Economic Systems.* New York, NY, Harvester Wheatsheaf.

Hamel, G. (1991). 'Competition for competence and interpartner learning within international strategic alliances.' *Strategic Management Journal* 12 (S1), 83 – 103.

Hamilton, A. (1781). '*Banks and Politics in America: From the Revolution to the Civil War*' in. B. Hammond (eds), Princeton, NJ, Princeton University Press.

Hampel, F. R. (1971). 'A general qualitative definition of robustness.' *The Annals of Mathematical Statistics* 42 (6), 1887 – 1896.

Hansen, M. T. (1999). 'The search – transfer problem: The role of weak ties in sharing knowledge across organization subunits.' *Administrative Science Quarterly* 44 (1), 82 – 85.

Hargadon, A. and R. I. Sutton (1997). 'Technology brokering and innovation in a product development firm.' *Administrative Science Quarterly* 42 (4), 716 – 749.

Harhoff, D., K. Hoisl and C. Webb (2006). European patent citations – How to count and how to interpret them. *Unpublished manuscript, University of Munich.*

Harhoff, D., F. Narin, F. M. Scherer and K. Vopel (1999). 'Citation frequency and the value of patented innovation.' *Review of Economics and Statistics* 81, 511 – 515.

Harhoff, D. and M. Reitzig (2004). 'Determinants of opposition against EPO patent grants – The case of biotechnology and pharmaceuticals.' *International Journal of Industrial Organization* 22 (4), 443 – 480.

Harhoff, D. and F. M. Scherer (2000). 'Technology policy for a world of skewdistributed outcomes.' *Research Policy* 29 (4 – 5), 559 – 566.

Harhoff, D., F. M. Scherer and K. Vopel (2003). 'Citations, family size, opposition and the value of patent rights.' *Research Policy* 32 (8), 1343 – 1363.

Harrigan, K. R. (1986). 'Matching vertical integration strategies to competitive conditions.' *Strategic Management Journal* 7 (6), 535 – 555.

Harris, C. and J. Vickers (1987). 'Racing with uncertainty.' *The Review of Economic Studies* 54 (1), 1 – 21.

Haupt, R., M. Kloyer and M. Lange (2007). 'Patent indicators for the technology life cycle development.' *Research Policy* 36 (3), 387 – 398.

Hauschildt, J. and S. Salomo (2007). *Innovationsmanagement.* München, Vahlen.

Hausman, J., B. H. Hall and Z. Griliches (1984). 'Econometric models for count data with an application to the patents – R & D relationship.' *Econometrica: Journal of the Econometric Society* 52 (4), 909 – 938.

Hawking, S. (2003). *On the Shoulders of Giants: The Great Works of Physics and Astronomy.* Philadelphia, Running Press.

Hayek, F. A. v. (1975). 'Die Anmäaung von Wissen (pretence of knowledge)', (eds), *ORDO. Jahrbuch für die Ordnung von Wirtschaft und Gesellschaft*, Stuttgart, 12 – 21.

Hayek, F. A. v. (1991). *Die Verfassung der Freiheit.* Tübingen, Mohr.

Heide, J. B. and G. John (1990). 'Alliances in industrial purchasing: The determinants of joint action in buyer – supplier relationships.' *Journal of Marketing Research* 27 (1), 24 – 36.

Heide, J. B. and A. S. Miner (1992). 'The shadow of the future: Effects of anticipated interaction and frequency of contact on buyer – seller cooperation.' *Academy of Management Journal* 35 (2), 265 – 291.

Heller, M. A. and R. S. Eisenberg (1998). 'Can patents deter innovation? The anticommons in biomedical research.' *Science* 280 (5364), 698 – 701.

Henderson, R. M. and K. B. Clark (1990). 'Architectural innovation: the reconfiguration of existing product technologies and the failure of established firms.' *Administrative Science Quarterly* 35 (1), 9 – 30.

Henke, J. W. (2000). 'Strategic selling in the age of modules and systems.' *Industrial Marketing Management* 29 (3), 271 – 284.

Hennart, J. F. (1993). 'Explaining the swollen middle: why most transactions are a mix of "market" and "hierarchy".' *Organization Science* 4 (4), 529 – 547.

Hentschel, M. (2007). *Patentmanagement, Technologieverwertung und Akquise externer Technologien: Eine empirische Analyse.* Wiesbaden, Deutscher Universitätsverlag.

Herman, G. A. and T. W. Malone (2003). 'What Is in the Process Handbook?' in. T. W. Malone, K. Crowston and G. A. Herman (eds), *Organizing Business Knowledge: The MIT Process Handbook*, Cambridge, Mass., MIT Press, 619.

Herriott, R. E. and W. A. Firestone (1983). 'Multisite qualitative policy research: Optimizing description and generalizability.' *Educational Researcher* 12 (2), 14 – 19.

Herstatt, C. (2007). *Management der Frühen Innovationsphasen: Grundlagen – Methoden – Neue Ansätze.* Wiesbaden, Betriebswirtschaftlicher Verlag Gabler.

Herstatt, C. and B. Verworn (2004). 'Innovation Process Models and Their Evolution', in. European Institute for Technology and Innovation Management (eds), *Bringing Technology and Innovation Management into the Boardroom*, Basingstoke, Palgrave Macmillan, 326 – 347.

Herstatt, C. and E. von Hippel (1992). 'Developing new product concepts via the lead user method: A case study in a "low tech" field.' *Journal of Product Innovation Management* 9 (3), 213 – 221.

Hinze, S., T. Reiss and U. Schmoch (1997). Statistical Analysis on the Distance Between Fields of Technology, European Commission TSER Project.

Hipp, C. (1999). 'Information flows and knowledge creation in knowledge intensive business services: Scheme for a conceptualization', in. J. S. Metcalfe and I. Miles (eds), *Innovation Systems in the Service Economy: Measurement and Case Study Analysis*, Boston, Mass, Kluwer Academic Publishers, 149 – 169.

Hoekman, B. M., K. E. Maskus and K. Saggi (2005). 'Transfer of technology to developing countries: unilateral and multilateral policy options.' *World Develop – ment* 33 (10), 1587 – 1602.

Hoetker, G. (2007). 'The use of logit and probit models in strategic management research: Critical issues.' *Strategic Management Journal* 28 (4), 331.

Holcomb, T. R. and M. A. Hitt (2007). 'Toward a model of strategic outsourcing.' *Journal of Operations Management* 25 (2), 464 – 481.

Holland, J. H. and J. H. Miller (1991). 'Artificial adaptive agents in economic theory.' *The American Economic Review* 81 (2), 365 – 370.

Holmström, B. and J. Roberts (1998). 'The boundaries of the firm revisited.' *Journal of Economic Perspectives* 12 (4), 73 – 94.

Hoppe, T. and A. Sadrieh (2007). An Experimental Assessment of Confederate Reserve Price Bids in Online Auction. *FEMM Working Papers.*

Horstmann, I. J. and C. LaCasse (1997). 'Secret reserve prices in a bidding model with a resale option.' *The American Economic Review* 87 (4), 663 – 684.

Horton, N. J. and K. P. Kleinman (2007). 'Much ado about nothing.' *The American Statistician* 61 (1), 79 – 90.

Hosmer, D. W. and S. Lemeshow (1989). *Applied Logistic Regression*, New York, John Wiley &

Sons.

Hosmer, D. W. and S. Lemeshow (2000). *Applied Logistic Regression*, New York, John Wiley & Sons.

Hosmer, D. W. , T. Hosmer, S. Le Cessie and S. Lemeshow (1997). 'A comparison of goodness – of – fit tests for the logistic regression model. ' *Statistics in Medicine* 16 (9), 965 – 980.

Hosmer, D. W. , S. Taber and S. Lemeshow (1991). 'The importance of assessing the fit of logistic regression models: a case study. ' *American Journal of Public Health* 81 (12), 1630 – 1635.

Howard, J. (2005). Knowledge exchange networks in Australia's innovation system: overview and strategic analysis. Canberra, Howard Partners: Department of Education, Science and Training.

Howells, J. (2006). 'Intermediation and the role of intermediaries in innovation. ' *Research Policy* 35 (5), 715 – 728.

Hüner, A. , C. Lüthje and C. Stockstrom (2010). Knowledge Base and Technological Impact of User Innovations: Empirical Evidence from the Medical Devices Industry. 17th *International Product Development Management Conference*. Murcia, Spain.

Institut der deutschen Wirtschaft Käln (2006). Das Innovationsverhalten der technikaffinen Branchen – Forschung, Patente und Innovationen. Käln, Studie im Auftrag des Verein deutscher Ingenieure (VDI).

IP Bewertungs AG. (2007). "http: //www. ipb – ag. de".

IP Law Bulletin. (2005). "Merchant bank puts patents on auction block. " Retrieved November, 2007.

IPB. (2005). "Case Studies: Patent Valuation at IP Bewertungs AG (IPB). " Retrieved Aug. , 2007.

Jacobides, M. G. (2008). 'How capability differences, transaction costs, and learning curves interact to shape vertical scope. ' *Organization Science* 19 (2), 306 – 326.

Jacobides, M. G. and S. G. Winter (2005). 'Capabilities, transaction costs and evolution: Understanding the institutional structure of production. ' *Strategic Management Journal* 26 (5), 395 – 413.

Jaffe, A. B. and J. Lerner (2004). *Innovation and its Discontents: How our Broken Patent System is Endangering Innovation and Progress, and What to Do About It*. Princeton, NJ, Princeton University Press.

Janzik, L. , C. Raasch and C. Herstatt (forthcoming). 'Motivation in innovative online communities: Why join, why innovate, why share?. ' *International Journal of Innovation Management*.

Jauch, L. R. , R. N. Osborn and T. N. Martin (1980). 'Structured content analysis of cases: A complementary method for organizational research. ' *Academy of Management Review* 5 (4), 517 – 525.

Jensen, R. A. , J. G. Thursby and M. C. Thursby (2003). 'Disclosure and licensing of university inventions: The best we can do with the s̆ * t we get to work with. ' *International Journal of Industrial Organization* 21 (9), 1271 – 1300.

Jeppesen, L. B. and L. Frederiksen (2006). 'Why do users contribute to firm – hosted user com-

munities? The case of computer – controlled music instruments. ' *Organization Science* 17 (1),
45 – 63.

John, G. and T. Reve (1982). 'The reliability and validity of key informant data from dyadic rela-
tionships in marketing channels. ' *Journal of Marketing Research* 19 (4), 517 – 524.

John, G. and B. Weitz (1989). 'Salesforce compensation: An empirical investigation of factors
related to use of salary versus incentive compensation. ' *Journal of Marketing Research* 26 (1),
1 – 14.

Johnson, D. K. N. (2002). The OECD Technology Concordance (OTC): Patents by industry of
manufacture and sector of use. *OECD Science, Technology and Industry Working Papers.*

Jones, B. F. (2009). 'The burden of knowledge and the "death of the renaissance man": Is in-
novation getting harder?' *Review of Economic Studies* 76 (1), 283 – 317.

Kagel, J. H. (1997). 'Auctions: a survey of experimental research', in. J. H. Kagel and
A. E. Roth (eds), *Handbook of Experimental Research*, Princeton, NJ, Princeton University
Press, 501 – 587.

Kagel, J. H. and D. Levin (1986). 'The winner's curse and public information in common value
auctions. ' *The American Economic Review* 76 (5), 894 – 920.

Kagel, J. H. and D. Levin (2001). 'Behavior in multi – unit demand auctions: Experiments with
uniform price and dynamic Vickrey auctions. ' *Econometrica* 69 (2), 413 – 454.

Kagel, J. H. and D. Levin (forthcoming). 'Auctions: A survey of experimental research, 1995 –
2008', (eds), *Handbook of Experimental Economics*, Vol. 2.

Kahneman, D. , J. L. Knetsch and R. H. Thaler (1990). 'Experimental tests of the endowment
effect and the Coase theorem. ' *Journal of Political Economy* 98 (6), 1325 – 1348.

Kamien, M. I. and Y. Tauman (1986). 'Fees versus royalties and the private value of a patent. '
The Quarterly Journal of Economics 101 (3), 471 – 491.

Kamins, M. A. , X. Dreze and V. S. Folkes (2004). 'Effects of sellersupplied prices on buyers'
product evaluations: Reference prices in an Internet auction context. ' *Journal of Consumer Re-
search* 30 (4), 622 – 628.

Kamiyama, S. , J. Sheehan and C. Martinez (2006). Valuation and Exploitation of Intellectual
Property. *OECD (STI WORKING PAPER 2006/5).*

Kash, D. E. and R. Rycroft (2002). 'Emerging patterns of complex technological innovation. '
Technological Forecasting and Social Change 69 (6), 581 – 606.

Katila, R. and G. Ahuja (2002). 'Something old, something new: a longitudinal study of search
behavior and new product introduction. ' *Academy of Management Journal* 45 (6), 1183 – 1194.

Katok, E. and A. E. Roth (2004). 'Auctions of homogeneous goods with increasing returns: Ex-
perimental comparison of alternative "Dutch" auctions. ' *Management Science* 50 (8), 1044
– 1063.

Katz, M. L. and H. S. Rosen (1998). *Microeconomics.* Boston, Mass. , Irwin.

Katz, M. L. and C. Shapiro (1986). 'How to license intangible property. ' *The Quarterly Journal
of Economics* 101 (3), 567 – 589.

Katz, R. and T. J. Allen (1982). 'Investigating the Not Invented Here (NIH) syndrome: A look at the performance, tenure, and communication patterns of 50 R&D Project Groups.' *R&D Management* 12 (1), 7 – 20.

Kaufmann, L. (2001). *Internationales Beschaffungsmanagement: Gestaltung strategischer Gesamtsysteme und Management einzelner Transaktionen.* Wiesbaden, Deutscher Universitätsverlag.

Kazumori, E. and J. N. McMillan (2005). 'Selling online versus live.' *The Journal of Industrial Economics* 53 (4), 543 – 569.

Keep, W. W., G. S. Omura and R. J. Calatone (1994). 'What managers should know about their competitors' patented technologies. ' *Industrial Marketing Management* 23 (3), 257 – 264.

Khalil, T. M. (2000). *Management of Technology: The Key to Competitiveness and Wealth Creation.* Boston, Mass., McGraw – Hill.

Kjerstad, E. (2005). 'Auctions vs negotiations: A study of price differences.' *Health Economics* 14 (12), 1239 – 1251.

Klein, P. (2005). 'The make – or – buy decision: lessons from empirical studies', in. C. Menard and M. M. Shirley (eds), *Handbook of New Institutional Economics*, Dordrecht, Springer, 435 – 464.

Klein, S., G. L. Frazier and V. J. Roth (1990). 'A transaction cost analysis model of channel integration in international markets.' *Journal of Marketing Research* 27 (2), 196 – 208.

Klemperer, P. (1998). 'Auctions with almost common values: The ' Wallet Game ' and its applications.' *European Economic Review* 42 (3 – 5), 757 – 769.

Klemperer, P. (2002). 'What really matters in auction design.' *The Journal of Economic Perspectives* 16 (1), 169 – 189.

Klemperer, P. (2004). *Auctions: Theory and Practice.* Princeton, NJ, Princeton Univ. Press.

Klerkx, L. and C. Leeuwis (2008). 'Matching demand and supply in the agricultural knowledge infrastructure: Experiences with innovation intermediaries.' *Food Policy* 33 (3), 260 – 276.

Kline, D. (2003). 'Sharing the corporate crown jewels.' *MIT Sloan Management Review* 44 (3), 89 – 93.

Knight, F. H. (1921). *Risk, Uncertainty and Profit.* Boston, NY, Houghton Mifflin.

Knorr – Cetina, K. (1999). *Epistemic Cultures: How the Sciences Make Knowledge.* Cambridge, Mass., Harvard University Press.

Knott, A. M. and H. E. Posen (2005). 'Is failure good?' *Strategic Management Journal* 26 (7), 617 – 641.

Koch, A. and T. Stahlecker (2006). 'Regional innovation systems and the foundation of knowledge intensive business services. A comparative study in Bremen, Munich, and Stuttgart, Germany.' *European Planning Studies* 14 (2), 123 – 146.

Kogut, B. and U. Zander (1992). 'Knowledge of the firm, combinative capabilities, and the replication of technology.' *Organization Science* 3 (3), 383 – 397.

Kähler, W., G. Schachtel and P. Voleske (2007). *Biostatistik: Eine Einführung für Biologen und Agrarwissenschaftler.* Berlin, Springer.

Koruna, S. (2004). 'External technology commercialization: Policy guidelines.' *International Journal of Technology Management* 27 (2 – 3), 241 – 254.

Krattiger, A. F. (2004). 'Financing the bioindustry and facilitating biotechnology transfer.' *IP Strategy Today* (8).

Kuhn, T. S. (1962). *The Structure of Scientific Revolutions.* Chicago, University of Chicago Press.

Kumar, M. and S. I. Feldman (1998). Business Negotiations on the Internet. *inet'* 98. Geneva Switzerland.

Kumar, N., L. W. Stern and J. C. Anderson (1993). 'Conducting interorganizational research using key informants.' *The Academy of Management Journal* 36 (6), 1633 – 1651.

Kummer, C. and V. Sliskovic (2007). Do virtual data rooms add value to the mergers and acquisition process? *Institute of Mergers, Acquisitions and Alliances (MANDA)*. Zurich.

Kusunoki, K., I. Nonaka and A. Nagata (1998). 'Organizational capabilities in product development of Japanese firms: a conceptual framework and empirical findings.' *Organization Science* 9 (6), 699 – 718.

Laffont, J. J. (1989). *The Economics of Uncertainty and Information.* Cambridge, Mass., MIT Press.

Lafontaine, F. and M. E. Slade (forthcoming). 'Inter – firm contracts', in. R. Gibbons and J. Roberts (eds), *Handbook of Organizational Economics*, Princeton, NJ, Princeton University Press.

Lamoreaux, N. and K. Sokoloff (1998). 'Inventors, firms, and the market for technology: US manufacturing in the late nineteenth and early twentieth centuries', in. N. Lamoreaux, D. Raff and P. Temin. (eds), *Learning by Firms, Organizations, and Nations*, Chicago, University of Chicago Press, 19 – 60.

Lang, J. C. (2001). 'Management of intellectual property rights: Strategic patenting.' *Journal of Intellectual Capital* 2 (1), 8 – 26.

Lang, S. (1998). 'Who owns the course? Online composition courses in an era of changing intellectual property policies.' *Computers and Composition* 15 (2), 215 – 228.

Lange, V. (1994). Technologische Konkurrenzanalyse zur Früherkennung von Wettbewerberinnovationen bei deutschen Großunternehmen. *Betriebswirtschaftslehre für Technologie und Innovation.* Wiesbaden, Deutscher Universitätsverlag. Ph. D.: XX, 312 S.

Langlois, R. N. (1992). 'Transaction – cost economics in real time.' *Industrial and Corporate Change* 1 (1), 99 – 127.

Langlois, R. N. (2002). 'Modularity in technology and organization.' *Journal of Economic Behavior & Organization* 49 (1), 19 – 37.

Langlois, R. N. and N. J. Foss (1999). 'Capabilities and governance: the rebirth of production in the theory of economic organization.' *Kyklos* 52 (2), 201 – 218.

Lanjouw, J. O. and M. Schankerman (1997). Stylized facts of patent litigation: Value, scope and ownership. *NBER Working Paper No. w*6297.

Lanjouw, J. O. and M. A. Schankerman (1999). The quality of ideas: measuring innovation with multiple indicators. *NBER Working Paper No. w*7345.

Lanjouw, J. O. and M. Schankerman (2001). 'Characteristics of patent litigation: A window on competition.' *RAND Journal of Economics* 32 (1), 129 – 151.

Lanjouw, J. O. and M. Schankerman (2004). 'Patent quality and research productivity: Measuring innovation with multiple indicators.' *Economic Journal* 114 (495), 441 – 465.

Lanjouw, J. O. , A. Pakes and J. Putnam (1998). 'How to count patents and value intellectual property: The uses of patent renewal and application data.' *Journal of Industrial Economics* 46 (4), 405 – 432.

Larsson, R. (1993). 'Case survey methodology: Quantitative analysis of patterns across case studies.' *Academy of Management Journal* 36 (6), 1515 – 1546.

Laursen, K. and A. Salter (2006). 'Open for innovation: the role of openness in explaining innovation performance among UK manufacturing firms.' *Strategic Management Journal* 27 (2), 131 – 150.

Leffler, K. B. , R. R. Rucker and I. Munn (2007). The Choice Among Sales Procedures: Auction vs. Negotiated Sales of Private Timber. *Dept. of Agricultural Economics and Economics, Montana State University.*

Leiblein, M. J. (2003). 'The choice of organizational governance form and performance: Predictions from transaction cost, resource – based, and real options theories.' *Journal of Management* 29 (6), 937 – 961.

Lemarié, S. (2005). Vertical integration and the licensing of innovation with fixed fees or royalties. 32*nd EARIE conference.* Porto.

Lemley, M. A. and C. Shapiro (2005). 'Probabilistic patents.' *Journal of Economic Perspectives* 19 (2), 75 – 98.

Leonard – Barton, D. (1988). Synergistic design for case studies: Longitudinal singlesite and replicated multiple – site. *National Science Foundation Conference on Longitudinal Research Methods in Organizations.* Austin.

Leonard – Barton, D. (1990). 'A dual methodology for case studies: Synergistic use of a longitudinal single site with replicated multiple sites.' *Organization Science* 1 (3), 248 – 266.

Lettl, C. , C. Herstatt and H. G. Gemuenden (2006). 'Users' contributions to radical innovation: evidence from four cases in the field of medical equipment technology.' *R&D Management* 36 (3), 251 – 272.

Levin, R. C. , A. K. Klevorick, R. R. Nelson and S. G. Winter (1987). 'Appropriating the returns from industrial research and development.' *Brookings Papers on Economic Activity* 3 (Special Issue On Microeconomics), 783 – 820.

Levine, R. , N. Loayza and T. Beck (2000). 'Financial intermediation and growth: Causality and causes.' *Journal of Monetary Economics* 46 (1), 31 – 77.

Lichtenthaler, E. (2004). 'Organising the external technology exploitation process: current practices and future challenges.' *International Journal of Technology Management* 27 (2 – 3), 255 – 271.

Lichtenthaler, U. (2005). 'External commercialization of knowledge: Review and research agenda.' *International Journal of Management Reviews* 7 (4), 231 – 255.

Lichtenthaler, U. (2006a). Leveraging knowledge assets: success factors of external technology commercialization. Wiesbaden, Deutscher Universitätsverlag.

Lichtenthaler, U. (2006b). 'Projekte der externen Technologieverwertung: Ziele, Prozesse und Typen.' *Die Unternehmung* 60 (5), 351 – 372.

Lichtenthaler, U. (2007). 'Trading intellectual property in the new economy.' *International Journal of Intellectual Property Management* 1 (3), 241 – 252.

Lichtenthaler, U. and H. Ernst (2006a). 'Attitudes to externally organising knowledge management tasks: A review, reconsideration and extension of the NIH syndrome.' *R&D Management* 36 (4), 367 – 386.

Lichtenthaler, U. and H. Ernst (2006b). 'Developing reputation to overcome the imperfections in the markets for knowledge.' *Research Policy* 36 (1), 37 – 55.

Lien, A. P. (1979). 'Acquiring and selling technology: The role of the middleman.' *Research Management* 22 (3), 29 – 31.

Linder, J. C., S. L. Jarvenpaa and T. H. Davenport (2003). 'Toward an innovation sourcing strategy.' *MIT Sloan Management Review* 44 (4), 43 – 49.

Lindmark, S. (2002). Evolution of Techno – Economic Systems – An Investigation of the History of Mobile Communications. Gäteborg, Chalmers University of Technology.

Lopez, H. and W. Vanhaverbeke (2010). Connecting open and closed innovation markets: A typology intermediaries. *Politecnico di Milano*. Milano.

Lord, L. F. and F. de Mergelina (2004). The Data Room Process, Due Diligence and the Valuation of Financial Entities Operating Manuals 5 and 6. *Inter – American Development Bank*. Washington, D. C.

Lorenz, J. and E. L. Dougherts (1983). Bonus Bidding and Bottom Lines: Federal Offshore Oil and Gas. 58*th Annual Fall Technical Conference*. SPE 12024.

Love, J. (2007). *Process Automation Handbook – A Guide to Theory and Practice*. London, Springer.

Loveridge, R. (1990). *The Strategic Management of Technological Innovation*. Chichester, John Wiley & Sons.

Lucas, W. A. (1974). The case survey method: Aggregating case experience. Santa Monica, CA, RAND Corporation.

Lucking – Reiley, D. (2000). 'Auctions on the Internet: What's being auctioned, and how?' *Journal of Industrial Economics* 48 (3), 227 – 252.

Luderer, B., V. Nollau and K. Vetters (2007). *Mathematical Formulas for Economists*. Berlin, Heidelberg, Springer.

Ludwig – Mayerhofer, W., R. Jacob, W. H. Eirmbter, R. Keller and R. Christian. (2010, 26 Jun). "ILMES – Internet – Lexikon der Methoden der empirischen Sozialforschung. ".

Lynn, L. H., N. M. Reddy and J. D. Aram (1996). 'Linking technology and institutions: The innovation community framework.' *Research Policy* 25 (1), 91 – 106.

Macher, J. T. and B. D. Richman (2008). 'Transaction cost economics: An assessment of empirical research in the social sciences.' *Business and Politics* 10 (1), 1 – 63.

Macneil, I. R. (1973). 'The many futures of contracts.' *Southern California Law Review* 47

(3), 691 - 816.

Madhok, A. (2002). 'Reassessing the fundamentals and beyond: Ronald Coase, the transaction cost and resource - based theories of the firm and the institutional structure of production.' *Strategic Management Journal* 23 (6), 535 - 550.

Magerman, T., B. Van Looy and X. Song (2006). Data production methods for harmonized patent statistics: Patentee name harmonization. *KUL Working Paper No. MSI* 0605.

Mahoney, J. T. and J. R. Pandian (1992). 'The resource - based view within the conversation of strategic management.' *Strategic Management Journal* 13 (5), 363 - 380.

Malone, M. S. (1995). *The Microprocessor: A Biography.* New York, Springer. Maltz, A. (1994). 'Private fleet use: A transaction cost approach.' *Transportation Journal* 32, 46 - 53.

Manelli, A. and D. Vincent (1995). 'Optimal procurement mechanisms.' *Econometrica* 63 (3), 591 - 620.

Manning, W. G. and J. Mullahy (2001). 'Estimating log models: to transform or not to transform?' *Journal of Health Economics* 20 (4), 461 - 494.

Mansfield, E. (1994). Intellectual property protection, foreign direct investment, and technology transfer. *International Finance Corporation, The World Bank.* Washington, D. C.

Mansfield, E. (2000). 'Intellectual property protection, direct investment and technology transfer: Germany, Japan and the USA.' *International Journal of Technology Management* 19 (1), 3 - 21.

Mansfield, E. and A. Romeo (1980). 'Technology transfer to overseas subsidiaries by US - based firms.' *The Quarterly Journal of Economics* 95 (4), 737 - 750.

Mantel, S. J. and G. Rosegger (1987). 'The role of third - parties in the diffusion of innovations: a survey', in. R. Rothwell and J. Bessant (eds), *Innovation: Adaptation and Growth*, Amsterdam, Elsevier, 123 - 134.

March, J. G. (1991). 'Exploration and exploitation in organizational learning.' *Organization Science* 2 (1), 71 - 87.

March, J. G., H. A. Simon and H. Guetzkow (1958). *Organizations.* New York, John Wiley & Sons.

Marcy, W. (1979). 'Acquiring and selling technology - licensing do's and don'ts.' *Research Management* 22 (2), 18 - 21.

Mariani, M. and M. Romanelli (2007). '"Stacking" and "picking" inventions: The patenting behavior of European inventors.' *Research Policy* 36 (8), 1128 - 1142.

Markman, G. D., P. T. Gianiodis, P. H. Phan and D. B. Balkin (2005). 'Innovation speed: Transferring university technology to market.' *Research Policy* 34 (7), 1058 - 1075.

Markoff, J. (2005). Secretive buyer of some e - commerce patents turns out to be Novell. *The New York Times.* New York.

Maskin, E. and J. Riley (1989). 'Optimal Multi - Unit Auctions', in. F. Hahn (eds), *The Economics of Missing Markets, Information, and Games*, Oxford, Clarendon Press, 312 - 335.

Masten, S. E. (1984). 'The organization of production: Evidence from the aerospace industry.' *Journal of Law and Economics* 27 (2), 403 - 417.

Masten, S. E. (1988). 'A legal basis for the firm.' *Journal of Law, Economics, and Organization* 4 (1), 181 – 198.

Mazzoleni, R. and R. R. Nelson (1998). 'Economic theories about the benefits and costs of patents.' *Journal of Economic Issues* 32 (4), 1031 – 1033.

McAfee, R. P. and J. McMillan (1987a). 'Auctions and bidding.' *Journal of Economic Literature* 25 (2), 699 – 738.

McAfee, R. P. and J. McMillan (1987b). 'Auctions with entry.' *Economics Letters* 23 (4), 343 – 347.

McClure, I. D. (2008). 'Commoditizing Intellectual Property rights: The practicability of a commercialized and transparent international IPR market and the need for international standards.' *Buffalo Intellectual Property Law Journal* 6, 101 – 121.

McCutcheon, D. M. and J. R. Meredith (1993). 'Conducting case study research in operations management.' *Journal of Operations Management* 11 (3), 239 – 256.

McEvily, B. and A. Zaheer (1999). 'Bridging ties: a source of firm heterogeneity in competitive capabilities.' *Strategic Management Journal* 20 (12), 1133 – 1156.

McGrath, J. E. (1981). 'Dilemmatics: The study of research choices and dilemmas.' *American Behavioral Scientist* 25 (2), 179 – 210.

McIvor, R. (2009). 'How the transaction cost and resource – based theories of the firm inform outsourcing evaluation.' *Journal of Operations Management* 27 (1), 45 – 63.

Megantz, R. C. (1996). *How to License Technology.* New York, NY, John Wiley & Sons.

Megantz, R. C. (2002). *Technology Management: Developing and Implementing Effective Licensing Programs.* New York, NY, John Wiley & Sons.

Menard, S. (1995). *Logistic Regression: From Introductory to Advanced Concepts and Applications.* Thousand Oaks, Sage.

Merges, R. P. and R. R. Nelson (1990). 'On the complex economics of patent scope.' *Columbia Law Review* 90 (4), 839 – 916.

Meyer, M. (2006). 'Are patenting scientists the better scholars? An exploratory comparison of inventor – authors with their noninventing peers in nano – science and technology.' *Research Policy* 35 (10), 1646 – 1662.

Miles, I., N. Kastrinos, K. Flanagan, R. Bilderbeek, P. Den Hertog, W. Huntink and M. Bouman (1995). Knowledge – intensive business services: Users, carriers and sources of innovation. *European Innovation Monitoring System (EIMS)*, European Commission, CORDIS. 15.

Miles, M. B. and A. M. Huberman (1994). *Qualitative Data Analysis: An Expanded Sourcebook.* Thousand Oaks, Sage.

Milgrom, P. (1989). 'Auctions and bidding: A primer.' *Journal of Economic Perspectives* 3 (2), 3 – 22.

Milgrom, P. (2005). *Putting Auction Theory to Work.* Cambridge, Cambridge University Press.

Milgrom, P. R. and R. J. Weber (1982). 'A theory of auctions and competitive bidding.' *Econometrica* 50 (5), 1089 – 1122.

Miller, D. and H. Peter (1977). 'Strategy – making in context: Ten empirical archetypes.' *Journal of Management Studies* 14 (3), 253 – 280.

Millien, R. and R. Laurie (2007). Established and Emerging IP Business Models. *The 8th annual Sedona conference on patent litigation*. Sedona, AZ.

Minichiello, V., R. Aroni, E. Timewell and L. Alexander (1990). *In – depth Interviewing: Researching People*. Melbourne, Longman Cheshire.

Mitchell, G. R. (1988). 'Options for the strategic management of technology.' *International Journal of Technology Management* 3 (3), 253 – 262.

Mittag, H. (1985). *Technologiemarketing – Die Vermarktung von industriellem Wissen unter besonderer Berücksichtigung des Einsatzes von Lizenzen* Bochum, Studienverlag Dr. N. Brockmeyer.

Miyazaki, K. and K. Kijima (2000). 'Complexity in technology management: Theoretical analysis and case study of automobile sector in Japan.' *Technological Forecasting and Social Change* 64 (1), 39 – 54.

Mokyr, J. (2004). *The Gifts of Athena*. Princeton, NJ, Princeton University Press.

Monteverde, K. and D. J. Teece (1982). 'Supplier switching costs and vertical integration in the automobile industry.' *The Bell Journal of Economics* 13 (1), 206 – 213.

Morse, J. M., M. Barrett, M. Mayan, K. Olson and J. Spiers (2002). 'Verification strategies for establishing reliability and validity in qualitative research.' *International Journal of Qualitative Methods* 1 (2), 13 – 22.

Mortara, L. (2010). Getting help with open innovation. Cambridge, UK, Institute for Manufacturing, University of Cambridge.

Mossetto, G. and M. Vecco, Eds. (2002). *Economics of Art Auctions*. Milano, Franco Angeli.

Mowery, D. C. (1983). 'The relationship between intrafirm and contractual forms of industrial research in American manufacturing, 1900 – 1940.' *Explorations in Economic History* 20 (4), 351 – 374.

Mowery, D. C., R. R. Nelson, B. N. Sampat and A. A. Ziedonis (2001). 'The growth of patenting and licensing by US universities: an assessment of the effects of the Bayh – Dole act of 1980.' *Research Policy* 30 (1), 99 – 119.

Mukoyama, T. (2003). 'Innovation, imitation, and growth with cumulative technology.' *Journal of Monetary Economics* 50 (2), 361 – 380.

Murmann, J. P. and K. Frenken (2006). 'Toward a systematic framework for research on dominant designs, technological innovations, and industrial change.' *Research Policy* 35 (7), 925 – 952.

Murray, F. and S. O'Mahony (2007). 'Exploring the foundations of cumulative innovation: Implications for organization science.' *Organization Science* 18 (6), 1006 – 1021.

Muthoo, A. (2000). 'A non – technical introduction to bargaining theory.' *World Economics* 1 (2), 145 – 166.

Muthoo, A. (2002). *Bargaining Theory With Applications*. Cambridge, Cambridge University Press.

Myerson, R. B. (1981). 'Optimal auction design.' *Mathematics of Operations Research* 6 (1), 58 – 73.

Napel, S. (2002). *Bilateral bargaining: Theory and applications.* Berlin, Springer. Narin, F. and A. Breitzman (1995). 'Inventive productivity.' *Research Policy* 24 (4), 507 – 519.

Narin, F. and E. Noma Ross (1987). 'Patents as indicators of corporate technological strength.' *Research Policy* 16 (2 – 4), 143 – 155.

Narin, F. and D. Olivastro (1988). 'Technology indicators based on patents and patent citations', in. A. F. J. v. Raan (eds), *Handbook of Quantitative Studies of Science and Technology*, Amsterdam, North – Holland, 465 – 507.

Nash, J. F. (1950). 'The bargaining problem.' *Econometrica: Journal of the Econometric Society* 18 (2), 155 – 162.

Ndonzuau, F. N., F. Pirnay and B. Surlemont (2002). 'A stage model of academic spinoff creation.' *Technovation* 22 (5), 281 – 289.

Nelson, R. R. (1994). 'The co – evolution of technology, industrial structure, and supporting institutions.' *Industrial and Corporate Change* 3 (1), 47 – 63.

Nelson, R. R. (2008). 'What enables rapid economic progress: What are the needed institutions?' *Research Policy* 37 (1), 1 – 11.

Nelson, R. R. and K. Nelson (2002). 'Technology, institutions, and innovation systems.' *Research Policy* 31 (2), 265 – 272.

Nelson, R. R. and S. G. Winter (1982). *An Evolutionary Theory of Economic Change.* Cambridge, Belknap Press.

Niioka, H. (2006). 'Patent auctions: Business, and investment strategy in IP commercialization.' *Journal of Intellectual Property Law & Practice* 1 (11), 728 – 731. Nokia (2009). Form 20 – F 2008. *Annual Report.* Espoo, Finland, Nokia Corporation.

Nonaka, I. and H. Takeuchi (1995). *The Knowledge Creating Company.* Oxford, Oxford University Press.

Noordeewier, T. G., G. John and J. R. Nevin (1990). 'Performance outcomes of purchasing arrangement in industrial buyer – vendor relationship.' *Journal of Marketing* 54 (4), 80 – 93.

Nooteboom, B. (1999). 'Innovation and inter – firm linkages: New implications for policy.' *Research Policy* 28 (8), 793 – 805.

Nordhaus, W. D. (1967). The optimal life of a patent. *Cowles Foundation Discussion Papers for Research in Economics at Yale University*: 241.

North, D. (1996). 'Institutional change: A framework of analysis', in. S. – E. Sjöstrand (eds), *Institutional Change: Theory and Empirical Findings*, Armonk, NY, Conference on Socio – Economics; 3 (Stockholm): 1991, 35 – 47.

North, D. C. (1971). 'Institutional change and economic growth.' *The Journal of Economic History* 31 (1), 118 – 125.

Nuvolari, A. (2004). 'Collective invention during the British Industrial Revolution: the case of the Cornish pumping engine.' *Cambridge Journal of Economics* 28 (3), 347 – 363.

NZZ Online (2007). Patente unter dem Hammer; 6. Januar. *Neue Zürcher Zeitung.* O'Donoghue, T. (1998). 'A patentability requirement for sequential innovation.' *RAND Journal of Economics* 29 (4), 654 – 679.

Ocean Tomo. (2007a). "http：//www.oceantomo.com/events.html." Retrieved 13.11.2007

Ocean Tomo. (2007b). "http：//www.oceantomo.com/press _ releases.html." Retrieved 15. 11.2007

Ocean Tomo. (2007c). "http：//www.oceatomo.com/faq." Retrieved 18.11.2007

Ockenfels, A., D. Reiley and A. Sadrieh (2006). Online Auctions. *NBER Working Paper Series.*

OECD (2005). 'Oslo Manual – Guidelines for Collecting and Interpreting Innovation Data.' *Luxembourg*： Eurostat.

OECD (2006). Science, Technology and Industry Outlook (HIGHLIGHTS), OECD. OECD (2007). *Glossary of Statistical Terms*, Organisation for Economic Cooperation and Development.

OECD (2009). *OECD Patent Statistics Manual*, OECD Publishing.

OECD, BMWI and EPO (2005). *Intellectual property as an economic asset*： *key issues in valuation and exploitation*, Berlin.

Oriani, R. and Sobrero (2001). *Market Valuation of Firms Technological Knowledge a Real Options Perspective.* 21st Annual International Conference of Strategic Management Society, "Reinventing Strategic Management： Old Truths and New Insights", San Francisco, CA.

Osborne, J. W. and A. Overbay (2004). 'The power of outliers (and why researchers should always check for them).' *Practical Assessment, Research & Evaluation* 9 (6), 1 – 12.

Osterwalder, A. (2004). The Business Model Ontology – A Proposition in a Design Science Approach. *Ecole des Haute Etudes Commerciales.* Lausanne, Universite de Laussane.

Owen – Smith, J. and W. W. Powell (2003). 'The expanding role of university patent – ing in the life sciences： assessing the importance of experience and connectivity.' *Research Policy* 32 (9), 1695 – 1711.

Oxley, J. E. (1999). 'Institutional environment and the mechanisms of governance： the impact of intellectual property protection on the structure of inter – firm alliances.' *Journal of Economic Behavior & Organization* 38 (3), 283 – 309.

Pakes, A. and M. Schankerman (1984). 'The rate of obsolescence of patents, research gestation lags, and the private rate of return to research resources', in. Z. Griliches (eds), *R&D, Patents, and Productivity*, Chicago, University of Chicago Press, 73 – 88.

Parchomovsky, G. and R. P. Wagner (2005). 'Patent portfolios.' *University of Penn – sylvania Law Review* 154 (1), 1 – 77.

Parente, D. H., R. Venkataraman, J. F. and and I. Millet (2004). 'A conceptual research framework for analyzing online auctions in a B2B environment.' *Supply Chain Management*： *An International Journal* 9 (4), 287 – 294.

Parker, R. S., G. G. Udell and L. Blades (1996). 'The new independent inventor： Implications for corporate policy.' *Review of Business* 17 (3), 7 – 11.

Parr, C. (2006). 'Due Diligence Worth a Look?' *Business Law Review London* 27 (10), 232 – 233.

Patent Ratings. (2007). "http：//patentratings.com/." Retrieved 13.11.

Pearce, D. W. (1992). *Macmillan Dictionary of Modern Economics*, Basingstoke, UK, Palgrave Macmillan.

Peng, C. Y. J. , K. L. Lee and G. M. Ingersoll (2002). 'An introduction to logistic regression analysis and reporting.' *The Journal of Educational Research* 96 (1), 3 – 14.

Pénin, J. (2008). More open than open innovation? Rethinking the concept of openness in innovation studies. *Working Papers of BETA.*

Penrose, E. (1951). *The Economics of the International Patent System.* Baltimore, MD, Johns Hopkins University Press.

Peppet, S. R. (2003). 'Contract formation in imperfect markets: Should we use mediators in deals.' *Ohio State Journal on Dispute Resolution* 19 (2), 283 – 367.

Perrow, C. (1984). *Normal Accidents: Living with High – Risk Technologies.* New York, NY, Princeton University Press.

Perrow, C. (1994). 'Accidents in high – risk systems.' *Technology Studies* 1 (1), 1 – 38. Perry, M. L. , S. Sengupta and R. Krapfel (2004). 'Effectiveness of horizontal strategic alliances in technologically uncertain environments: Are trust and commitment enough?' *Journal of Business Research* 57 (9), 951 – 956.

Pisano, G. P. (1990). 'The R&D boundaries of the firm: An empirical analysis.' *Administrative Science Quarterly* 35 (1), 153 – 176.

Pitkethly, R. (1999). The Valuation of Patents: A review of patent valuation methods with consideration of option based methods and the potential for further research. *Judge Institute Working Paper WP* 21/97.

Plott, C. R. and K. Zeiler (2005). 'The willingness to pay – willingness to accept gap, the "endowment effect," subject misconceptions, and experimental procedures for eliciting valuations.' 95 (3), 530 – 545.

Poddar, S. and U. B. Sinha (2002). The role of fixed fee and royalty in patent licensing. *Department of Economics, National University of Singapore.*

Polanyi, M. (1962). *Personal Knowledge: Towards a Post – Critical Philosophy.* London, Routledge.

Polanyi, M. (1966). *The Tacit Dimension.* Garden City, NY, Doubleday.

Poley, W. L. and Deutscher Wirtschaftsdienst (1981). *Know – How – Export, Lizenzvergabe, Technologie – Transfer: Neue Chancen auf neuen Märkten.* Käln, Deutscher Wirtschaftsdienst.

Pollard, D. (2006). 'Innovation and technology transfer intermediaries: A systemic international study.' *Advances in Interdisciplinary Studies of Work Teams* 12, 137 – 174.

Popp, A. (2000). 'Swamped in information but starved of data: Information and intermediaries in clothing supply chains.' *Supply Chain Management Science* 5 (3), 151 – 161.

Popper, K. R. (1969). *Conjectures and Refutations: The Growth of Scientific Knowledge.* London, Routledge.

Poppo, L. and T. Zenger (1998). 'Testing alternative theories of the firm: Transaction cost, knowledge – based, and measurement explanations for make – or – buy decisions in information services.' *Strategic Management Journal* 19 (9), 853 – 877.

Powell, W. W. and K. Snellman (2004). 'The knowledge economy.' *Annual Review of Sociology* 30 (2004), 199 – 220.

Powell, W. W., K. W. Koput and L. Smith – Doerr (1996). 'Interorganizational collaboration and the locus of innovation: Networks of learning in biotechnology.' *Administrative Science Quarterly* 41 (1), 116 – 145.

Powers, D. A. and Y. Xie (2008). *Statistical Methods for Categorical Data Analysis.* Bingley, Emerald Group Publishing.

Price, S. and R. Erwee (2006). *High technology firms in Canada's description of their competitive advantage – a cross case analysis of a sample of SMEs.* Academy of Management Annual Meeting: Knowledge, Action and the Public Concern, Atlanta, USA, Pace University.

Provan, K. G. and S. E. Human (1999). 'Organizational learning and the role of the network broker in small – firm manufacturing networks', in. A. Grandori (eds), *In – terfirm Networks: Organization and Industrial Competitiveness*, London, Rout – ledge, 185 – 207.

Punch, K. F. (2005). *Introduction to Social Research: Quantitative and Qualitative Approaches.* London, Sage.

PWC (2007). Exploiting intellectual property in a complex world, Price Waterhouse Coopers.

Raasch, A. – C. (2006). Der Patentauslauf von pharmazeutischer Produkte als Herausforderung beim Management des Produktlebenszyklus. Erlangen – Nürnberg, Friedrich – Alexander – Universität.

Raasch, C. and C. Herstatt (forthcoming). 'Product development in open design communities: A process perspective.' *International Journal of Innovation and Technology Management.*

Raasch, C., C. Herstatt and K. Balka (2009). 'On the open design of tangible goods.' *R&D Management* 39 (4), 382 – 393.

Rasch, B. (2008). *Quantitative Methoden: Einführung in die Statistik.* Heidelberg, Springer.

Reichstein, T. (2009). Economics and Management of Innovation, Technology and Organizational Change. *DRUID – DIME Academy Winter* 2009 *PhD Conference.* Aalborg, Denmark.

Reid, D., D. Bussiere and K. Greenaway (2001). 'Alliance formation issues for knowledge – based enterprises.' *International Journal of Management Reviews* 3 (1), 79 – 100.

Reiley, D. H. (2006). 'Field experiments on the effects of reserve prices in auctions: More magic on the internet.' *Rand Journal of Economics* 37 (1), 195 – 211.

Reinhard Haupt, Karsten Jahn, Marcus Lange and W. Ziegler (2004). 'Der Patentlebenszyklus: Methodische Läsungsansätze der externen Technologieanalyse.' *Arbeits – und Diskussionspapiere der Wirtschaftswissenschaftlichen Fakultät.* Friedrich – Schiller – Universität Jena.

Reitzig, M. (2003). 'What determines patent value? Insights from the semiconductor industry.' *Research Policy* 32 (1), 13 – 26.

Reitzig, M. (2004). 'Strategic management of intellectual property.' *Sloan Management Review* 45 (3), 35 – 40.

Reitzig, M., J. Henkel and F. Schneider (2010). 'Collateral damage for R&D manufacturers: How patent sharks operate in markets for technology.' *Industrial and Corporate Change* 19 (3), 947 – 967.

Rieck, C. (1993). *Spieltheorie Einführung für Wirtschafts – und Sozialwissenschaftler.* Wiesbaden, Betriebswirtschaftlicher Verlag Gabler.

Rihoux, B. (2006). 'Qualitative Comparative Analysis (QCA) and related systematic comparative methods: Recent advances and remaining challenges for social science research.' *International Sociology* 21 (5), 679 – 706.

Riis, C. and X. Shi (2009). 'Cumulative innovation and exclusive patent policy.' *Department of Economics, Norwegian School of Management, Oslo.*

Riley, J. G. and W. F. Samuelson (1981). 'Optimal auctions.' *American Economic Review* 71 (3), 381 – 392.

Rindfleisch, A. and J. B. Heide (1997). 'Transaction cost analysis: Past, present, and future applications.' *The Journal of Marketing* 61 (4), 30 – 54.

Ring, P. S. and A. H. Van de Ven (1989). 'Formal and informal dimensions of transactions', in. A. H. van de Ven, H. L. Angle and M. S. Poole (eds), *Research on the Management of Innovation: The Minnesota Studies*, New York, NY, Oxford University Press, 171 – 192.

Rivette, K. G. and D. Kline (2000). *Rembrandts in the Attic: Unlocking the Hidden Value of Patents.* Boston, Harvard Business School Press.

Roberts, K. H. (1990). 'Some characteristics of one type of high reliability organization.' *Organization Science* 1 (2), 160 – 176.

Roberts, K. H. and G. Gargano (1990). 'Managing a high – reliability organization: A case for interdependence', in. M. A. v. Glinow and S. A. Mohrman (eds), *Managing Complexity in High Technology Organizations* New York, NY, Oxford University Press, 146 – 159.

Robertson, T. S. and H. Gatignon (1998). 'Technology development mode: A transaction cost conceptualization.' *Strategic Management Journal* 19 (6), 515 – 531.

Rockett, K. E. (1990). 'Choosing the competition and patent licensing.' *Rand Journal of Economics* 21 (1), 161 – 171.

Roll, R. (1986). 'The hubris hypotheses of corporate takeovers.' *Journal of Business* 59 (2), 197 – 216.

Romer, P. M. (1990). 'Endogenous technological change.' *Journal of Political Economy* 98 (5), 71 – 102.

Roos, J., G. Edvinsson, N. C. Dragonetti and L. Edvinsson (1997). *Intellectual Capital – Navigating in the New Business Landscape.* London, Macmillan.

Rosenberg, M. (1968). *The Logic of Survey Analysis.* New York, Basic Books.

Rosenberg, N. (1994). *Exploring the Black Box: Technology, Economics, and History.* Cambridge, Cambridge University Press.

Rosenkopf, L., A. Metiu and V. P. George (2001). 'From the bottom up? Technical committee activity and alliance formation.' *Administrative Science Quarterly* 46 (4), 748 – 772.

Rosenkranz, S. and P. W. Schmitz (2007). 'Reserve prices in auctions as reference points (Working Paper Version).' *Economic Journal* 117 (520), 637 – 653.

Rossman, J. and B. S. Sanders (1957). 'The Patent Utilization Study.' *IDEA: The Intellectual Property Law Review* 1, 74 – 111.

Roth, A. E. (2008). 'What have we learned from market design?' *The Economic Journal* 118 (527), 285 – 310.

Rothkopf, M. H. and R. M. Harstad (1994). 'Modeling competitive bidding: A critical essay.' *Management Science* 40 (3), 364 – 384.

Rothkopf, M. H. and R. M. Stark (1979). 'Competitive bidding: A comprehensive bibliography.' *Operations Research* 27 (2), 364 – 390.

Rothkopf, M. H., T. J. Teisberg and E. P. Kahn (1990). 'Why are Vickrey auctions rare?' *Journal of Political Economy* 98 (1), 94 – 109.

Rothwell, R. (1994). 'Towards the fifth – generation innovation process.' *International Marketing Review* 11 (1), 7 – 31.

Rubenstein, A. H. and A. Ribenstein (1989). *Managing Technology in the Decentralized Firm.* New York, NY, John Wiley & Sons.

Ruzzier, C. A. (2009). Asset Specificity and Vertical Integration: Williamson's Hypothesis Reconsidered. *Harvard Business School Working Paper No.* 09 – 119.

Rycroft, R. W. and D. E. Kash (1999). *The Complexity Challenge: Technological Innovation for the 21st Century.* London, Pinter Publishers.

Sahal, D. (1981). 'Alternative conceptions of technology.' *Research Policy* 10, 2 – 24.

Sahal, D. (1982). 'The form of technology', in. D. Sahal (eds), *The Transfer and Utilization of Technical Knowledge*, Lexington, MA, Lexington Publishing, 125 – 139.

Sahal, D. (1985). 'Technological guideposts and innovation avenues.' *Research Policy* 14 (2), 61 – 82.

Salomon Smith Barney (1999). Report on the IBM licensing programme.

Sapsalis, E., B. van Pottelsberghe de la Potterie and R. Navon (2006). 'Academic vs. industry patenting: An in – depth analysis of what determines patent value.' *Research Policy* 35 (10), 1631 – 1645.

Sauermann, H. (2000). Finanzintermediäre und Kapitalmarkteffizienz. *Lehrstuhl für BWL, Finanzierung und Banken; Prof. Dr. Hummel*, Universität Potsdam.

Scandura, T. A. and E. A. Williams (2000). 'Research methodology in management: Current practices, trends, and implications for future research.' *Academy of Man – agement Journal* 43 (6), 1248 – 1264.

Schaeffer, N. C. and S. Presser (2003). 'The science of asking questions.' *Annual Review of Sociology* 29, 65 – 88.

Schankerman, M. and A. Pakes (1986). 'Estimates of the value of patent rights in European countries during the post – 1950 period.' *The Economic Journal* 96 (384), 1052 – 1076.

Schelling, T. C. (1997). *The Strategy of Conflict.* Cambridge, Mass., Harvard University Press.

Scherer, F. M. (1965). 'Firm size, market structure, opportunity, and the output of patented inventions.' *The American Economic Review* 55 (5), 1097 – 1125.

Scherer, F. M. (1982). 'Inter – industry technology flows and productivity growth.' *The Review of Economics and Statistics* 64 (4), 627 – 634.

Schettino, F., A. Sterlacchini and F. Venturini (2008). Inventive Productivity and Patent Quality: Evidence from Italian Inventors. *Munich Personal RePEc Archive.*

Schilling, M. A. (1998). 'Technological lockout: An integrative model of the economic and strategic factors driving technology success and failure.' *The Academy of Management Review* 23 (2), 267 – 284.

Schilling, M. A. and H. K. Steensma (2002). 'Disentangling the theories of firm boundaries: A path model and empirical test.' *Organization Science* 13 (4), 387 – 401.

Schlag, P. (1989). 'The problem of transaction costs.' *Southern California Law Review* 62, 1661 – 1700.

Schmoch, U. , F. Laville, P. Patel and R. Frietsch (2003). Linking Technology Areas to Industrial Sectors – Final Report, European Commission, DG Research.

Schmookler, J. (1966). *Invention and Economic Growth.* Cambridge, MA, Harvard University Press.

Schrader, S. (1991). 'Information technology transfer between firms: Cooperation through information trading.' *Research Policy* 20 (2), 153 – 170.

Schultz, A. – M. (1980). *Methoden und Probleme der Gebührenbemessung bei internationalen Lizenz – und Know – how – Verträgen.* St. Gallen.

Schumpeter, J. A. (1912). *Theorie der wirtschaftlichen Entwicklung* (2006 edition). Berlin, Duncker & Humblot.

Schumpeter, J. A. (1949). 'Science and Ideology.' *The American Economic Review* 39 (2), 346 – 359.

Schweisfurth, T. , C. Raasch and C. Herstatt (forthcoming). 'Free revealing in open innovation: A comparison of different models and their benefits for companies.' *International Journal of Product Development.*

Schweizer, L. (2005). 'Organizational integration of acquired biotechnology companies in pharmaceutical companies: The need for a hybrid approach.' *Academy of Management Journal* 48 (6), 1051 – 1074.

Scotchmer, S. (1991). 'Standing on the shoulders of giants: cumulative research and the patent law.' *The Journal of Economic Perspectives* 5 (1), 29 – 41.

Scotchmer, S. (2004). *Innovation and Incentives.* Cambridge, Mass. , MIT Press. Seawright, J. and J. Gerring (2008). 'Case selection techniques in case study research: A menu of qualitative and quantitative options.' *Political Research Quarterly* 61 (2), 294.

Sen, D. (2005). 'Fee versus royalty reconsidered.' *Games and Economic Behavior* 53 (1), 141 – 147.

Severini, T. A. (1996). 'Measures of the sensitivity of regression estimates to the choice of estimator.' *Journal of the American Statistical Association* 91 (436), 1651 – 1658.

Shapiro, C. (1986). 'Investment, moral hazard, and occupational licensing.' *The Review of Economic Studies* 53 (5), 843 – 862.

Sheehan, J. , C. Martinez and D. Guellec (2004). Understanding Business Patenting and Licensing: Results of a Survey. *Patents, Innovation and Economic Performance.* OECD Conference Proceedings: 89 – 11.

Shelanski, H. A. and P. G. Klein (1995). 'Empirical research in transaction cost economics: A review and assessment. ' *Journal of Law, Economics, and Organization* 11 (2), 335 – 361.

Shenkar, O. and I. Arikan (2006). 'Auctions in Ohio Real Estate. ' *Ohio Real Estate Education & Research Fund*

Shephard, A. (1987). 'Licensing to enhance demand for new technologies. ' *The RAND Journal of Economics* 18 (3), 360 – 368.

Shin, H. D. S. (2003). *The role of uncertainty in transaction cost and resource – based theories of the firm.* The Ohio State University.

Shulman, S. (2003). 'Big ivory takes license. ' *Technology Review* April, 77. Silverman, D. (1993). *Interpreting Qualitative Data: Methods for Analysing Talk, Text and Interaction.* London, Sage.

Simon, H. A. (1959). 'Theories of decision – making in economics and behavioral science. ' *The American Economic Review* 49 (3), 253 – 283.

Simon, H. A. (1962). 'The architecture of complexity. ' *Proceedings of the American Philosophical Society* 106 (6), 467 – 482.

Simon, H. A. (1969). *The Sciences of the Artificial*, Cambridge, MA: MIT Press.

Simonin, B. L. (1991). Transfer of knowledge in international strategic alliances: A structural approach. Ann Arbor, University of Michigan.

Simonin, B. L. (1999). 'Ambiguity and the process of knowledge transfer in strategic alliances. ' *Strategic Management Journal* 20 (7), 595 – 623.

Singh, J. (2005). 'Collaborative networks as determinants of knowledge diffusion patterns. ' *Management Science* 51 (5), 756 – 770.

Singh, J. and L. Fleming (forthcoming). 'Lone inventors as sources of breakthroughs: Myth or reality?' *INSEAD Working Paper No. 2009/31/ST.*

Singh, K. (1997). 'The impact of technological complexity and interfirm cooperation on business survival. ' *Academy of Management Journal* 40 (2), 339 – 367.

Singh, N. and S. K. Bhatia (2000). *Industrial Relations and Collective Bargaining: Theory and Practice.* New Delhi, Deep & Deep Publishers.

Smits, R. (2002). 'Innovation studies in the 21st century: Questions from a user's perspective. ' *Technological Forecasting and Social Change* 69 (9), 861 – 883.

Soh, P. H. and E. B. Roberts (2003). 'Networks of innovators: a longitudinal perspective. ' *Research Policy* 32 (9), 1569 – 1588.

Somaya, D. and D. Teece (2000). Combining Patent Inventions in Multi – Invention Products: Transactional Challenges and Organizational Choices. *Haas School of Business CCC Working Paper.*

Somaya, D. and D. J. Teece (2008). 'Patents, Licensing, and Entrepreneurship: Effectuating Innovation in Multi – invention Contexts', in. D. J. Teece (eds), *Technological Know – How, Organizational Capabilities, and Strategic Management: Business Strategy and Enterprise Development in Competitive Environments*, Singapore, World Scientific Publishing, 287 – 310.

Souder, W. E. and P. Shrivastava (1985). 'Towards a scale for measuring technology in new product innovations. ' *Research Policy* 14 (3), 151 – 160.

Spedding, L. (2008). *Due Diligence Handbook: Corporate Governance, Risk Management and*

Business Planning. Oxford, CIMA Publishing / Elsevier.

Spence, M. (1973). 'Job market signaling.' *The Quarterly Journal of Economics* 87 (3), 355 – 374.

SPSS (2007). *SPSS Missing Values?* 17.0. Chicago, SPSS Inc.

Stahl, I. and Economic Research Institute (1972). *Bargaining Theory*. Stockholm, EFI.

Stake, R. E. (1994). 'Case studies', in. N. K. Denzin and Y. S. Lincoln (eds), *Handbook of Qualitative Research*, Thousand Oaks, CA, Sage, 236 – 247.

Stankiewicz, R. (1995). 'The role of the science and technology infrastructure in the development and diffusion of industrial automation in Sweden', in. B. Carlsson (eds), *Technological Systems and Economic Performance: The Case of Factory Automation*, Dordrecht, Kluwer, 165 – 210.

Stark, R. M. and M. H. Rothkopf (1979). 'Competitive bidding: A comprehensive bibliography.' *Operations Research* 27 (2), 364 – 390.

Statistics Solutions. (2010, November 24, 2009). "Assumptions of logistic regression." Retrieved 22.06., 2010.

Steensma, H. K. and K. G. Corley (2000). 'On the performance of technologysourcing partnerships: The interaction between partner interdependence and technology attributes.' *The Academy of Management Journal* 43 (6), 1045 – 1067.

Stigler, G. J. (1951). 'The division of labor is limited by the extent of the market.' *Journal of Political Economy* 59 (3), 185 – 193.

Stigler, G. J. (1961). 'The economics of information.' *The Journal of Political Economy* 69 (3), 213 – 225.

Strambach, S. (2001). 'Innovation processes and the role of knowledge – intensive business services (KIBS)', in. K. Koschatzky, M. Kulicke and A. Zenker (eds), *Innovation Networks. Concepts and Challenges in the European Perspective*, Technology, Innovation and Policy, Heidelberg / New York, Physica Verlag, 53 – 68.

Stump, R. L. and J. B. Heide (1996). 'Controlling supplier opportunism in industrial relationships.' *Journal of Marketing Research* 33 (4), 431 – 441.

Suarez, F. F. (2004). 'Battles for technological dominance: an integrative framework.' *Research Policy* 33 (2), 271 – 286.

Sutton, J. (1986). 'Non – cooperative bargaining theory: An introduction.' *The Review of Economic Studies* 53 (5), 709 – 724.

Tao, J., J. Daniele, E. Hummel, D. Goldheim and G. Slowinski (2005). 'Developing an effective strategy for managing intellectual assets.' *Research Technology Management* 48 (1), 50 – 58.

Taylor, C. T. and A. Silberston (1973). *The Economic Impact of the Patent System: A Study of the British Experience*. Cambridge, Cambridge University Press.

Teece, D. J. (1977). 'Technology transfer by international firms: The resource cost of transferring technological know – how.' *Economic Journal* 87 (346), 242 – 261.

Teece, D. J. (1981). 'The market for know – how and the efficient international transfer of technology.' *The ANNALS of the American Academy of Political and Social Science* 458 (November), 81 – 96.

Teece, D. J. (1986). 'Profiting from technological innovation: Implications for integration, collaboration, licensing and public policy.' *Research Policy* 15 (6), 285 – 305.

Teece, D. J. (1989). 'Inter – organizational requirements of the innovation process.' *Managerial and Decision Economics* 10 (Spring), 35 – 42.

Teece, D. J. (1998a). 'Capturing value from knowlege assets.' *California Management Review* 40 (3), 55 – 79.

Teece, D. J. (1998b). *Economic Performance and the Theory of the Firm.* Cheltenham, UK and Northampton, MA, USA, Edward Elgar Publishing.

Teece, D. J. (2000). 'Firm Capabilities and Economic Development: Implications for Newly Industrializing Economies', in. L. Kim and R. R. Nelson (eds), *Technology, Learning, and Innovation: Experiences of Newly Industrializing Economies*, Cambridge, Cambridge University Press, 105 – 129.

Teece, D. J. (2006). 'Reflections on "profiting from innovation".' *Research Policy* 35 (8), 1131 – 1146.

Teece, D. and G. Pisano (1994). 'The dynamic capabilities of firms: An introduction.' *Industrial and Corporate Change* 3 (3), 537 – 556.

Tekin – Koru, A. (2009). 'Technology transfers and optimal entry strategies for the multinational firm.' *Journal of International Trade & Economic Development* 18 (4), 553 – 574.

Thaler, R. (1980). 'Toward a positive theory of consumer choice.' *Journal of Economic Behavior and Organization* 1 (1), 39 – 60.

Thiele, C. (2003). Online versus Offline Beschaffungsverhandlungen. WHU – Otto Beisheim School of Management.

Thursby, J. G. and M. C. Thursby (2007). 'University licensing.' *Oxford Review of Economic Policy* 23 (4), 620 – 639.

Tietz, R. and C. Herstatt (2007). Virtuelle Communities als ein innovatives Instrument für Unternehmen: Eine explorative Fallstudienanalyse im Hobby – und Freizeitgüterbereich. *Institute for Technology and Innovation Management.* Hamburg, Hamburg University of Technology.

Tietze, F. (2004). Development of Intellectual Property Management: Cases from German and Swedish Biotechnology Companies. Gäteborg, Chalmers tekniska högsk.: xi, 126.

Tietze, F. (2008). Technology Market Intermediaries to Facilitate External Technology Exploitation – The Case of IP Auctions. *Working Paper* 55. Hamburg University of Technology, Institute for Technology and Innovation Management.

Tietze, F. (2010). A Typology for Technology Market Intermediaries. *Working Paper* 60. Hamburg University of Technology, Institute for Technology and Innovation Management.

Tietze, F. and A. Barreto (2007). Intellectual Property Monetization: The Market and its Business Models. *Institute for Technology and Innovation Management.* Hamburg, Hamburg University of Technology.

Tietze, F. and C. Herstatt (2010). Technology Market Intermediaries and Innovation. *DRUID Summer Conference.* Imperial College London.

Tietze, F., Ervilia and C. Herstatt (2009). 'Exploring the relation of patent ownership and market success – Cases from the LCD Flat Panel Display Industry.' *International Journal of Technology Intelligence and Planning* 5 (1).

Tietze, F., C. Herstatt and S. Buse (2007). Externe Technologieverwertung: Maßnahmen zur Stärkung der Innovationskraft Hamburger KMU *Projekt Regionale Innovationsstrategien (RIS) Hamburg*. Hamburg, Hamburg University of Technology.

Tijssen, R. J. W. (2002). 'Science dependence of technologies: Evidence from inventions and their inventors.' *Research Policy* 31 (4), 509 – 526.

Tirole, J. (2008). *The Theory of Industrial Organization*. Cambridge, Mass, MIT Press.

Tobin, J. (1992). 'Financial Intermediaries', in. P. K. Newman, M. Milgate and J. Eatwell (eds), *The New Palgrave Dictionary of Money & Finance*, London, Macmillan, 834.

Trajtenberg, M. (1990). 'A penny for your quotes: Patent citations and the value of innovations.' *The RAND Journal of Economics* 21 (1), 172 – 187.

Troy, I. and R. Werle (2008). Uncertainty and the Market for Patents. *Max Planck Institute for the Study of Societies*. Cologne.

Tschirky, H. and S. Koruna (1998). *Technologie – Management: Idee und Praxis*. Zürich, Verlag Industrielle Organisation.

Tschirky, H., J. – P. Escher, D. Tokdemir and C. Belz (2000). 'Technology marketing: a new core competence of technology intensive enterprises.' *International Journal of Technology Management* 20 (3/4), 459 – 474.

Tushman, M. L. and P. Anderson (1986). 'Technological discontinuities and organizational environments.' *Administrative Science Quarterly* 31 (3), 439 – 465.

Tushman, M. L. and L. Rosenkopf (1992). 'Organizational determinants of technological change: Towards a sociology of technological evolution.' *Research in Organizational Behavior* 14, 311 – 47.

University of the West of England. (2007). "Data analysis on – line learning programme." from http://hsc. uwe. ac. uk/dataanalysis/index. asp.

Utterback, J. M. (1996). *Mastering the Dynamics of Innovation*. Cambridge, Mass., Harvard Business Press.

Utterback, J. M. and F. F. Suarez (1993). 'Innovation, competition, and industry structure.' *Research Policy* 22 (1), 1 – 21.

Van de Ven, A. H. (1993). 'A community perspective on the emergence of innovations.' *Journal of Engineering and Technology Management* 10 (1 – 2), 23 – 51.

Van de Ven, A. H. (2000). 'On the nature, formation, and maintenance of relations among organizations.' *Academy of Management Review* 1 (4), 24 – 36.

Van de Vrande, V., C. Lemmens and W. Vanhaverbeke (2006). 'Choosing governance modes for external technology sourcing.' *R&D Management* 36 (3), 347 – 363.

van den Berg, G. J., J. C. Van Ours and M. P. Pradhan (2001). 'The declining price anomaly in Dutch Dutch rose auctions.' *American Economic Review* 91 (4), 1055 – 1062.

van Lente, H., M. Hekkert, R. Smits and B. A. S. van Waveren (2003). 'Roles of systemic intermediaries in transition processes.' *International Journal of Innovation Management* 7 (3),

247 – 280.

van Zeebroeck, N. (2007). Patents only live twice: A patent survival analysis in Europe. *Working Papers CEB.*

Várdy, F. (2010). Institutional Traps. *University of California Berkeley, Haas School of Business.*

Vickery, G. (1988). 'A survey of international technology licensing.' *STI Review* 4 (December), 7 – 49.

Vickrey, W. (1961). 'Counterspeculation, auctions, and competitive sealed tenders.' *Journal of Finance* 16 (1), 8 – 37.

Vincent, D. R. (1995). 'Bidding off the wall: Why reserve prices may be kept secret.' *Journal of Economic Theory* 65 (2), 575 – 584.

von Graevenitz, G., S. Wagner and D. Harhoff (2008). How Cost, Complexity and Technological Opportunity Affect the Rate of Patenting. Munich School of Management.

von Hippel, E. (1987). 'Cooperation between rivals: Informal know – how trading.' *Research Policy* 16 (6), 291 – 302.

von Hippel, E. (1988). *The Sources of Innovation.* Oxford, UK, Oxford University Press.

von Hippel, E. (1994). 'Sticky information and the locus of problem solving: Implications for innovation.' *Management Science* 40 (4), 429 – 439.

Wagner, S. (2006). Make – or – Buy Decisions in Patent Related Services. *University of Munich – Department of Business Administration.*

Walker, G. and D. Weber (1984). 'A transaction cost approach to make – or – buy decisions.' *Administrative Science Quarterly* 29 (3), 373 – 391.

Walker, G. and D. Weber (1987). 'Supplier competition, uncertainty, and make – or – buy decisions.' *Academy of Management Journal* 30 (3), 589 – 596.

West, J. and M. Bogers (2010). Contrasting Innovation Creation and Commercialization within Open, User and Cumulative Innovation. *Academy of Management Conference.* Montréal.

Williamson, O. E. (1975). *Markets and Hierarchies: Analysis and Antitrust Implications. A Study in the Economics of Internal Organization.* New York, NY, Free Press.

Williamson, O. E. (1979). 'Transaction – cost economics: The governance of contractual relations.' *Journal of Law and Economics* 22 (2), 233 – 261.

Williamson, O. E. (1981). 'The economics of organization: The transaction cost approach.' *American Journal of Sociology* 87 (3), 548 – 577.

Williamson, O. E. (1985). *The economic institutions of capitalism. Firms, markets, relational contracting.* New York, NY, Free Press.

Williamson, O. E. (1991). 'Comparative economic organization: The analysis of discrete structural alternatives.' *Administrative Science Quarterly* 36 (2), 269 – 296. Williamson, O. E. (1998). 'The institutions of governance.' *The American Economic Review* 88 (2), 75 – 79.

Williamson, O. E. (1999). 'Strategy research: Governance and competence perspectives.' *Strategic Management Journal* 20 (12), 1087 – 1108.

Wilson, M. (1996). 'Asking Questions', in. R. Sapsford and V. Jupp (eds), *Data Collection and Analysis*, Thousand Oaks, Ca, Sage, 94 – 121.

Winkelmann, R. (2008). *Econometric analysis of count data*. Berlin, Springer.

WIPO. (2009). "International Patent Classification (IPC). " Retrieved 28. 09. 2009

Wuchty, S. , B. F. Jones and B. Uzzi (2007). 'The increasing dominance of teams in production of knowledge. ' *Science* 316 (5827), 1036.

Wurman, P. R. , M. P. Wellman and W. E. Walsh (2001). 'A parametrization of the auction design space. ' *Games and Economic Behavior* 35 (1 – 2), 304 – 338.

Xu, Q. , J. Chen, Z. Xie, J. Liu, G. Zheng and Y. Wang (2007). 'Total innovation management: A novel paradigm of innovation management in the 21st century. ' *The Journal of Technology Transfer* 32 (1), 9 – 25.

Yang, L. and K. E. Maskus (2009). 'Intellectual property rights, technology transfer and exports in developing countries. ' *Journal of Development Economics* 90 (2), 231 – 236.

Yazdanparast, M. A. , I. Manuj and S. M. Swartz (2010). 'Co – creating logistics value: A service dominant logic perspective. ' *International Journal of Logistics Management* 21 (3), 375 – 403.

Yin, R. K. (2003). *Case Study Research: Design and Methods*. Beverly Hills, Sage.

Yin, R. K. and K. A. Heald (1975). 'Using the case survey method to analyze policy studies. ' *Administrative Science Quarterly* 20 (3), 371 – 381.

Zander, U. and B. Kogut (1995). 'Knowledge and the speed of the transfer and imita – tion of organizational capabilities: An empirical test. ' 6 (1), 76 – 92.

Zeebroeck, N. v. , B. v. Pottelsberghe de la Potterie and W. Han (2005). Issues in measuring the degree of technological specialization with patent data. *Working Papers CEB*. Solvay Business School.

Zhang, A. (2006). 'Transaction governance structure: Theories, empirical studies, and instrument design. ' *International Journal of Commerce and Management* 16 (2), 59 – 85.

Ziedonis, R. H. (2008). 'Intellectual Property and Innovation', in. S. Shane (eds), *Handbook of Technology and Innovation Management*, Chichester John Wiley & Sons, 295 – 333.

Zucker, L. G. and M. R. Darby (1996). Star scientists and institutional transformation: Patterns of invention and innovation in the formation of the biotechnology industry. *Proceedings of the National Academy of Sciences of the United States of America*. Irvine, CA. 93: 12709 – 12716.

原版词汇索引

图表索引

致　　谢

尽管本书的出版是我个人事业追求的成果，但是若没有众多同仁的通力协助，我无法获得如此成就。我想对 Cornelius Herstatt 表达最诚挚的谢意。对于我的研究工作他始终予以坚定的支持。在其研究机构内，无论从学术研究或个人发展方面，我都得到了不遗余力且无价的帮助和指导。对于这次学术探究，他赋予的耐心和深思熟虑，对我来说影响深远，不可或缺。对于 Ove Granstrand，我也想表达我最深的谢意。他提出的合理的、带有批判性和启发性的建议开拓了我原有的想法。我与他多次的讨论有益于研究且富有成效。与他的沟通是以一种与众不同的明晰的方式讨论深刻的思想，这促使我更加享受研究的过程。

我感谢我的旧识和现在的同事积极参与我的研究，尤其是 Tim Schweisfurth、Dominic de Vries、Rajnish Tiwari、Florian Skiba、Viktor Braun 和 Christoph Stock - strom。当时任职于柏林技术学院的 Christoph Mirow 对我的手稿提出了宝贵的建议。同时，我也感谢查尔莫斯科技大学 MELT 项目组的同事。Marcus Finlöf Holgersson 曾激发我很多的想法；Thomas Ewing 从实践者的角度提出了重要的意见。我感谢 Wolfgang Kersten 常年的支持以及 Frerich Keil 引导我加入研讨委员会。

我之前的学生 Antoneta Hristova、Andre Rocha Barreto、Henning Krenz、Sascha Exner 和 Sascha Havestadt 对本书都提供了大力的帮助。多次进行激烈的讨论，帮助我保有对研究的热情和坚持。我尤其想要感谢 Ilze Hugo 对本书语言方面的审校工作以及 Ozan Mahmutluoglu 帮助我完成最终的文稿。另外，我想对于研究工作早期接受我采访的受访者表达我的谢意。他们帮助我理清了研究的主题以及众多问题。

我要感谢我的母亲 Annemarie、我的父亲 Günther 以及我的祖父 Günter 给予我长久坚定的支持。Alexandra 给予我的帮助我已经无法用言语来表述。

Jan - Peter Meier、Dominic de Vries、Ulla von Lühmann、Julius Meinecke、Arist von Harpe、Laleh Pakzad、Sönke Bruhns 和 Stig Kleiven 这些我珍视的朋友们的陪伴让艰难的时光变得容易度过。

我很享受与欧洲创新与技术学院（EITIM）欧洲同仁们在研究过程中一起度过的时光，且期待这一启发性的研讨与放松的时光在今后的合作中得以延续。感谢欧洲创新与技术学院（EITIM）的教授们丰富我的学术视野并鼓励我继续研究之路。

最后，本研究如果失去经济支持是难以进行的。旨在推进知识产权领域科学研究的 Awapatent 基金会曾于 2007 年和 2010 年两次给予我资金支持。同时，推动生态性可靠创新发展的 Hans – Sauer 基金会以及欧洲地域发展基金会 Ernst Geber Jubileumsfonds 通过 RIS 汉堡项目予以本研究资金支持。

对于本研究给予关注和热爱的朋友，我希望借此表达我最诚挚的感谢。尽管我已尽力深入研究该课题，但是你们提出的意见和建议未能一一实践，我对此负有责任。

2011 年 11 月

弗兰克·泰特兹

汉堡

本研究（原版图书）得到 Awapatent 基金会和 Hans Sauer Stifung 基金会大力支持。